价值评估的本质与法则：一般价值理论导论

Valuation
Its Nature And Laws
Being An Introduction To The General
Theory Of Value

哲学社会科学评价理论译丛
丛书总编：荆林波

本书是中国社会科学院学科建设"登峰战略"资助计划——特殊学科"哲学社会科学评价"（DF2023TS02）、中国社会科学评价研究院创新工程项目"哲学社会科学学术评价理论与应用研究"（skypjy2023B003）的阶段性成果。

著：

[美]威尔伯·马歇尔·乌尔班
Wilbur Marshall Urban

主译：

杜宏巍　王文汇

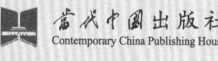
当代中国出版社
Contemporary China Publishing House

图书在版编目(CIP)数据

价值评估的本质与法则：一般价值理论导论 /（美）威尔伯·马歇尔·乌尔班著；杜宏巍，王文汇主译. -- 北京：当代中国出版社, 2025.5. -- (哲学社会科学评价理论译丛). -- ISBN 978-7-5154-1577-2

Ⅰ. B018

中国国家版本馆 CIP 数据核字第 2025Z7Y017 号

出 版 人	蔡继辉
责任编辑	陈 莎 周显亮 柯琳娟
印刷监制	刘艳平
封面设计	鲁 娟
出版发行	当代中国出版社
地　　址	北京市地安门西大街旌勇里8号
网　　址	http://www.ddzg.net
邮政编码	100009
编 辑 部	(010) 66572180
市 场 部	(010) 66572281　66572157
印　　刷	中国电影出版社印刷厂
开　　本	710毫米×1000毫米　1/16
印　　张	24印张　1插页　418千字
版　　次	2025年5月第1版
印　　次	2025年5月第1次印刷
定　　价	98.00元

版权所有，翻版必究；如有印装质量问题，请拨打 (010) 66572159 联系出版部调换。

Printing Statement:

Due to the very old age and scarcity of this book, many of the pages may be hard to read due to the blurring of the original text, possible missing pages, missing text, dark backgrounds and other issues beyond our control.

Because this is such an important and rare work, we believe it is best to reproduce this book regardless of its original condition.

Thank you for your understanding.

出版声明[①]

  鉴于本书年代久远而稀缺，存在原始文本模糊不清、缺页漏页、背景较暗以及其他无法控制的问题，部分页面可能难以阅读。

  由于此部作品如此重要而罕见，我们认为，无论其原始状态如何，都应对其进行再版。

  感谢您的理解。

[①] 本书的英文版原著于1909年出版，并附有该"出版声明"。在翻译过程中，本译作保留了原作的出版声明，并对原著进行了细致的校对，力求确保翻译的精准性与高质量。

献给

詹姆斯·马克·鲍德温

以示感谢与尊重

译　序

哲学社会科学评价是理论维度与实践向度的辩证统一，既承载着对知识生产规律的本体论反思，又彰显着对价值体系的批判性介入；既是对学科学术话语的检验，又是对社会发展规律的深刻洞察与科学总结。它为哲学社会科学发展提供认知范式与行动指引，为提升国际学术话语权提供战略支点，在中国自主知识体系建构中释放理论势能，在中国特色哲学社会科学建设中彰显实践品格。

中国社会科学评价研究院（以下简称"评价研究院"），作为中国社会科学院直属的研究单位，切实履行"制定标准、组织评价、检查监督、保证质量"的评价职责和科研诚信管理的职责，构建中国特色哲学社会科学学术评价体系，制定和完善中国哲学社会科学评价标准，参与制定国际学术评价标准，承担和协调全国哲学社会科学学术评价工作；加强哲学社会科学科研诚信体系建设，统筹指导全国哲学社会科学科研诚信管理工作。

评价研究院汇聚跨学科研究力量，于2020年启动国外评价理论经典著作的译介工程，旨在创建兼具学术引领性、思想创新力与国际影响力的哲学社会科学评价理论译丛经典品牌。这一学术品牌的培育，不仅体现了多学科协同的学术自觉，更彰显了推进评价理论本土化与国际化双向互鉴的深远立意。通过系统性译介国外经典理论著作，评价研究院致力于搭建贯通中西的评价理论对话平台，为构建中国自主知识体系提供理论参照与创新借鉴。

《价值评估的本质与法则》作为该译介工程的第二本译著，是英语世界中价值哲学的开山之作，开创了以心理学为基础的经验论研究路径，由对价值形而上学的关注转向对价值认识论的研究，反映了价值哲学研究主题的重要转变。本书通过深度整合哲学与心理学知识谱系，搭建了兼具批判性、比较性与创新性的理论参照系。这一学术实践不仅是作者突破学科壁垒的理论创建，更以知识融合的典范形态，为中国特色哲学社会科学评价理论体系的完善提供了可资镜鉴的创新路径。本书的翻译凝结着翻译团队的集体智慧，在理论思辨与实践观照的交织中，实现了方法论自觉与价值论反思的范式耦合。

值此学术成果付梓之际，我谨代表评价研究院向翻译团队致谢，感谢诸位在学术坚守与专业奉献中展现的治学精神，亦对协同支持本书出版的领导同事及职能部门表达深切谢忱。译介工程作为跨学科知识整合的学术实践，既是评价理论本土化进程中深化创新的重要尝试，亦是直面理论建构难题的智识探索。我们深知阶段性探索的局限性与学理建构的未完成性，因此，我们始终以开放姿态接纳学界的批判性对话，在持续的理论反思与实践迭代中完善研究成果。展望未来，希冀评价研究院全体同事秉持守正创新的学术品格，以建构性批判推进评价理论的知识生产，在哲学社会科学的学科评价、学术评价与话语评价中实现突破性进展，最终以具有中国气派的学术创新成果向习近平总书记"5·17"讲话 10 周年献礼，为新时代中国特色哲学社会科学的繁荣发展谱写新篇。

荆林波

中国社会科学评价研究院院长

2025 年 2 月 12 日

目　录

序 …………………………………………………………………… 001

第一章　引言 ……………………………………………………… 001
　第一节　价值通论的功能 ………………………………… 001
　第二节　理论起源 ………………………………………… 002
　第三节　心理学问题及方法 ……………………………… 008
　第四节　价值论的问题与方法：事实与规范、起源与
　　　　　有效性 …………………………………………… 014

第二章　价值意识的定义和分析 ………………………………… 018
　第一节　对作为累积的情感—意志分析的价值谓词的
　　　　　分析 ……………………………………………… 018
　第二节　对将价值判断作为客体对主体的情感—意志
　　　　　意义的进一步分析 ……………………………… 022
　第三节　对价值经验的心理学分析——作为某种认知
　　　　　预设情感的价值 ………………………………… 030
　第四节　价值情感和价值判断的这些预设的产生及关系 … 043
　第五节　对先前定义与分析的总结 ……………………… 046

第三章　价值意识的模式——原始的与获得性的 …………… 048
　第一节　价值情感的鉴赏性描述——对实在情感模式的
　　　　　描述 ……………………………………………… 048
　第二节　情感中基本的鉴赏性差异——定性的与定量的 … 051

第三节　通过这些基本模式的构建而获得的意义
　　　　——价值—运动 ································· 059
第四节　价值情感的数量意义——获得性意义的程度与
　　　　强烈的程度以及它们之间的关系 ················· 063
第五节　结论——这一分析对更深入的问题的意义 ········· 068

第四章　评估理论的心理学基础 ····························· 071
第一节　情感与意志的本质及其关系 ····················· 073
第二节　对情感的进一步分析——关于情感本质、
　　　　情感不同方面关系的理论 ······················· 083

第五章　情感—意志意义的连续性 ··························· 096
第一节　认知性与一般性情感意义的获得——情感记忆
　　　　与泛化 ······································· 096
第二节　通过情感获得认知性意义——"情感记忆"问题 ··· 098
第三节　从情感中获得一般性意义——情感泛化 ··········· 104
第四节　价值评估过程中情感泛化作用的一般性理论
　　　　——例证 ····································· 115

第六章　评估法则 ··· 122
第一节　评估法则——其本质及适用范围 ················· 122
第二节　阈限法则——其一般性意义 ····················· 125
第三节　价值递减（或价值极限）法则：对其心理学基础
　　　　的批评性研究及阐释 ··························· 133
第四节　价值极限法则在观念客体中的应用范围——一般
　　　　性问题 ······································· 143
第五节　互补价值法则：对价值限制法则的修改——其在
　　　　心理学法则中的基础 ··························· 147
第六节　价值极限法则关于内在价值观念客体的适用
　　　　范围 ··· 154

第七节　一般结论——从对不同类型客体的评估法则的
　　　　　　研究中得到的推论——价值获得的限度问题…… 158

第七章　简单鉴赏的价值……………………………………… 163
　　　第一节　简单鉴赏的价值——其起源与本质……………… 163
　　　第二节　一般价值运动—定义及分类——其与评估法则
　　　　　　的关系…………………………………………………… 166
　　　第三节　在简单鉴赏的价值运动中获得的伦理价值与
　　　　　　审美价值——其作为获取与消费的经济学价值
　　　　　　决定因素的作用………………………………………… 176

第八章　个体与超个体价值…………………………………… 198
　　　第一节　个体与超个体价值：起源及本质………………… 198
　　　第二节　移情的心理学：同情性投射……………………… 201
　　　第三节　个体和非个体参与情感的区别…………………… 214

第九章　个体价值………………………………………………… 220
　　　第一节　个体价值观——个体特征的价值标准…………… 220
　　　第二节　确定理想人格特征的建构过程…………………… 222
　　　第三节　适用于以个体价值为客体的评估法则…………… 228

第十章　个体价值（续）………………………………………… 238
　　　第一节　基于前述理论中的起源和本质分析个体价值
　　　　　　判断………………………………………………………… 238
　　　第二节　对个体价值相对估测或衡量的预设……………… 245
　　　第三节　基于功过归因和个体义务论述个体价值情感的
　　　　　　影响法则………………………………………………… 250

第十一章　超个体价值…………………………………………… 260
　　　第一节　超个体价值客体——本质与起源………………… 260

第二节　倾向的主客观参与价值·············265
　　第三节　主体参与价值法则···············267
　　第四节　从社会同情法则推演倾向的客观参与价值
　　　　　——社会协同法则·················273

第十二章　超个体价值（续）···············291
　　第一节　基于前述分析和理论解释的道德判断问题······291
　　第二节　道德判断的阈限与规范··············296
　　第三节　义务及归因的判断——与规范和限制有关·····298

第十三章　综合偏好···················304
　　第一节　不同类别的价值客体的相对价值··········304
　　第二节　偏好与牺牲的理性主义与一元论—批判—唯意志
　　　　　论与怀疑论·····················305
　　第三节　对义务和归因判断中的综合偏好事实的分析···308
　　第四节　综合偏好分析的结论···············314

第十四章　结论：评估与评价···············319
　　第一节　问题——重申价值论观点·············319
　　第二节　反思性评价——规范性与事实客观性········320
　　第三节　评估的充足理由——价值的依据或约束因素····328
　　第四节　应用评估的充足理由或限制原则——其与具体规范
　　　　　和假设的关系·················338
　　第五节　结论·······················350

术语翻译·························356

人名翻译·························362

译者后记·························365

序

  无论多么"科学"的著作,其所提出的"观点"都可能依据某些未被言明的假设。作者有时会在序言中讨论这些假设,从而赋予序言更多的启发性和趣味性。这在有关"价值"的论著中尤为凸显,因为作者在序言里比在任何地方都更能袒露心迹。但我并不打算通过序言为本就严肃的论著增添这样一丝趣味。至于书中提到的一些"未被言明的假设",只要它们对全书的主要论述有意义,我就会在引言①中以客观公正的方式予以阐明,并在终章以同样谨慎的态度推导出一些更为显著的结论,因而此处不再赘述。但对于本书更广泛的大背景——例如它与时代的特征假设之间的关系而言,则另当别论。一篇恰如其分的序言不仅可以"照亮"某些"晦暗"之处,还能为人们理解本书提供一些关键性的线索。

  直至最近②,对于任何主题的严肃研究,其隐含的大前提几乎都毋庸置疑,那就是科学和科学方法的权威地位。人们认为,科学和科学方法不仅可以揭示"天国的复杂奥秘(choir of heaven)",还可以解释"俗世的琐碎细节(furniture of earth)"。在过去,几乎无人质疑这一前提。即便有些人不能全部认同,也会勉强仿效之。但一段时间以来,科学和科学方法的权威地位为生活与艺术、道德与宗教带来了一些令人不安的影响。科学精神的传播导致了思想和情感的复杂化,甚至引发了浅薄和庸俗的倾向,这激起了人们对理智主义的抗拒。这种抗拒尽管不够广泛,却足够深刻。当科学"胜利进军"至灵魂及其最深层次的价值领域时,这种抗拒变得更为明确。人们逐渐意识到,盲目套用科学方法不仅

---

① 即本书第一章引言(译者注)。
② 本书出版于1909年(译者注)。

可能徒劳无益，还可能铸成大错，这促使人们开始质疑最基本的科学假设。对这种假设的模糊怀疑已发展为公然的反逻辑主义（alogistic）甚至反智主义（misologistic）倾向，最终甚至形成了一个足以与原假设抗衡的对立假设，那就是"价值超越了知识与科学范畴"。如今，我们的理论和实践都步入一种虽不能说是自相矛盾，但也是模棱两可的境地。面对这种情况，我们要么躲进一种"双重真理"的新学说中，即科学和价值互为独立；要么就遵循辩证法的原则，耐心等待一个能够整合科学和价值的折中假设出现。

与此同时，当下时代精神（the Time-Spirit）的困境迫使我们建立一套崭新且严格一致的原则，任何涉及科学和价值"争议区"的著作都有责任明确其立场。本书坦率地站在"知识"而非"教化"的一侧，因为后者必须以前者为前提。无论如何，我们都被一种不可遏制的求知意志所驱使，它激励我们去探索"人类灵魂及其极限、迄今为止所获得的全部经验、灵魂的整部历史及其尚未穷尽的可能性"。如果这种意志倦怠，我们不仅会失去求知的动力，价值也会因此而衰落。本书并不回避将"价值"与"科学"结合在一起探讨。尽管"科学"在探索上述内容时，不时显得粗糙无味，但在继续深入研究后，它也可能展现出轻松与愉悦的一面。我们完全可以相信，非人性化的科学概念对人类精神世界施与的粗暴而浅显的统治正达到顶点，甚至已经走向没落。但我们不应由此推论科学失去了其更深层次的意义。我们依然可以利用科学进行反思，并由此更深刻地理解与掌握个人和社会的意志。虽然科学的某些有限概念和无限权威正在得到改进，但科学本质的力量并不会因此而削弱。相反，我们可以满怀信心地期待这种力量继续增强。因为信仰和情感同样也会提出种种主张，而我们只有在科学精神的训练下才能合理地鉴赏与评价这些主张。信仰与科学总会开创新的探索，而新的探索又一定会需要新的评价。这些评价并非源于封闭的真理或价值体系，而是通过科学精神所倡导的从现实到可能性再到确定性的有序推进来实现。为了实现真正的评价，我们当前需要在正确理解科学的基础上全面发展评价体系。

这一研究的范围极其宏大，远超哲学的技术层面，而本书并不足以实现这一研究目的。由于本书的讨论局限于一些"初步工作"，其内容在本质上属于技术性范畴，因此我仅希望它们至少能够为更宏大的研究带来一些间接帮助。

本书前六章，始于"定义与分析"，高潮于提出一般评估法则，旨在为理解不同类型的价值判断、含义及局限奠定基础。在这一部分的展开中，第四章和第五章在某种意义上是特殊的，因为它们完全属于心理学范畴；它们对于全面理解后续一般性主题至关重要，因此这些内容原本也可以根据需要而被分散至其他章节，但总的来说，将这些内容集中起来进行系统性分析似乎更加适宜。第七章至第十三章则在前六章的基础上探讨了价值意识从最低层次至最高层次的发生与综合过程。我认为，在不要求全面与完整的情况下，所有重要的价值经验形式均已得到充分研究，并显示出其与一般价值系统的关系。最后，在第十四章，我试图将这些结论应用到我所称的"评价的价值论（axiological）问题"上。在一章的有限篇幅中，我试图通过价值评估的现象学研究得出一些哲学性的概要结论。本书原本只计划做一个现象学研究，因此也应当以此为标准对其进行评判。但通过增补第十四章而使整部作品更加完整似乎弥补了这一章单独来看时可能显现的不足。在此，我要对闵斯特伯格（Münsterberg）的《价值哲学》（*Philosophie der Werthe*）问世太晚而表示遗憾。因为除了最后一章，我没能充分利用其中的许多宝贵建议。尽管我的整体立场未因此而改变，但至少在许多细节上，我确实受到他精彩且颇具说服力的观点的影响，即便这些观点在本质上与我的立场相对立。

本书借鉴了诸多同行的宝贵想法。首先我要特别感谢鲍德温（Baldwin）教授的谆谆教诲。当然，他也慷慨地允许我以"献词"的形式表达这种感激之情。我也要感谢迈农（Meinong）、艾伦菲尔斯（Ehrenfels）以及学派的其他成员对我的帮助，我在书中对他们作品的引用便是证明。然而，这些引用并不能充分体现我从他们的研究中获得的宝贵帮助。这些帮助不仅来自他们在这一特殊领域所做的研究，也源于他们其他的各类著作。对于法国心理学家里博（Ribot）和波耳汗（Paulhan），我同样深表感激，尽管他们在"情感"方面的研究尚未获得恰如其分的重视。最后，我必须感谢"哲学文库"（Library of Philosophy）的主编缪尔黑德（J. H. Muirhead）教授，他对本书表现出极大的热情，并给予了许多宝贵意见和建议。我的同事克林（G. A. Kleene）教授和阿瑟·亚当斯（Arthur Adams）教授也给予了我颇多帮助，前者为文中经济学领域的专业问题提出了建议，后者则在校对方面给予了大力支持。

本书第二章、第三章和第四章中的部分内容已以论文形式在《心理学评论》（Psychological Review）上发表。为适应本书的出版目的，这些内容均已经过大幅调整。引言部分则是对此前发表在《哲学评论》（Philosophical Review）上同名论文的扩充与修改。

于康涅狄格州哈特福德市三一学院

1908 年 12 月

第一章 引言

第一节 价值通论的功能

在思想史上，鲜有一个时期如当下这样，"价值"问题成为人们关注的焦点。人类实际价值观念的根本变化引发了所谓的"道德焦虑"及其标志性的关于创造价值和保存价值的讨论。毫不夸张地说，这些变化使哲学的重心由知识问题逐步转向价值问题。知识问题在许多领域已经部分或完全转化为价值问题。

造成这些变化的历史原因清晰可见，包括从理智主义向唯意志主义的转变，因体现"物竞天择、适者生存"观点的进化论及生存斗争概念被广泛接纳而促生了对人类灵魂的严格约束——这些原因不言自明；然而，这些原因背后还潜藏着更深层次的社会意志危机，这一危机根植于事物的必然性中，且至今为人所难以理解。

无论原因究竟如何，这些变化的广泛影响显而易见。尼采（Nietzsche）多少带有一些修辞和夸张的"重估一切价值"的呼吁声为这些现实价值的变化做了"代言"，有关的回应也从最初的诗歌形式演变为严肃的深思文章。（在这些变化中）最关键的是由知识的积累过渡到对知识的评价。遑论为了（发展）更综合的自然哲学而日益兴起的评价自然科学研究成果的尝试（这些尝试或许与尼采对当前科学形式的诘难存在某种联系，但也可能并不相关），我们或许能在价值问题更流于表面的社会与道德科学的精神实质中找到有关这种转变的充足证据。"尽管此前"我们了解到，"备受人们关注的是社会生活的外部结构及其所产生的经济价值，而现在（受到关注的）是生活对人类灵魂所产生的意义，是它的精神起源与精神结果这些逐渐显现的东西"①。简而言之，这就是评价问题。

随着实际态度的转变，理论层面也出现了对实在的新方面的意识。有人认为，我们过去几乎未曾意识到我们的全部生活在意识层面是一连串持续的价值感受和包含着显式判断和隐式价值假设的评价；实在中被机械式决定了的元素的意义正是源于它们被赋予了价值（that they are valued）。我们对客体评价所揭示的东西绝不仅仅是简单事实。它独立于这个世界，甚至可以说它几乎不完全是这个世界的一部分。在某种意义上，不如说它自成一个完整世界，一个外在且独立于事实世界的价值世界。

如果我们对价值问题日益增长的意识已经达到这样一种地步，即我们意识到（有）一个价值世界，在这个世界中，人们常将伦理学价值、美学价值甚至"真理"价值挂在嘴边，对"价值理论"的思考也不再新颖，那么我们就会获得一种全新的认识：当前形势下的哲学及与价值有关的传统哲学学科已经不足以把握这个全新的价值世界。虽然在过去一段时间，很多人把形而上学当作一种价值理论来看待，但形而上学的传统问题和研究方法还是把价值问题置于"存在"问题的框架之下。经济学、伦理学和美学等专门研究价值事实的科学也无法应付这种变化，而且这些科学之间的分工已经带来了诸多不合需求的结果。因此，越来越多的人开始认为，非常有必要构建一套能够系统而科学地理解各种人类价值的价值通论。

第二节　理论起源

目前最富有成果的形而上学思想，多见于特殊科学之中。这种说法是有几分道理的。最重要的价值问题正是在某些特殊科学中初显苗头。

---

① 此段引文摘自《社会心理学专著汇编》（Die Gesellschaft）一书（Ruten & Loening 文学机构出版社，法兰克福 A. M.）中"前景（Prospekt）"一文。该书是一本从个体价值观角度研究各类社会机构的社会心理学专著集。其部分主题包括宗教、言论、习俗、商业、国家、政治、战争和罢工等。

经济学、伦理学和美学等科学由于需要解决特定的价值问题，因而它们之中形成了一些意义远超学科边界的概念，这为更普遍而系统的反思奠定基础。

先来看经济学，它为特殊目的而发展了"价值理论"。尽管这一理论相对狭隘〔就在不久前，奥地利学派经济学家弗里德里克·维塞尔（Friedrich von Wieser）认为自己已经实现了"详尽无遗地研究了所有价值现象"，但他的所有研究均未突破经济商品领域〕，然而正是由于其研究范围相当局限，因此才能深入分析评估法则中的具体事实和价值法则。这种分析曾经为伦理学的研究树立了榜样，现在则应为那些试图理解更广泛领域的人提供激励和约束。然而，由于兴趣的局限，它掩盖了更广泛的关系问题，而这些对经济学家的特殊工作来说富有成效的关于更广泛关系的知识却导致观察与推理的双重谬误，这些谬误本可以通过更为哲学化的处理方式来纠正。当然，人们正在克服这些局限。将经济概念转化为社会学概念、将经济价值与更广阔社会价值相联系的必要性已经引起了显著变化。事实上，朝着更普遍的价值通论方向发展的趋势在很大程度上是受经济学启发的。人们对这一领域理论的反对正在逐渐消失。与此同时，人们越发感受到，经济价值只不过是人类价值的一个分支，它们只有在人类的各种价值关系中，特别是在经济价值与伦理价值的关系中才能被理解。①

伦理学对一般价值论的构建也有贡献，特别是它对不同性质的态度和倾向的鉴赏性分析和描述，以及它关于责任与美德的精妙阐述——在这种阐述中，伦理学确定了对种族概念的鉴赏性区分。此外，伦理学还发展了有关至善的本质的假说，尽管这些发展最终未能解决问题，却有助于形成和构建规范性观点。但由于伦理学过分执着于终极规范和抽象概念，因此它很难跟上经济学日新月异的发展脚步。通常认为，伦理学还过多地停留在古希腊传统中。它没有去探寻一种适当地建立在心理学

---

① 请与哈德利（Hadley）关于"经济科学（Economic Science）"的文章，以及本书作者在《哲学与心理学大辞典》（Dictionary of Philosophy and Psychology）上关于"价值（Worth）"的文章相比较。

基础之上的价值理论，而只是满足于抽象的善的理论。这种理论存在于对欲望客体流于表面且通常是独断的分类和评价之中，对欲望过程和欲望法则本身所涉及的重大问题却不够重视。

康德（Kantian）对"经验"意志和"理智"意志的二分以及对抽象的命令概念的狭隘化带来了更为不利的影响。尽管这种二分已不再以原始形式存在，但它仍通过事实与价值、起源和有效性的对立来产生影响。在重视这种区分的观点中，经验意志法则被视为与价值意志无关甚至是敌对的，建立一门价值科学似乎是不可能的。

另外，伦理学中的某些部分已从这些束缚中挣脱出来并获得了一些自由。但这些新获得的自由使诸多不可调和的法则得到发展，而其中显而易见的是方法论的缺失（这些方法论有助于这些法则在内部统一，并在外部与其他科学和谐共处）。人们甚至开始严重怀疑伦理学能否作为一门特殊科学而继续存在——一方面，伦理学的任务在于分析个体情感、判断及意志行为，其内容涵盖道德判断，因此人们怀疑它是否注定会沦为心理学的一部分；另一方面，伦理学又描绘了与个体的伦理义务相关的现实生活形式与内容，因此人们怀疑它是否会沦为社会学的一部分。有人担心，这种双重特征最终将导致伦理学的毁灭。[1]

我们仍对上述预言表示怀疑——因为科学的边界并非仅由纯逻辑动机决定，实践中也存在一些强烈要求伦理学作为一门独立学科而保持其完整性的理由。但毫无疑问的是，在当前，这门科学的不一致性使其并不适合引领更一般的价值问题研究。当然，如同经济学一般，伦理学最近也一直在超越其狭隘的研究领域并积极寻求与其他相邻学科的连接点——从某种意义上说，其自身一致性的瓦解正是其内在魅力的外在表现，但这并不足以使伦理学成为一门卓越（par excellence）的价值科学。

价值科学也不可能仅通过将经济学和伦理学的元素进行外部融合，并附加一些对审美和宗教价值的审慎反思而发展起来。为满足形势需

---

[1] 西美尔（Simmel）:《道德科学导论》(*Einleitung in die Moralwissenschaft*)，柏林，1892年版，第一卷，序言。

要，这种价值科学需要系统地对待人类相互关系中的价值，并必须依赖关于情感和意志的心理学。我们真正需要的是一种超越经济学和伦理学特殊动机的观点和方法，进而找到使此二者的概念和意图相统一的共同基础。因此，尽管经济学一直被认为是一门描述性和解释性的科学，并被认为满足于描述以控制为目的的价值评估的经验法则，但实际上它充满了规范性假设，并在揭示现实的价值准则方面取得了丰硕成果（伦理学通常做不到这一点）。另外，尽管伦理学声称自己是一门规范科学，但它也发现有必要研究情感和意志现象学。然而，正如我稍后要说明的，目前伦理学的这些研究并没有为实现最终目的提供足够帮助。人们似乎希望找到一种能以某种更富有成效的方式将描述性观点同规范性观点结合起来的方法，这种方法能够用"经验"意志法则来解释所谓的"理性"意志。

这样的科学存在吗？

前面有关价值通论问题的论述表明，价值理论问题主要存在于两个密切相关的问题当中：价值理论问题是描述的还是心理的？是规范的还是价值论的？我们关心的事实似乎要求我们这样理解问题。因为价值评估具有双重功能：一方面，我们感受（feel）客体的价值；另一方面，我们评价（evaluate）这些客体，并最终评价价值经验本身。前者是一个过程（process），其条件及规则有待确定；后者是一种功能（function），其意义和规范有待阐述。由于"理智"意志与"经验"意志在各种形式上的教条式对立阻碍了价值科学的发展，因此我们首先要对这个问题进行简要探讨。

以各式名义出现的，又是作为"起源"和"有效性"对立的，又是作为"事实"和"价值"对立的教条在后期的表述中已经变得格外（为人们所）熟悉了，那就是"鉴赏（Appreciation）"与"描述（Description）"的对立。

理解当前形式的对立的动机并不困难。某些专门的科学方法"垄断"了整个描述领域，这不可避免地使人们失望。由于心理物理学以及生物学方法是从外部接近问题的，并认为除了与这些科学概念相关的经验，其他经验均无关紧要，因此它们在描述价值经验方面很快就表现得力不从心。因而，解决这一困难最简单的方法似乎就是把价值仅仅视作可鉴赏的，而不能通过客观描述来传达。价值始终传达了主体态度的意义（meaning），因此无法用心理学元素的术语来描述。这种态度只能够被鉴赏。

由此看来，这种"对立"似乎是基于错误的问题解决方式而产生的。我们不是直接从事实出发，而是从一种武断且狭隘的描述概念开始。基于这一假设与大量脱离其范畴的经验，按此逻辑便可得出如此结论：存在不包含描述的鉴赏。我们先来考察对立的抽象优点，然后再转向对其所基于的科学概念，也就是心理学的描述概念的批判性审视。由此，我们大致可明确心理学在价值通论中的功能。

作为一种初步区分，这一对立是有一定贡献的。也许有那么一刻，一个人的鉴赏似乎只是其"不可言传的梦"，但参与社会过程的需要迫使我们必须将自己的经验客体化，并为这种经验找到某种表达。通过表达，态度变成意识的客体并传达给他人，鉴赏在这一过程中也得到了增加。这种持续而渐进的鉴赏状态本身就是某种形式的描述。

同样毫无疑问的是，描述必须包含鉴赏的成分，即便是最科学的描述也是如此。不含鉴赏成分的理想化的科学描述只是为了某些目的而设定的理想化情况，但在实际中并不会实现。不难证明，当我们在任何科学中进行抽象时，这些抽象的范围、方向都是由鉴赏行为来决定的。归根结底，所有抽象都是有目的的。我们抽象出的产物，是否与原始具体事物相符，或是与它有实际的联系，这些最终都是需要鉴赏行为来决定的。

我们关于这种一般形式的对立就讨论这么多。两种假设——可能存在没有描述的纯粹鉴赏，或存在没有最终鉴赏的纯粹描述——都被证明是站不住脚的。诚然，在认知行为将经验进行客体化之前，可能存在一种盲目的暗含重要性的情感。这种情感虽然原始且直接，却远未达到明确的鉴赏或价值情感的程度。同样，任何描述也难以穷尽鉴赏的全部意义，它总会遗漏一些东西。但有些意义会被保留下来，否则它便不是描述了。我们的确可以出于某些特定目的而进行可靠的描述，并同时忽略鉴赏的某些方面，但我们决不能完全忽略鉴赏，否则就谈不上描述了。

根据这些一般结论，我们可以推导出对后续讨论具有直接和实际意义的更具体的结论。对任何现象的描述都存在多种类型，这些类型取决于描述的目的，同时也受描述中所包含的鉴赏成分的影响。因此，鉴赏和描述之间的对立可被归结为鉴赏性描述和科学性描述这两种描述方式之间的差异。我们可以合理推断，至少存在一种对价值经验的鉴赏性描述。

在另一篇文章[①]中，我试图展示这种针对个体价值经验的鉴赏性描述和表达的存在，并探讨它们的特征和原则。简而言之，这种描述的目的在于传达和客体化个体经验的内在意义，从而方便鉴赏（无论是维持还是增加鉴赏）。这种传达和描述是通过将个体经验与已被广泛共享且超越个体的理想心理客体相结合来实现的，后者在理想化的人和状态中体现了被投射的情感—意志意义。通过与这些心理客体的认同或对比，个体经验在性质和程度上均能被传达。这种传达和描述实际上就是规范的构建，因为这些被投射和共享的观念客体包含了以往经验的累积性（funded）意义。它们不仅构成了交流所有当下经验的预设和媒介，还形成了其控制的规范。

那么，什么是这种鉴赏性描述试图传达却又无法传达的？我发现它们是超越了亲身经验的态度指涉以及在个体和社会过程中获得的意义。亲历状态总会指涉某些预设，这些指涉一般被称作超越（transgredient）指涉和内在（immanental）指涉。超越指涉就像在义务和功过这种鉴赏性描述范畴下的亲历情感，但其中包含了超越亲历状态的指涉。而内在指涉——例如审美时的价值暗示——是一种亲历状态，其所指涉的并未超越亲历状态，却指向了预设于亲历状态中的更深层、更隐晦的东西。正如我们所见，这些指涉无论是通过认同还是对比的方式与被投射的理

[①] 《鉴赏、描述与价值心理学》（Appreciation and Description and the Psychology of Values），《哲学评论》（Philosophical Review）1905 年 11 月。

想或规范相结合，最终都指向了构建这些规范并获得其意义的心理过程。这些过程能否被描述？这些态度和意义的起源能否被重建？这都是价值经验心理学的问题，其中也包含了鉴赏性描述与科学性描述之间关系的问题。

第三节　心理学问题及方法

一、心理学问题

心理学分析是价值通论的首要任务。严格来说，无论是科学问题还是非科学问题，都有其心理学的一面。这些问题及与之相关联的对象，首先都属于心理生活。很显然，价值事实本身只能通过指涉取自心理生活的决定因素来描述，而不能通过其他方式描述。因而这些决定因素也属于心理学范畴。最有力的证据是即使摆脱了抽象的方法论问题的经济学，也不可能在不参考心理学的情况下定义价值的本质。这种反思似乎会导致这样的推论：我们首先必须在心理学及其分析中探索描述的一般范畴，它们构成了价值通论的基础；同时探索一般心理过程法则，它们能让我们将不同类型的价值评估相关联。这的确是一个得自事实的简单推论，但某些有关心理学本质和功能的先验（priori）理论使我们只得暂停这种推论。

关于心理学整体的一般性问题，目前存在很多观点。一种观点认为心理学及其描述是解释和鉴赏实际心理现实的基础人文科学（Geisteswissenchaft），它属于目的论范畴。只有这样理解心理学的目的和方法，我们才能将心理学视为提供抽象心理法则的科学。我们可以使用这些法则解释伦理学、美学等学科所关注的具体心理现实。另一种观点则在历史和逻辑上都与之截然相反。这种观点认为，将心理与物理客体相结合是进行描述的唯一办法。而鉴于由此引发的心理的人为转变，这种观点也否认心理学在解释伦理学和美学的心理客体方面的功能。还有一种观点，尽管其支持者难以确定在同一门科学中接受两种截然不同的方法的确切逻辑基础，但通过对事实的广泛观察，他们不得不承认心理学重建中包含两种不同目的：一个目的是构建抽象概念，这些概念有助于解释实际历史的心理现实过程，即意义的获得过程；另一个目的是通过与机械过程的结合来控制心理过程。

除了以上第二种观点，其他有关心理学功能的观点都认为价值经验的事实本身就是心理学的素材。第二种观点显然只是鉴赏和描述之间一般对立的特殊应用，最终还是会殊途同归。但我们需要简单思考一下这一教条的特殊表达方式，这将为我们在价值通论中确立心理学的积极功能奠定基础。

简单来说，这种教条观点的内容如下：所有的描述和解释都以传达和最终控制经验为动机。这种对主观和个体经验的传达和控制只有通过与具有共同意义的客体的结合才能实现。通过抽象，这些客体尽可能地从个体鉴赏中脱离出来。只有物理客体（即物理学的抽象）才能满足这些条件。这些抽象的内在意义尽失而完全沦为工具。因此，只有将心理客体与物理客体相结合，我们才能真正以科学之名进行描述和解释。

这样做的后果显而易见。因为如果只有心理客体与物理客体的结合才能称得上是科学的描述，那么，在直接鉴赏的重建中，心理上的所有鉴赏性要素都必须被抽象，直接经验必须被分解为非鉴赏性元素，而且最好是能与物理建构中的非鉴赏性元素相结合的感觉因素。这对于构成价值经验基础的心理方面的心理学来说意义明显。情感和意志，作为这些经验的基础，在其状态的超越指涉和内在指涉中均指心理客体和物理客体，并且只能通过与非鉴赏性的观念客体的结合来传达这些意念、这些获得的意义。然而，这些客体总是被投射的意志和情感。如果我们的假定是真，那么科学描述就不能利用这些心理客体，因此在其重建中也不能利用关于情感和意志的抽象概念。如此建立起来的这种连续性不是心理上的，但必须完全是物理上的。如果这种心理学描述的观点是合理的，那么，闵斯特伯格就已经得出了唯一可能的结论，即不可能存在关于价值经验的心理学，因此鉴赏性描述与科学性描述之间也没有关系。

很显然，整个讨论都是围绕着心理描述的最终目的这一更根本的问题展开的。问题的核心不在于物理客体是否为描述的唯一媒介——我们已经知道它们不是,而在于它们是否对心理学的目的而言最有用。我们已经看到,除了物理客体,还存在其他可被用来实现传达和描述的客体。如果我们最初的假设成立,即不包含描述的鉴赏和不包含鉴赏的描述只是抽象和理想化的极端情况,具体思维活动或多或少都涵盖这两个层面,那么我们就可以使用从鉴赏的内涵中以不同程度抽象出来的术语进行科学建构。这样,鉴赏性描述和科学性描述之间的绝对对立就消失了。现在只剩下一个现实问题,即在科学建构中应当保留多少鉴赏上的差异?这完全是一个描述目的的问题。

从历史和当下实践的角度看,心理学的主要动机首先是解释。通过与身体的结合而形成的对心理的可能的控制领域,尽管我们不能将其限制为先验的与通过心理概念对其进行解释的可能领域相比,因为前者要小得多。即使心理学的主要目的是对心理进行直接的控制,我们也可以迅速得到一个结论:只有通过对心理生活的鉴赏性解释,控制才有可能。值得注意的是,心理病理学领域的某些观点发生了转变,即实践的必要性导致对情绪和意动这两个基本概念的重申,其与纯粹的神经学概念[①]相对立。即便情况并非如此,我们也不可能忽略那些心理学的功能在解释方面有更广阔的领域。在此处,动机决定了方法。为了有助于解释,概念必须保留并且至少隐含它们试图描述的获得性意义。解释必须以功能性术语来进行,而这些功能性的术语归根结底是对鉴赏性描述的

[①] 请与珍妮特(Pierre Marie Félix Janet)的心理学概念(如"情绪 emotion"和"意动 conation")、威尼克(Wernicke)和塞恩(Ziehen)的神经学概念,以及詹姆斯(James)主席在就职演讲中的导入段"人类的能量(The Energies of Men)"相比较。

提炼。① 鉴赏性描述和科学性描述之间是否存在联系的问题，就转变为心理学应该是功能心理学还是内容心理学的这一更为人所知的问题。对于后者来说，价值心理学没有容身之地；对于前者来说，价值心理学不仅可以发展，而且符合当下的实际。

因此，当我们把心理学方法的这个一般问题缩小到更具体的价值经验心理学问题时，我们就可以得出一些关于方法的推论。这些推论已经在心理学的实际程序中得到证实。价值是事实，应该像描述其他任何心理事实一样被描述。事实和价值的尖锐对立可能会暂缓人们向心理学求助，但是，每一次的价值断言都包含其对真实的或可能的情感—意志体验的一致性的断言，这一简单的不可避免的需求，最终导致人们必须向心理学求助。但是，在我们还没能对心理事实形成更清晰的概念时，认识这一抽象命题于我们而言并无帮助。心理学分析能否作为一种解释和鉴赏价值的工具，取决于我们对其功能的设想。此处必须以贯穿整个讨论的基本原则为依据。如果经验只有处在被看作一种从它所认知和鉴赏的客体的关系中脱离出来的被动状态时，它才是可被认知的，那么价值经验就不能在这个意义上被认知。另外，如果心理学是一门尽管使用了抽象概念但依然处理现实问题的科学，那么，价值就可以作为事实被认知，也可以被鉴赏。若要将价值看作以某种统一方式与同类事实相关联的事实认识，那就需要将它归入一般概念之中；但为了使这些概念能够真正定义价值，这些一般概念就必须具有鉴赏所共有的意义。因此，心

---

① 此外，随着人们越发洞察到经济客体及其价值与其他心理客体及其价值之间的密切关系，人们意识到，价值心理学所关注的是对个人和社会价值过程的解释，而只是间接地涉及对其的控制。随着对解释的深入认识，有必要使用具有鉴赏内涵的术语（可能有助于解释）。一旦经济哲学家试图用他的框架来解释具体实在性，把经济与伦理和审美的价值联系起来，他就必须进行鉴赏。关于这一点，在凡勃伦（Veblen）的著作中出现了有趣的例证——《有闲阶级论》(*A Theory of Leisure Class*)（麦克米兰出版公司）和《商业企业理论》(*A Theory of Business Enterprise*)（斯克里布纳出版社），其最有意义的方面在于制造具有鉴赏意味的术语，这一点在西美尔的《货币哲学》(*Philosophie des Geldes*) 中更为显著。一个有趣的事实是，虽然正统的心理学在某些层面上试图排除所有鉴赏性的描述，但经济科学正通过恢复这些描述而变得更加像心理学。

理学描述就必须从鉴赏性描述开始。为了鉴赏性地描述一种价值评估，就必须传达其作为一种态度的意义；但是，这种意义只有通过与态度所指向的观念客体相结合，同时还描述态度中的主导要素（无论是情感还是意志）并决定这一态度的认知预设才能传达出来。因此，当我们试图描述和分类，并从发生学的角度推导出价值评估中的各种态度时，我们必须在我们的抽象中保留如情感（feeling）和意志（will）等的概念。这些包含足够鉴赏内涵的概念有助于我们去解释鉴赏。

在这里，我们终于看到了鉴赏性心理学描述与科学性心理学描述的关系。鉴赏性描述传达的是通过与情感所指涉的心理客体的结合而获得的情感的意义。就其本身而言，相比物理客体，这些心理客体更不止是心理学的素材。作为客体，它们从属于规范科学。虽然它们不纯粹是心理学素材（因为它们是个体之外的投射物），但它们被投射和客观化的过程，以及一旦它们成为心理客体时个体参与其意义的过程，或换言之，决定了个体对客体的情感态度的意动和认知的假设，显然是心理学研究的素材。

二、预设性方法论——发生学方法的一种形式

我们可以把心理学的价值分析方法称为预设性方法。这种方法以对预设的分析为起点，其核心在于找到"价值经验总是一种态度"这样的事实。态度是一种直接经验，涉及对预设的心理过程超越的或内在的指涉。当前经验中的实际认知行为决定了态度的形成——因为所有的价值经验均预设了对现实的某种形式的认知——以及构成当下经验轮廓的意动倾向、假设和假定。必须根据实际的和倾向性的预设来定义价值态度。进一步来说，如果从心理学的角度看，任何价值态度都是直接的情感加上所获得的意义或指涉，那么，这种体现直接鉴赏中价值连续性的符号指涉，就必须从心理的连续性中找到一个心理学方面的解释，而不是通过与生理倾向的结合来间接建立。基于此，我们的方法就变成了发生学的方法。

发生学方法在广义心理学中有着不同的表达形式。鲍德温、波耳汗

和斯托特（Stout）等人尽管把发展的观点视作根本，但他们会使用略有不同的规则。适应和习惯、对意动趋向的系统化和抑制，这些都是他们用到的不同的功能性概念。但可以肯定地说，所有这些观点背后的基本理念都是意识内容的逐步分化与相互结合。通过这种分化与结合，意识获得了新的能够鉴赏性区分的意义。这样，不同层次的意义就被区分开来，层次间的过渡也得到了解释。这种发生学的功能性方法的重要性在于，在某种角度被看作习惯或倾向的东西，在一次新的调整中可能在意义的范畴下找到一席之地。因此，在新的意识内容组成中，被视作习惯的倾向的功能性意义就被转化至新的适应范畴中。这种在发生学范畴下实现的功能性习惯与意识内容的统一在经验认知方面显示出其贡献一般概念的重要作用。从纯粹分析的角度看，一般性概念在心理学中无法找到合意等价词；而从发生学的角度看，其功能性意义得到了应有的认可。"然后，选择性思维就可被视作个体头脑中思想流的系统性、渐进性和持续性的决定过程。"①

当这种发生学方法被应用到意识的价值方面时，可能引发以下问题：如何理解价值评估作为个体头脑中意识流和感觉流的系统性、渐进性和持续性的决定过程？关键在于理解心理的连续性。其在此处的特殊表现形式与将不同的鉴赏态度推演为连续获得意义的发生模式这个问题密切相关，即揭示一种态度的获得性意义在如何变成倾向之后，又是如何作为新的情感和价值模式的假设或预设而发挥作用。其中涉及心理发展或价值运动的概念，必须用更一般的情感和意志法则来解释。

如前所述的预设方法，介于规范科学的目的论分析与解释同因果方法之间——前者假设一个或多个目的作为分析意义阶段与心理客体排序的工具，后者从所有意义中抽象出来，因此可能会将整个具体态度（包括功能性预设）分解为便于其研究身心关系的若干部分。预设方法不假定心理过程有具体目的，它仅满足于从鉴赏领域继承"获得性意义"这

---

① 引自鲍德温在《哲学与心理学大辞典》（*Dictionary of Philosophy and Psychology*）第二卷所写的关于"选择性思维（Selective Thinking）"的文章。

——功能性概念。但在做出意动连续性（在这一连续性中意义被获得）的假设时，预设方法关注鉴赏性描述所区分的意义差异（这些差异可能会被纯粹的因果分析所忽略），并探求这种差异预设了怎样的功能性适应。由于所有的心理适应都由意动和认知行为组成，因此预设性方法要分析出的问题就是价值情感的意动与认知预设。

第四节　价值论的问题与方法：事实与规范、起源与有效性

价值理论的第二项任务是对价值客体进行反思性评价。我们不仅感受客体的价值，还要评价这些客体，最终甚至要评价价值情感本身。显然，这里涉及一种不同于心理学的观点。这一观点不仅需被明确定义，还要与心理学有适当的联系。如果我们想要确定知识客体及其过程的有效性，那么从逻辑学或认识论角度出发是合适的。但"认识论"这个术语过于狭隘，无法涵盖评价问题，因此我们可以借鉴"认识论"创造出"价值论"这一新的术语，这样我们就可以讨论价值论与心理学观点之间的关系了。

如同认识论一样，价值论的问题也集中在主客观的区别上。这种区别在价值判断和知识判断中均有使用。我们认识到价值在某些程度上是独立于个体认知的，因为在主客体之间存在情感和意志的关系。这些关系通常被视为要求和义务，正如外部强加给我们的感官印象一样神圣不可侵犯。在伦理学的主观欲望与客观合意之间，在经济计算中的主观效用和牺牲与客观价值和价格之间，在艺术学的主观效果与客观之美之间……情感的差别是如此明显，以至于在任何质朴的、未经反思的经验中，具有如此客观的指涉的情感被说成客体本身的谓词。

然而，对于反思而言，这种区别在价值领域和真理领域的含义是不同的，又恰是在这一点上，价值论问题的特征得以显现。在知识论中，关于是否存在超越所有主观过程客观性的争论仍在激烈进行。尤其是当前，争论的焦点在于是否有某些品质独立于经验而存在于事物本身。而在价值理论中，这一问题更为简单化。所有的价值在某种意义上都是主

观的,都是基于某种过程而建立起来的。但我们认识到,我们的主观性的概念必须为某种客观性腾出空间。这是因为在某一过程中形成的情感或欲望可能会对由其他过程决定的情感或欲望加以控制,而这种控制赋予了它们一种客观性的形式。

当我们为这种客观性形式命名时,我们发现规范概念和规范性判断中已经有了现成的名称。客观价值的实践意义在于它形成了主观价值情感的规范,并在某种程度上决定了主观情感。相关研究揭示了其独特性。规范是主观情感的鉴赏性描述和建构的产物,但当它被如此客观化并投射出来时,就变成了一种需求。认识这一需求则是进一步鉴赏主观情感的条件或预设。对一般交换价值即客体的价格的认识是个体进一步利用该客体的条件,对永久可欲的倾向的认识则是实现某些主观伦理价值的条件,对客观之美的认识是持续审美满足的条件。在宗教中,这种关系更为明显。从现象学的角度讲,超自然人格的理想是个体和种族鉴赏性建构的产物;有关它们存在的假设或假定却是某些主观价值情感(比如敬畏和内心宁静)的预设。一般来说,规范是对存在的假设或假定,它代表了欲望的永久性方面,并支撑着可变的情感和判断。它的功能是控制鉴赏。

因此,规范被视为具有主观性和客观性双重特征。规范性判断同时代表着主观鉴赏和客观描述。其主观指涉体现在这样一种事实上:只有通过这些被投射的观念客体(假设它们独立于主体而存在),主体的个体情感才能被传达。正如我们所见,规范建构是鉴赏性交流和描述的产物。因此,规范具有心理学起源与特征,它是由某些特定倾向决定的一种假设或假定。另外,规范的客观性特征也相当明显,因为它超越了对当下的主观控制,并通过其作为信仰的一个预设的特征,成为进一步主观鉴赏的条件,从而实现对这些情感的控制。

从规范的双重特征中,我们可以推断出价值论和价值论方法的某些特征。价值论的问题是对价值的反思性评价,显然包括确定在价值经验中已经形成的主客观之间区别的有效性。既然这种区别已被揭示,那么任何有关这种区别的有效性问题显然将取决于所假定的客观性是否在获得价值和保存价值这两方面履行了其作为价值评估连续性必要预设的功能（whether the objectivity postulated fulfils its function as the necessary presupposition of the continuity of valuation, in its two aspects of acquirement and conservation of value）。当然，我们也可能提出其他一些问题，比如，价值客体因此而获得的实在性是否等同于独立于主观过程的存在？但这些问题并不属于价值论范畴。同样显而易见的是，除非评估的现象学、评估过程、评估客体和评估法则得到详尽阐述，否则我们必须保持这套准则的完全抽象性和一般性。关于这套准则的应用，我们将在最后一章复盘，当前只局限于简要表述。

然而，当价值论的问题以这种形式提出时，它显然与心理学存在某种明确联系。对于亲身经验来说，这种规范的客观性表现在对价值的亲身鉴赏中，这一鉴赏以特定的假设或假定作为其认知预设；但就反思而言，这些假设通过抑制、努力以及由此产生的再适应和重建（在此过程中，我们的一些欲望已发展成永久的、客观的要求）而表现为欲望的选择性的、发生学上的产物。在亲身鉴赏的一般层次之外产生了一种新事物形态，其结论寓于一种新的客观性和实在性中。既然所有价值（无论主观还是客观）都建立在某些过程之上，那么关于其有效性的终极问题便是它们是否有坚实的基础。同样明了的是，价值有无坚实的根据（well-founded）取决于它们是否遵从一些终极法则。每一价值主张的背后都暗示着对其所遵从的情感和意志的法则的主张。

我们从前面对规范性判断的性质的研究中得出了这一推论。作为对这一推论的回应，鉴赏和描述之间的二元论很可能再次诉诸绝对价值的教条，并坚持对价值客体的评价完全独立于其起源、评价的规范并非与心理学法则相关或由其决定的论调。我们没有必要为了指出"没有鉴赏的描述"公理的反义是"没有描述的鉴赏"这一我们同样认为合理的命题而回顾此前的讨论。如果说，在鉴赏中不存在没有激励和控制因素的描述和交流是真命题，那么只有以客观性描述为媒介和控制才会有鉴赏也将是真命题。但反思性评价不就是鉴赏的最高形态吗？并且，在区分主观和客观决定的价值的任务中，如果不研究这些区别的起源，反思性评价又该如何进行？这种情况可以用另一种方式来阐述。无论规范科学的有效性规范所对应的抽象规则是什么，它们都只能是心理学法则在其他形式与其他目的上的新发展。我们完全可以相信，心理描述不是价值理论的全部内容，但它肯定与规范问题有关。这些规范中包含的假设与假想至少必须在心理学上是可能的，即"它们将与意识生活中的一般法则及这些法则中特殊而具体的发展相协调"[①]。

[①] 引自海甫定（Hoffding）关于逻辑法则与心理学关系的讨论，《哲学问题》(*The Problems of Philosophy*)，伦敦，1905年版，第76页。

第二章 价值意识的定义和分析

第一节 对作为累积的情感—意志分析的价值谓词的分析

一、价值判断

略览价值描述中如善与恶、有用与无用、美与丑、高贵与低微等笼统术语,或者值与不值、有价与无价等真正术语,以及它们被应用的方式,我们便能立刻意识到:未经反思的价值意识首先是客体的第三性质,它们在客体中占的比重正如第一性质和第二性质在认知的物理客体中所占的比重一样。这一点在伦理学和美学谓词中表现得尤为明显,在对"效用"和"价值"等术语未经反思的用法中也同样正确。例如,当我们说"铁"是有效用或有价值时,甚至可以遗漏铁的使用条件。无论从进一步的审视和反思中可以推断出什么结论,这种内在价值判断在心理学上都是更根本的。

作为客体的性质和在鉴赏性描述中使用的术语,价值具有某种客观性,但人们仍然认为它们与其他性质不同,因为它们被主观地限定,而所谓第一性质和第二性质并非如此。

因此,价值判断是对价值客体之于主体意义的断言或鉴赏。当我说某一客体善、漂亮或高贵时,便断言了客体与我的情感和意志之间的直接联系,这是客体与我的主观倾向之间的一种和谐,这种和谐相对独立于我对客体存在的判断以及我对客体所持看法的正确性的判断。存在被察觉,真理被思考,价值被感受。尽管价值谓词是先被感受到而非认知到的,尽管它们与纯粹的客观性相去甚远,但在每一次鉴赏中,在每一次价值判断中,人们都预设了对实在和真理的指涉。只要我提出下列问题,这些指涉就会显现出来:"这一客体真的(turly)善或者有用吗?它真的高贵或者漂亮吗?"价值情感包括了实在情感,鉴赏性意义预设了实在意义。

二、价值判断中的含混性导致存在意义和实在意义的价值论区分

当我们试图进一步分析这些谓词时,我们发现它们总是对实在有某种指涉,而这些指涉又隐含在价值判断中。在对此进行反思性分析之前,这些价值谓词的意义就已经引起了歧义。它们是如此地让人混淆,不止一位思想家对该问题提出了全面怀疑。必须承认,这种怀疑并非毫无根据。通过对这些含混性"刨根问底",一些事情就变得明朗起来,我们会发现这些起初的怀疑仅是一种有益的提醒。因为正是在这一过程中,在对价值意识语法的研究中,我们发现了这些价值谓词的性质及对其分类的基础。通过观察经济学、伦理学和美学等具体价值科学中的价值分析为消除含混性而形成的区分,我们便可一眼窥破这一混淆的性质。这些区分包括价值被认为是主观的或客观的、现实的或理想的、实际的或附加的、内在的或工具性的。

第一种区分,即主观价值和客观价值之间的区分,是一切价值问题中最为关键的一个区分。相同的客体——不妨以钻石为例——对于我个人来说,它们可能并没有价值,甚至令人厌恶,然而从别的角度来看,我可能认为它们极富价值,并认定它们具有内在价值。另一个例子是,尽管从道德的角度讲,我应该谴责我朋友的行为,但在当下的鉴赏中我仍有可能支持他的行为。我们只能通过区分主观价值和客观价值来解决这类矛盾。还有一种与这种含混性密切相关的混淆。当内在价值与工具性价值的区分被忽略时,它们就会显现出来。一个毫无价值的客体,或者其被消极地判断为有害的或是坏的客体,当它对某些具有当下价值或内在价值的客体有工具意义时,就可以获得价值谓词。类似地,在工具价值或经济效用的范畴内,我们发现只有通过区分主观和客观才能消除这种含混性。一方面,如果客体是因其可被利用而具有价值,那么它的价值总是对于主体而言的,并与具体条件有关。另一方面,我们被引导

着将价值赋予客体，比如我们说铁有价值时，是不考虑铁与个别主体及具体条件的关系如何，而是通过一个抽象过程，我们赋予了客体本身价值。对于这些意义上的差别，经济学家使用了主观价值和客观价值这两个术语，后者有时也被称为客观交换价值。

从这些案例中我们可以看出，无论价值被描述成主观的还是客观的，价值判断所表达的态度都是主体的态度。态度上的差异则取决于性质待定的预设包含什么或排除什么。其他的区分（如现实价值与理想价值、实际价值与附加价值之间的区分）同样展现了移除价值谓词中固有的含混性的愿景。

有时，我们赋予一个客体价值意味着我们认为它值得被评估，而不管其他人或群体对它的实际评估如何。这种价值被称为理想价值。还有一些价值评估客体，我们并不追究其存不存在、实现的可能性或概率而对其进行抽象地评估，这种价值就是理想价值。这种价值与对客体的存在或可能性的判断是真实的、有依据的实在价值相反。在以上两种情形下，实在价值和理想价值都是主客体关系的函数，其差别在于主体的态度及两种情形下情感预设的不同。只有当这些预设不明确时，意义才会产生混乱。

实际价值与附加价值的区分，同其他的区分一样，并不是在当下价值经验自身中出现的，而是当价值判断的预设通过反思性分析变得明朗时才出现的。一个客体的全部价值通常取决于多重因素。在一定情况下，总价值中与某一主观决定因素相符的元素会被描述为实际的，其他元素则会被描述为附加的。因此，一方面，一个整体中的元素——以食物为例——其中的每种元素都存在实际价值，这些价值产生于元素满足各种不同的欲求或当其被分开消费时满足主体欲求的能力。另一方面，一种元素通过与其他元素的结合而可能获得的价值被称为附加价值。类似地，当一个人的行为因体现出有助于实现社会目的的倾向而具有的价值，被称为实际价值；而由于这一行为体现出的对个性或人格魅力的加成，就属于附加价值。从这些阐述中可以看出，客体总价值的不同要素有着不同的主观决定因素，而这些都要回溯到判断所针对的不同的客体或客体的不同方面上去，即回溯到认知预设上去。

三、对含混性的解释——因为不同的预设

由此区分开来的意义可被描述为价值谓词的实在性意义（reality-meanings）。与纯粹鉴赏性意义不同，这些意义代表了由对客体认知态度差异所决定的价值谓词的变化。鉴赏性意义不完全独立于对相关实在的指涉——这一事实使这种价值概念的区分成为必要。简单鉴赏行为对存在的预设可能并不清晰；事实上，最原始的价值判断都是对没有任何限制因素的断言。一旦考虑价值谓词自身的评价问题，一旦提出将主观限定价值与客观限定价值相区分的价值论问题，就必须对实在的预设进行明确。我们通过明确这些预设，可以理解对实在预设的认识，这种认识体现在所有的价值判断中，体现在所有的鉴赏中，体现在对存在的具体判断中。价值如何是实在的？价值客体如何是存在或者实在的？

从对价值谓词多重含义的研究中我们可以清楚看到，价值判断并非表达客体脱离主体的属性（即使价值有时被描述成实际的或主观的），更多的是主客体之间关系的作用。当我们说一个客体具有绝对价值或者客观价值时，这只是通过对处在某些态度中的主体进行暂时地抽象，而不是对主体本身进行抽象。价值谓词中意义的其他区分也反映着同样的事实。因此，当我赋予一个客体价值，也就是说它实际上被看重时，我的态度便取决于某些价值判断的预设，而这些预设是参与他人价值判断的产物。然而，当我的判断意味着客体具备理想价值、值得（deserves）被看重时，该判断表达的便是态度的转变，这种转变或是通过排除某些判断的预设来实现的，比如当我反对别人对我的临时判断时；或是通过包含其他预设来实现的，比如当我从更狭隘的实际价值判断上诉诸更普遍的判断时。实际价值与附加价值的区分也是如此。实际价值总是指客体对持有某些态度的价值主体的意义——而非客体本身的属性。计入实际价值的附加价值则产生于主体的态度。从决定客体实际价值的角度看，这些态度无关紧要或可忽略不计。

从所有这些讨论中可以清楚看到，无论我们最终赋予价值谓词的客

观性以何种意义，无论在所有的价值判断中隐含的实在预设是否有效，我们都可以毫不犹豫地断言这些价值谓词是由前置的心理过程预先决定的意义。尽管乍一看，它们似乎是主体的第三性质，但我们仔细观察就会发现，它们可被视为客体对于主体而言的获得性意义，正如一些所谓的第一性质和第二性质一样。正是因为事前被如此地决定了，它们或许可被称作"累积的（funded）意义"，即代表了过程中累积起来的意义。我们现在还能看到，正如认知性述谓结构中的某些矛盾、对立一样，通过对谓词进行抽象，然后作为客体的性质，价值谓词中的含混性便从意义的获取过程中产生了。在这一过程中，意义得到了累积。

通过这一分析，我们能够为价值谓词的定义和描述增添更多的内容。我们已经将价值谓词定义为由先前的心理过程预先决定的累积性意义。为使其与认知谓词中使用的属性区分开来，我们进一步将它们定义为"情感—意志（affective-volitional）意义"。所有的鉴赏和判断都预设了与事实判断和存在判断的关系。但正如我们先前所见，这些预设首先都只是隐含着的（implicitly）。正如断言性的判断，它们断言了客体同情感和意志的关系——无论是当下的实际的体验，还是可能的情感或意志经验——也就是说，这些判断相信客体有能力唤起这样的经验。

第二节　对将价值判断作为客体对主体的情感—意志意义的进一步分析

一、作为分析线索的价值论的区别

价值是客体对持有不同态度的主体的累积性意义，或是由不同倾向和兴趣预先决定的。从这一观念产生了两个重要结果。一个结果是，尽管我们一直在讨论价值的区分是从对价值判断的相对有效性的决定这一价值论视角发展起来的，但在分析的过程中，我们也获得了一条可以对所涉及的不同态度进行心理学分析和分类的线索，它们构成了这些区分的基础。在所有的这些意义中，差别源于认知预设的本质。所有作为主体态度的价值评估，最初都是一种当下的鉴赏行为。但这些原始的态度可通过包含各种类型的判断（比如存在判断、工具性判断、将客体指向自身或他者的判断，以及有关获取和占有的可能性或概率的判断等）而对自身加以改进，以便给出各种意义。从价值论的角度看，这些预设的真实性至关重要；从心理学的角度讲，其重要性就在于价值经验的变化。这些变化是伴随这些预设的变化而来。另一个结果是，将价值看作客体对持有不同态度的主体的情感——意志意义，便于我们分析价值主体和对基本价值态度进行分类。

二、价值判断的"主体"——不同态度下的主体—态度的分类

我们前面已经思考价值谓词意义的含混性，表明了经验主体的某些根本差异。主观价值与客观价值、实在价值与理想价值的差异可被归结为判断主体的差异。这些差异导致了对于不同类型价值判断而言不同的主体的概念。因此，克莱别格（Kreibig）[①] 区分了第一价值主体和第二价值主体，其中第一价值主体是指个体，第二价值主体是指群体或种族意识。迈农[②] 在处理伦理判断和道德判断的差异时，区分了更为个体化的伦理主体与非个体的道德主体。前者是处在与"他者"关系中的具体的自我，后者既不是自我也不是他者，而是一种抽象、一个第三者、一个对两者都加以判断的"公正的旁观者"。这些区分试图公正对待价值判断的根本差异，它们都指向了正确的方向。然而，它们在分析中充当工具的概念建构仍然容易遭到批判，因而它们面临可能被实体化为单独的事实和被构想为实在的危险——尽管它们是从个体化的主体中抽象出来的。出于社会或伦理哲学的某些目的，我们在不歪曲现实的基础上或许可以谈论群体意识、一般意志或超个人意志；但对于价值判断的经验分析而言，更接近事实的说法是，无论是个体的人、群体或种族的人，甚至作为"公正的旁观者"的抽象的人，都可被归结为持有不同态度的个

[①] 克莱别格：《价值理论体系的心理学基础》（*Psychologische Grundlegung eines systems der Wert-theorie*），维也纳，1902 年版，第 5 页。

[②] 迈农：《心理伦理学当前研究的价值理论》（*Psychologisch-ethische Untersuchungen zur Werth-theorie*），格拉茨，1894 年版，第 72、163、216 页。

人。这样，问题就变成了对这些相对固定的态度的起源、区别和最终确定的解释。

于是，个体的价值判断可以将客体对主体的情感—意志意义表达为取决于主体对他者、个体、社会群体，甚至超越了群体区分的、表现为"公正的旁观者"的客观态度的超个体意识的价值态度的分享和明确认知。态度的差异取决于是否将判断包含进来作为意义的部分预设。心理学问题是追踪这种实现了对他人态度的分享和认知的过程，而关于价值分析本身更具体的问题，是确定主体态度的这一变化是如何改变对客体的价值判断的。

我们可以先初步地区别自我或价值判断主体的三种根本态度：（1）对客体对于自我而言的情感—意志意义的简单鉴赏；（2）个体态度，其中客体的价值（无论此客体是物质财产还是心理倾向）取决于个体对自我或他者的明确指涉，其中还预设了对自我或他者的特征描述；（3）非个体态度，其中判断主体与非个体的超个体主体产生认同，而客体价值取决于对超个体的需求的明确指涉。① 以上三种根本态度都是价值鉴赏的形式，而第一种是简单（simple）鉴赏，因为其中的预设都是简单的；个体和非个体态度则都是复杂的、派生的，并将具有历史起源的判断和假定作为其预设。

三、价值判断的客体——对价值客体的分类

价值经验的主体作为价值功能中的一个因素，总是通过包含和排除某些判断的预设而不断变化、扩展和收缩，因此评估客体也会发生变化。在广义上，价值客体属于意识的表象方面，是具有对存在的隐含预设或明确判断的当下理解的客体。因此，价值客体首先是情感和意志非自我的、外部的客体，它们一开始便是表象经验的那些方面。但是，意识的任何方面都可能成为表象，都可被诉诸意识，从而成为判断的客

---

① 这一分类与鲍德温（Baldwin）在其《思与物》（*Thought and Things*）（第一卷，第七章，第148页）中对认知意义分类的原则是一致的。鲍德温在其中区分了：（1）简单意义和私有意义；（2）聚合意义与共聚意义；（3）社会意义和公共意义。

体。即使是所谓"精神至上"的价值评估态度本身，也容易被表达、翻译成观念性术语，从而在价值功能的客观方面占据一席之地。这种关于精神意志表述的心理学将我们引向了原则的应用之处。这里最重要的是要强调，一般类别的价值客体包括物理客体和心理客体，在后者中又包含评估态度本身。

关于评估客体一个更重要的区分是主要评估客体和次要评估客体的区分，或是简单客体和所构建（founded）客体之间的区分。就一般所构建的客体而言，我们知道它们建立在对基本感觉和知觉的思维和判断的过程之上。这样一个所构建的客体，严格来说不是知觉的客体，而是思维和判断的客体，而且可以说是被这些过程预先决定的客体。因此，某些呈现和判断的观念客体，尽管它们既不能被察觉也不能被感知，但可以说是建立在感觉和知觉之上。对他人情感共情的认识过程，在性质上首先是知觉性的，但在这些过程的基础上，某些观念客体自身及其倾向被建立起来，并成为被赋予价值的客体。赋予它们的是在构建过程中涉及的情感与意动累积的意义。

按照它们是建立在知觉活动过程还是思维活动过程的基础上，可将这些所构建的客体再分为两类：（1）知觉客体形式的优美或高雅；（2）从感觉和知觉活动中获得的所构建的特质，这些感觉和知觉活动包括对食物的消费，或者更广义地说，包括各种本能活动，如整洁、礼仪等。对生存活动的任意和谐的分组或安排都会创造第二价值客体——当然，这是建立在第一价值客体基础上的。作为基于思维与判断过程的第二价值客体的例证，我们可以把个人及其情感或意动倾向看作一个建立在通过推论过程对共情的当下鉴赏的基础之上的概念，并又成为对优点、缺点等概念的第二判断的客体。此外，还有第三组所构建的价值客体，这类客体可被描述为超个体客体。第二和第三价值客体都是第一价值客体的理想重建的产物，取决于对更大的社会群体或普遍社会的价值过程的参与。社会的理想的道德产物和文化产物、作为交换客体的经济产物（其中包括只具有"超个体"价值的交换媒介）都属于这一类别。因此，在将所构建的客体区分为知觉活动产物和思维活动产物时，我们当然不能作出绝对的区分，因为在这类客体的建构过程中，两种活动都起了作用。

对价值客体的一个初步分类将包含：（1）简单鉴赏（simple appreciation）的客体。这些客体可以是物理的或者心理的，并包括了建立在知觉活动基础上的所构建的心理客体。这些客体的价值可被称作"条件价值"，因为当价值情感作为反思对象时，作为愉快或不快的情感，它直接涉及感官条件的变化，并与个体价值、社会价值形成对照。（2）个体价值客体，如个人（自我或他者）的品质和倾向，这是建立在对个人的特征描述过程中的客体。（3）超个体客体或普遍价值客体，这类客体建立在社会参与及观念建构的过程中，而揭示社会参与和观念建构是为了强调社会参与（participation）以及客体的效用（utilisation）和交换（exchange）。总之，这些价值客体与对价值经验主体的基本态度相对应。

四、价值主体与价值客体的关系——对术语"情感—意志意义"的进一步探究：外延与内涵

对价值谓词意义的分析，以及随之而来的对价值判断主体与客体基本类型的区别和分类，把我们带入第三个问题，即对"情感—意志意义"这一术语更加明确的定性，以及对与其各种含义相对应的意识模式的分析和分类。只要我们稍稍关注认知意义与那种被称作"价值"的意义方面的初步区分，就足以把后者描述为一种由情感和意动过程先行决定的意义，并将价值判断描述为对累积意义的鉴赏或承认。但当我们更仔细地审视这一标准，并试图更准确地确定不同类型的价值判断、鉴赏、特征描述、参与和效用代表着意义的哪一方面以及在每种情况下情感和意动的决定过程是怎样的时，就有必要进行更具体的心理学分析了。

当我们试图使价值关系这一极其一般性的描述更具体化时，我们面临两种可能的价值视角，它们一个更广义，一个更狭义。

狭义视角只承认两种类型的价值判断：伦理价值判断和经济价值判

断。这就将"价值"仅仅限定在特定的情感态度中，这些情感态度只有在对一客体就其自身或其目的而言存在与否作出论断之后才会产生。因此，这一限定否定了所有的客体对主体意义当下情感的价值态度的特征。这些当下情感先于我们称为"经济的"与"伦理的"的区分，同时也否定了我们在审美意识中首先获得的具有更高直接性的情感态度的所有形式。这一由威塔塞克（Witasek）[①] 和 H. W. 斯图尔特（H. W. Stuart）[②] 明确表达的观点，合乎逻辑地将审美经验从价值领域中排除出去。因为在前者眼中，审美情感是预先判断的，也就是说，只将表象作为其内容的情感。在后者眼中，美学是事后判断的，只是一种鉴赏性状态，在这种状态中，所有的判断都消逝了。我们会发现，这两种将审美态度与同其密切相关的伦理态度和经济态度割裂开来的方式都会受到严厉批判。

斯图尔特充分阐释了这一标准形成背后的推理过程：对于将任意一个意识模式称为客体的价值是否合适的一般性准则——它必须发挥逻辑功能，而不是仅仅被视作心理事实的一部分。无论是情感、情绪还是其他相关的意识模式，都必须在主体对情境的审视中发挥有目共睹的功能，那就是促使或支持一种与客体相关的明确的、实际的态度。简而言之，只要经验以某种方式进入主体的意识中，它就可被恰如其分地定义为价值。

通过检验这一准则，我们立刻意识到，它为反思性价值判断的某种类型做了一个很好的定义，我们将这种类型称作"次生判断"。我们很大一部分价值判断是通过有意识地将情感或情绪作为呈现的内容和判断的部分决定因素来确定的。典型的经济判断只发生在客体储备增加或减少的场合，并且是由我们整体实践态度中对价值情感的反思所激发的。典型反思形式下的伦理判断可被证明具有相同特征，这是因为以自我倾向或品质显现出来的价值主体，其自身特有的经验模式或情感方式成了整个伦理判断情境中的决定性因素。但这些反思性判断的次生特征和派

[①] 威塔塞克：《美学通论》（*Allgemeine Aesthetik*），莱比锡，1904 年版。

[②] 斯图尔特：《作为逻辑过程的价值评估》（*Valuation as a Logical Process*），摘自杜威（Dewey）：《逻辑论》（*Logical Theory*），芝加哥，1903 年版。

生特征很快就变得明显了。作为表象内容的情感或情绪是如何"在主体对情形的审视中"作为一种价值"发挥公正作用"的？在其作为对先前未经反思的判断的推动力，即作为一种有意识的决定因素之前，这些情感或情绪或许也是一种价值或至少是一种价值暗示？那么我们就可以说，从这个意义上讲，许多价值评估是一个逻辑过程，但评估本身就根植于简单鉴赏的经验之中。在那里，情感作为表现或判断的客体虽然是决定性的，却不是那么地有意识、自觉，因此，必然仅在其心理事实的层面被涉及。

因此，我们必须以一种更广义的方式来解释对价值所作的"情感—意志意义"的定义，以将情感或欲望的模式包含进来。视情况而定，这些情感或欲望可能仅仅是对客体的鉴赏，或仅仅是在其累积性意义上解释客体。我们不能把价值局限于这样一种态度——在这种态度中，从客体中抽象出来的意义成了主体审视情境时的动机。于是，我们就能够把那些预先判断的并具有较低直接性的态度同事后判断的并具有较高直接性的态度一同包含进对价值的定义里。这一定义还认可反思性判断，如存在判断、工具性判断、占有性判断的中介作用，也认可反思性判断与非反思性判断、内在判断与工具性判断在不断地交互传递，我们在后文中将这种现象描述为价值运动。

在我们试图更具体地阐释价值作为"情感—意志意义"的一般性定义时，第一个问题出现了，与之密切相关的第二个问题也随之出现，即我们将以何种具体方式把价值—要素与它的心理学等价词（即情感和意动）联系起来？在我们对价值经验的初步划分中，使用"情感—意志"这一复合术语本身就存在某种含混性。尽管从使用这一术语的意图看，这种含混性是情有可原的，但如果我们要找到构成价值评估过程科学重建基础的价值经验的等价词，就必须对其进行明确分析。这一复合术语的意义在于它在一般术语"意义"下划分出一个特殊种类。这并不是说可能存在没有价值指涉的认知意义或没有认知预设的情感—意志意义。事实上，我们可以看到这些术语的边界还不是那么清晰。这些区分的目的只是通过强调意义的不同方面来标示一个相对的区分。

第二章　价值意识的定义和分析

这一复合术语是必要的，因为只有在这样一个定义中，才能将所有的价值态度，即对客体的态度包含其中。至少在我们的日常用法中，它对情感和意志作出了明确区分，并将两种态度类型所指向的客体视为有价值的客体。在进行更科学的分析之前，这一双重关系必定被视作对价值态度的描述。但对这个一般性定义进行心理学分析时，我们再次发现，在双重关系的某些形式中，情感和意志之间的区分还远不够明确，因此很难说作为这些意义的载体的当下经验该被纳入这些术语中的哪一个。一方面，我们发现一些偏好和义务的体验（在这类体验中，几乎不存在表现为被动的愉快或不快的情感，或者说，即使存在的话，也是无关紧要的）是如此无关紧要，以至于一些价值经验理论〔如布伦塔诺（Brentano）和施瓦茨（Schwartz）的"唯意志论"〕在其所谓的"无强度偏好行为"中找到了价值所在（locus），并否定了情感及其强度的价值方面。另一方面，我们发现价值经验，比如审美经验，显然是纯粹情感性的价值经验。在这种经验中，以各种形式出现的欲望或意动都处在最低限度。如果有意义的话，这种情感经验似乎也仅仅是作为一种倾向或预设而具有重要意义。鉴于这些事实，虽然一般性术语"情感—意志意义"对于定义"价值"中所包含客体的各种意义都是必要的，但很明显，只有当这些要素中哪些是情感的、哪些是意动的、哪些是原生的、哪些是次生的被确定，也就是说，确定哪些要素实际上总是作为经验意识而存在、哪些仅仅是作为倾向性的决定因素而存在之后，这一定义对进一步的心理分析和解释才有所帮助。

鉴于以上考虑，我们进一步的分析路线清楚表明，一方面，我们不得不将情感和意动的概念包括在我们关于价值要素的心理学等价词中，否则我们无法得到所谓价值客体的累积性意义的真正等价词。另一方面，当我们试图分析经验的内容时，我们会发现它们以不同程度和方式出现，此时关于哪些内容是更基础的问题就产生了。那么，价值的基础究竟是情感还是欲望呢？

另外，这两方面无论哪个方面被视为基础，都必然会引发第二个问题：价值是否与感觉和欲望共存？还是在情感或欲望领域内存在进一步的划分？换言之，所有的情感或欲望，无论其条件是什么，无论其如何消逝、如何产生，都具有表征主体对客体价值态度的超越指涉和内在指涉吗？

第三节 对价值经验的心理学分析
——作为某种认知预设情感的价值

一、价值基础是情感，而不是欲望——对艾伦菲尔斯的批判

这两个问题都是近年来价值心理学分析的前沿问题。[①]一旦我们试图将包含在价值经验定义中的不同态度调和并简化为一般术语时，人们就不得不注意这些问题。诚然，某种观点认为，有无这些更细微的区分无关紧要。我们可以看到，出于经济学分析的狭隘目的（其中只需短暂地涉足心理学），我们把价值要素有时说成情感，有时说成欲望。艾伦菲尔斯的说法也许是对的。他认为无论我们将价值经验定义成情感还是欲望，评估的一般法则和价值或价值运动的变化形式都是真实的，价值判断的变化是由于情感或欲望的改变。然而，要全面分析价值意识的所有阶段，就需要解决这两个问题。

与第一个问题相关的有关价值定义上的第一个分歧出现了：分别以迈农和艾伦菲尔斯的表述为典型。艾伦菲尔斯将客体价值定义为客体的可欲性，并以实际欲望作为价值的基础，仅赋予情感倾向性的角色；迈农则把实际的价值经验等同于情感，欲望在其定义中只是作为被预设的倾向存在。从某种意义上说，我们已经看到，情感和意动这两个术语都必须进入我们的心理学定义中；问题是两者中谁该被赋予基础的、实际的（actual）经验的角色，谁该发挥倾向性功能。

[①] 详细历史记载及评论请见作者本人在 1907 年 3 月 15 日发表于《哲学公报》（*Psychological Bulletin*）第四卷第四期的文章《价值心理学理论的新趋势》（*Recent Tendencies in the Phychological Theory of Value*）。

艾伦菲尔斯[①]将欲望视为实际的心理学价值的基础。他告诉我们,"价值与客体的可欲性成正比",他继续说道,仿佛这是不言而喻的,"还与与之对应的实际欲望的力量成正比"。艾伦菲尔斯定义的第一部分无疑是正确的。客体的累积性意义是其可欲性及其在某些情形下唤起欲望的能力。然而,这一定义的第二部分不见得正确。我们既不能说价值判断由实际欲望决定,也不能说客体价值与实际欲望的强度成正比。至于价值或可欲性与实际欲望的等同性,对某些简单但典型的价值经验的思考表明,与价值等同的并不只是一种实际的欲望,而最终只是一种可能的欲望或欲望倾向。艾伦菲尔斯本人也接受这种对其先前定义的修正。当我想到一位不在场的朋友时,我可以感觉到他对我的价值,而丝毫不带有关于他直接在场的渴望,尽管这一情感的预设是一个渴望其在场的意向。或者,我对具有经济效用的客体的客观价值的意识,可能独立于一切实际欲望,尽管我并不了解这些客体在某些情境下的可欲性。同样正确的是,一个客体的价值或可欲性程度的高低不能直接与实际欲望的程度相等同。它无疑与假设的欲望—倾向的强度成正比,但意动趋向或倾向的强度并不总以实际欲望强度来衡量,而通常是从其对意志的作用或通过欲望被抑制后情绪波动的强度间接推断得出的。通过反思,这一假设——欲望—倾向的力量是在意识的当下改变中直接被赋予的——几乎不可能发生。而艾伦菲尔斯,至少在我们所关注的他的定义中,是不承认这一点的。

因此,很明显,虽然欲望和一般性意动趋向必须在我们的价值定义中占据一席之地,但它们不能被看作价值的心理学基础,因为它与客体的累积性意义存在有意识的关联者,而这种关联者就是情感。艾伦菲尔斯因此将情感代入他的定义:欲望不是由客体的神秘特质决定的,而是由我们意识的各个方面决定的,这些方面可被简化为心理学术语。所有的欲望行为,就其方向和力量而言,都取决于所讨论的个体的情感倾向,由欲望在意识领域的参与或停驻所带来的愉悦的相对增加。因此,

---

[①] 艾伦菲尔斯:《价值理论体系》(*System der Wert-theorie*),莱比锡,1897年版,第一卷,第一章,特别是第35页。

情感才是最基本的。一个客体的价值直接与欲望的强度成正比，但这一关系取决于客体在主体偏好程度中地位的不同。

艾伦菲尔斯的观念涉及情感和欲望的本质及其关系的心理学问题。我们目前还无法探讨这个更宏大的问题。现在，我们只需要意识到对这一立场的根本性批判就可以了。这些批判转向了情感对欲望的决定论（determination），转向两者因果联系的观点。其理由是，若想诱发欲望，情感必须是实际的，是意识的一种在场的状态。但根据艾伦菲尔斯的观点，情感并不总能在场，它通常是一种不存在的状态，这种状态被称作"诱因"。这是一种尚未实现的客体的存在，或是被欲求的在场客体的不存在。因此，一个尚不存在的客体的愉悦伴随物本身是不存在的，在任何因果意义上都无法成为欲望的决定因素。但可以说这两种状态的差异是欲望的诱因。这种诱因，要么是未被感觉到的、未被认识到的差异，是一种抽象；要么是一种新情感，这种情感产生于实际在场的情感和构想的情感之间的差异，而构想的情感生发于客体是否存在的假设之中。在第一种情形下，一个抽象性概念作为诱因，这是不可能的。在第二种情形下，情感的差异成了判断的客体，价值要素先于欲望在场。显然，在某种意义上，情感或情感—倾向总是被欲望所预设，但这种关系不能被称作因果关系。

艾伦菲尔斯认识到，根据这种情感和欲望因果关系的观点，他必须将主张修改为：欲望是由情感或情感—倾向决定的。但我们已经看到，在所有情形下，价值都不能等同于实际欲望，而只等同于被欲求的或可欲性的能力。因此，艾伦菲尔斯最终没有赋予价值要素任何有意识的关联者。情感和意动方面都变成倾向性的。

二、价值情感的标准——对现实的假定

介于我们对艾伦菲尔斯价值定义的批判中所发展出的观点，迈农[①]将情感作为价值的基础。价值感受是在情感信号中被赋予的，价值感

---

① 迈农：《心理伦理学当前研究的价值理论》，格拉茨，1894年版，第一部分，第一章。

受的特征和程度取决于其预设（presuppositions，德语 Voraussetzungen）的性质。[①]迈农进一步设想，在价值情感的情形下，这些预设总是判断（或根据他后来的表述，是判断和假设——Annahmen），因此它们与只以感觉或表象为预设的情感有区别。如果暂不考虑价值感受的局限性，那我们可以接受迈农的一般立场。毫无疑问，我偏好将情感作为价值的基础性要素，原因如下：一般而言，我们的观点是，若没有"被感受到的（felt）意义"，就不可能有价值感受；但若没有欲望和意志，价值感受依然可以存在。更具体地说，即使在那些明确的欲望或意志的经验中，我们也可以运用与情感相关的语言来很好地描述欲望的本质，而不会歪曲本义。欲望的本质是缺失或需要的感觉。我们"感受（feel）对事物的需求"。动觉进一步地限定了欲望。从价值要素的本质看，这类感觉是无关紧要的伴生物。但绝不是所有的价值经验都包含明确的欲望。我们确实可以感受到客体的价值，而不需要任何被我们描述为"对其在场的实际欲望"的情感，尽管我们已经预设了一个意动倾向，并且这一倾向在适当条件下或能变得明确。对于实际欲望被终止的审美状态和神秘的宁静状态亦是如此。

　　这对我们的定义来说意味深长。在实际价值经验中，尽管情感必定在场，欲望却不一定在场。欲望往往只是作为一种倾向性要素存在，但在某些特定情形下，它可能变成实际欲望。因此，既然我们的定义中包含了欲望因素，那我们就必须将这一定义扩展为——客体有价值，要么在于它被人们所欲望，要么在于它能够唤起人们的欲望。换言之，它具有可欲性。这一定义包含了前所提及的宁静的神秘状态和审美的状态，因为若一个客体未被渴望，那它就不能成为这类情感的客体，在某些情况下也不可能再被欲求。即使在宁静的状态中，意动也会倾向性地存在

[①] 在表述迈农（Meinong）的观点时，我将"Voraussetzung"翻译为"预设"（presupposition）而非先行条件（pre-condition），以更好地传达他的意思。我还自始至终地保留了对预设的这种宽泛用法，尽管在鲍德温的用法中，它被局限在更高的反思层面上，也即如果我理解正确的话，他的"预设"总是一个"信仰的预设（presupposition of belief）"。

（我们随后将会看到这一点）。但在情感方面就不是这样了。在把"价值"定义为具有某些特征性预设的情感时，我们其实是指，每一个实际价值判断都暗示着实际情感——即使在那些价值态度几乎无法与认知态度区分开来的情况下也是如此。

将情感视作价值谓词的实际意识的关联物后，第二个问题就浮现出来——价值情感是否与一般情感范围一致？或者，是否需要在一般的情感类别中进行进一步的区分？迈农的定义正是在这一点上凸显出重要性。他认为价值情感完全是"判断情感"。这一"价值经验"的理智主义理论观点为美学和伦理学带来了许多重要发展，因此需要格外地关注。从消极的方面看，这一观点否定了所有以纯粹表象为预设的情感的价值经验特征，否定了所有足以被描述为纯粹表象的情感——基调或表象进入意识的效果的情感。这一观点区分了"价值情感"与单纯的"愉悦—致因"，后者指对刺激的单纯反应的愉悦。

在详细考察这一观点的心理学依据之前，我们最好先观察一下更为一般的事实，即无论价值经验是根据欲望还是情感来定义，它都不能与两者中的任何一个具有相同的外延。欲望本身并不构成价值评估的经验：有些转瞬即逝的欲望并没有达到评估的高度，这一事实导致克鲁格（Kruger）以欲望为依据，将价值的差异界定成欲望的某种恒定性（constancy）。再一次地，正如迈农所指出的，有大量例子表明，存在不包含实际愉悦感的评估，而稍纵即逝的愉悦也并不一定涉及评估。对这些经验事实的反思带来了更严谨的逻辑思考，就像我们在批判艾伦菲尔斯的定义时所呈现的思考那样。价值感不能等同于单纯的愉悦感，尽管当愉悦感成为判断的客体时，它当然也可以成为一种有价值的东西。因为价值感不仅受到客体在场的制约，也受到客体缺席的制约。客体的单纯缺席不是情感的条件，对客体非存在的认知（用迈农的话说就是判断）却是情感的条件。作为缺席的客体，如果其在场所能引发的快乐状态的效果并不实际，那么它在任何因果意义上都不可能是欲望和价值的条件。此外，愉悦—致因往往与价值情感的客体截然不同，它们通常是生理上的和无意识的。因此，价值情感不能被看作对客体的感觉或直觉的效果或伴生物,而是被客体的一些存在预设所决定。在以感官知觉为条件地对生命价值的反思性情感的情况下,情感是没有客体的,但它包含着对实在的直观推测,这种推测通过将自身附着在构成生活具体内容的客体上,从而维持其作为一种明确的价值判断的地位。

从事实分析的角度看,迈农所持立场的消极方面,即他否认单纯的表象—情感具有价值经验的特性,似乎是有道理的。情感之间似乎存在着一种基本的区分:一种是纯粹的情感—基调,是感觉或被复现的形象的伴生物或效果;另一种是以对客体的情感方向为特征的情感—态度。似乎只有后者才包含了价值要素。毋庸置疑,当表象的情感基调达到一定的强度时,就会产生一定的情感态度,引起作为客体和对客体的判断走向的原因的呈现,并最终引发一种价值情感。但这种情感或欲望与情感基调的区别在于存在附加的预设,其是否完全是判断性的还有待确定。

对迈农定义的积极方面进行批判性思考,要求我们更仔细地考察他使用"预设"一词的方式。在这一概念下,它包括了情感所有具有心理特征的条件。这些条件与其他可能是倾向的和生理的情感原因有区别。在这层意义上,预设可以是任何心理过程,比如表象、判断;也可以是各种类型,比如无条件的、有待证实的;还可以是其他的功能类型,比如假设。在任何一种谈及情感预设的情况下,情感都是指向一个客体的,并受到如表象、带有实在假设的想象,以及对迈农来说是心理过程的基本形式的判断等心理行为的制约。这种区分的意义体现在以下现实中:那些自我区分为价值情感的特征意义,不仅是根据这些情感所指向的客体来区分,也不仅是根据导致情感的原因来区分,而是根据将客体与主体联系起来的认知行为或态度来区分。

(一)对实在的预设不完全是存在判断——对迈农的批判

因此是否如迈农所坚持的那般,价值情感完全是判断性的呢?我们的回答必然是否定的。但我们可以先承认,很多类型的价值态度,的确以存在判断为预设,价值态度的所有次生变化都是由判断的包含或排除所决定的。这些判断作为情感预设的一部分,包含存在判断和关系判断。但是,我们无法坚持以下观点:没有对客体存在或不存在的明确判断，就没有基本的直接的价值意识。正如我们在讨论价值谓词的含混性时所指出的，当客体是否存在或是否可获得的问题未被提出时，以及相应地，当态度永远无法企及明确判断的水平时，理想价值与归因价值就可以被赋予客体。想象与思维活动充分证明，由客体所引发的情感实际上就是价值情感，并且是价值判断的决定性因素，尽管它们预设了对客体实在性的纯粹假设，而这些假设不需要转化为存在判断或在存在判断中被明确承认。

迈农发现，在进一步的反思中，他必须修改自己的定义，使其在判断情感之外又包含了假设情感。他意识到：人们往往在完全缺乏有关存在与否的判断机会时，才会对客体进行评价，因为当下还不能确定这个客体在将来是否存在。而且，"我们评价一个抽象地呈现出来的客体而不追问其存在，这种事情是可能的，并且是时有发生的"[①]。在后来的一篇论文中[②]，迈农进一步限定了自己的立场，认为只有某些实在领域（some universe of reality）需要被预设，因为预设不一定是绝对的存在判断，也可能是假言判断或选言判断。现在，在所有客体"被抽象呈现"、被假设存在或被断言是有条件地存在的情形下，实在在某种意义上被假设；我们对实在存在一些指涉。很显然，在所有的情形中，被描摹为价值情感的情感，通过特别指涉被假设的实在，以各种不同方式被愉悦与否的情感所限定。问题的争议仅在于对实在意义的特征描述是否完全依赖于存在判断。

（二）对存在判断理论的批判——基于存在判断仅是一种实在预设的观点

这个问题最终还是受到存在判断理论的制约。我们马上讨论这个问题，但为了明确问题起见，我们先来描述一番实在预设。毫无疑问，哪

---

① 迈农：《论价值观和价值》（über werthanlten and wert），《系统哲学文库》（Archiv für Systematische Philosophie），1895年版，第327—346页。也可见其后期著作《论假设》（über Annahmen）。

② 迈农：《判断情感：是什么？不是什么？》（Ueber Urteilsgefühle was sie sind und was sie Nicht Sind）第六卷，《一般心理学文库》（Archiv für die gesamte Psychologie），1905年版。

里有价值情感，哪里就有实在情感。一旦某个客体的存在是我所欲求的或构成我的价值情感的条件，却被判断为完全不存在时，它无疑就失去了对我而言的价值。它被评价的基本条件被消除了。然而，我对客体价值的鉴赏并不是在所有情形下都必须依赖这种明确的存在判断，在多数情形下是依赖于对实在的一个基本的、不受干扰的推测。通过对实在的这种基本假设，而且是对这样一种更具体的存在的意义尚未被区分的实在的假设，理所当然地（taking for granted），纯粹的接受行为发生（taking up）在我们借助存在论断而将客体明确地代入先决的实在领域之前，也发生在我们为保持任何趋势或活动的连续性而假设客体的存在之前（无论这种趋势或活动的类型是认知还是价值评估）。[1]

为了说明这种基本推测的态度，我们可以首先考虑依附于知觉和表象的实在情感，这种实在情感仅仅是因为其所具有的"认知意义"而与知觉和表象联系起来。[2] 存在与非存在的区别随后就会显现，尤其是在以幻想或想象模式呈现的表象中。这些假想被推测为真实的，直至出现干扰幻想的因素，这些因素要求推测发展为对存在与否的明确判断和确信。孩子的童话世界既不是一个纯粹表象的世界，也不是一个有关存在判断的世界，而是一个推测的世界。很多观念也是如此。例如在宗教观念中，存在和不存在的问题从未被严肃提出。在所有的这些情况中，一

---

[1] 我认为，使用"推测（presumption）"这一术语来刻画这种与现实的关系，无论在语言学上还是在心理学上都是完全合理的。诚然，我们在日常用语中通常不区分"推测（presumption）"和"假设（assumption）"，而且常赋予"推测"这一词某种伦理学意义，这种意义在一定程度上并不适合其当前的用法。另一方面，拉丁语"praenimptio"的原始含义更接近我们所想到的用途——它更多地表示在明确判断之前认为理所当然的含义，并与我们在假说中所用到的对现实的有意识的假设完全不同。现代英语词典将此处我们所强调的含义解释为"理所当然地"。该术语在形式逻辑中的用法，如在推测谬误中一般，虽然乍一看是与我们的用法相悖的，但经仔细审视，却似乎是支持我们用法的。推测是一种实质性谬误，是一种无意识的先于逻辑的"理所当然"。最后，为了我们当下的目的而介绍这一术语的价值在于，在相同词根下，它提供了使用 pra-、sub- 和 ad- 等前缀来表示认知态度变化的可能，并使认知态度有所改变。
[2] 前文提及的鲍德温的区分。

些心理上先决的需求（demand）——无论是来自更客观的认知因素，还是产生于更主观的意动倾向或兴趣等因素，都创造了对实在的推测。

这种推测必须与判断（judgment）和假设（assumption）仔细区分开。我们将看到，只有在已被预设的实在领域受到干扰后，存在判断才会产生；只有在一些倾向，一些对认知或者对情感、意志态度的重建趋向遭到反对或压抑时，存在判断才会发生。同样地，这种推测还必须清晰地区别于后者，即它是更高级的对存在的假设的态度，而存在的假设预设了已被实际判断创造出来的倾向。除非是被我们描述为无意识的假设（此时它实际上是一种近似的推测），这种对存在的假设承认客体不存在的可能性。在一些不严肃的假设模式中，鲍德温教授的"拟似模式"可以说已经接近对非存在的明确判断。但在作出假设的过程中，这一行为是由一种主观因素决定的，这种主观因素便是从已经存在的倾向与兴趣中产生的需求。假设就是对这种需求的承认。

很显然，经此分析，我们将"价值情感"定义为以存在判断为预设的情感。只有在这一理论上，即判断的基本形式是纯粹的接受（承认）[①]或拒绝（否认）行为，并不涉及主语和谓语这两种要素的任何相互关系和分离，这种定义才有可能。存在判断与承认一致，非存在判断与否认一致。如果关于判断的这种观点（布伦塔诺的判断理论[②]）得以成立，那么就必然遵循这一点：没有判断作为预设，就不会有价值情感，因为所有的态度本质上都只是接受或拒绝，而价值情感就是一种态度（attitude），不仅仅是纯粹表象加上情感。那么，将接受或拒绝与存在判断和非存在判断相等同，并同时保留有用的判断概念，这是可能的吗？我认为不是，原因如下。

[①] 将"承认（acknowledgement）"和"拒绝（rejection）"这两个术语联系起来使用是最不合适的，因为这会导致整个问题存在偏见。正如任何一本字典所告诉我们的，拒绝并不是承认的反义。承认的反义是否认，而拒绝的反义是接受。这种语言学关系正好对应于心理学。承认和否认都代表着一种明确的判断行为。通过这些行为，已被预设的现实被肯定或否定。对客体的纯粹接受或拒接，意味着只是对现实的假定或对假定的干扰。

[②] 关于布伦塔诺判断理论的展现与讨论，请见斯托特的《分析心理学》（*Analytical Psychology*），第一卷，第五章。

第二章　价值意识的定义和分析

这些观点意味着：（1）直觉和判断（对所呈现客体的存在的接受或拒绝）是意识的两个不同且不可归约的基本方面；（2）虽然对作为功能的 A 的肯定或否定为其作为功能的纯粹表象增添了一丝内容，但对作为内容的 A 的存在的肯定或否定却未对作为内容的 A 的肯定或否定增添任何东西。第一种观点是这一立场的关键。是否存在简单的理解、不伴有接受态度的表象？或者理解是否包含对存在的理解？乍一看，前者似乎是正确的。从分析的角度看，我们似乎发现了"肯定"这种元素处在最低限度，甚至完全不存在的情况。这种情况仅保留了纯粹表象的意识。不考虑判断被怀疑或被暂缓等情形（在这些情形下，尽管肯定元素仍处在最低限度，但判断趋向依然存在），我们现在立即转向审美沉思这种典型情形。这里指的是，至少当沉思是纯粹的、审美经验不与其他因素相混杂时，我们会拥有一种严格意义上的表象意识。我认为有必要拒绝这一观点，理由如下：审美沉思是一种态度——不是纯粹表象；正如艾伦菲尔斯所言，它至少存在一段对实在的依赖，"扎根于实在"，无论是外在的，还是内在的。因此，审美沉思远非纯粹表象。虽然对于心理学家来说，"纯粹表象意识"这个概念有时是一个颇为有用的抽象，但每一处实际经验都是以最低限度的接受或拒绝为预设。因此，为了分析目的而将这一抽象视为一幅实在的图景，并从中得出一系列推论的过程是存在严重谬误的。比如推断出审美客体和审美经验是不真实的，并将其排除在价值经验的领域之外。

但如果说纯粹表象意识只是一种抽象，那么仍然存在一个问题——在审美沉思的实际的具体的案例中，所有的接受和拒绝在多大程度上可以被排除？纯粹表象能达到什么程度？也许其间的差异可被忽略不计。普遍认为，大多数审美态度都无法带给我们这种纯粹的沉思。比如，在崇高与悲剧中，所谓的伪美学因素以承认和拒绝的形式进入各种类型的判断之中。即便是狭义的美学，其中也包含着规范性判断以作为其局部要素。如果我们要找到任何"纯粹的沉思"的具体审美经验，那么，它必然是在最简单的知觉形式和形质中。当审美经验被如此定义时，它们的确通常可被视作典型的审美客体。即便如此，对接受和拒绝的因素或意动因素是否可被排除，还是存疑的。诚然，当把这些形式和形质从它们所存在的因素中抽象出来时，它们可被视为纯粹表象活动的客体。尽管如此，它们的构建仍是意动活动的产物，这种活动包含自发的接受和拒绝，以及对实在的推测。从发生学的角度看，任何形式的审美情感都预设了一种由先前的意动活动所创造的倾向。

因此，即使在审美沉思中，简单的理解和接受之间的区分也是相对的。观点中的第二部分是想说——接受或拒绝一个客体 A，与承认或否认 A 的存在，或者换言之，对 A 的存在判断是否等同？在某种意义上，承认或拒绝无疑预设了表象内容的实在性。这与声称所有的意动都直接指向被假定为实在的客体一样。然而，这并不意味着此处会涉及明确的存在判断。我认为，我们必须把存在判断视为从一种更简单、更终极的态度中得出的，这种态度针对的是在所有的意动中，甚至在知觉水平上都已被预设的实在。接受和拒绝包含对存在的推测，但不一定包含对存在的判断。

这种推测与判断之间的区分显然涉及有关判断本质的理论。我们难以详细讨论此处产生的逻辑问题，但至少可以说，如果我们关于判断的概念要保留任何有用的意义的话，那么西格瓦特（Sigwart）（以及其他逻辑学家）所坚持的立场——判断"必须被视为建立一种关系，即使是以存在的形式出现"[①]似乎就是必要的。当与关系相关的方面可被忽视时，判断实际上就变得与意动没有区别。但存在判断的确与众不同，它没有在其主语和"存在"谓语之间建立任何关系，"而是在作为观念的客体和被直觉的客体之间建立了关系"。对存在或非存在的确认意味着至少预设了主语和谓语[②]二者区分的起点，纯粹的接受或拒绝则做不到这一点。

---

① 西格瓦特：《逻辑》（Logic），第一卷，第 72 页。
② 下述来自鲍德温《思与物》第二卷第二章，关于"承认和信仰（Acknowledgement and Belief）"，第 17 页的引文："在给定的意义中，总为判断所预设的存在意义，当其被明确断言时，就可被称为一个论断（predicate），但并非一个归因式论断（attributive predicate），并非被归因于主观因素的表现文本或可认知意义的独立元素。这种意义只是在主观因素构成思考客体的领域中，对信仰的预设的确切论断。"

（三）对实在的预设，对客体存在的推测、判断和假设，对这些认知态度的分析

根据此处所建立的判断理论，就"沉思"是纯粹表象而言，存在判断和纯粹表象都是次生态度，它们源于对实在的基本推测，而这种实在在所有对一个客体的接受或拒绝中都被预设了。推测和判断的区别在于，在前者中，我们只有接受和拒绝；在后者中，我们则可以承认和否认、接受和拒绝以及相信和怀疑。回到对价值情感的必要预设这个问题上。显然，必须有对实在的推测，因为如果没有的话，就不可能有对客体的态度，因为态度要么包含接受或拒绝，要么包含接受或拒绝的倾向。但同样清楚的是，存在判断不可能是情感的唯一和必需的预设，因为不可能存在如此明确的判断（承认或否认），除非已经存在某些实在意义、某些实在预设。同样，就算存在任何这种意识模式，假想的纯粹表象同样是次生的和派生的。它是从对实在的基本推测中抽象出来的结果，是对在所有的意动中所隐含的这种推测抑制的结果。迈农所使用的"抽象地呈现"一词在这方面意义重大。"抽象地呈现"意味着剥离原始经验中的实在情感。然而，这种与实在情感的关系可能会通过进一步的意动运动而得到部分重建。在这种运动中，被呈现的客体都被推测是存在的，我们发现这是一种典型的、次生的、沉思的审美经验态度。

因此，我们最终要考虑的是对实在的基本推测的假设态度与对存在判断的假设态度之间的关系。该问题之所以重要，是因为最近的讨论格外关注对以假设作为其预设的情感的特殊修改——在迈农学派中被称作想象情感（幻想情感）。有人认为这些情感不是实在的，因此它们不是价值情感，尽管在某些情况下它们可以代表实在情感。我们稍后将要进一步完善的观点是：它们在任何对心理学具有重要性的意义上都是实在情感，并且具有对现实的预设。尽管从对这些情感的客体的反思性评价的角度看（价值论的观点），从这些情感中得出的判断可能是无效的。但对假设态度本身的一个更贴切的界定是我们的首要问题。

作为一种认知态度，假设具有双重含义。根据其第一重含义，它是对客体存在的接受，是在存在一种潜在认为客体可能并不存在的感觉

时，将客体视作存在的行为。从这一重意义来看，假设是介于对实在的基本推测和存在判断之间的中间阶段，也是在实在的发展领域中的次生的认知运动或行为，它受对实在的基本推测和存在判断（肯定或否定）的限制。从意动的观点看，它是一种由主观倾向或兴趣的驱动作用所决定的行为。在其第二重含义中，假设并不是预先判断的，而是事后判断的，也就是说，习惯性判断创造了一个恒定假设；它预设了倾向是由判断行为创造并从判断态度中派生出来的。在这种情况下，假设接近于推测，对于这种态度，两个术语经常互换使用。强调这两个术语的含义[①]非常重要，因为它们所包含的情感态度在许多方面是完全不同的，对两者的混淆导致了对价值经验的错误解释。因此，与第一类假设相关的情感可被描述为"想象情感"，它们属于"使相信"模式。更确切地讲，那些与第二类假设相关的情感可被描述为"情感抽象"或"情感符号"，并代表过去的判断所积累的获得性意义。我们随后可以看到，所有那些固有于一般概念中的情感或累积的意义都属于这一类。真理、美德、责任等术语在特定的存在判断中发挥了作用，而这些术语所代表的价值情感正是基于这些判断产生的。但当它们这般形成时，它们将被抽象地评价，而不涉及任何对其存在与否的明确判断。它们代表了一种通过形成习惯而产生的假设。明确的判断总有一个适应过程的边界。通过抑制，从基本推测中产生了假设，而假设又转化为判断和之后的假设。

我们现在可以总结一下对与迈农标准相关的简单鉴赏或基本价值情感的本质的看法。我们赞同他的部分观点，即我们在价值情感中只包含了那些具有实在意义的情感，包含了一些具备对实在的预设的情感。至于实在预设的本质，我们则持有不同观点。我们否认迈农仅仅将其局限为存在判断，而主张将推测和假设两种态度都包含在内。这可以说是我们对价值经验意义进行批判性分析的结果。但对这些不同预设的功能学和发生学的解释仍然存在一些问题。在解决这些问题之前，我们必须简

---

① 鲍德温近期发表的"示意性（schematic）"功能理论对两种"假设（assumption）"模式都表示认可。从发生学的角度看，存在判断依存于二者之间。参见《思与物》，第一卷，第五章。

要回顾一下近期以利普斯（Lipps）为代表发展起来的另一套价值标准。

第四节　价值情感和价值判断的这些预设的产生及关系

一、对"所有价值情感都预设了对人格的指涉"这种理论的批判

有人坚持认为，所有的价值情感都是人格情感——之前将价值情感的标准置于对超越客体的态度的本质的分析，实际上忽略了一个重要因素，那就是情感对价值主体、对人格的指涉。价值情感是价值主体活动的情感、判断行为，只处在次要地位。利普斯的论著中出现过这样一个标准①："每一种实际欲望的有条件的价值都取决于人格价值的联合。"当前，尽管毫无疑问存在一些将对人格的明确指涉作为其预设的价值情感类型，比如，那些被称为特征化的角色价值（values of characterisation）的情感，其中包括义务感、功过感（feelings of desert）等。然而，必须意识到，这些情感是次生的、后天获得的，它们预设了一些判断。这些判断将态度视为呈现出来的自我，自我则是以先前的价值经验为基础的观念建构的产物。利斯的说法只有在一种意义上才能说是正确的，那就是当与简单愉悦相区别时，这些基本的价值情感中存在某些变化、某些隐含的意义。当我们反思这些意义时，它们会引向对自我的指涉。在进行如此修改之后，我们可以接受利普斯的观点。

克鲁格②将那些出现在先于指涉自我的简单鉴赏阶段的意义描述为人格中情感的深度和广度。他认为，除了强度和延续性以外，它们还构成情感的第三维度。该维度取决于倾向的相对恒定性。他对标准的阐述既有分析性的，也有发生学的。通过欲望的相对持续性这个因素，价值评估与单纯的欲望和简单的"愉悦—致因"区分开来。欲望本身并不

---

① 利普斯:《基本学基本问题》（*Die Ethischen Grundfragen*），莱比锡，1899年版，第一章。
② 克鲁格:《对道德哲学绝对价值基本概念的理解》（*Der Begriff des absolut wertvollen als Grundbegriff der Moralphilosophiie*），莱比锡，1898年版，第三章《当前的价值心理学》。

构成价值评估，价值评估也绝不是单纯的欲望或一系列欲望。基于对特殊感觉和知觉概念的关系的类比，克鲁格还进一步构想了"欲望—恒定性"与个体欲望的关系。价值评估总是以相对恒定的趋向作为预设的，而这种趋向只在相应的判断中才会作为一个现实因素出现在意识中。然而，价值判断不是价值评估本身，它更多的是在被体验的欲望与情感的典型变化中出现的，克鲁格设想它会随着"欲望—恒定性"[①]的发展而更深入地发展。克鲁格认为，在意识生活的第一阶段，很可能只有价值判断才是被有意识地争取的，在这之后，它将带来愉悦的相对增加，而且，价值意识很可能已经在这种争取中得到提升，但每一种欲望都有发展成相对恒定的趋势，进而转化为价值评估。它在人格中留下了恒定的倾向，以及与这些倾向相伴随的价值踪迹。于是，"愉悦—致因"机制被价值的形成所突破，并且，一旦价值评估功能在某一点形成，意志就不再完全由预期愉悦的强度和持久性所决定。通过价值评估的事实，情感—意志生活获得了第三个维度；恒定欲望的价值取决于它在人格中的广度和深度。

克鲁格这一定义的意义在于，它尝试将鉴赏性区分与情感的功能性和倾向性条件联系起来。这种鉴赏性区分，将价值情感与其他情感区别开来，并最终导向对自我的特征描述和客体对自我的明确指涉。在此处花费篇幅展示克鲁格的观点，是因为我们需要借助这一意动恒量或意动倾向概念（它们是具有深度和广度的价值情感的必要条件），将鉴赏性意义与先前通过分析已经区分开来的实在意义结合起来。在早期阶段，我们认为必须在价值经验的定义中为情感和意动概念寻得一席之地。现在我们可以看到，价值情感并非完全依靠它们对实在的预设、推测、判

[①] 然而有一点是其未能解决的。价值经验是在情感或欲望中被给出吗？在一些文章中他写道，价值感在情感中被给出，并取决于欲望或决定了欲望；而在另一些文章中，他又认为价值感是在欲望经验自身中被给出。事实上，他似乎根本没有直面这个问题，正如下文指出的那样："在任意的能力或功能在某种程度上被认识到的地方，情感和欲望的个体经验都以某种特定方式被强化和深化，它们都具备了个体特征。可以说，它们在人格中找到了更丰富、更个体化的回应。"

断和假设的指涉来描述，而必须更深入地研究这些决定了推测、判断和假设行为的意动倾向。

二、价值评估的发生学层面

那么，我们应该如何构思价值情感的两个决定性因素之间的关系呢？如果我们将认知行为描述为实际的心理预设，而将意动趋向描述为倾向性条件，那么问题是：作为价值情感决定性因素的实际预设与倾向性条件之间是什么关系？这个问题的答案一定存在于发生学方面。我们已经看到，推测、假设与判断态度之间存在某种发生学关系。每一种态度都以其特有的方式，代表着一种对由心理先决的客体的功能性态度，代表着对一种需求的接受，代表着对控制要求的默许，因此每一种态度都是一类实在意义。但这些需求或控制在发生过程的不同阶段不断变动。对处在发展过程中不同阶段的倾向性因素的行为进行分析，可以为我们提供一个统一所有研究结果的观点。

决定实在的基本假设的条件似乎是客体对于意动趋向应当具备认知意义。在这一点上，认知因素与意动因素几乎无法区分。就我们的分析而言，兴趣和意动似乎决定着认知，认知又是表征价值情感的第一实在意义的条件。在对实在的基本推测中，主观控制因素与客观控制因素之间的二元论尚未出现。正是在意动趋向第一次被抑制时，通过独立的认知兴趣的发展与对意动因素和认知因素的区分，基本推测的单纯性才受到干扰，主观需求（主观控制）与客观需求（客观控制）的区分才出现。在此处出现了假设态度，这一态度在很大程度上由对意动倾向的主观控制因素所决定，通常与已经建立的客观控制相对立——但并非一定如此。在抑制了基本推测之后，对于客体存在的假设是对主体需求的接受，并构成对客体控制[①]的推测与明确承认之间的过渡阶段。在这种推测态度中，存在判断出现了，无论其是肯定还是否定的。它不仅代表

---

① 我倾向于赞同鲍德温教授的观点，即被其称作第一拟似模式的纯粹幻想模式或幻想，形成了假设和推测之间发生学层面的过渡阶段，但就我们的研究目的而言，可以忽略这一点。

对客体的接受或拒绝，还代表着对特定控制因素的明确承认或否认。重要的是，要注意到，这一控制因素既可能是客观因素，也可能是主观因素，存在判断可能是对其中任何一个因素的承认。但是在后一种情况下，通过这个过程，主观因素已经转换为同等的客观因素方面。

第五节 对先前定义与分析的总结

现在我们可以对价值的原始定义——在心理学中等价于累积的情感—意志意义——进行一个总结性陈述。价值谓词的心理学等价词总是一种情感，伴随这种情感的是取决于实际认知预设或使先在的意识倾向现实化的各种类型的认知反应的特定意义。客体的价值或累积性意义，是其通过倾向性趋向的现实化而成为情感或欲望的客体能力，倾向性趋向的现实化则是借助推测、判断和假设等行为来实现的。

意动倾向是价值情感或客体的鉴赏性意义的基本决定因素，但倾向是可以被现实化的，可通过此前枚举的不同类型的认知态度或行为而在功能中被呈现出来，而且根据类型的不同，这种倾向还是以我们所描述的方式①被限定的情感。我想到我的朋友时，与这一想法相关联的价值情感的基础是意动倾向，是由先前对他在场的欲望和这些欲望的满足所创造的兴趣，但此时那种情感可以在对他存在的纯粹的瞬时假设中产生，而不需有任何对他当下在场的欲望。所有的"倾向性情感"，无论

---

① 在考虑实际预设与倾向性条件的关系时，仍然存在一些对以后讨论具有重大意义的问题。因此威塔塞克主张，尽管价值情感产生于与欲望倾向相关联的客体的纯粹表象的观点可能是正确的，但无论如何，既然欲望预设了判断，而这些倾向又通过前述的判断来形成，那么价值情感最终仍是一种"判断情感"。现在可以承认，判断参与了这些欲望趋向的形成，但作为倾向，它们又仅是一种意动倾向，因为判断的本质就是要明确而真实。同样，萨辛格（Saxinger）认为，与判断情感相一致的倾向不同于那些与假设情感相关联的倾向，他将自己的论点建立在支配这两种情感的法则差异的基础上。我们不能在此处讨论这个问题，将留待以后研究。我们可以简单地强调一下自己立场，即价值情感是意动倾向的一个函数，无论意动在判断或假设中表达得是否清楚。

是怎样现实化的，都是价值情感，因为它们都代表着情感—意志过程的累积性意义，尽管它们有着不同的实在意义。从关于这一术语外延的观点来看，价值情感的类别包含审美情感、所谓的想象情感，以及实践态度和伦理态度。

总体而言，此刻我们断定：价值情感是从简单表象的情感基调中区分出来的意动过程的情感方面。经由意动过程，我们理解了整个发展过程。在这个过程中，情感—意志意义被获取，并且整个过程包含了实际要素和倾向性要素。这些倾向性，以及伴随它们的、由它们所限制的情感在这一过程的不同发展阶段，是如何借助预设的变化特别是借助对关系判断等次生判断的包含，从而在质量和数量两个方面被改变的，这是下一章要解决的问题。

第三章 价值意识的模式——原始的与获得性的

第一节 价值情感的鉴赏性描述——对实在情感模式的描述

一、鉴赏性描述的本质

前述章节将我们引向那些被描述为"价值"的意义的区分。以将价值定义为客体对主体的情感—意志意义为起点,我们通过连续分析,进一步说明价值经验始终是一种情感态度,其通过推测、判断或假设(隐式的和显式的)等行为来预设特定意动倾向的实际化。这一定义显然涉及关于情感的本质及其与意动关系的某些理论。一方面,"情感"一词的广义用法涉及情感态度和感觉的情感基调之间的相对区分,实际上我们一直坚持这一区分并提出以下观点:情感作为价值情感,具有在被动感情中找不到的鉴赏性区分。随后我们将关注这种关于情感本质的理论及其所涉及的更抽象的心理学分析。就目前而言,我们的问题是对情感的鉴赏性差异做进一步研究,这也将为我们的后续研究做必要准备。

在此前的研究中,我们对价值谓词的"鉴赏性"意义与"实在—意义"(包括存在—意义)作了区分。以对实在—意义的分析为起点,我们根据其功能性预设,阐述了价值的定义。但在分析过程中,我们发现了情感中的某些鉴赏性区分,比如在研究利普斯和克鲁格的标准时,我们发现诸如个体情感、个体情感的广度和深度等都被视为对价值情感的描述。从逻辑上讲,我们也许应该把对情感的鉴赏性描述的分析放在首位,但我们选择的呈现顺序具有这样一个优点,即前一章节的批判性研究——无论其结果是积极还是消极都已帮助我们定义了价值经验的范畴,并为我们提供了解释蕴含价值的情感的不同线索。换言之,这些情感促生了被我们称为"价值谓词"的那些客体的意义。

作为客体的第三类性质的价值谓词本身，是由情感意义差异引起的鉴赏性差异。它们将情感内部的区分投射到客体上。这样就会引发如下假设：既然它们是情感过程的累积性意义，那么它们就直接对应于情感自身的基本差异，并且情感中有多少差异，就应该有多少价值谓词。然而通过反思，我们可以清楚地看到，对客体的鉴赏性描述，尽管是价值情感的表达，但不一定是这些情感自身的鉴赏性描述。这些谓词是我们从客体中感受到了什么，而不是我们如何感受到的。我们感受到美、善、高尚、崇高与义务，但要我们去描述在这些情况下是如何感受到的时候，我们就已经转向了对情感本身的鉴赏性描述。情感在此时已经成为表达和描述的客体，而且很有可能在这种对情感的鉴赏性描述中，情感的不同变化可同时由这些一般性价值谓词中的某一个或多个来代表。因此，谓词"善"在被应用于一种行为时，其等义词可能是"义务压力"，也可能是"满足的宁静"。为了充分描述我所说的客体很"庄严"时我所拥有的情感，我可能需要使用"崇高"和"宁静"这样的词汇；如果我想在我的描述中使用量化的术语，那就可以谈一下情感的深度。显而易见的是，基本价值情感中的鉴赏性差异是指主体对其情感的那些描述，而主体试图将这些描述与其应用在客体身上的价值谓词相等义。用以描述简单鉴赏的情感的终极术语应当给出对价值情感的根本限制。

二、对情感内容的鉴赏性描述与"科学性"描述间的关系——情感理论

有人认为，情感有无数细微的差别；也有人认为，所有的这些差别都可被归结为一个一维连续体，即愉悦—不悦在强度和持久度上的差异。这些差异是基于与情感紧密相连的感官的、知觉的或观念内容之间的差异。对于这种说法的第一部分，我们表示同意；但对于第二部分，我们则需要进行批判性检验。近来，人们越来越意识到情感维度这一概念的不足，并且从两个方面产生了新的分析需求：一方面来自价值经验心理学的研究，另一方面来自冯特（Wundt）三维理论所展示的非鉴赏

性心理—物理分析。

在我们主要关注的"价值心理学家"的案例中，这一分析的逻辑非常清楚。当他们从客体的价值谓词转向对决定这些谓词的经验的描述时，他们发现旧的术语，比如愉悦—不悦的"强度"与"持久度"，并不足以重建这些经验。在克鲁格的分析中，价值情感基于其对意动的恒久性事实的预设而与愉悦—致因机制功能性地区分开来，又通过一个新维度，即人格中的深度与广度，被加以鉴赏性地区分。同样将情感作为基本元素的西美尔（Simmel）[①]也认为，有必要将情感的深度和广度与其强度区分开来。另一类持有唯意志论观点的分析人士发现，如果情感只被认为是愉悦或不悦的强度，那么价值经验的变化就不能与情感联系起来。布伦塔诺（Brentano）[②]不得不假设偏好行为的准逻辑（quasi-logical）维度，愉悦和不悦仅被作为冗余的被动现象（passive phenomena）而与之相关；而最近，施瓦茨[③]明确发现必须在价值经验的程度（或满意程度）与情感强度之间做一个最基本的区分，还要在情感是被动的愉悦—不悦的假设基础上寻求价值经验的唯意志论基础。尽管在价值基础本质的理论上存在差异，但很明显，所有这些分析都着眼于公正对待价值经验中的鉴赏性差异，而不管从心理学的角度看其等义词是什么。

三、鉴赏性描述的问题与方法

如果我们坚持既有的观点，即价值经验是带有某些典型预设的情感，那么我们的任务自然是去寻求一些介于被提出的两种观点之间的情感概念——这两种观点经我们的分析都不可行。一种观点是情感有无数种变体，另一种观点是情感只是愉悦和不悦的强度。现在，我们研究的关键在于："愉悦—不悦"只涵盖了一类可被应用于描述具体情感态度

---

① 西美尔：《道德科学导论》，柏林，1892年版。
② 布伦塔诺：《心理学》（*Psychologie*）及《道德意识的起源》（*Vom Ursprung sittlicher Erkenntnis*）。
③ 施瓦茨：《意志心理学》（*Psychologie des willens*），第二章及附录一。

的术语，我们还要发现其他类别的术语，它们对传达情感中的定性差别同样重要。作为对与价值谓词相对应的主观经验的描述，"愉悦—不悦"的这些定性差异显然是不够的。此外，当这一点变得明确时，为了表达价值情感中的定量差异，也会冒出使用强度以外概念的需求。因为在狭义层面，"强度"概念已从感觉转化为与感觉相伴随的愉悦和不悦了。

接下来的问题是，与客体被赋予的第三性质或价值谓词相对应的情感的基本细微差别是什么？要回答这个问题，自然要对情感态度的鉴赏性描述进行分类。事实上，当下情感心理学发展的一个重要诉求就是对在第一阶段的自省中使用的鉴赏性术语进行一个"自然"分类。正如我此前所指出的[①]，宗教、伦理和审美情感的心理学必须将其普遍性几乎完全建立在这种自省结果之上，而这些结果是通过如问卷调查等方法收集来的，而且其可能性最终取决于这些描述是否一致。人们已为这种分类作出一定的努力，特别是在宗教经验领域——但由于关于此类描述的整个范围没有任何令人满意的观点，并且鉴于在此处尝试这种分类并无可能，因此我们可能要诉诸更常见、更直接的方法，即直接分析我们的经验以获得情感的原始的、基本的意义，然后通过从这些原始意义逐步发展出来的"发生学进展"来发展次生的、派生的意义。对分析的发生学方法的这一特殊应用将胜过把这些结论直接与先前对功能性预设的分析结果结合起来。这两种方法将相互补充、相互校正。

第二节　情感中基本的鉴赏性差异——定性的与定量的

一、定性：取向与指涉——三维理论

接下来，为确定情感在意义系统中的位置，我们必须对情感的基本的、不可归约的（irreducible）的方面进行区分。正如我们已经提出的那样，这些方面必须从质量和程度两个维度表达。因此，我们首先关注的是情感特质。每一种具体的情感态度都有两个基本方面，或者说两重

[①] 参见《鉴赏、描述与价值心理学》，《哲学评论》1905年11月。

基本意义，即其取向与指涉。情感态度的取向是指要么是肯定，要么是否定；其指涉要么是超越的，要么是内在的。关于取向方面，我们无须多言。当情感被回顾性地视为被动的、从意动中抽象出来的时候，正体现了情感特质的基本二元性，即愉悦—不悦。然而，作为情感态度的取向或意义，这种基本二元性预设了态度和意动的关系。情感的指涉则更详尽地叙述了与意动的关系，它们是情感的这些方面：它们指涉某些被预设的内容，指涉客体已经获得了意义的某种倾向。在超越指涉的情形下，是一种主观控制感导向了其他状态。在内在指涉情况下，是一种更客观的控制感导向了同一状态下的持续和静止。在描述这些取向和指涉以及它们的细微差别和暗示时，我们需要使用隐喻和类比的术语，我们必须考虑这一点的重要性。

这里所使用的最简单的类比是来自不同感觉领域的比较组。情感被描述为甜蜜或痛苦、愉快或无趣、温柔或严厉等。为了更精细地区分与描述，它们规定了情感的两种基本取向：积极和消极、愉悦和不悦。这些我们不必赘述，因为它们尽管有助于我们描述客体对主体的价值或情感—意志意义，但它们的外部来源和类比来源使得它们只能间接成为价值经验的传达手段。

用以区分情感态度的细微价值暗示的一组更重要的术语是那些"动态"术语。这些术语描述了情感的动态暗示，使超越指涉具体化。这种超越指涉通常隐喻性地使用来自外部世界的运动形式描述。对这种鉴赏性内省的文献稍做研究，我们就会立即意识到大量用于这些描述的形式。有大量术语被用以描述渐强或渐弱运动类型的不同细微差别，比如飞涨、提升、意识的突然中断、消逝、高度和深度等。它们也许都可被概括为紧张、不安、收缩等更一般的术语，我们稍后将考虑这些术语的性质和与它们的分类相关的理论。从内容看，这些运动形式可能是建立在更基本的元素的强度和持久度的关系基础上的复合体。但无论如何，这些象征性、动态的描述的特点是：它们描述了经验的过渡方面，即从内容的一方面向另一方面过渡。通过这一过程，意义得以获取。我的意思是，在当下的情感中，总存在对过去或未来态度的超越指涉。当下的经验始终是过去或将来的背景的前景,这个背景仍可能被朦胧地感觉到。当然,在这种情感中总存在对意动的指涉。可能有人会抗议说,我们在此处处理的是冲动和欲望,而非情感。但正如我们将要揭示的,如果不这样做的话,情感就不能完全从意动中抽象出来。

第三类术语,从本质上来说是相反的,它们被用作鉴赏性地描述情感的内在指涉的细微差别。我认为,它们可被归至宁静、放松与扩展等这些一般性术语的组别中。有丰富的词汇可被用来描述这种扩张的情感,最为人所常用的是渗透和拥有。情感主体将自己描述为被充满的——如同被以太、流体所渗透,被情感所吞噬。这种描述在神秘的浪漫类和宗教类文学中很典型,主体心中充满爱、上帝的荣耀或意志。这些情感的暗示或意义同样可能基于更基本的内容的某些方面或特质。

这种对宁静的内在指涉,以及与之相伴的情感扩张,是当被预设的意动趋向或倾向在适应性调节后达到习惯阶段时,情感所获得的意义。情感客体占据了整个意识,但客体的意义包含了适应过程中所有的累积的意义,而当下的倾向便代表了这些累积意义。对这种情感的指涉并不是超越当下的状态,而是指向这一状态更深层次所包含的东西。

至于"扩张"这个术语(及其相对的超越术语"收缩"),很明显,这些描述来自知觉空间世界的隐喻性转移,但我想,几乎不可否认,作为鉴赏性描述,它们与从强度和持久度的经验中转移出来的其他描述同样重要。有人反对情感的三维理论,认为如果引入类比术语,如紧张—放松、不安—沉静,那么就没有理由不使用收缩—扩展这一术语。事实上,这么做并没有多大问题,唯一的问题是它们是否如鉴赏性内省术语一样不可归约?我们对非鉴赏性的内省毫不关心。

在这个意义上,我认为收缩和扩张是情感的基本方面是毫无异议的。而且在这个问题上值得我们注意的是,最近的一项借助实验方法对情感进行的研究表明,如果没有这些鉴赏性差异,那么我们就几乎无法将简单情感的情感基调和心境或倾向—情感区分开来。"可以说,前者与刺激—复合体（味觉）相联系，后者则遍及整个意识。"① 我们进一步发现，它们具有不同的气动表达。前者伴随呼吸加快，后者伴随呼吸减缓。

（一）三维分析——对价值情感实在意义的描述，而非对从认知预设中抽象出来的简单情感描述

这一分析与冯特创建的三维情感理论的关系可被表述如下：我们接受这种分析，对我们来说，这一理论的术语是所有情感态度鉴赏意义的描述性等价词，而对冯特来说，它们是简单情感的特质。我们从不同观点出发对同样的经验进行描述，这样必然产生差异。鉴赏性描述试图固定隐含在情感态度（也就是对先前的和以后的意动的指涉）中的意动指涉意义（超越的与内在的）。冯特试图借助这样一些术语来固定相同的经验。在这些术语中，价值意动被完全从这些术语中抽象出来，对自我的隐含指涉则被忽略。需要指出的是，罗伊斯（Royce）对"如果只是在一维理论的基础上进行构想，并不足以使情感与行为之间的关系成为可能"这句话的假设产生了兴趣——这里可以清楚地看出他对鉴赏性描述的关注。

毫无疑问，三维理论构成了对整体情感态度的真实描述。最细微的鉴赏性内省就能帮助我们区分希望所带来的令人兴奋的快乐和平静所带来的令人平和的快乐，区分恐惧所带来的痛苦的紧张和绝望所带来的痛苦的瘫软。因此，问题不在于在整体情感态度中这些差别是否明显，进而是否构成价值暗示，而在于它们是否同样是感觉—情感的特征。关于这个问题，目前尚未形成定论。冯特给出的实验证据支持这样一种观点，即这些额外特质也属于简单的感情—情感（例如颜色和声音的情感基调）。至于这些证据的价值，当然仍有疑问。一些实验者没有发现与三维分析相对应的曲线（curve）的变化。但即使事实本身没有问题，这些事实的意义也不甚明确。我们无法确定，虽然刺激是所谓的简单感

---

① G. 斯托林（G. Storring）：《实验方法对当前情感理论的贡献》（*Experimentelle Beiträge zur Lehre von Gefühl*），《一般心理学文库》第一卷第三期。

觉，但情感反应就是简单情感。在情绪层面，它们可能是——事实上，或许就是由于过度兴奋而产生的器官和肌肉的感觉。当然，正如冯特的研究所表明的那样，当反应还处于情感层面时，无论是在图表的记录中还是在内省中，结果都是非常明显的。此外，尽管感觉的情感基调本身并不具有价值暗示，或还处在价值情感层面上，但当刺激达到一定强度或持续一定时间时，它就会产生一种具备价值暗示性的情感态度。除非有更明确的实验证据，否则无论是内省还是逻辑都会导致这样一种看法，即这些似乎从属于感情的简单情感基调的维度实际上是继愉悦一致因之后的次生的情感态度的特质。我们提到的斯托林（Storring）的分析似乎可以揭示这一观点的真相。①

（二）价值情感是位于感觉层面的

尽管如此，我认为至少可以说，只有在情绪层面，只有是对客体的情感态度时，经验（无论其是假想的情感内容，还是感觉的内容）的这些方面才会具有价值暗示性，才会获得超越指涉和内在指涉。我认为也许可以进一步说，这种情感态度或情绪（"情绪"这个词在其最广泛的意义上包括激情、情操和心境，以及严格意义上的情绪）的标准是前面分析过的认知预设（即推测、判断和假设）的在场。为了更充分地说明这一点，这意味着情感—态度中的鉴赏性区别仅在整体情感态度中显现，而不是纯粹感觉的情感基调的变体。获得这些意义的内容可能是特定的简单情感或感觉元素，但它仅是在情绪层面获得这些意义。

此处阐述的观点还包括情绪、情感—态度的标准在于作为情感预设的认知行为（推测、判断、假设）的在场。这一观点站得住脚吗？我

---

① 最近对三维理论的批判从以下方面来看完全是有理由的：一方面，这些情感特质是从意动意义的角度出发；另一方面，当我们在内容中寻求等义词时，我们只能在感觉、动觉和器官层面找到它们。这两种说法都是正确的，同时也是相互一致的，这一点将在我们以后的情感研究中体现出来。只有在被鉴赏性地描述的所有情感意义中，它们才会表现为经验的基本特质。当我们采纳功能的抽象性观点时，它们就会被分解为对趋向的肯定或否定的关系。心理学中的调和结构观点和功能结构观点的方法是将它们两者都与鉴赏性描述联系起来，而这两者又都是从鉴赏性描述中得出的。

以为，它不仅是合理的，而且如果是从以上一般意义的角度出发去定义情感，那么这一观点不可避免。当然，还有另一种观点，其对内容和情绪表达做了更抽象的研究。从这种观点看，这似乎不是一个恰当的标准。比如，在遗传的本能情感的案例中，动物的本能恐惧就是个极好的例证。尽管这是正确的，并且我们当前的分析在某些方面必须与这种事实观点取得一致，但无论如何，同样正确的是，作为一种意义，情感态度总是预设了这样的认知行为。快乐与悲伤这两种典型的具有这些价值暗示性或意义的基本情绪态度，如果脱离了这些预设，就会变得毫无意义。它们通常是判断—情感，尽管并非总是如此（正如迈农所主张的），因为它们可能紧跟着对实在的简单推测或假设。在一个客体被推测、被假设或被断言的实在性中得到的快乐与感觉上的愉悦在本质上是完全不同的。情感态度中的那些模式，如害怕、恐惧、绝望、希望、得意也是如此。在这些模式中，认知行为在可能性或必要性的方向上进一步被调整。从鉴赏性分析的角度看，我们可以进一步观察到，这些情感态度根据其取向是积极的还是消极的，其具有紧张或不安的超越性指涉或放松与沉静的内在指涉而有所不同。正如我们所看到的，快乐或悲伤，可能所属类型非此即彼。这一结论似乎不可避免，即只有当存在着态度的总体化时，这些意义才会产生，而态度总体化的条件是通过所述类型的行为[①]而使意向倾向现实化。

（三）无客体情感并非例外

然而，有些现象明显例外于这一法则，即无客体情感（情绪、情

---

① 冯特（Wundt）（或许也可以加上海甫定 H. Hoffding）在其对情感的分析和理论中，充分运用了总体化和总结果的原则。不管这些简单情感的性质是什么，它们都会融合成一个总的结果、一种单一的情感。对这一"情感一致性"原则的解释须参照统觉统一原则，因为这一原则将所有的情感都视为知觉的主观方面。这个一般性命题的真理性毋庸置疑，但知觉有不同层次，总体有不同程度。毫无疑问，当我们的注意力被一种声音或颜色的感觉或一种器官的感觉所吸引时，注意力的情感基调往往就会支配意识，并与所有其他情感基调相融合。但是，直到作为客体的感觉通过判断或假设，明确地对移动倾向作出指涉，态度的总体化才会发生，从而产生情感的价值暗示。在这样一个总体中，感觉的情感基调就变得同总体态度的价值情感无关，或是从属于总体态度。

第三章 价值意识的模式——原始的与获得性的

操和心境）。这些情感虽然没有具体的客体，却显然具有价值暗示，并表达于价值判断之中。实际上，几乎所有具体的情感态度——快乐、悲伤、愤怒、恐惧——都可能表现为没有具体感知客体或观念客体的价值情感。一种莫名的悲伤或恐惧、一种无目的的恼怒，都有可能在意识中产生，并伴随着被增强或被压抑的意动的价值暗示，却不具有任何明确指向的客体。这并不意味着没有充足条件（生理的甚至是心理的），而只意味着没有对客体存在与否的预设或判断性指涉。乍一看，它们似乎没有这种预设。但事实上，它们类似于感叹，或者认知领域中某些形式的非人格判断。就像在这些情况下我们没有发现被直接断言的谓词主语一样，因此在无客体的情绪与心境中也没有可直接断言的判断客体，暗含在快乐与悲伤中的价值谓词与这些客体相对应。现实（实在）是隐含的——情感是真实的、"热切的"，但对实在中任何确定的客体都没有存在判断。只有一种对实在的无差别的推测或假设作为预设，但这足以使它们成为价值情感。

非人格判断的心理学几乎没为我们留下怀疑其本质的余地。对于这样的判断而言，既没有主语，也没有谓语，更不存在一方对另一方的指涉。可以说，这种判断是随后的反思性判断无定形、原形质的"胚芽"，而反思性判断包含了主谓语的分离。为了系统的逻辑性，无论我们试图补充什么作为这种判断的主语，以便将其纳入逻辑系统的分类中——无论我们是将主语描述为普遍的、不确定的实在整体，还是描述为一种确定的、特定的感官感觉，仍然摆脱不了这样一个事实：在心理学上，非人格判断的"它"是无内容的。同样，在无客体的价值情感中，客体既不是普遍表象，也不是特定表象；既不是外部情感，也不是感官感觉。主语与谓语、表象与情感都没有区别。在这里，我们必须处理一种不带有判断性预设的原形质的价值态度，但这种态度可能会通过在其预设中包含一些明确的判断行为而变得明确，尽管这些预设现在只是意动的和倾向性的。

二、鉴赏性意义与认知预设的相关性[①]

那么，我们能否将上述价值情感的意义与特定类型的认知预设相关联呢？正如我们所看到的，价值情感的必要预设是通过推测、假设和判断行为实现意动倾向的现实化。我们能将情感指涉的特定类型与实际预设的某一确定类型联系起来吗？

与纯粹愉悦—不悦相比，价值情感的两个取向（肯定的与否定的）包含了对实在的预设——正如我们对快乐和悲伤、喜爱和愤怒、希望和绝望的研究所证明的。正如我们稍后将要看到的，肯定价值和否定价值可能独立于愉悦—不悦而变化。但我们主要关注的是情感的另一个特质，即对意动的指涉。当我们转向具有紧张、不安、收缩的超越指涉，或转向具有放松、宁静和扩展的内在指涉时，我们发现它们与实在预设中的变化紧密相关。

一方面，一般而言，超越指涉出现在这类情绪态度中：在这类情绪态度中，实在的习惯性预设遭到了反对或抑制；比如，初始假设转化为推测和判断。在这种情况下，可能是主观控制因素——在背景中被察觉到的意动倾向，它激发了推测；或者是更客观的控制因素，即认知的控制因素在背景中被察觉，并决定、引发了判断。但在任何一种情况下，在确定一个新的适应性调节的过程中，超越指涉都是指向背景中的倾向的。

另一方面，对实在的内在指涉代表了与实在相适应的情感态度。它是一种情感，要么依附于判断—习惯，要么依附于从这种习惯中产生的第二类推测。习惯自有其情感、自有其价值暗示——这一点我们必须始终强调。

[①] 原文此处或存在排版错误或内容遗漏。

第三节 通过这些基本模式的构建而获得的意义
——价值—运动

一、简单鉴赏的获得性意义

通过分析情感所揭示的这些基本方面或意义,我们现在讨论派生性或获得性情感态度的问题。

关于这些态度的本质及其派生过程,存在两种可能的观点。第一种是情感的融合或混合观点。该观点具有纯分析性特征。在这种观点中,情感方面,即鉴赏性描述的意义都被假设为元素,所有的获得性意义都被构想为这些元素的融合或混合体。第二种观点具有发生学和功能性特征,这种观点将派生性态度、获得性意义视为一个新的方面,视为意识的一个新的"整体化"产物。在这种产物中,旧的方面被吸收进新的方面,但在对旧元素进行分析的过程中,新的意义并未被耗尽。新的情感—态度是一种新的适应、新的发展,按照价值理论,这是一种价值—运动。

前一种观点在任何心理学解释领域的应用都非常有限,它完全不适用于对情感—态度意义的解释。不幸的是,冯特尽管提出了三维理论,却仍过于受到此种观点的影响。尽管在运用其心理因果律的基本定律即结果律时,他曾明确声称在结果的复合体或融合体中存在一个从诸多元素中寻觅不到的获得性意义。在这种情况下,我们最好能完全摒弃元素的概念,并完全使用经由预设的变化而获得意义的发生学概念。

情感的获得性意义可被分为两组:一组是简单鉴赏的获得性意义;另一组是特征化和参与的获得性意义。如果我们回忆一下前文所作的这些区分,就会想到,对客体的简单鉴赏是对其情感—意志意义或价值的鉴赏,这种鉴赏发生在客体明确指涉自我、他者或其他客体之前。换言之,它发生在次生的所有格判断或工具性判断之前。故而,在简单鉴赏的层面上,出现了情感的一般性超越指涉和内在指涉的某些性质。

(一)推动模式——义务感

在这些获得性意义中,首先要考虑的就是应当感或义务感。"应当感"，即事物应当是怎样、行为应当怎样发生，它是一种特殊的价值情感。同样地，按照我们的观点，它应该根据其预设来定义。从鉴赏性描述的角度看，它就是一种对一般的超越指涉的情感或紧张的情感的获得性调整，或许最好将其描述为推动模式。如果不对其进行鉴赏性描述，它就是一种纯粹的紧张经验——也许从内容的观点来看，是一种纯粹的紧张感。其不同之处在于超越指涉的明确特征，因此也在于其认知性预设的特征之中。最简单形式的应然情感依附于客体，依附于事物。人们认为，如果我们感觉一个物体不存在，那么它就应当存在。比如，一个尚未形成任何人格性、伦理性责任感的孩童运用了应当情感，那么，这种应当情感仅仅意味着这个东西是被欲求的。但只这一丁点儿额外的意义就已经是重要的调整了。是否可以定义这一额外意义呢？

我认为，不同点在于，应当情感的预设并不像在简单情感或欲望模式中那样简单。事实上，应当情感是两种存在判断之间的一个过渡模式。在该模式中，一种存在情感被一种假设情感所限制。客体并不存在，我们拥有相应的情感或欲望，但被预设的意动倾向是如此强烈，以致引发了对存在的假设。从感觉上讲，这一假设不仅是可能的，而且是必然的。因此，正如西美尔所说，义务就某方面而言是处在可能性与必然性之间的思维模式。① 这一假设的源头在于主体的意动倾向，应当情感则是那种主观控制的情感；但既然主观控制在判断中没有得到明确承认，那么"应当"就被认为是客体的第三特质。

因此，假设的超越指涉指向倾向。我们再回到意识的前景与背景：对客体是否存在的判断处在前景之中；被描述为"应当感"的情感调整指向背景中的一个客体。这一客体最初只是在这种情感调整中隐约显现，后来，通过观念建构和判断活动，客体成为一个明确的观念客体，成为自我意志或社会意志。在这一点形成之后，人们就会感受到伦理义务。在某种意义上，在观念建构的阶段，并与非人格判断相一致之前，

---

① 我们只能顺便提及西美尔对"应然（oughtness, das Sollen）"模式的精辟研究（《道德科学导论》第一章），更全面的论述则要留待另辟新章。重要的是，这是一种基本模式，同时也是一种认知和情感—意志的模式。

简单的应当情感是无客体的。

（二）拟似模式——审美情感

与"应当感"的情感模式即催生伦理义务的基本推动模式相对应，我们发现了另一种简单鉴赏的模式，它代表了情感的内在指涉的一种特殊情况，即"拟似模式"或美学模式。① 这种模式，即审美情感，总是用宁静或舒展这样的词汇来进行鉴赏性描述，而且只要经验是纯粹审美的，其价值就是内在的。我们再次重申，此处讨论的不是带有简单预设情感的一个简单方面，而是蕴含着过渡与适应，并由此以认知预设中的典型变化为特征的一种态度。

这种情感模式所具有的宁静、放松与舒展等特征，都源于这样一个事实：对存在与否的判断，以及与之相伴的明确的意动、欲望都被限制，并被归约到最低限度。事实上，它们仅被作为一种倾向性预设，意识则几乎被表象内容所吸收。我们并不关心支配这些内容的排序、制约欲望限制与引致宁静产生的法则；我们只需注意这样一个一般性事实，即从心理学角度讲，审美形式原则的重要意义在于产生这一效果时它们所起到的工具性作用。但正如已经被指出的，将审美情感视为纯粹表象意识的观点并不充分。

因此，拟似的或沉思的审美模式是一种复杂的、派生的价值情感模式，其预设是表象的内容与假设。我们再次使用意识的前景和背景的比喻，前景被表象内容所占据，包含在判断中的心理能量被对内容的纯粹知觉活动和沉思活动所占据，而背景中保留的是对存在的假设，这种假设具有对意动倾向的指涉。虽然客体与当下欲望是分离的，但它与欲望的关系并不是绝对割裂的。

一个例子可更清楚地揭示这一状况。对女性之美的审美鉴赏是一种直接嫁接在欲望和欲望—倾向上的心理。发生在天然欲望之后的审美心

---

① 关于术语"拟似模式"的用法，请见鲍德温（Baldwin）《思与事》第一章以及第六章（特别需注意）。至于他将拟似与移情完全等同的观点，我尚存疑惑，因为后者至少在某些方面是热切的，而且这种情感以假定和判断而不仅仅是假设作为其预设。

理通过对社会和个人的意志以及对客体元素的重新排列而产生。这些元素或被无意识地呈现出来，或像在艺术中一样被有意识地呈现出来。这一过程通过使表象活动填充意识前景并将客体从欲望的当下性中分离出来的方式来实现。然而，对被欲望的客体存在的隐含假设是审美鉴赏的必要预设。如果意动倾向在实际欲望中变得明确，那么审美宁静就会结束，新的适应就会开始。

在这两种鉴赏模式中，我们最终会发现，价值或情感—意志意义已经被获取了。无论是超越指涉还是内在指涉的深化，都成为客体累积意义的一部分，并被赋予客体。对这一事实的认识具有深远意义，因为在这两种鉴赏模式中获得的所有意义都是此后价值判断中的决定性因素。

二、特征描述与参与的获得性意义

拥有前文所描述的两种主要调整的简单鉴赏可被进一步区分为次生的获得性意义。我们可将这些意义描述为财产和美德的人格价值、效用的工具性价值或效用价值，以及参与的公共价值。基本价值情感所有这些调整的特征都存在于以下事实之中：它们通过在客体和预设倾向之间建立关系判断而产生。换言之，现在，仅被感受到的简单鉴赏的超越指涉或内在指涉指向了其在判断中被承认了的明确客体。

对这种人格情感的分析可以让这一点表现得更为清楚。对被假设、被判断或被推测存在的客体的占有情感比对客体的价值情感更胜。通过对主体（客体正是为该主体而存在）的明确承认，客体获得了一个估算价值。同样，个人责任感或美德感是基于对人格的价值倾向的指涉而产生的。一般而言，个人情感存在一个基本情感所不具有的对现实的额外假设。但这些基本情感的更高级的模式——推动模式和拟似模式——包含了这些个人价值观的萌芽。它们是过渡阶段，在这些阶段，通过产生于假设基础上的超越指涉和内在指涉，引入一种新的情感模式。在个人价值的情况下，假设变成了对自身认知的存在性判断。当然，这样的一种过渡要求对自身进行观念建构，而这又涉及借助共情（移情）来延伸简单鉴赏的过程。这一过程我们将另做研究。

个体情感之外的对倾向和客体的这种参与价值与效用价值，涉及对这种共同意义获得的进一步延伸。除了对所欲望客体的实在性的假设，还有一个对他人心中类似欲望和情感的额外预设，这种额外预设最终导致对超个体需求的判断和假设。这种额外预设的产生也是一个心理发生学的问题，特别是对同情模仿和参与法则进行研究的问题。这里的主要观点是：情感意义中的鉴赏性差异是通过对先前只是隐含的指涉的明确认知而产生的。

最后，应当注意的是，正如超越指涉和内在指涉通过责任和审美模式获得意义的深度一般，在这些经验中，原始情感也被进一步深化和拓展。

第四节　价值情感的数量意义——获得性意义的程度与强烈的程度以及它们之间的关系

一、对价值情感程度的概念分析——"深度和广度"

价值谓词已被定义为客体的累积意义。我们已经看到，这些价值谓词或意义，与情感的某些原始的和派生的质的方面相一致。但它们依然存在数量方面即程度上的不同。那么，这些程度的差异和情感的哪些方面相一致呢？

已经有人指出，很多心理学家发现有必要区分价值情感的程度与感觉—情感的强烈程度，并且已经有人使用了诸如人格中情感的深度与广度这些术语来定量描述情感的价值暗示。当我们更仔细地审视在价值经验领域中作出的鉴赏性差异时，就会发现这种区分十分具有必要性。这是因为，我们已经观察到，如果我们使用那些被归至超越指涉和内在指涉等一般性术语中的情感的鉴赏性描述时，我们就不能恰当地使用"强度"这个数量术语。比如，尽管我们可以谈论程度，但我们不能恰当地说出宁静或舒展的强度，并因此而被迫使用深度或广度这样的术语。因此我们发现闵斯特伯格①接受了如下一般性论述，即情感的强度随其反复而递减；与此同时，他希望对价值经验的具体事实做出公正处理，并坚持情感的重复可能增加感情基调的深度。很显然，此处深度与强度被完全区分开来，并被承认是独立变化的。于是，我们似乎必须在更广泛的康德意义上的程度或强度与更狭义的感官强度之间作一个区分，在价值情感的程度和作为感觉的情感基调的愉悦—不悦的强度之间作一个区分。后一种意义中的强度适用于所有的感觉—情感，适用于我们已经描述过的"愉悦—致因"机制，可能还适用于所有进入整体情感混合物中的感觉—情感，但确切地说，并不适用于情感—态度以及情感的价值方面。

那么，情感—态度的获得性意义或价值的程度与愉悦—不悦强度之间是什么关系呢？就鉴赏性内省与分析而言，它们是如何联系的呢？当这一经验关系被决定时，它是如何与我们对情感的实际和倾向这两方面条件的分析联系起来的呢？这些问题至关重要，因为这些问题的解决涉及情感价值度量的整个问题，而我们现在就转向对这些问题的研究。

二、对"价值"程度与强烈程度独立变化的说明

我们发现，不仅是价值经验在特质和程度这两方面区分于愉悦—致因，而且价值程度也随着快乐强度的变化而变化。价值经验的两个现象说明了这一关系：第一，积极价值情感可能与不悦的经验共存，消极价值情感也可能和愉悦经验共存；第二，价值情感程度可能随着快乐强度的递减而递增。有大量例子可以说明价值情感实际上是低强度的。这些事实导致这样一个一般概念，即一个态度整体的快乐方面与价值判断无关，这也导致布伦塔诺作出"享乐主义冗余"这样的明确表述。

我们简要考察一下事实，然后转向对这两个不同方面关系的理论的思考。第一种现象在莱辛（Lessing）的经典描述中已得到说明。他在给

---

① 闵斯特伯格：《心理学的基本特征》（*Grundzuge der Psychologie*），莱比锡，1900年版，第39页。

门德尔松（Mendelssohn）的信中写道："我亲爱的朋友，在这一点上，我们都一直认为，所有的情感都是强烈的喜欢或不喜欢。同样，在每一种喜欢或不喜欢的情感中，我们都意识到一种更宏大的实在感，这种意识不是别的，就是愉悦。结果，所有的情感，甚至是最不悦的情感，都与愉悦的情感一样了。"[①] 将令人不快的事物称为令人愉快的悖论，以及对这一描述充分分析的缺乏，不应该使我们对本质事实视而不见。虽然同一种情感不可能同时既是愉悦的又是不悦的，但很有可能，我们此处关注的是两种具有特定明确关系的现实情感。

按照将价值情感视为简单愉悦的一种形式的观点，这会产生一些似是而非的解释。有人说，我们在此处必须处理一个判断的错觉，先前令人不悦的事物，通过生理倾向的改变而变得令人愉悦，不悦只是对先前不悦的记忆，并非真实。但是，似乎没有必要为了理论而否认对鉴赏一直以来的判读，即积极价值的情感可能同实际的不悦共存。或者可以说，有一种简单情感的混杂情况。愉悦与不悦的感觉—情感可能在同样的意识状态下同时存在。比如，将糖的令人愉悦的味道与令人不悦的饱腹感并存。那么，为什么两种价值情感或价值情感同简单的愉悦与不悦不能共存呢？对此，我们可以回答：这两种情况并不一致。我们已经指出，混合或融合的概念不适用于价值情感，而在这种情况下，这一点尤其具有误导性。

如果我们更仔细地审视莱辛的描述会发现，他的悖论实际上是由于未能成功区分整体精神的两个方面，即价值情感同与其不相关的快乐伴生物。他所描述的情形可以有两种解释：一方面，激情，比如我们所说的愤怒，的确是一种消极价值情感，并如莱辛所说，具有特定的认知预设，即不悦。但很有可能，具有令人不悦的紧张感的感官骚动，其基调可能是愉快的，特别是在很长时间的抑制之后。于是，消极价值情感可以有愉悦的伴随物。另一方面，同样可能的是，被莱辛称为令人不悦的

[①] 引自希尔恩（Hirn）：《艺术的起源》（*The Origins of Art*），伦敦，麦克米兰出版公司1900年版，第60页。

激情的愉悦性可能真正包含从一种情感向另一种价值情感的逐渐过渡，而且，被他称为精神愉悦性的东西可能是人格类型的一种价值情感。客体本身可能具有消极价值，但拥有这种激情的整体经验，或者事实上，对这类反应的认知能力可能激发一种满足感、一种个人价值感。这甚至可以延伸至具有不悦的快乐伴生物的激情。于是，价值情感可能伴随令人不悦的感觉情感。

导致愉悦—不悦的强烈程度和价值程度或情感意义程度相区分的第二组事实，就是所谓的低强度态度，或价值评估和偏好行为。此处，有人主张，以准逻辑修饰取代强度。如果我们从简单鉴赏的两种基本变形即伦理和美学开始，我们就会发现强度可让位于其他调整。沉着的义务感可能揭示一种观念客体的价值程度，最强烈的激情或情绪则不会暗示这一点。在审美模式或拟似模式中同样如此，当强度因素被降至最低时，在情感的深度与广度中就可能出现对内在价值程度的暗示。但继续到次生的派生情感、人格与非人格的超个体指涉时，这些事实就更明显了。在对这些情感所对应的客体偏好情形下，人格价值的一种相对低强度情感可能具有情感—意志意义，而与感觉客体相关联的最强烈的情感则没有。对于超个体情感也是如此。因此，如果我们所说的强度不是指康德关于内在经验这一广义概念，而是指适用于感觉与感觉的情感基调的特定程度，那么毫无疑问，由判断和假设所决定的价值情感实际上可能是低强度的。当然，这些行为与外部的和感官的感觉趋向处在因果联系中，并且每一种行为都将附属的享乐主义的共鸣作为其伴生物，而这些共鸣多少都具备一定强度，但关键是从鉴赏的角度看，我们可以区分这两个因素，并意识到后者并不决定价值判断。

现在摆在我们面前的是这样一些事实。这些事实为"整体价值态度中的两个因素是独立可变的"这一假说奠定基础。此外，我们还看到了享乐主义的共鸣在价值判断中所扮演的辅助角色。但到目前为止，还未完全形成任何概念来帮助我们从功能的角度理解这一关系。

三、这一关系的理论——对一个有待发展的理论的建议

关于这一关系存在两种分别被称为二元论和一元论(或发生学)的一般性理论。二元理论的代表性人物是布伦塔诺和施瓦茨。在布伦塔诺的观点中[1],任何具体的价值评估态度都可以分为两个方面分析:偏好的低强度行为,即喜爱与厌恶行为,以及与之相伴随的享乐主义冗余。准确地讲,作为感觉—情感,强烈的程度只从属于后者。按照施瓦茨的观点[2],情感强度从属于意识的被动的方面,而价值程度属于主动的意志的方面。后者以分析式的与综合式的偏好行为的形式出现。这两种概念的关键点都在于情感和意志的二元论,以及价值区分对意志调整的指涉。

正如我们已经看到的,产生这一理论的事实是完全正确的。享乐主义冗余的观念仅就其描述的这两方面的功能性关系而言也是正确的。但我们还远不能够确定是否必然会得到二元论的结论。只有在以下条件中,即情感和意志是完全不同的元素,对它们所作的主动和被动之间的区别是终极的,而唯一可作为价值程度等价词的对情感的限定是快乐的强度,因此,我们才能得出这样的结论。

这些假设是否有必要,最终必须通过对情感和意志及二者关系的整个心理学问题的思考来决定,这将留待后续章节讨论。此处,我们只需否认这些假设的必要性,并同时提出第二种可能的概念(其具有一元论的和发生学的特征)。根据我们的分析,情感还有除被动愉悦—不悦之外的其他调整、其他意义,也就是对意动倾向的超越指涉和内在指涉。这些指涉只在倾向经由推测、判断和假设的认知行为实现后才产生,它们是客体的情感—意志意义及其与意动关系的符号。被动的情感因此不会从主动的意志中被分离出来。不仅如此,作为发展了的意义,这些指涉或方面可能在倾向的重复实现中从快乐强度中分离出来,并在深度和广度方面递增。若这一观点被证明能站得住脚,我们就可以得到一种关

---

[1] 布伦塔诺:《心理学》,特别是第197页;以及《道德意识的起源》,特别是第86页。
[2] 施瓦茨:《意志心理学》(*Psychologie des Willens*),第二章及附录一。

系，这种关系与一般性概念同特殊表象之间的关系类似。直到我们有了几乎无想象的理解之前，作为与连续认知行为中的判断—倾向的现实化同步发展的概念的意义，特定的表象变得越来越不重要。同样，在情感意义的发展过程中，在对客体价值相对不强烈的鉴赏出现之前，享乐主义的共鸣也变得越来越不重要。对这种概括性情感概念的证实将涉及对情感心理学更进一步的探讨。此处，我们只能提出这一个事实，即这种情感—态度存在于以假设为预设的情况中，无论这一假设的类型是明确的还是含蓄的。

第五节 结论——这一分析对更深入的问题的意义

在结束这一章时，我们不妨回过头来再次考虑对价值和价值谓词的初步定义，整个分析就是从这个定义开始的。可以看出，我们的分析不仅赋予了该定义内容，还为我们进一步研究不同类型的（经济的、伦理的、审美的）具体价值评估现象的原则奠定了基础。一个更普遍的观点，无论其是回顾性的还是前瞻性的，将有助于统一迄今为止我们所取得的结果。

一般而言，我们发现价值是客体对主体的沉淀的情感—意志意义。表达为善、效用、美丽、义务、功过等术语的累积性意义，代表了客体的可欲性，而不必是实际的欲望。累积性意义是通过借助推测、判断和假设行为的意动倾向的现实化而获得的，这种现实化又导致随着预设的情感变化、随着重复而经历的情感的某些调整。这些情感及情感调整，反映了客体的累积性意义。价值谓词在性质与程度两个方面都取决于情感的鉴赏性调整，这种鉴赏性调整又取决于情感预设的变化。

具体类型的客体，如原始的和派生的、知觉的和观念的，都对应于这些累积性意义，这些累积性意义被大致划分为对客体的简单鉴赏（通过其推动模式与拟似模式）、特征化的人格价值以及参与和效用的一般性超个体价值。所有的这些派生客体及其相对应的态度，都是通过简单鉴赏中的某种价值运动而出现的知觉建构和观念建构。当前的一个主要

第三章 价值意识的模式——原始的与获得性的

问题是这些客体的起源及其相应的谓词。对价值的客体和谓词的这种区分及定位，必须追溯到心理过程的基本法则之中，通过这些心理过程可以获得累积的情感——意志意义。我们可以将这些法则称作评估法则。

但是，价值谓词既有量的一面，也有质的一面。价值判断表达了对一个客体相较于另一个客体的偏爱，还表达了对同种客体不同数量的偏爱程度。于是，我们被引领至对客体价值或累积性意义的度量问题。那么，价值是否如我们所构想的那般，是一个客体、一种功能，而数量与度量的概念可被运用其中？

要回答这个问题，我们必须首先注意这样一个事实：这种数量性判断确实存在。在价值谓词的各领域，我们可以发现许多经验上的一致性，这些一致性将客体数量与所断言的价值程度联系起来。因此，在经济学"条件"价值的领域内，存在特定的经验法则，这些经验法则将客体的内在可欲性或效用（工具可欲性）的变化与其数量上的变化联系起来。在人格价值判断领域，被断言的义务或美德以某些明确的方式随着客体数量的变化而变化，或者在当下情况，随着表现出来的倾向变化而变化。就对倾向的判断而言，根据其对参与的超个体价值，道理同样适用。因此，很显然，在客体与其价值谓词或累积性意义之间，可以建立一种具有数量特征的经验关系。但是这种经验法则既不会构成任何解释，也不会使得我们在不同类型的客体之间建立程度关系。虽然我们可以就客体价值程度对客体的变化的依赖性作出一些经验判断，且不涉及任何关于这一依赖性的心理学基础的理论，但若要深入了解价值判断的本质，那么这种测度就必须包含将这些经验一致性简化为更终极的心理学法则。因此，从心理学的角度看，无论其心理学理论解释如何，韦伯（Weber）的知觉法则的经验表达依然是正确的。或者从与其联系更紧密的研究领域来看，经济学中的边际效用法则是一种经验法则，它在一定范围内对其解释具有检验性，并且能够用不要求享乐程度持续变化的假设的术语进行解释。因此，我们必须区分"或多或少"是纯粹的经验的表达，以及关于客体价值或情感——意志意义程度变化的心理学决定因素的理论。

因此，我们在定义中所谈到的客体的价值或累积性意义是否可以度量的问题就被简化为更根本的问题，即该意义的心理学决定因素是不是度量的客体。各种预设了不同过程和态度的元素进入客体的获得性与累积性意义之中。如果我们可以分析出这些元素，并确定它们对客体总体价值的贡献，那么这种度量就是可能的。我们已经否定将价值的程度等同于愉悦—不悦的程度，或者将价值程度等同于强度和持续时间的函数，那么，这个问题至少在理论上是简单的。感觉情感的习惯、餍足、对比等法则可以直接应用于价值情感。但经过分析，我们发现这是不可能的。对于我们而言，心理学的决定因素更为复杂。我们已将价值定义为通过推测、判断和假设的现实化而预设了倾向的情感，我们的问题就是确定被推测、判断和假设存在的客体召唤价值情感的能力。由于客体的价值是主体感受能力的函数，并由前述判断和假设中的适应性调整过程所决定，因此我们必须探究这些过程对被预设的倾向性影响。对这些要素的分析与表达构成了评估法则。这些法则能够为很多问题提供确切答案。当其被确定下来后，它们还能帮助我们解释"或多与或少"的经验法则。

第四章 评估理论的心理学基础

前述有关价值经验的研究——有关价值情感及其意义和预设的研究，将我们引向一个新阶段。这个阶段出现了需要采用新的办法才能解决的新问题。迄今为止，我们只关注于分析价值情感的基本变化及其预设。现在，我们的任务是利用这一分析结果来确定作为获取情感—意志意义过程的评估法则。此前我们分析和描述的问题现在已经变成解释的问题。

从广义来看，解释的问题是一个发生学的问题，而发生学的方法只是预设方法的延伸。其任务通常是去展示价值评估是如何被理解为对个体心智中的意识流和情感流的一种系统的、渐进的和持续的决定过程，去展示如何在情感和欲望中实在化，去展示实际情感、欲望和形成了的倾向是如何成为新的情感和欲望以及进一步的质量和程度变化的预设的。

若要顺利推进这项任务，我们需要对情感和意志的心理学进行进一步的探索。我们还没有一个充分的概念来理解情感和意志的本质及关系，因而还不能把价值评估理解为对意识流和感情流的系统性、渐进性与连续性决定。我们还没能发展出关于情感和意志这样抽象的概念。通过这些概念，我们能够解释实际的情感和欲望经验是如何创造后续评估的预设。我们还没有情感—意志决定的成熟概念。我们还没能发展出情感—意志决定的概念。现在，我们必须把注意力转向这个一般性问题。

为了这一研究目的，情感和意志的本质及其关系的一般性问题可以归结为三个特殊问题。

第一个问题，根据我们对价值经验的定义和分析，情感的本质是什么？它与实际意动和倾向意动的关系是什么？我们区分了情感和欲望，尽管这种区分在边界上似乎不够清晰，但我们还是找到了将价值经验定义为情感的依据。但是我们发现，情感是由意动倾向决定的，而情感反过来又决定意动倾向。我们如何来理解这种关系？此外，在我们对价值情感基本变化的分析中，我们使用了广义上的情感概念，这其中包括了对意动的指涉，这与情感被动的定义截然不同。显然这里涉及情感和意志的一种心理学理论，该理论在当前必须得到更为充分的发展。

第二个问题，对价值情感的不同调整进行鉴赏性分析，要求我们对情感本质做进一步的理论研究。这种需求尤其体现在我们区分情感强度的程度与价值或情感—意志意义的程度中，也涉及我们对超越指涉和内在指涉及其与愉悦—不悦的区别的分析。情感态度的这些方面或意义必须建立在意识的某些实际内容或过程之上，必须具有内容和功能上的等价物。

第三个问题，可被描述为价值过程的连续性问题。这一问题与前述问题密切相关，即当情感反应的强度降低时，客体如何获得累积意义。这一问题呈现为以下形式：价值意识在任何给定时刻都是一种情感意识。然而，当被视为内容时，这些情感状态是离散的、短暂的。因此，虽然从其意义的角度看，价值判断是连续的——当下的价值经验将维持在随后的价值判断中——但在这些判断中表现出的情感经验，乍一看似乎又是不连续的。难道是因为情感和情绪如此飘忽不定且不连续，以致它们的意义仅存在于所创造的生理倾向中？或者，是否存在一种感觉上的连续性？在其中，情感获得了认知性和一般性意义，然后这些意义被纳入永久的情操中，并以此作为预设形成新的情感和意志？是否存在情感—意志意义的"情感性逻辑"或准逻辑连续性？在这个问题上，最重要的是要对这种功能性的情感作为经验的内容和作为情感和意志的后续经验的决定因素的本质有一个令人满意的概念。只有在对前两个关于情感和意志的本质问题研究之后，这一问题才有可能得到解决。本章将专门探讨这些问题，而有关这种连续性的本质的问题将留待专门研究。

第一节 情感与意志的本质及其关系

一、问题

情感和意志以及它们之间关系的本质可能是整个心理学分析中最大的难题。个中原因不难理解,因为没有什么比理解鉴赏性描述与非鉴赏性描述之间的区别并形成一套有关它们之间关系的真正理论更困难的了。而在这一领域中,没有比在这些问题上更显混乱的了。[①]

我认为被动情感与主动意志之间的区别是一种鉴赏性区别。在一系列的态度中,相对于前述或后续的内容,一种具体态度相对于另一种态度在意义上更被动。但当我们从态度的意义中抽象出来,并把这种区别应用于假设的内容时,我们就会发现,如果将这种区别绝对化,它就会产生矛盾,就远远不能代表事实。根据态度的意义可得出结论:情感、情绪、冲动、欲望、愿望和意志之间的区分主要是鉴赏性的,并且我们将会看到,这些区别可追溯到认知预设的某些差异。同样,愉悦—不悦的区分,以及在复杂情感或态度中排除其他方面而将其选为主导,很大程度上是由鉴赏目的决定的。也就是说,当主观态度转化为一种状态,并成为客体本身时,抽象的方面就得到了强调。现在,当这些主要与一种态度的意图而非一种状态的内容有关的鉴赏性差异被应用于已抽离出意义的内容时,就会出现一些困难与矛盾。当被动和主动、情感和意动之间的区分被视为非鉴赏性的终极区分时,我们就得到了情感—意志意义中的二元论,而不同的二元论理论试图通过在两方之间建立因果决定关系从而弥合这种区分。有人发现,情感作为一种完全分离的元素(被

---

① 其结果就是,心理学家们对分析所存在的巨大分歧而深感震惊。该领域中的原始区分最初从评价角度作出,这是由于对情感和意志的分析源于价值问题,譬如柏拉图(Plato)和亚里士多德(Aristotle)以及现代英国功利主义者。当最初的兴趣变得次要于非鉴赏性描述时,鉴赏性描述中形成的区分都被毫无反思地应用于从其预设中抽象出来的假设性情感。在此处,"传统"的力量是强大的,因为我们在一切涉及经验的情感和价值方面的问题上都生来保守,当分析的独立性最终显现时,对这些区分进行排除或保留的问题,似乎主要由个人爱好而非科学方法的考虑来决定。

动的愉悦或不悦），是所有意动的必要前提；另外，通过赋予意动主导地位，有人在被动的情感中发现满足或抑制（arrest）某种先前的主动的冲动或欲望的迹象；或者，最终二元论可被推进到人们承认存在不含情感的意志的地步（比如在施瓦茨最近的工作中）。

这些根本差异对所有价值分析和理论产生的影响是显而易见的。第一种观点将导致心理享乐主义，无法解释大部分价值经验。第二种观点将导致审美无法被纳入价值范畴。根据第三种观点，我们得到了康德和施瓦茨的严格形式主义。鉴于这些困难，任何关于情感和意志及其关系的理论（以及一些必要理论）都没有任何价值，除非它在对心理的鉴赏性描述和科学性描述的关系中所涉及的问题有一个清晰的认识。

有两种观点对所涉及的方法论的预设有着清晰的认识。一方面，迈农告诉我们，情感和意志的关系只能从价值的角度来决定；另一方面，冯特则把从价值分析的角度引入的区分，比如情感、欲望和意志之间的区分，看作"纯粹的逻辑产物，一点也不是千差万别的心理上的基本实体"。因此，对于前者来说，情感和意志的区分是终极的，而对于冯特的一元论理论来说，所有这些人为的区分背后都有着一个情感元素的根本同一性。

在这两种分歧观点之间似乎不存在中间地带。但在我看来，每种观点都具有相对合理性，并且可以与另一种观点相调和。不仅如此，我还倾向于认为，从内容分析的角度发展出来的同一性理论是唯一能与从功能意图的角度发展出来的情感—意志意义的区分相调和的理论。

二、情感与意志的二元理论——批判

接下来，我们可以通过对以下观点的简要批判性考察来开始我们的研究，这些观点假设作为被动的愉悦或不悦的情感与作为主动的意动之间存在绝对区别。我们试图在它们之间建立一种因果心理决定的关系。如果这种区别是从脱离于其意图或意义的内容角度来看的，那么就有必要通过经验来证明，要么被动的情感是所有被称为意动的主动状态的必要前提，要么所有情感的被动状态都以对自觉的冲动或欲望的抑制或调节作为它们的必要前提，就其内容本质而言与情感不同。

第一种二元论观点，在其原始形式即享乐主义中，因形式简约而显得优美。情感作为一种被动状态，始终是感觉和观念的内容及它们之间关系的效应。情感的质量和强度方面随感受内容和观念内容的变化而变化，这种质量和强度则决定了冲动和欲望等意识的主动方面。

简单考察这些事实我们就会知道，如果我们认为情感是指具有某种强度的简单的被动的愉悦或不悦，那么它绝不是任何给定冲动或欲望的必要前提。一方面，对于某些简单的冲动，不存在这种意识上的快乐前因。当锻炼的冲动在某个时刻涌上心头时，内省就会告诉我，它既不一定是由意识到的不悦感也不一定是由对愉悦的预期所引起的，尽管二者都有可能是其因由。另一方面，还有一些更高级的意动现象，我们称其为"无强度"的偏好行为。在这些行为中，情感干扰处在最低限度。而且，如果将情感描述为被动的快乐强度，那么这些行为肯定就没有这种情感前因。带有义务意味的冲动通常属于这类性质。

很明显，情感—意志意义（广义上的情感—意志意义）存在着所谓冲动和欲望的变化。这些变化并不需要以先前的被动愉悦意识或愉悦差异意识为前提。如果我们将其他性质，譬如紧张—放松、不安—宁静包含在情感中，那么提出任何前因与后果的问题都只是一种言语上的诡辩。我们已经把意动方面的本质特征归于具体的情感，这实际上是对同一性理论的接受。

此外，即使是依赖论的支持者也承认这样一个事实：在表象和判断之后，存在许多立即产生的冲动和欲望，而几乎没有明显的愉悦意识的干预。因此，克莱别格提到低于阈限的情感倾向决定了冲动和欲望，艾伦菲尔斯则说欲望是由情感或情感—倾向决定的。甚至当实际情感被认为是因果决定性的时候，它也不像我们在此前对艾伦菲尔斯的价值定义中所看到的那样，即情感是一种独立的先行状态，而是由客体是否存在以及主体的情感—倾向所决定的情感差异。在锻炼冲动的案例中，不一定是因为当前状态的不悦，也不一定是预期的愉悦，而是两者之间的差异，它们构成了冲动或欲望的必要前提。

正是在这些承认与随之而来的调整中，我们看到了整个依赖论的失败。这种失败源于情感与意动的分离。不高于阈限的情感是一种纯粹的概念构建。当被视为欲望的前提时，情感差异也是如此。因为情感差异只能通过两种方式成为实际的心理决定因素：要么它是一种观念构建，是对情感的反思结果，然后产生一个作为欲望的预设的观点；要么这种差异被感受为紧张或不安，被觉得是由假设倾向产生的预期，主动意动环节则被认为由这种情感决定。当情感差异被认为是意动的前提时，它要么与意动没有区别，要么是一种纯粹的概念性建构。

第二种依赖论观点，是建立在这样一种假设之上的，即从内容的角度看，情感和意动都是心理的基本实体。该理论认为所有的情感都必然以自觉的意动的某个阶段作为其先导，情感是欲望被抑制或满足的标志。在此处，如果意动再被视为非鉴赏性描述内容的意识的一个方面而与情感不同，那么就很难建立一种彻底的依赖关系。诚然，价值暗示层面上的情感态度预设了接受或拒绝行为，但即使在这里，我们也不能说这种关系是前因后果的关系，也不能认为价值情感是被动的愉悦和不悦。要将所有的情感现象都包罗在这样一个归纳中绝非易事。比如，有伴随简单感觉的情感，如对气味或颜色的愉快或不快的情感基调，也有突如其来的惊讶或恐惧情绪，还有本能的情绪。这些情绪是在最初没有任何意动经验作前因的情况下被遗传并出现的。

关于第一类现象，那些认为情感源于被抑制的意动的人坚称即使是这些现象也遵循一般法则。一般而言，当功能理论始终如一并严格区分情感和意动时，它也认同这一点。因此，在最近一篇从这个观点出发的文章中，不悦被认为是在被抑制的意动之后发生的，而愉悦只有在意动被抑制后的自我适应阶段才会出现。不包含意动成分的状态是中性的。

然而，作出这种回答所面临的困难不容小觑。如果我们审视这种包含观点的理由，就会发现它们有两种类型——第一种是分析性和内省性的，第二种是功能性的。第一种观点的大意是，在不受紧张—放松或平静—不安等因素及其对意动预设的暗示干扰的情况下，我们是无法获得一种简单感觉的情感基调的。而第二种功能性观点的大意是，通过习惯或重复性刺激来减弱感情基调的法则，主要是一种对刺激趋向的适应法则。当气味或音调通过重复而失去其情感基调时，这种法则就会起作用，因为由抑制所激发的感觉趋向或感官兴奋需求已得到满足。在这里，同前面的理论一样，只有超越直接经验，再加以假设性概念建构，才能使这种关系具有普遍性。如果紧张—放松或不安—静止等方面出现在简单情感基调中，那么在分析上它们与作为先导的情感是可分离的，并且与情感具有本质上的差别；冲动和欲望不是情感的自觉预设。当情感基调的强度随着刺激的重复而减弱时，也不一定意味着实际冲动或欲望会逐渐消失，只能说某种倾向或趋向随着刺激的重复而减弱。只有将其修改为"或意动倾向与趋向"时，所有情感都以意动为预设的命题才能成立。

  同样的反思方式也适用于其他情感现象，比如突如其来的惊讶或恐惧情绪和遗传的本能情绪。当我步入森林时会对花香感到惊讶，这种情绪并不需要特定的冲动或欲望经验作为其预设。这种惊讶在相对被动的意识状态下是可能发生的，尽管在绝对被动的情况下，即使是惊讶也不可能。似乎是这样：至少存在对除了花朵以外的客体的某种一般性意动趋向，而这种趋向必须被抑制，这样才能引发惊讶。这种惊讶并非直接由花朵的气味引起，而是由对其他意动兴趣或趋向的抑制引发的。它不预设实际欲望。本能情感也是如此。它们预设了倾向的或本能的意动趋向，而非实际意动；它们本身就是能被描述为情感或被抑制的冲动的经验。最后，还有一种审美情感。在这种情况下，虽然意动是被意向性地预设的，但肯定没有必然先于它的自觉的冲动或欲望。分析显示了带有意动意味的方面，比如放松和休息，以及纯粹的感官快乐。但除了回顾性分析之外，这些都是整体态度的方面，而非不同的状态。

  因此，这些思考的结论是，我们只有通过修改解读意动倾向或意动趋向的命题，才能建立一种有别于意动又完全依赖意动的情感。这实际上是在考察意动决定情感的使然因素时所得出的结论。但当我们引入倾向的概念时，也就是说，当我们跨越了直接经验的差异，并使用概念建构来补充它们时，这些倾向是否被描述为归属于情感或是欲望就都不重要了。正如艾伦菲尔斯明智地认识到的那样，对于价值理论——它关注的是价值的变化及其法则——由于这些是由倾向性预设中的变化所决定的，因此这些倾向被描述为是情感的或是意动的就都不重要：评估法则将适用于任何一种假设。真正重要的结论是，情感和意志之间的区分不是心理内容的区分，而是意图或意义的区分。

三、情感和意志的一元论和发生学理论

我们考虑情感和意志关系的这两种理论的主要结果是，这两种理论中任意一种都无法建立起彻底的依赖关系，除非我们抛开心理事实的领域并用倾向的概念性建构来补充它。但如果为了填补这种依赖关系，我们就把具有意动内涵的不安—平静包含在情感的属性当中，那么这种将经验的两个方面完全分离的做法是否真的有用呢？这是值得怀疑的。"同一性"理论否认这种区分是根本性的，并坚信这种区分只产生于我们看待意识的某个基本内容的观点上的差异。我的观点是，如果理解正确的话，这一理论为真正的价值理论奠定了最令人满意的基础，同时最公正地对待了分析事实。现在我们要关注这个理论的发展。

冯特在《伦理学》[①] 的心理学部分已经清晰阐述了这个理论的最一般形式。据此我们了解到，这些区分纯粹是概念上的，是由我们观察一系列内在事物的角度决定的。意识流本身同这些区分并不相干。"每一种意志行为都预设了一种具有明确而特殊基调的情感：意志行为与这种情感密切相关，离开这种情感，意志行为将毫无真实性。另一方面，所有情感都以意志行为为前提。情感的特质标示着意志被情感的关联客体所刺激的方向。"

从内容的心理学分析角度出发，冯特在《心理学》最新版中对上述观点进行了更详尽的阐述："情绪"被认为是具体的情感—意志意义或意图的终极形式；这种情绪作为内容，是由一系列情感要素构成的复合体。根据运动或复合的性质，这种情感可被称为情绪、冲动、欲望或意志。"问题已不再是意志是怎样的具体内容，而是情感必须具备哪些方

---

① 冯特：《伦理学》，斯图加特，费迪南德·思克出版社1892年版。

面才能成为意志。"他所发现的这种特殊差异主要体现在情绪的"末端情感"特征上,同时体现在整体情绪的某种意义或意图中,而这种意义或意图只能用回顾性逻辑术语来表述。关于第一点,意动或意志过程是一种情绪,这种情绪通过运动而产生一种最终的情感,而这种情感反过来又消解了这种情绪。松弛的最终情感将意动过程和情绪区分开来。同样,在整个感情作为意动而体验时,存在一种只能在松弛的最终情感中体现的目标导向。原始的意动过程,比如一次性的冲动,是具有这种意义的情绪;次要的衍生意动,比如欲望和意志,是包含某种单一情感和表象的情绪;整体情绪中的要素,被拎出来作为松弛的最终情感的动机。因此,"与其说欲望是一个实际行动的准备阶段,不如说是被抑制的意动的情感基础"。根据观察角度,构成欲望的经验可被视为情感或意动。所有这些概念最终都是逻辑上的抽象概念,而非内容上的根本区别。[①]

在冯特之前,布伦塔诺就从价值分析的角度提出了类似的观点[②]。布伦塔诺指出,在一系列给定的情感—意志意义中,有一个从情感过渡到意志的适应性系列(例如,从悲伤、对缺失的善的渴望过渡到得到某物的欲望、着手得到某物的勇气、行动的决定等),在任何时候都不可能对情感和意志做绝对区分。它们构成了一个意义的连续系列,其中情感和意志这两个方面只能在相对和概念上加以区分。

二元论观点的拥护者对这种观点的批判是富有启发性的,因为它们揭示了这些将区别视为内容的最终差异的理论的矛盾。这种二元论的拥

[①] 冯特:《生理心理学》(*Physiologische Psychologie*)(第五版),莱比锡,1903 年版,第三卷,第十六章和第十七章。"Affekt"在此处是根据在第三章第 64 页中广泛使用的"情绪(Emotion)"而翻译的,并且如《哲学和心理学大辞典》第 316—317 页关于"情绪"的篇章所建议的那般。

[②] 对布伦塔诺的分析有影响的因素正是我们此前已经认识到的那些因素。如果把情感与被动的愉悦和不悦视为等义,那么价值就不能被简化为情感对意动的决定,也不能被简化为愉悦—致因。诚然,被视作愉悦与不悦的情感存在于整个适应或重要的连续序列之中,例如上述系列,但在变化的不安占主导的后期阶段,它变得越来越不重要。快乐的强度变得无关紧要,实际上我们有的是无强度的意动。正如第三章第 56 页所描述的那样,如果从遗传学的角度解释这些区分,那么价值与快乐元素之间的绝对二元论就是没有必要的。

护者势必弄清系列中情感的终止点和意动的起始点。艾伦菲尔斯发现，这一点恰好处在系列的第一阶段结束以后。只有悲伤本身是纯粹的被动的不悦。其他一切情感都蕴含着主动的欲望规律。但是，这种分析中的肤浅性与矛盾性立即显现出来。到底包含着什么？显然，要在这一点上作出区分，就必须把希望和勇气这些情绪从情感的一侧抛向欲望的一侧，正如艾伦菲尔斯所做的那样。这类步骤的逻辑是将情感限制作为被动和不确定状态的不悦和愉悦。但当这种粗暴行为完成后，这种分析的肤浅性就立即显露出来。我们可以说悲伤是纯粹的被动的不悦吗？当然不能。我们已经处于相对被动的悲伤状态，我们进入适应反应这一系列的初始阶段。这可以从情感的膨胀中找到。在这徘徊不去的悲伤阶段，意象的集中、情感扩张的趋向，都已经包含了一种内在活动，它们只在程度上与后续更明确的意识阶段不同。问题实际上在于，情感似乎只是被动的情感，只有当我们回顾性地把情感从功能性整体中分离出来时，它才是功能性整体系列的第一个阶段。可以预见，在扩张性情感的第一阶段，对被抑制的意动系统的力度与程度的感觉就已被包含其中了。这种情感流畅地过渡为相对更主动的情绪、欲望和意志，以及随着抑制力度与持续时间的增加而出现的行为。从后期阶段的角度看，被视为原因的原始情感，似乎更加被动。

此外，如果我们像某些学者一样试图在系列的末端寻找更主动的情感与决策之间的区别，那么我们唯一能够找到的区别是放松的末端情感。我们可以在一个简单事实中找到这种末端情感的起源以及与之相伴的特征性感觉：在决策时刻之前的一系列情绪中所展现的普遍干扰，可以在某种特定的整体运动或构词法中找到明确的运动渠道。但要把这一最终阶段、末端情感与前在的情感分离开，我们就会仅得到一截"躯干"，一种不真实的抽象。整个重要系列或价值系列是一体的，其具有情感—意志意义的连续性。根据观察的出发点，每个阶段都可被解释为意动或情感。

对这两种试图区分经验的主动和被动方面的尝试，即从基本内容上区分整体重要价值系列的情感和意动阶段的尝试，可以看出这样的努力注定是失败的。如果我们把这样一个系列中的态度因其所处位置而具有的意义抽象出来，那么主动和被动之间的区别以及情感和意志之间的区别就消失了。因此，无须进一步分析，我们在这些结论中就有了对情感和意志的二元论持否定立场的根据，以及对二者之间因果决定构想作批判的根据。这些二元论认为，情感的价值因素是被动的愉悦—不悦或者欲望。此外，它们还为我们将价值定义为"情感—意志意义"以及价值经验是一种具体的情感态度的观点提供了正向依据。在我们的观点中，意动总是存在的，意动倾向也总是被预设的。①

四、对一元论的解释——其与价值意识的定义和分析的关系

尽管这种二元性，即情感与意志之间的区分，不是基本内容的一部分，但从鉴赏的视角来看，它仍是一种具有基本意义的二元性。情感和意志是同一内容的两重意义，但到底是什么决定了其中的差异呢？这种差异该如何理解呢？我们必须用"同一性理论"的一般术语来说明这个问题，即这种差异只能用概念性的、逻辑性的、回顾性的术语来描述。这么做的目的是使一般性陈述——这种二元性或区分是认知与选择性意义的一种——更为具体。被动或主动的意义是态度因其重要系列中所处的位置而获得的，只有当态度与该系列的前一阶段或后一阶段相关联时，这种意义才会变得明确。它们是发生学模式的差异。

如果我们试图回顾性地描述这两种模式，换言之，如果我们试图在事后传达它们的内在意义，就会发现，我们只能从认知的角度，即通过

---

① 值得注意的是，在最近的一篇文章《意动与心理活动的性质》（*The Nature of Conation and Mental Activity*），载于《英国心理学杂志》（*The British Journal of Psychology*）第二卷第一部分中，斯托特（Stout）把"意动"定义为一种复杂的经验，但这种经验又包含了"一种简单的、不可分析的、具有独一无二特征的元素——一种整体可从中派生出其独特的意动特征的元素"（他把这种特征描述为情感倾向，并认为其与动觉或情感均不相同）。不过，作者也承认尽管这种情感倾向和情感是有区别的，但并不是单独发生的。他建议使用"interest"一词来表达在同一过程中意动与情感特征统一。我看不出这一观点与此处所提出的观点的本质不同。正如斯托特所分析的，这两个方面是回顾性的抽象概念。

对态度的认知预设的描述做到这一点。冯特认为，一种情绪要成为意志就必须具备一种内在的意动趋势，而这一点只能理解为认知态度的变化，而非认知内容的变化。闵斯特伯格对这种区别的描述也很有启发性。他说："情感中的一个独立于我们的客体，是通过意动（欲望）来解释的。然而，这种欲望仍是作为一种暗示，来帮助我们鉴赏在情感判断中被认为是独立的客体。如果我们使客体依赖于我们，以至于我们将其理解成被保留的或被排除的客体，那么确切地说，我们将体验意动与冲动，而不是情感。"① 现在，要使客体依赖于我们，就得假设其是否存在，因为情况可能是这种假设由预设的主观倾向所驱使的。根据闵斯特伯格的分析，当我们去感受而非去欲求时，我们采取的把客体想成独立于我们的这种做法同样是对客体存在与否的判断或假设。但在这种情况下，认知行为的动机则是对更客观的起源及性质的控制。这种分析的意义在于，情感与意动的区分归根结底可被简化为基本内容的直接功能性意义的差异，当对这种意义进行回顾性描述时，往往要借助于认知性预设。

然而，毫无疑问，虽然这种在直接功能性意义上的差异只能从认知态度的角度来进行回顾性描述，但实际上在明确的判断和假设的认知行为之前，它就已经隐含其中了。并且在价值经验的层面，这种二元性在感官适应与习惯的最简单类型中就已萌芽。我们可以从习惯的基本态度和习惯被扰乱后的适应中隐晦地感受到在判断和假设行为中被明确认知到的对主观控制的"依赖"或"独立"。因此，如果以这种更表面的方式来看待布伦塔诺所描述的这种适应性重要系列，我们会发现，对预设倾向或预设趋向的抑制程度将情感主导阶段与意动主导阶段区分开来。我们将所讨论的阶段称为"情感"还是"意志"，取决于我们在适应过程中的立场。我们在其中可以说是获取了经验。在布伦塔诺的"系列"中，第一阶段的特点是把客体理解为相对独立于主体（在这种情况下，理解是判断性的）——在内省中，它们被解释为情感；在随后的阶段，

---

① 闵斯特伯格：《心理学的基本特征》（*Grundzüge der Psycholoie*），莱比锡，1900年版，第366页。

客体被认为越来越有依赖性，直至最后阶段，实现欲望的信念或判断出现，达到自愿决策的状态。同样，当冯特描述这种关系时，即情感可被看作是意动过程的开端，而意动可被视为复杂的情感过程，情绪是两者之间的过渡，他便是在区分同一适应过程的不同阶段。

有了这种二元性本质的概念，即情感是被动的、欲望或意志是主动的，我们就可以证明自己对价值经验的定义及分析是正确的。情感和欲望是发生学模式的差异，是功能性意义而非内容的相对差异。因此，客体价值就是它的情感—意志意义，并在情感态度中被赋予，而情感态度中总有一种意动的超越的或内在的元素。我们将价值—基础描述为情感或具体情绪，这是因为纯粹被动情感与纯粹主动意动在系列中都是有限的，它们实际上都是抽象的存在。但客体的情感—意志意义，或者说价值，其与欲望以及借助情感来解释的意动倾向之间的关系，只有在认知层面上才变得明确。在该层面，适应是以推测、假设与判断等认知行为形式出现的。正是通过这些认知行为在情感或欲望中实现的倾向性趋向，才赋予了情感或欲望被称为价值的意义。

总之，我们可以指出，对情感和意志的本质及它们之间关系的这种理解为我们研究评估法则提供了心理学基础。具体的评估法则既不能被归结为从意动中抽象出来的一般性情感法则，也不能被归结为从情感中抽象出来的一般性欲望法则，而只能被归结为作为整体的情感—意志过程。如果我们采用斯托特在前文中已经提到的用于表示意动过程两面性的"兴趣"这个词，我们就可以顺理成章地将这些情感—意志意义的获取法则称为兴趣法则。

第二节 对情感的进一步分析
——关于情感本质、情感不同方面关系的理论

一、结构性分析

已经发展起来的情感和意志关系的理论为我们将价值经验定义为"具有某些预设的情感"奠定了心理学基础。我们的第二个问题，即对

情感本身的进一步分析，产生于这样一个事实：在情感的不同模式之间所作出的鉴赏性差异、在感觉的情感基调与仅暗示价值的情感态度的意义之间所作出的鉴赏性差异、在情感基调的强度与情感的深度和广度之间所作出的鉴赏性差异，它们都需要一些有关情感自身本质的更深入的理论。在先前对鉴赏性描述的分析中，我们已经提出了这些理论的某些要素。接下来我们将更详细地加以阐述。

（一）作为一种感受性的情感

我们说过，那些被归入一般情感和意志范畴的具体心理过程——情绪、激情、情操与心境、冲动与欲望，从根本上来说是同一整体内容的不同意义。我们可否更全面地说明这种内容的本质？在回答这个问题前，我们最好先明确这样一个事实：情感和意动意义是从具体的整体意义中抽象出来的，而这种意义只能被鉴赏性地描述，那么，从内容方面，即从非鉴赏性描述的方面重建情感的鉴赏性差异的任何尝试，都必须包含一个抽象过程。该过程使得整个复合体的一个方面对整体起作用。西美尔[①]曾完美地表述过将愉悦作为情感的等义词的用法：愉悦只有在其多种真实特征（以某种方式组织、安排）千百次地支配我们的行为并在这些差异产生影响之后，才作为一个概念、作为意识的一项独立内容而出现。但当这一事实得到充分认识时，以下事实仍不改变：就其目的而言，一种抽象或等价物可能比另一种更有用。我认为，根据已经确定的一般法则，用心理因素来表述情感理论的主要目的，是将其作为解释经验的一般性方面（我们称为"情感"）与其他方面（我们称为"意识"）之间功能性关系的工具。虽然从本文特殊的研究视角看，我们对很多分析性问题可以忽略不计，但无论如何，我们不能完全避免提出一些为该特殊目的服务的有用概念。

所有的理论都认为，与经验的客观性、认知性方面相对比，情感是

[①] 西美尔：《道德科学导论》，柏林，1892年版，第一卷，第307页："欲望只有在其真实形式千百次地支配着有目的的行动之后，在其丰富性和多样性促使不同差异相互模糊、为其共同点给予启示的时候，才会作为一个概念、一种独立的意识内容而出现。"

经验的特殊的主观方面。有人提出,"情感"这一术语在广义上适用于所有认知经验的主观边界。但问题马上就出现了:究竟有多主观?我们得到的答案各种各样:有人认为情感完全不可呈现,其从未在经验的客观方面被发现;有人则认为情感具有准认知功能(如记忆和概括)。与此密切相关的是经验、知觉与形象内容认知方面的情感的独立程度问题。

不必过分细究差异,我们可以大致区分出关于情感结构本质的三种主要理论。第一种理论,认为情感不是内容,而是内容的情感基调(感性的、具象的)。但在此种观点中,有必要像斯托特那样区分内容的情感基调(感性的、观念的)和过程的情感基调(知觉的、观念的)。于是,情绪、情操和心境的基本方面就是过程的情感基调,根据其被促进还是被抑制,这种基调被分为积极的和消极的(感觉和意向的情感基调,即更具客观性的外在和更具主观性的内在,是通过多余的刺激而作为次要的修饰元素进入的)。第二种理论,即冯特的理论,与前述理论一样,都将情感同知觉性完全区分开来,但不同的是,类似于知觉的类比,它将情感视为一种特殊的心理元素。这些元素有三种属性:愉悦—不悦、紧张—放松、不安—宁静,我们在前一章已经区分了它们。因此,整体情感就是这些假定元素的复合体。第三种理论,以闵斯特伯格为代表,认为这些都是鉴赏性描述,当我们把情感—态度变成非鉴赏性描述的客体时,我们只能发现感觉元素。因此,被称为情感的精神状态不过是一种情感的复合体,它比其他更客观的复合体更难分析。

对前两种理论的具体批评留待后面的讨论过程中再展开。这里,我发现了某些总体性的考虑。这些考虑导致了对最后一种理论形式的调整。首先,就其本质而言,任何经验的非感觉方面只能用功能性术语来鉴赏性描述。其次,正如前两种理论所预设的那样,我认为,情感与感受之间的区别不能完全划定。最后,与已经发展起来的情感和意志的功能性发生学概念适当结合,似乎就足以解释我们在情感和价值经验理论中已经明确发现的情感—态度的所有调整。

在最近的讨论中,人们经常提起"情感"一词在日常语言中使用范围很广的问题。我们感受到感觉、情绪、心境或态度。我们感受到晦暗与遥远、记忆中事物的远去或临近。我们感受到冲动、渴望。我们感受到决心要做一件事。如果我们从这个词的最终用法出发就会发现，除了态度在重要适应系列中的功能性地位及其认知性预设的本质之外，没有什么可以将欲望或意志的情感（比如被决定的情感）与情绪或心境的情感区分开来（除了两种经验中感觉性内容的性质）。就欲望或意志行为而言，有一些特定的动觉（运动感觉），它们与被我们形容为情绪、感情或情操的态度的感官感觉或系统感觉截然不同。这两种态度在"情感"上的差异，可以充分地用这些感觉及其组合来加以描述。在重要系列中，某种可区分的情感—态度通常先于欲望或意志行为（但如我们所见，并非总是如此），其意义也被纳入更明确的意志中；但是伴随着意志态度出现的这些附加内容，情感的精神状态被赋予一种区别性的特质。此外，就明确的欲望或意志而言，主观的感觉内容倾向于篡夺意识，而在一个整体复合物之中，对客体的感知是一个次要因素。

在所谓的粗糙的情绪中，感觉元素几乎同在欲望中一样明显。的确，这些情况下的情绪"主体"是大量或一系列的感觉。由于情绪永远不能与欲望完全区分开来，所以这些感觉大多数是感官性的，但也有部分是肌肉运动的。但情绪的"灵魂"，用一个相关术语来说，其意义如同在意志的情况下，一般存在于重要系列中，存在于它的认知预设中。然而当我们试图描述这种意义时，我们只能诉诸鉴赏性术语来做到这一点——我们描述其积极或消极的动向、其动态与扩展的迹象等。

上述态度可被作为精神状态来分析，因为它们的内容甚至剥夺了部分针对它们所指向的客体意识，同时也因为它们代表了对意动倾向强烈抑制的结果。当我们转向那些更"细腻"的情感阶段，即附着于观念客体的情操和心境，以及感觉性和感知性客体的"情感基调"时，我们会发现它们所指向的客体，或它们所依附的客体，处于更优势位置。那些在粗糙情绪中凸显出的感受性经验，现在却隐于幕后。只有通过抑制使这种情感再度爆发并变成一种更粗糙、更充分具象化的意义时，这些经验才能恢复。我们该如何评价这些更细腻状态的结构呢？我们别无选择。只能说，作为内容，情感是同样的一团感觉，但其强度如此之低，以至于实际上与客观认知内容无法分离或完全融合，从而不能对单独的元素进行分析。与较粗糙的情感形式相比，这些更细腻的情感似乎是一种无实体的存在，或许更准确地说，它们体现在其他的表象素材上或融入于其他的表象素材中，比如在自然界、人类表达与艺术中某个词汇的运动性或听觉共振，或视觉的或音调的复合物。然后，我们谈论客体的情感基调，或谈论弥散着情感的客体。

最后，还有一类经验。在这类经验中，情感状态与认知状态几乎没有区别。我们一会儿还要多谈此类经验。它的情感方面、主观的指涉是如此升华，以至于它不过是认知过程的一种伴随物。打个比方，我们或许可将其描述为微妙的基调，并称其为"情感符号"。在正常不受阻碍的心理过程中，它们取代了对欲望、情绪与情操更充分的明确。所谓关系情感就是这种性质的，即情感基调附着在连词和副词上，比如我应该、我能够、我会、我应当、我必须等。这些情感基调都是显性情绪和意动的升华形式，并且伴随着它们所出现的意念过程的充分抑制。这些情感基调可能会迸发为明确的表现式情感，它们是这些情感的符号，具有特殊的感觉性内容。因此，它们被描述为残余现象，是先前运动性和感官性态度的残存。还应注意的是，虽然它们通常是词汇的情感基调，但它们可能出现在词汇形成之前，并独立于词汇形成过程。完整起见，还需补充：抽象性与一般性术语的情感基调、在观念建构过程中获得的伴随着明确欲望和情感的情感—意志意义，都具有一样的一般性特征，这一点留待以后讨论。

（二）在情感中作为元素"组合形式"的鉴赏性差异

针对这一理论，即当被视为内容时，情感是感受性的一种形式，已经出现了许多严肃的异议。特别是似乎在肌肉知觉或感官知觉分析中没有体现出来的更细腻的情感形式，使得人们怀疑我们分析的完整性。事实上，我们完全可以质疑，就理论研究现状而言，在不做出任何进一步调整的情况下，其是否足以解释被鉴赏性描述所区分的情感的不同特质。是否真的需要，就像在冯特的理论中的那样，假设一些特殊的情感元素来解释这些差异？

　　冯特和斯托特都批判了这种情绪理论。他们的理由是：很难把情绪中的定性差异仅仅解释为肌肉和感官反射的感觉性质差异，同时也因为这种理论将情绪视为感官共鸣的结果而非原因。同一主观情绪状态实现时，其运动的感官反应的差异以及由此得到的感觉复合体中的差异需要我们在别处寻求情绪的精神状态的独特内容[①]。此外，有人认为这种理论在解释情绪时完全忽略了其所预设的意动趋向。一种情绪包含了行为的某种趋势或方向，这种趋势或方向会根据形势以任何可能的方式表现出来。可以承认，这些批判占据了主流。但当人们从内容的角度观察情绪时，这一理论所需要的使其贴切的调整几乎就会立刻出现。更深入的分析表明，赋予这种精神状态特殊特性的不是单个的感觉特质，也不是它们在无法区分的团块中的融合，而是这些元素之间的结构关系。除了感觉的特质外，它们之间还存在着一定的时间和强度关系。每一种情绪，除了其所指向的客体之外，都有赋予其意义的预设；这些情绪的积极与消极的指向，以及由于元素的时间和强度方面的"组合形式"，使其具有自身特定的感官共鸣及其特质。

　　这种产生了可被鉴赏性区分的新特性的特殊性质的概念或组合的方式，似乎已经成为情感复合体理论的一个永恒特征，而与它们关于这些复合体中的元素性质的概念无关。坚持这些元素是不同于感受的假设性情感的冯特，把不同复合体构建为这些元素之间情感进程的不同形式；认为这些"运动形式"是感觉性元素的组合形式的威塔塞克设想了由此形成的格式塔特质成了情感复合体整体的可呈现的方面。就我们当前所关心的内容而言，我们没有必要重新讨论感觉—元素与情感—元素的理论。这一问题相对来说不是那么重要。真正重要的一点是：这些形式特

[①] 此外，从发生学的角度看，困难出现了。正如斯托特所指出的那样，同种情绪（比如恐惧）可能与非常不同的运动性表达相关，即使在同种动物身上。这清楚地表明，尽管运动性表达后的器质性与肌肉感觉的性质将存在相当大的变化，但情感性精神病理学的特殊性质可能保持不变。

质是存在的，而且建立在元素的时间和强度关系之上。①

正如威塔塞克清楚表明的那般，这些形式特质可从其最初所固有的感官感受转移到表象的和观念的内容上来。很多"更细腻"的感觉并没有体现在感觉性内容中，因此就没有这种情绪的强度。它们完全由认知内容的"组合形式"组成，但仍然保留着此前充分体现的情绪的意义。关于这一事实，我们将在研究同情性移情过程以及在这些过程中产生的新意义与新价值时再加以利用。情感态度的同情投射涉及心理表象。在这种情况下，经验的特殊主观方面被描述为情绪。当然，现在情绪态度的愉悦强度和认知预设只能作为判断、假设的客体而在概念意义上投射。但这并不排除以精神状态直观呈现的可能，因此也不能排除其特殊性质直观呈现的可能。这是因为，如果情绪的形式是复合体元素间时间和强度关系的系统，那么这一方面就可以像任何其他形式的组合（如节奏）那样从元素中精确抽象出来，并转置在其他元素上。这正是所发生的事情。当我们详细研究同情投射（移情）时，我们发现，物体、人、事物的形式特质构成了情绪的这种凭感受实现的诱导条件，就像风的叹息或一个人的身体或声音作为我们的直观感知所表达出的特定情绪一样。

此外，根据这一假设，我们就可以理解，为什么情绪的特殊共鸣可能保持不变，尽管单个情感的特质和被视为整体的情感的绝对强度发生了巨大变化。就更客观的表象而言，感觉性元素在时间和强度方面的组合形式（比如节奏），可以从一组元素转向另一组，并且只要相对强度和时间关系不受破坏，就可以在总体复合体的强度减弱之后仍然保持完全的清晰与明显。因此，即使此处的假设情感是一种具有特殊主观意义的感受形式，我们依然可以看到情感的特殊性质是如何被解释的。

总之，我们可以说，对任何总体情感态度的完整分析必须区分以下

---

① 我们可能顺便注意到，冯特在对这些不同的运动形式进行分类的方向上取得一些进展：（1）快速上升和缓慢下降；（2）缓慢上升和快速下降；（3）间歇性；（4）在这些规则下，震荡与包含鉴赏性差异的影响。我以为，最富有成效的分类原则是在此方向上找到的，但至于实际分类，我们在此处还是遥不可及。

四个方面：（1）其积极与消极的指向；（2）其预设，包括倾向性的与实际的；（3）其感觉内容；（4）其感觉内容的结合形式，或转换到更客观的认知内容中的特性，这种特性变成认知内容中情感的暗示。

二、情感的结构性分析与功能性分析的相互关系

对被统称为"情感"的经验的不同阶段进行结构性分析之后，我们得出的结论是：情感的各种不同调整都是感受性的某种类型。这一概念的意义在于，虽然情感的本质是一种功能性意义，但它是一种具体化的意义（embodied meaning），因此我们可以期望该意义的不同调整与这种感受性的显著变化相关。此外，这些意义中的变化及其在感受性中的相关变化，很可能与功能性预设的变化有关。这些关系的建立使我们能够将结构性分析和分类同先前的对适应系列的发生学分析联系起来。

（一）功能性意义的变化与感受的变化——激情与情绪、情操与心境

情感与意动的二元性被解释为由精神状态在适应系列中的位置所决定的意义的差异。在结构上，情绪被视为欲望和意志的简短形式，其中，机体觉在很大程度上取代了运动性感受。换言之，从结构分析的角度看，精神状态越接近显性的欲望和意志，被我们称为压力和努力的感受性内容的特殊阶段就变得越明显。正是在这些阶段，我们发现了对意动倾向或趋向的抑制达到了最大值。

但是，通过心理学分析，我们还可以区分出其他模式的情感。它们代表了适应的不同阶段，并在感受性中表现出相应的典型变化，这些变化就是感受的意义。某些情感模式，即情感的更细腻形式，比如情操和心境，其特征是具有享乐强度的机体觉变得越来越不重要，功能性意义却完好无损。甚至还有一些情感—意志意义的某些阶段，在其中，意义在可分析的机体觉中不具备"具现性"，而只作为一般性的知觉或认知活动的暗示而出现。我们可以从发生学理论的角度来解释这些现象吗？

（二）它们的发生学关系

一般来说，我们可以立即看出，激情与情绪、情操与心境这两组术语在情感性态度的含义上有着明显的差别。一种"热爱"最好被描述为

激情，另一种最好被描述为感情；一种"恐惧"最好被描述为情绪，另一种最好被描述为心境。它们之间也存在明显的发生学关系。情绪可被固定为一种心境，激情可能过渡为一种情操。情操可能会爆发为激情，心境可能被搅动为情绪。这些鉴赏性差异的意义在于它们代表了不同的态度，代表了客体对主体的不同情感—意志意义的不同模式，如同布伦塔诺的系列及其在情感、欲望和意志之间的区分一样，最终可以追溯到预设的差异。事实上，从激情到情操的转变，以及其限制性术语"情感符号"，或从情绪到心境及其"情感符号"，构成了一个重要的系列。该系列可被鉴赏性地分离，以便在功能和结构方面进行分析和描述。如果对这些区别的本质有着极肤浅的认识，就会把这些区别简化为仅仅是强度上的差异。

波耳汗在研究《情感现象及其出现的规律》中补充了这一分析的不足。该研究的意义与我们的研究完全契合，我们可以直接用波耳汗的原话进行表述。

波耳汗的一般理论是：情感状态预设了不同强度和系统化程度的意动趋向；情感态度在意识中的实际表现是由于这些趋向的不协调和抑制；在这些情感状态中，存在内容的某些方面，它们可以揭示所预设的系统性和抑制的程度；态度的变异，即激情、情操、情绪、心境和情感符号可被归结为这些方面存在程度的差异，并进一步被归结为所预设的趋向抑制的差异。因此，情感扰动的发生学和功能学分类可能基于的方面有：（1）扰动的强度或激烈程度，被抑制的意动趋势的力度与持久性；（2）情感状态（感觉性内容团块）中现象的多样性，它们揭示了预设趋势的复杂性；（3）干扰吸引意识趋向的程度（我们可将其解释为次生趋向在基本趋向周围的集中程度）。所有这些方面都被解释为系统化和意动趋势抑制了这两项因素的功能。

在确定了一般性事实，即所有情感态度都至少涉及一种最低限度的抑制之后，波耳汗又根据前述分析考察了各种不同的态度，如激情、情绪、情操和心境等。激情和情绪最大限度地展示了这些方面，并代表了抑制的极限。另外，分别源自激情和情绪的情操和心境，在这些方面上表现得不太明显。因此，它们代表着被抑制后重新适应的开始或抑制时刻的减少。然而，当意动倾向再次受到抑制时，所有的这些方面又在激情和情绪中重现。于是，在功能方面，意识的强度、多样性和吸引性的减少代表了因重复而形成的习惯。

在"情感符号"（这是波耳汗引入的一个新的描述性术语，通常被用于在肤浅的内省中观察不到的情感现象）中，我们对情感经验的这些方面进行了进一步简化。它代表了情感系列或重要系列中的一个限制性术语，与智力系列中的术语难以区分。波耳汗是这样描述这些情感符号作用的：通过与认知意识活动作比较，我们也许可以更清楚地描述这类事实的本质。我们知道，认知现象通常相互替代。因此，意象替代了感觉，思想或文字又能替代意象。这种替代太容易发生，以至于人们通常不会认识到它。因此，心理学家很少研究那些更终极的、抽象的、衰弱的替代。这些替代都是纯粹抽象的概念，也许是由大量趋向的部分激发而产生，这些激发尽管微弱，却是系统化的。在情感领域，我们所发现的替代事实类似于我们在智力功能中所认识到的事实。激情和情操通常被其他具有情感本质的意识状态所取代，这些意识状态成为它们的替代品，替代了它们的角色。①

正如波耳汗指出的那样，情感符号从一个基本要素向另一个基本要素的替代或转移的卓越能力在功能上是其最重要的方面。这种能力与其显示的最小限度的强度、内容的多样性以及意识的领悟的事实相伴相生。在内容方面，正是标志着情感符号的这些方面的相对缺失，作为我们所考虑的重要系列中的限制项。但在这一消极方面之外，必须加上一

---

① 波耳汗：《情感现象及其出现的规律》（*Les Phénomènes Affectifs et les Lois de leur Apparition*），巴黎，1901年版，第72页。因此，波耳汗进一步描述了它们在意识中的功能："如果我们以强度和持久度来回忆一种情感印象，我们也许能够部分地摆脱它，就像我们在原始情感紊乱的情况下无法做到的那样。但我们总是感觉到的不是原始印象，而是暂时替代它的元素，这种元素赋予了意识状态一种特殊的基调。"他接下来在其迹象中把这种基调描述为既是泛泛的，也是认知的。这是一篇真正的心理分析和内省，我们将在下一章关于情感记忆和情感一般化的章节中给出例子并进行详细讨论。

个积极方面。波耳汗通过独特基调识别出的符号，尽管相对强度较低，却赋予了意识。情感符号具有的功能性意义不在于其强度。

在将发生学观点应用于解释情感态度的功能性意义与它们的感受性之间的关系时，我们不仅得到了对一般性原则的重要扩展，即情感—意志态度中的差异可被归结为重要适应系列的发生学模式的差异，同时也为某些价值评估现象的心理学解释奠定了基础。我们发现，在价值经验层面，适应和习惯需与认知行为相协调，情感和欲望是通过推测、判断和假定而实现的意动倾向。从该结论中可以明确推断出，这些不同模式（激情、情操及其情感符号或情绪、心境及其情感符号）的意义差异只要对价值经验有意义，就可以从认知预设限定的角度来考虑。

我认为，这一推论是有事实依据的。代表着不同程度的习惯性的情操、心境以及更甚的情感符号，在价值经验上具有重要意义。这正是因为它们是与两类假设（显性和隐性）相一致的情感模式。我们曾在前一章指出，即使在那些显然是在生理上产生的心境、一般性的无客体的情感中，也的确有一种模糊的现实预设。所有价值暗示性的情感形式都具有认知预设，在表现为激情和情绪的替代物的情感模式下，预设就是显性或隐性的假设。在第一种情况下，正如我们即将看到的，我们关注的是想象出来的情感。在第二种情况下，我们关注的是情感抽象。因此，重要系列的不同模式（激情、情操及其情感符号或情绪、心境及其情感符号）代表了预设的一面，并且在它们的价值暗示方面代表了一种尽管并不总能被认识到的逐渐发生的预设变化。激情与情绪代表着抑制之后的重新适应，而就其作为一种价值经验而言，这种重新适应意味着判断。但情操与心境以及相应的情感符号，代表着在接近完成时的调适。这些情感形式代表着习惯的情感—意志意义，因此是倾向的心理学关联。

三、从前述情感理论中得到的推论

根据前述分析和理论，现在我们可以从心理学层面理解前几章所揭示的价值经验事实。我们已经看到，对价值经验的鉴赏性区分和描述可能涉及对总体情感态度的不同方面的区分和最终的独立变化性。这在我们对价值情感（及其意义、指涉）和愉悦—不悦的区分中，以及对价值情感程度和愉悦—不悦强度的区分中表现得尤为突出。从这些方面的区别中，以及从它们可被呈现和描述的事实中，我们还可以推论，在这种情况下，心理本身即情感，在某种程度上必然是认识、呈现和判断的客体，从而更接近经验的认知方面。这些概念的应用构成了下一章的专门问题。此处我们仅满足于展现我们的情感理论是如何使这些概念成为可能的。

关于这些问题中的第一个——如何在降低愉悦强度的同时获得累积意义的？或者说，愉悦强度是如何在一切给定的价值经验中变得多余的？——我们的情感概念，即作为包含在某种类型的感受性中的意义，被认为是具有启发性的。当情感态度被回顾性地视为被动占主导时，情感态度的两个方向，即积极和消极（由于其与意动倾向的关系而属于意动倾向）就变成了愉悦—不悦。此外，在这种情况下，被动情感就变成了感受性的一种形式，并且可以恰如其分地说它们具有了不同的强度。但确切地说，由于狭义的强度也仅仅是感受性的一种属性，所以态度在其前瞻性指涉中的意义，即态度凭借其认知预设所具有的超越指涉和内在指涉的意义，只有程度却没有强度。我们可以用某个观念的意义与其内容或被想象的基底作类比。其中，后者有强度，前者则有内涵与外延。

认识到这一事实，我们就可以看到前面所说的"只有在真正的种种特征决定了我们的行为之后，愉悦才会作为一种独立的意识内容而出现"。也就是说，只有当愉悦被选择性地与其他意义即超越指涉和内在指涉区别开来时，它才会出现。当整体态度的其他方面或意义占据最突出地位时，比如在态度的预期指涉中，被动的快乐方面就会处于搁置状态，对价值方面而言就变得无关紧要和多余。因此，正如我们反复看到的那样，情感态度的价值暗示可能不受感官共振或感受性的绝对强度衰减的影响。强度是结构修正的功能，是对感官趋向抑制程度的功能，而与适应相伴而来的习惯包含了这种强度的降低，却不一定涉及对内容的其他意义的修正。关于这一点，我们在对情操、心境和"情感符号"的研究中已经有所察觉。

因此，在（任何持续时间）给定的任何总体态度中，都可能存在快乐基调的变化，无论是定性的还是定量的，这丝毫不影响总体态度的价值暗示或意义。悲伤是一种消极的价值态度，希望是一种积极的价值态度，前者是不悦占主导的，后者是愉悦占主导的。但作为一个整体态度，悲伤在当下可能是令人愉悦的，不悦则是淡淡的；而希望虽然是愉悦占主导，但也可能包含不悦的因素。然而，正如斯托特所说，这丝毫没有影响态度的意动方面的强度，或者，正如本人更愿表述的那样，情感态度被动方面的快乐基调的变化与整体态度的价值暗示或意义无关。

有了这种在适应过程中有所区别的情感态度不同方面或意义的概念，就产生了进一步的问题，即情感是否有可能获得与认识和呈现相伴的客观性？在结构研究中我们曾注意到，一种情感可能在不同程度上独立于其客体。感觉的基调与其所依附的内容是不可分割的，而情绪、情操或心境，换言之，也就是"倾向—情感"，则扩散到整个意识之中。问题是，这种独立性，这种情感与其客体的分离，是否能达到某种程度，即情感本身可以获得认知性和一般性意义。在价值评估的现象学中，有几点需要这般假设。比如，在同情参与过程中，作为投射客体的情感获得了对主体的认知意义。但我们现在不关心这些特殊应用。我们在此处唯一的关注点就是，通过将情感看作一种意义，看作主观感受性元素的组合形式（其本身是相对独立于这种感受性的），我们为这一假说提供了一个基础。

第五章 情感—意志意义的连续性

第一节 认知性与一般性情感意义的获得
——情感记忆与泛化

评估心理学的第三个问题，需要对情感进行特殊分析，这与价值经验和判断的连续性的本质息息相关。我们已在前一章中概述了该问题并将其留作单独讨论。根据前一章的分析结果，现在我们可以回答该问题。如前文所述，问题是这样的：先前在价值判断中已得到表达的情绪经验，在新的判断、新的适应中将发挥怎样的作用？换言之，我们该如何从心理学的角度理解客体通过倾向的形成而获得的累积性意义？

人们普遍认为，情感是认知经验的非连续伴随物，它只有在创造生理性倾向与趋向时，或在新情境中对过去的经验进行反思时，才能发挥一定的功能。有学者这样描述该问题："现在，如果价值意识必须以功能性的方式发挥作用，那么它就必须直接作为立即感受到的情绪，那么这个问题就解决了；但如果以这种严格的心理学方式来理解该问题，那就大错特错了。对该问题的逻辑性陈述将引发另一个不同的问题——不是作为情绪的情绪是否在各种意义上都能在经验中发挥作用的问题，而是价值意识与一般意义上的情绪是否可能不通过反思性解释而变得客观，并在后续价值评估过程中作为一个因素而发挥作用的问题。"[①] 从逻辑学的角度看，当前的价值意识确实成了随后评估过程中的一个因素。这一事实完全正确。然而，这并不意味着我们不必从心理学角度对其进

---

① 斯图尔特：《作为逻辑过程的价值评估》，载于杜威：《逻辑论》，第36页。

行理解。另外,同样明了的是,如果这种连续性纯粹是从心理学上考虑的,如果倾向被认为其功能性与意识意义毫无心理关联,那么,价值评估过程在心理学上就像在逻辑陈述的情况下一样是不连续的。

这两种观点都不足以说明价值评估的连续性。通过反思性解释,即通过变成新判断和新假定的客体,直接感受到的情绪的确变得具有功能性,但也存在着被感受到的连续性,其中过去情感的获得性意义直接决定了当下情感的意义。为解释这种连续性,我们必须假设一种情绪"逻辑"。在这种逻辑中,情感通过获得认知性与一般性意义而直接获得决定性。在前一章中,我们鉴赏性地确定了快乐强度和累积性意义的"深度与广度"之间的差异,并提出一般情感态度发展的"情感泛化"理论,为理解这些事实奠定了基础。现在,我们必须转向思考这一理论。

我们已经研究过的某些现象为这一理论提供了起点。我们对情感的结构和功能的综合分析已经揭示了某些形式的情感,如情操、心境,特别是"情感符号"等,它们在某些特定方面与对特定情况的激情与情绪反应有所不同。这些情感感受性强度的缺失、作为残余情感的特征,赋予了它们一种代表性功能,并使它们能在价值判断中发挥功能性作用,而不必考虑其强度。这种作用类似于认知中的一般概念。我们可以谈论对认知意义的相对无意象的理解,也可谈论对情感—意志意义或价值的相对无强度的鉴赏。

我认为,存在残余情感和情感的这种相对无强度阶段(它们取代了显性与更具体的情绪和激情)。事实本身正从各个层面得到认可。唯一的问题是,这种记忆和泛化的概念,或者认知性和一般性意义的概念,它们作为对事实分组的依据是否有用。尽管近年来对这些概念多有批判,然而作者仍相信其作为解释价值评估的一致性与连续性的假说是有用的。然而,重要的是要意识到这只是一个类比性质的假说,其价值仅在于使我们更深入地了解价值评估事实;进一步说,若有别的概念可以更好地发挥这一作用,那么将其替代也未尝不可。在对里博的理论进行批判性研究时，我就已经坚持了这一立场。① 保留"情感逻辑"这一概念的原因在于，我们所讨论的情感的各个阶段确实具有一种代表性作用，类似于认知领域中一般和抽象，它们确实决定了实际的情感和价值判断，而与以下观点相左，即它们与真实情感完全不同，并且不会影响真实情感。这是一个关键点，我们稍后将对此进行更全面的讨论。

有了这种对假说的本质的看法，我们就面临以下问题：（1）孕育了该假说的价值确定现象、情感—意志过程现象究竟是什么？（2）在认知领域，就内容和功能而言，认知意义和一般意义的心理学标准是什么？它们与所讨论的催生了该类比假说的情感阶段之间的相似之处是什么？换言之，情感记忆与泛化的标准是什么？（3）在价值一致性和连续性中，这些阶段的起源和功能是什么？

第二节 通过情感获得认知性意义——"情感记忆"问题

"情感记忆"问题近来颇受关注。② 本人在早期对该主题的研究中指出，必须对将情感识别为过去的事实与我们对这种现象的解释作出区分。此外，对事实的接受被某些理论偏见所阻碍，尤其是关于情感的本质和记忆的本质。如果我们将情感与它的一个方面——愉悦—不悦等同起来，然后问是否可以回忆起某种愉悦基调，那么答案只能是否定。除了以概念性方式，任何过去的愉悦基调是不会复现的，因为每一次愉悦—不悦的经历，都是一种真实的当下感受。然而，如果我们按原样提出问题——当下的情感是否曾经获得认知性意义呢？答案是肯定的。当我们进一步追问：它是如何获得这种意义的？它的哪些方面是被认知得到的？我们有一定希望来回答这个问题。对于该问题，只要其涉及我们的评估心理学理论，我们就必须予以一定的关注。但我们一开始就可以声明，我们并未对此进行详尽处理，有关细节可参考已被引用的研究。

---

① 乌尔班：《对里博〈感觉的逻辑〉的评论》，《哲学公报》第二卷第九期。
② 关于情感记忆最完整、前沿的研究，请参见波耳汗：《记忆与情感回忆的功能》（*La Fonction de la Memoire le Souvenir Affectif*），巴黎，1904年版。

第五章 情感—意志意义的连续性

一、情感记忆的类型

关于情感记忆的事实，我们已经收集了数量可观的资料。但我们若在此处复述这些内容，将占用更多篇幅，而不能专注于当前研究主题。我们关注的主要是对这些现象的解释和确定它们在我们的情感—意志意义获得的发生学和功能学理论中的地位。

然而，我们可以回想起已经存在的一般性区分的两种形式：一是可被称为自愿恢复，或可以更详细地说，是对具有认知意义的情感态度的自愿恢复；二是对不具有伴随客体但具有认知意义的态度的非自愿性、无意识恢复。

在我们所参考的文献中，有许多关于第一种恢复类型的例证。事实上，在日常经验中也有这种例证。我只提一个，这个例子被皮隆（Pillon）认为是对"所谓复原情绪实际上是新情绪"观点的一个明确反驳。这是卢梭的《新爱洛伊丝》（第四部分，书信十七）中的一段话：圣普乐（Saint-Preux）把自己描述为：当面对爱的旧景时恢复了同样的情感，但在意识到徒劳时又陷入愤懑与绝望。皮隆认为这一证据表明，在卢梭的思想中，恢复的情感与新情感之间存在认识上的差异。

若要更深入地研究第一种类型的例证，我们就要了解近来被描述为"想象情感"的情感。想象情感是指那些跟随意象内容的呈现而产生的情感，这里并未对内容进行假定或判断，而只是假设它们存在。这种情感可以通过以下方式唤起：根据过去存在的假设来回忆过去的意象；根据当下或未来存在的假设回忆过去的意象。在前一种情形下，情感具有认知意义，并被我们称为情感记忆；在后一种情况下，我们想象的是更有限意义上的情感。在这两种情况下，想象情感与实际的当下情感在实在性程度和结构的某些方面都有所不同。

因此，一些想象情感（比如假设情感）具有认知意义，关键是要注意这些具有认知意义的情感既可通过根据存在假设而回忆过去的意象来恢复，也可通过自我暗示的方式恢复。无论是运动还是语言，其中主体通过假设一种运动态度，或使用具有过去情感经验的情绪基调的语言符号来恢复这些情感。对待这种重建的情感，我们可以采取一种新的情感态度，无论是积极的还是消极的，就像已经描述过的圣普乐的情况那样。这种情感是实际的当下情感，并预设了从对存在与否的假设转变为明确判断的过程。

第二种类型的情感恢复截然不同。在这种情况下，即便没有任何认知性表象内容或明确假设为预设，情感—态度也可能带有认知意义重现。这种情感本身先是被认知，然后其所指涉的表象才出现。本质上，它首先是一种无客体的情感，却具有认知意义。关于这种类型的情感恢复的经典例子，是里博讲述的 M. 利特雷（M. Littre）的经历。他年轻时妹妹的死所引起的情感，在晚年时无故涌上心头。而在此前的多年间，他对死亡的记忆已不伴有情感了。① 在这种情况下，对情感的认知似乎独立于对表象内容的认知，并通过关联间接得以恢复。

如此区分出来的两种类型的恢复情感分别被称为假性记忆情感和真性记忆情感，而且，正如波耳汗所指出的那样，它们两者之间似乎涉及一个真正的区别，尽管这并不是这些术语所指的最终的区别。这个区别在于，虽然它们都是带有某些明确标志（这些标志使它们与真实的当下情感区分开来）的想象情感，但前者的唤起依赖于意象内容的重现，而另一种所谓的真实的情感记忆，本身就是记忆意象重现的条件。我们需要回到这种区别的功能性基础上来，但我们首先必须确定将想象情感（两种形式下的）及其认知意义与当下实际情感区分开来的判断标准。

---

① 我们还可以参考莫西翁（Mauxion）在"真实记忆情感"（《哲学评论》1901 年 2 月）一文中引用的一个案例，我也可以引用在已被参考的研究中我的一个亲身经历的案例：
几年前我在国外生活时，我的意识中出现了一种完全不具备可被认知的关联条件的特殊情绪基调，我意识到自己曾以特定强度经历这种基调。我最终将其锁定在身处极荒凉的无烟煤区时产生的情绪反应。这种情绪基调是如此强烈和明显，以至于演变成了极其生动的特别情绪，甚至可以立刻导致一些描述性的写作。心理学旨趣的要点在于，即便是最接近的记忆搜寻，也找不到理想的内容来解释情感的复生。这大概可被解释为这样一个事实：那天是由完全不同的内容——譬如外国城市的某个肮脏街区——激起了相似的情感，并通过情绪产生了直接的情感回忆。

二、认知意义的判断标准

认知意义的判断标准（无论是认知的还是情感的，任何经验的）都是内在于当下经验或内容中固有的对过去的印记。这种过去的印记都可被简化为功能和质量方面的某些等价物。在功能方面，有和没有认知意义的经验之间的区别似乎主要是对现实关联程度的控制上的差异。就具有当下印记而不涉及过去的内容而言，内容被认为就是一个直接给定的客体。反之，当带有过去性印记时，内容便不再被看作是将被赋予，而近乎直接给定，以至于可以恢复其当下性。

从功能方面来看，这种差异可被归结为认知行为上的差异。一方面，所有具有当下印记的内容都被假定或判断为存在。如我们所见，存在假定的特征是接受所有被客观确定的内容，而判断不过是对这种客观确定的明确承认。另一方面，具有过去印记的内容则被认为是与被假定存在的当下内容相联系的。正是这种与被假定的现实的联系，赋予了其认知意义。

具有过去和当下意义内容之间的功能性差异对应着一种结构上的差异。分析表明，记忆意象不同于直觉，这是因为前者是图示性的，缺乏使直觉特征化的"感觉强度"。图示性特征在于，在总体复合体中某些元素已"磨损"消失；通过复合或其他形式的结合，一些元素被保留下来并与过往经验相联系。强度的降低可能与记忆表象中行为表达趋向的降低有关。不管怎样，我们解释了直觉与记忆表象之间的结构性差异，它们与认知意义的功能准则密切相关。具有这些特征的内容与直觉有所区别，它们受知觉抑制，又被推回并限定在过去。

三、被应用于情感的认知意义准则

从这些思考中，我们自然而然可以推出，在我们分析所区分的各类情感中，以推测和判断作为预设的情感是不具有认知意义的，只有假设情感才有"过去性"的特征。事实证明该推论是正确的。这是因为，一方面，两种带有过去印记的情感类型（在这样的情感类型中，当下情感似乎是过去经验的再现，即所谓的假性与真性记忆情感）要么是以假设作预设的

"想象的情感"，要么是无客体情感，这种情感尽管最初不具有客体和明确假定，但会发展成想象的情感。不难看出，赋予这些情感认知性意义的是这样一种信念，即只要作为这些情感客体的内容能够重新获得与感知及其存在推测相符合的现实关联程度，或只要内容能够再次成为存在判断的客体，那么，这些情感就可被简化为或转化为实际的当下情感。另一方面，同样不难看出为何以推测和判断作预设的情感没有过去性的印记。每一次理解或判断行为本身都是一种新的适应，并涉及一种新的、独一无二的情感。

因此，这两种类型的情感都具有这种过去性或认知性意义的特征，因为它们都指涉一种真实情感，人们相信这种情感会随着感知或判断的恢复而复原。但这种转变并不总有可能，并且一旦尝试，就往往会伴随情感上的变化——新的情感在特征上可能是中性的，或实际上往往是相反的。① 当下的新情况，或主体倾向的变化，通常会抑制假设—情感所指向的判断—情感。在圣普乐的案例中，具有认知意义的想象情感拒绝接受作为实在的当下情感，并被认为是徒劳的。当一个人回到童年场景时，情感的性质往往会变得中性或相反。与海难或死亡有关的情感，只要仅仅是被记住或被想象，就会保留早期经历的所有方面，除了能够赋予其当下印记的那一方面；但对过去事件的当下实际情感态度可能会变得中立，或至少不再尖锐。这一点在 M. 利特雷的经历中表现得尤为明显：尽管对于妹妹死亡这一已经过去的事件，他的实际情感态度应该早已变得中立，但通过某种偶然的联想，过去的情感又恢复了以前的特征和意义。

那么，真实的当下情感区别于过去情感的标志是什么呢？那些使用

---

① 有趣的是，安吉尔（Angell）在《心理学》（*Psychology*）第 266 页表示承认在实际意义中存在情感记忆，即我们认为如果有必要的话，就可以通过对事情的先前感受来回忆这些事情。尽管他接着说："如果我们真的尝试回忆这些事情，我们会发现，有时记忆本身并无情感色彩，有时它具有原始事件的情感特征，有时却又具有相反特征。"正是"我们感觉我们可以回忆"这一事实本身意义重大。为使我们能够完全参照过去的真实情感，就必须有一个情感符号来代表它。无论那个情感符号或具有认知意义的想象情感是否可被转化为真实情感，是否由于情感—倾向中的变化而使得当下真实情感与过去情感不同，这些都是偏离主题的。此处安吉尔的分析并不充分，因为他没有区分复生的情感和当下的真实情感。后者显然是一种不带有过去印记的新情感。

过去性印记来分析想象情感的学者都认为,"派生的"情感,无论是想象中再生的还是自发再现的,在某些方面都不同于"真实的"的当下情感,这就类似于在认知表象领域所发现的那些差别。如同再生的表象一样,想象出的情感或情绪是图示性的。但在该领域,图示性意味着缺乏体现"当下性"情感的完整而丰富的感官感受。随着感受性的降低,强度也相应降低。再生情感缺乏真实情感所拥有的那种"感觉性强度"。再生情感拥有自己的强度,正如波耳汗和本文作者以及最近萨辛格(Saxinger)所指出的那样,这种强度不受重复的影响。在这一方面,再生情感与当下的真实情感形成鲜明对照。然而,这种所谓的想象情感的强度最好被描述为情感的意义,以区别于真实情感的感觉性强度。

想象的情感,在假设的基础上经历了一定的修正,从而区别于"真实的"当下情感。现在只需要确定是整体情感复合物的哪些方面仍存在于想象情感之中并获得了认知性意义。基于发展的情感理论,回答这一问题并不困难。我们已经看到,虽然情感是某种类型的感受性的具体化意义,但这种意义作为内容的组合形式,是相对独立于内容的具体元素和这些元素强度的。我想,我们可以有把握地说,正是这种"形式—特质"得到了认知,也正是它具有认知性意义,因为它给人的感觉好像是,在给定必要条件的情况下,它连同直觉的全部现实情感,以及其对现实的基本推测或明确的存在判断,都可以转化为充分的具体化意义。

这种在参考过的论文中得到了充分发展的观点,在对"再生"情感的内省性描述中得到了验证。尽管对过去经验的真实情感态度可能已然发生改变,主体仍可在想象中回忆起情绪的细微差别,回忆起情感的震颤、扩展,当下现实的印记却已从中消失了。当然,前提是主体得属于情感记忆类型。[①] 此外,这将是这样一种观点,如果这种观点有效的话,

---

① 波耳汗引用了泰纳(Taine)在《论智力》(De L'intelligence)中提到的情绪复生的一段话,这段话展现了在复生时情感可被识别的方面:"在我身上唯一完整再现的是情感的精确细微差别,无论是粗暴的、温柔的、疏离的、甜蜜的还是悲伤的,它们曾经跟随或伴随着外部的和身体内部的情感;因此,我可在非常遥远的距离处极其精准地重复我最复杂、最微妙的悲伤与快乐;此时此刻,不完整的耳畔碎语几乎与声音有相同的效果。"

它可以帮我们理解情感如何变得客观，如何在想象的移情过程中投射到他者身上，并被认知和反射回自我。

第三节 从情感中获得一般性意义——情感泛化

在理解情感—态度这种获得认知性意义的性质之后，我们可以转向在为解释情感—意志意义的连续性时所提出的进一步假说，即情感的某些阶段获得了一般性意义，并以类似于将一般性概念同判断联系起来的方式，将它们同价值判断联系起来。

我们记得被批判的情感—连续性理论的共同特征是，不存在被感受到的连续性——习惯不存在被感受到的意义。当情感—态度接近于习惯时，价值情感被认为等同于愉悦强度，实际价值情感就会降低。在我们分析的情感态度的发生学模式（激情、情绪、情操、心境和情感符号）中，随着这些情感态度接近于习惯，愉悦强度就会逐渐降低，实际价值情感也随之减少。与此观点相反，我们坚持认为，这些更高级的情感态度的发生学模式与激情和情绪的关系，就像一般概念与特定感知之间的关系一样。正如一般概念代表了判断倾向的获得性意义，因此，这些情感的一般形式代表了特定情感反应获得的或累积的情感—意志意义，并在价值决定中具有独立于其强度的功能性作用，类似于一般概念在认知判断中的作用。

一、情感连续性现象：替代、统合、转变

一般概念的功能与所谓的一般化情绪之间的这种类比，更具体地出现在三种类型的情感连续性之中——情感替代、情感统合和情感转变。正如具有一般意义的意象因其对过去情况和判断的指涉而可取代我们在判断和反应中的各式表象内容一样，某些情感符号也可以取代特定的情绪反应。当一个特殊的表象被包含进一个一般概念中时，特殊的表象就获得了一般性观念的认知属性；同样，当特定的情绪被情操或心境"渲染"时，前者就获得了后者的价值内涵。就像具有一般性意义的特定表象奠定了从特定表象转变到其他特定表象的基础那样，情感状态的一般性意义也使得类似

于逻辑判断的情感转变成为可能，进而产生了一种"情感逻辑"。

我们已经在"情感符号"的标题下描述过情感替代现象了。由此可见，作为图示性意义的情感的相对无内容和无强度阶段，可以替代特定的激情和情绪。经过进一步分析，这些替代可能分为两种类型，一种是对客体的明确假设所产生的情感（其中假设是判断的替代），另一种是一般性术语的情感内涵，在这种情况下，情感产生于对客体的隐含假设，但其要么与判断习惯相关，要么与单纯的语词形象有关。

在《心理学评论》中，已经有两篇论文对第二类现象——情感统合进行了详细介绍。[①] 此处简要复述一下本次讨论的要点即可。这种情绪统一或情感统合具有两种区分开来的形式：（1）道德约束；（2）审美鉴赏。这两种现象的特点是，某些特定的情绪反应直接被归入情操、心境或情感符号之下，并进而产生了完全的情绪统一，而无须心智相关的判断斡旋其中。除此之外，还可将某些宗教状态加入其中，这些状态代表了情绪统一的极致，具有最少化的表象内容与判断。

在情绪类型中，道德约束的特点是：某种一般性的主导情绪态度在获得了上文所述的义务的超越指涉后，被"感受为"包含了更特殊的欲望和情绪，并对其进行约束。这种"包含"的实例可见于"神圣愤怒""虔诚敬畏"或欢声笑语等表达中。在这种情况下，当下的情绪反应，如愤怒或欢笑，被一种预设的情操或心境"渲染"。正如随后将详细说明的那样，真实的判断—情感是由一般性情感—态度所决定的，这种情感—态度伴随着一个始终存在的隐含假设。里博所描述的被母性感情同化的婚姻感情也与此相关，因为它通常具有伦理约束的特征。这些现象往往被描述为由不同表象的同一统一意识而产生的情感混合，但正如我们所看到的，这种解释忽略了两种情感的功能特征差异和预设差异。之所以采取"包含"而非"情感的混合"的概念，是因为总体态度的一

---

① 《情绪与情感记忆的逻辑问题（一）》（*The Problem of a "Logic of the Emotions" and Affective Memory. I*）和《情绪与情感记忆的逻辑问题（二）》（*The Problem of a "Logic of the Emotions" and Affective Memory. II*），《心理学评论》（*Psychological Review*）第八卷第三、四期。

般赋予了其他方面以意义一般方面通过确定其他方面在价值体系中的位置来实现对后者的约束。此外，一般性情感通常没有明确的表象内容。

一方面，在审美鉴赏和美学创造中可以看到这种情感包含最完整的形式。直观的"多样性中的统一"一直被认为是审美模式的典型特征，但近来，这种统一似乎完全是情绪上的，这一点已变得很明显。鉴赏的统一性可通过以下方式被创造和维系：通过产生一些假设及其所对应的一般性情操与心境；通过安排意象的细节，使与这种意象相关的情感和情绪更易被主导的情操或心境所同化。它们不会干扰假设，换言之，不会造成错觉干扰。以一个极端例子来讲，我们可以引用某些印象主义或象征主义风格，其中一般的心境或刺激几乎是显而易见的，并且很容易从文字、视觉图像、语气等诸如此类的元素的情绪或情感基调中分离出来。① 一般性情感不仅可与元素的情感基调区分开来，还能如位置感一样

---

① 丁尼生（Tennyson）的《食莲人》（*Lotus-Eaters*）中那首优美的意境诗就是一个鲜明例证。他极致地运用了意象与节奏技巧，不仅为了发泄遗忘与冷漠的黯淡心境，也为了不断强化和巩固这种心境，直至其成为神可借此洞察世界的心境。作者所营造的世界中包含许多不合此心境的事物，譬如神。
"带着神秘的微笑，他们俯视这荒原
虫害与饥荒、瘟疫与地震、炙热的沙漠与震耳的海浪
征战的嘶吼、燃烧的城镇、沉默的船只、祈祷的双手"
尽管这些急速转换的场景表明了主导心境之外的另一种心境的初始情绪反应，但这些场景相互接替的速度如此之快，以至于这一切都像一个没有意义的故事，尽管文字非常有力。
一般性心境会变得如此强烈，以至于其会蔓延到所有特定的情绪倾向上，只要表达技巧不使这些特定运动倾向超越某种强度。在这种情况下，表达技巧包括快速堆叠图像，从而防止特定的情绪暗示获得其全部的运动价值。对阅读这首诗的人们进行的实验使我得出结论，即如果在阅读此段之前，某种心境被人们充分体会，那么它就可能被归入主导心境之下。否则，反差将太大，并打破诗的统一性。
仔细研究会发现，《食莲人》中使用的技巧表明，诗中所采用的意象和声音进一步深化了这种统合。前者总是含混笼统，将一些特殊意象排除在外。这些具有强烈情绪的意象将克服一般性心境的倦意。通过谨慎使用韵脚来进一步减弱共鸣："厚厚的苔藓在这儿铺满清凉。""常春藤蔓延到苔藓上。""长叶的花朵在小溪边垂泪忧伤。"

在无须恢复细节的情形下经常被回忆并识别出来。

另一方面，这种一般性的情绪、情操或心境，可能是美学创作的萌芽。在这种情况下，创作的过程就变成了根据它们的情感价值，将特定的形象包含在一般性的心境之下。在将情操和心境的积极创造性扩展到具体细节方面，爱伦·坡（Allan Poe）创作的《乌鸦》受到我们关注。爱伦·坡表示，其出发点是为表达忧郁的心境。他在诗歌中引入特征性叠句——永不复焉。接下来，其艺术性在于寻找特定意象，譬如乌鸦、场景等，这些意象具有可被纳入这种心境的情绪基调。同时，从诗歌中可知，他没有刻意淡化或排除对这种心境来说情绪强度过于强烈的所有意象。[①]

第三组被描述为情感转变的现象，是由某些连续性组成的。在这些连续性中，通过情感媒介而非观念性或概念性的中义术语，情感态度从一种转变为另一种。我们已经研究了情感符号在替代特殊情绪，或通过某种统合来给特殊情绪起渲染的作用。在情感的同一阶段的这种情况下，情感符号变成了一个中义词，它将不同性质的特殊情绪联结在同一连续性意义中。这种情绪符号最具典型特征的形式是内在于一般性术语及其对应词，如爱、责任和上帝中的残余情感或抽象。当没有具体的判断客体可供这些词汇所代表的情感指向时，它们可被作为过渡性的中义词。这种情感的客体并非明确的表象，而是如我们已经考察过的无客体情感一般，是模糊的普遍性内容——不是明确判断的客体，而是假设的客体。尽管词语的情绪暗示是情感转变的典型形式，但词的具体化（the word embodiment）甚至可能缺失。因而，模糊的心境或情感符号可能决定价值态度，而无须具体化为任何分析都可能发现的相关表象。在本章的后续段落中我们将给出关于这种转变的完整说明。

二、一般意义的心理学理论——结构性与功能性分析

现在摆在我们面前的是这样一些事实，它们引起了对情感的一般

[①] 参见爱伦·坡：《创作哲学》（*The Philosophy of Composition*）；波耳汗：《论创作》（*L'Invention*），第81页；里博：《论想象力创作》（*L'Imagination Creatrice*，在其中，爱伦·坡被划分至想象的"困难"类别，在该类别下，统一便是情绪抽象）。

化、抽象化或情感符号等各种现象以及相应的"情感逻辑"的存在的假说。总之，这些事实都支持这样一种观点，即情感的某些阶段在不同程度上不同于对待特定具体情况的通常性情绪反应，也即（在我们的术语用法中）不同于特定情感。这些事实还表明，情感在这些阶段获得了认知性和一般性意义，这使其能够替代特定的情感反应。那么，将这些现象描述为情感的一般化或抽象化的依据是什么？为回答这个问题，我们有必要制定抽象化与一般化的标准，然后说明这些现象属于这些描述性术语。

（一）观念的一般性意义的本质：无意象理解

对于经验认知方面的问题，我们并非没有一些明确的概念。因此，我们可以从一般观念的心理学角度出发，因为这里边的问题相对清晰，并已取得了一些结论性成果。有了这些，我们就可以怀有一些成功的希望，并转向情感领域的类似问题。我们可以将一般概念的心理学中最重要的分析问题陈述如下。一般概念代表着在判断过程中获得的意义。因此，其功能对应物是习惯或判断倾向。但这种意义总是某种心理内容的意义。内省可以发现哪些与这种意义相对应的内容呢？如果我们以意象的形式找寻这些内容，那么就会得到答案——内容不存在，或其不适用且无关紧要。最后一个问题，用斯托特的话说就是如何能实现"无意象鉴赏"。①

仔细思考之后，我们发现，对于最抽象的概念来说，它们没有相应的表象等价物。诸如自由、真理、力量这样的词语，它们可能会在我们的头脑中闪现并被内在地理解，然后留下意义之痕，而不需要唤起具体的意象。即使有意象的存在，它们也往往与意义全然无关。此外，在最抽象的术语中，可能存在判断和统合，它们近似于习惯性和自动化的过程，主体在其中找不到与术语相对应的意象内容。因此，我们来总结一下里博关于一般观念的研究结果。②他既没有发现可以区分一般观念构成

---

① 参见斯托特：《分析心理学》，第一卷，第四章。
② 参见里博：《一般观念的演变》（*The Evolution General Ideas*），第四章。

的特征性内容，也没有找到关于更抽象概念的任何可供分析的内容。他的结论是：概念只能用功能性术语来表述，而且必须被归入潜意识。按照里博的原则，潜意识即生理倾向。

罗伊斯对里博得出的这些结论的批评是有根据的。他认为，里博的研究仅关注最抽象的观念。里博的结论之所以贫瘠，更多的是因为实验者所运用的判断和反应具有极度简单性和自动性的特征，而非由于缺乏心理对应物。诚然，正如里博所主张的，当判断在抑制之后努力发生时，为吸收某些新奇的特定事物，对过程的有意识的经验就会出现。然而即便在此处，即在对概念的工具性使用中，被唤起的特殊表象也不是这种意义意识的充分等价物，它们往往是不相关的。此外，这个术语的内在意义依然存在。就像之前描述过的那样，当不存在抑制时，这种内在意义就会出现，尽管它没有对应的意象等价物。我们的难点依然是要找到对应这种意识的某些关联因素。那么，问题依然是：无意象理解如何才能实现呢？

我们只能渐进地突破这一问题。只要心理学未能超越描述和解释原则下的单独的表象及其外部联系，那么它就无法找到任何描述这种额外意义的术语。判断看似是在分离后的简单联结，而一般概念除了作为生理倾向外没有任何现实性。与旧研究路线最接近的方法是在细节的合成影像中找到这种"意义"的等价物，即一种模糊的再现。这种再现很容易被大量表象所唤起，并且在唤起的过程中，新的特定事物所吸纳的方面将得到特别强调。但这些意象在某些情况下的无关性以及在其他情况下的完全缺失，标志着这一概念存在局限。威廉·詹姆斯（William James）通过使用心灵"边缘"或心灵"泛音"的隐喻来描述我们对意象的晕轮关系的感知，从而将这种"意义"带入心理学的视界，这种尝试具有重要历史意义。然而直至出现了对内容概念的更广泛的扩展，即超越了原子心理学的局限，这种提议才得到公正对待。这种扩展的条件是认识到这样一个事实，即在内容与功能之间没有固定的界限，在某一层面上的功能在更高层面上就变成了内容。简言之，这就是对发生学观点的认可。现在，从功能的角度看，我们已经看到，一般概念是一种判断—倾向，是一种在判断过程中发展起来的获得性意义，判断则是意动的成熟形式。一般概念的积极意义在于其工具性用途，即作为意动的一致性和连续性的手段。

因此，一般概念的意义或含义根本不是表象的客体，而是判断的客体。但是，当它成为判断的客体时，它们也变成了更高层次的内容。因此，正如我们所见，这种变成了内容的意义，是相对独立于特殊表象的；事实上，某些特殊表象可能完全与之无关，而意义可能存在于纯粹的词汇中，尽管它们在起源上可能伴随相关的意象，但现在可以完全独立于这些意象。

关于一般概念的工具意义与固有意义的区别，对此，近期讨论中的一个显著特征就是过分强调一般概念的工具性质。事实上，心理学分析必须对一般概念的两种意义类型进行区分。从发生学的角度看，内在意义和工具意义相互联系。在主观兴趣和倾向的影响下，一个已经具备认知性意义的方面从客体中被分离、抽象了出来，并且出于意动连续性的考虑被假定是存在的，并被赋予了"准存在"的性质。当将准存在同当下现实联系起来的判断中认可被假定的存在时，第一种显性类型的假设（用鲍德温的话说，就是在拟似模式中产生的，具有图式意义）就会转化为判断。但一般概念还具有一种功能，其中概念的意义是内在的，如同已讨论过的无意象理解的情况一般；在这种情况下，真理、自由等词汇可能在我们脑海中留下意义的痕迹而无须意象的存在。区别在于，适应过程在第三阶段已经出现。由工具性特征的重复判断所创造的判断倾向产生了第二种类型的隐含假设。当一般概念包含了这种关于存在的隐含假设时，如将抽象真理作为现实的信仰的情形，内在意义被假设为实在。这种假定的实现完全取决于内在意义的连续性，而非它对特殊情况的工具性指涉。对于这种意义，"客观"是假定存在的——它至少在隐性假设被新的存在判断或真理判断扰乱之前，具有沉思的特征。这就是在一般概念的实在中一切信仰的起源。此处我们不讨论这种信仰在形而上学层面的有效性，而只关注一般概念的第二种内在意义的心理学来源，因为我们将在情感一般的意义中发现类似区别。①

（二）情感的泛化意义的本质——无强度鉴赏

对于这个问题，即无意象理解如何可能实现的回答，推动了积极泛化功能准则的发展，这补充了相对无表象鉴赏的负面准则。情感的一般或抽象意义的心理关联问题的呈现方式有些类似。此处的负面准则是无强度鉴赏，相应的问题是，这种无强度鉴赏是如何可能的？或者，如果我们把情感限定为具体的情感扰动，那么无情绪鉴赏是如何实现的？

首先，重要的是要强调这样一个事实：那些研究这种现象的学者认为，这种强度的缺乏是情感符号、情感抽象或情感一般等各种情感阶段的特征。当进行结构分析时，这些情感被认为与特殊情感不同，因为它们缺乏特定情绪所特有的感官知觉的强度和多样性。其次，这些情感阶段都具有独立于强度增减的累积性意义。事实上，无论这些形式被如何命名〔如波耳汗、艾森汉斯（Elsenhans）和萨辛格所认可的那般〕，它们的唯一准则就是不受强度随着重复递减法则的约束。诚然在这些描述中，强度和意义程度之间无显著区别，但学者们经过仔细审视发现，不随着重复而改变的是累积意义的程度。根据将强度等同于感官感受性强度的观点，"无强度鉴赏"一词意味着包含着情感的感受性强度，而与情感的价值暗示无关。那么问题来了：在特定的感官感受性及其强度，以及唤起了情绪的特定知觉消失了之后，情绪反应的意义是如何维持的呢？

我们先仔细研究一下这些情绪的泛化阶段。我们可以将具有独立于特定意象的认知意义的词汇的存在作为对一般概念进行心理学分析的出发点。当其没有具体的意象或情绪内容时，带有情绪内涵的词汇可作为研究情绪抽象的出发点。我们对词汇的情绪内涵最显而易见的方面已相

---

① 因此，正如斯托特在谈到概念上的"现在（now）"时所言，"现在"这个词，可以表示似是而非的当下及其感觉内容，也可以表示一个历史时期、一年或一天的当下及其不同的观念内容。这些都涉及判断的工具性功能。概念上的"现在"意义的相对恒定性并非其内容的同一性功能，而是作为客观意义的判断过程的恒定性功能。"现在"这个词有一种意义（如同所研究的其他词汇一样），即使各种内容都不存在，即使它仅仅被建立在构成该词汇的听觉或动觉之上时。这种意义便是它的内在意义。此处我们只能模糊地假定它的客体，假定其所固有的存在。

当熟悉。伯克（Burke）曾言，他发现"很难说服一些人相信他们的激情（此处作情感的统称）受他们对此毫无概念的词汇的影响"，但那是在纯粹重智心理学与艺术消弭了对事实的真实感知的时代。现代艺术的某些形式，以及对我们自身经验更为微妙和复杂的分析，使我们现在彻底地认识到一般事实。里博将他所描述的说服或呼吁的逻辑作为最原始的情绪逻辑类型（也就是说，这是一种心理运动，它的中项是词语的情绪内涵，而非认知内涵）。① 这种逻辑是"最原始的"，因为它与概念性逻辑的差别最小。然而，这种转变尽管营造出认知中的假象，但在更大程度上还是情绪层面的。

但更值得注意的是在内在鉴赏中词汇所具有的纯粹情绪内涵。它们在思维中掠过，遗留下鉴赏的痕迹，却未激发确切的想法或情绪反应。如同在象征主义诗歌中一样，里博将词汇的纯粹情绪内涵视作一类近乎纯粹的情绪逻辑，而且可以说，艾森汉斯正是将对词汇的这些内在情绪鉴赏、词汇的泛音作为其一般情绪概念的基础。

因此，词汇可能具有情绪内涵，这种内涵却没有足够的情绪内容等价物和表象预设。但一些其他情绪主义的泛化阶段甚至没有词汇中的这种具象化。情操几乎完全与词汇结合，心境和情绪符号则可能缺乏这种具象化。在这种结合中，最重要的是所谓的地点情操或心境。有一种具有明确认知意义的情感态度，它包含过去情绪反应的累积意义，而这些反应能够随着特定表象的重现而被个体重新唤起。这也是我们阅读诗歌时所萌生的心境的特征，正如前面提到的《食莲人》中阐明的那般。②

---

① 参见里博：《感觉的逻辑》（*La Logique des Sentiments*），巴黎，菲利克斯·阿尔坎出版公司1905年版。

② 洛采（Lotze）在《小宇宙》（*Microcosmus* 英译版，第一卷，第635页）中很好地阐述了这种情形："当我们听人朗诵了一首诗歌，吟唱了一段旋律，尽管后来我们遗忘了文本与音调，但诗歌和旋律中的一切都继续存在于我们灵魂的永恒心境中；当我们第一次瞥见一处风景的零散细节，然后在那些准确的廓线早已从记忆中消逝后，整体印象仍然不可磨灭地存留在我们的记忆中。"我们"将无数的细节组织融合成超感直觉的整体，并不情不愿地再度分析其组成部分，以便传达给他人"。主张情感一般论和情感再现论的学者几乎也以同样方式描述了地点心境等，但这种描述的价值在于，它出自那些对情感心理学意义一无所知的人之手。

从这些例子中可以看出，如同在认知意义的无意象理解的情况中一样，在情感—意志意义的无强度鉴赏中也存在工具性和内在性两种类型。我认为该事实是构成情感泛化和情感抽象之间区别的基础。在具有泛化意义的情感被作为替代物或代表物（既可以作为对此前特定情绪的再认知，也可以作为对具体情感状况的预期）的情况下，意义可以被称为抽象的或工具性的。另外，就地点情感或附着在词汇上的情感而言，其意义是泛化的，却又是内在的。

在所有的这些现象中，我们所描述的"无强度鉴赏"都是负面特征，或者可以说是它们具有泛化特征和功能的负面条件。在我们已探讨过的案例中——某个词汇的情感内涵，代表着重复性的对过去的特定判断情感；作为情感转变的中项的"情感符号"、泛化和概略的地点情感——它们都具有泛化和代表性能力。这是因为，由于功能预设中的某些特定差异，它们没能转化为充分的情绪共鸣，而后者代表着对特定情境的特定情绪反应。它们在我们的术语含义中便是无强度鉴赏。解释功能性预设中的差异，实际上就是解释这些现象。

三、情感泛化的过程——泛化情感的获得

通过分析摆在我们面前的事实，现在就有可能理解具体情感—态度获得一般意义的过程。显然，这个过程包含两个方面：一是功能的变化，二是结构的改变。一方面，意义是如何脱离特定意象内容和认知反应而独立存在的？另一方面，累积的意义是如何独立于感受性及其强度的？二者显然密切相关。

获得泛化意义或情感泛化的过程，可被描述为源于个别情感预设的抽象，并对特定判断存在假设的替代。具有泛化意义的情感都是假设情感，其无强度特征可以被归因于对所涉及的实在的不同态度。

在理解这一命题时首先要注意，认知意义的获得是一般意义获得的起点。从功能来看，认知意义存在这样一个事实：当下的情感代表着过去的实际情感，而人们相信这种情感是可以转变的。认知意义具有代表性能力。同样的情感在从判断到假设的预设的改变中脱离了其当下性之

后，也获得了一种预期的特征，即一种对未来实际判断情感的指涉，而它可以转化为这些情感。正是在此处，我们发现了意义的泛化特征。这样一种情感所预期或代表的——并非一种具有独特的、个别的预设的明确实际情绪反应——而是一种可以根据条件而专门针对各种特定情绪的泛化情境。情感的派生形式，如情操、心境以及情感符号等在不同程度上都具有这种认知性和泛化意义。因此，通常来说，泛化意义的产生是以源于个别预设和假设替代的情感抽象为条件的。

但我们发现，这种泛化意义具有工具性的和内在性的两种类型。其中内在意义与习惯密切相关。每一种假设—情感都具有泛化特征，这是由于它们预期了特定判断—情感。当这些判断—情感要变成现实时，它们就对其进行了限定。但正如我们已经看到的，存在两种类型的假设——显性的和隐性的。显性假设是一种以由主观兴趣所决定的意象投射为形式的适应，隐性假设是在多次判断之后形成的习惯。前者总是预示着即将到来的判断，因此是工具性的；后者及其情感则是判断—倾向的心理对应物，因此其意义是内在的。两种类型的共同点非常重要，那就是对于在判断中假定了或明确承认了存在的实际情况而言，它们都具有代表性，都是情感符号。它们的代表性功能是通过前述概略性、无强度特征来实现的。因此，二者都可被恰当地描述为抽象，因为其泛化意义是通过从个别预设中抽象出来，并通过减少使其成为特定情绪或激情的情感—态度的方面来获得的。

这两种类型意义的区别完全在于其起源和功能。有两种通过假设唤起情感的方式：（1）通过想象一个或一类客体的存在，在这一过程中，情感就变得抽象和概括；（2）通过重复的判断转变为判断习惯和隐性假设，当它被概括性术语或几个词汇所具象化时，它就变成针对特定判断—情感的情感符号。

特定的激情与情绪是以明确判断为预设的。情操、心境和情感符号则可在对客体的假设中实现，而这些客体往往是最微不足道、最泛化而普遍的。因此，这些抽象仅存在于纯粹的词汇中。"上帝、爱、自由"这些词汇，都具有真正的情绪内涵，都留下了情感意义的痕迹，这是因为它们代表着一个被隐性地假定存在的客体，代表着一个由先前的判断反应产生的假设。然而，让假设进入判断，让明确的判断（如我是否自由、这是否为我的职责、上帝是否存在）经由对我习惯性态度的某种抑制而产生，带有强度的激情和情绪就再度出现了，其强度由预设的欲望和抑制程度决定。我们可以恰如其分地把这些词汇的情感内涵说成是前述情绪反应的累积性意义，而把构成这种意义的心理对应物的情感抽象说成是先前判断—情感的残余。从功能的角度看，这些残余的情感可被准确地描述为情感抽象，这是因为尽管每种特定情绪态度都以对某个特定客体存在的理解和认识为预设，然而情感抽象——这些情感态度的"符号"，可以在不预设实际情感的前提下与其所有的价值暗示一同被体验。

第四节　价值评估过程中情感泛化作用的一般性理论——例证

一、观点批判：它们不决定特定情感，它们都不是价值情感

迈农和萨辛格提出的想象情感理论在许多方面与前述观点相似，对此，我们在前述章节中已提到过。现在我们需要进一步考察该观点，因为尽管许多分析的事实是正确的，尽管它们作为假设—情感的解释——我对其发展的理论持很多建议——是足够合理的，但关于它们在价值确定过程中的作用的观点却受到了严肃批评。

就内省分析而言，萨辛格实际上认可我们所讨论的情感抽象和情感符号等情感—经验阶段的存在，但他对其进行了不同的解释。他告诉我们，艾森汉斯和里博的情感"泛化"和"抽象"是同种情绪在不同背景下的表现。泛化情感是基于假设的想象情感，抽象情感是直接依附于"基础观念"的想象情感。对于这些想象情感，他认为有必要假定与实际情感所预设的完全不同倾向的存在，并通过假设其倾向经由"基础观念"或一般概念抑或假设而实现，进而解释想象情感的直接依附性。想象情感与实际情感不同，因为前者的强度不会因重复而改变，相应的想象欲望也不会因实现而停止。其一，这种观点的基本特征在于否认这些

情感具有真实情感的特征，进而否认了它们具有价值情感的特征，就因为它们并非实际情感，而是想象情感（表象情感）；其二，这种观点否认了这些情感影响真实情感或受真实情感影响。后一点至关重要。

萨辛格的观点[①]既有理论依据，也有经验依据。对于理论依据，我们三言两语就能驳斥，因为它们建立在某种令人怀疑的假设之上，换言之，建立在已经被我们发现站不住脚的情感观念之上。首先，他假定情感完全是主观的，完全是不同于感受性，因此情感就不可能经历类似于泛化和抽象的过程，就不可能获得认知和选择的意义，而我们整个分析都反对该观点。其次，与此密切相关的还有这样一种假设，即情感意义的强度与程度是相同的，因此真实情感的判断标准是强度随着重复而减弱。任何不遵循该准则的现象必定不是真实的情感，而是某些被萨辛格描述为想象情感的准情感。鉴于我们此前对情感的分析，我们必须对这种真实情感判断标准提出疑问。

另外，我们需要更加仔细地审视萨辛格根据这些经验事实得出的结论。同我们一样，他也发现这些情感阶段在所有方面都与其他情感相似，只是它们不具有实际情感所特有的所谓情感强度。而且，在这些情感阶段，重复不会影响其意义。萨辛格依据它们在预设中的差异来解释这些事实。它们都是假设情感，有与激发了实际情感的倾向所不同的倾向。此外，他认为，对事实的检验揭示了真实情感与想象情感之间的独立性，这种独立性赋予了不同倾向与独立倾向假说的必要性。

至于事实问题，我们可以承认，萨辛格提出的许多观点使这种观点具有一定的可信度。但我认为，只有在事实被曲解的情况下才会如此。因此我们可以承认他的话是正确的。比如，随着时间的推移，尽管因失

[①] R. 萨辛格：《对情感幻觉学说的贡献》（*Beiträge zur Lehre von der emotionlen Phantasie*），《感官心理学与生理学杂志》（*Zeitschrift für Psychologie und Physiologie der Sinnesorgane*）第十一卷第三期；《论想象与幻想欲望的本质》（*Über die Natur der Phantasiegefühle und Phantasiebegehrungen*），《客体理论与心理学研究》（*Untersuchungen zur Gegenstands-theorie und Psychologie*），莱比锡，1904年版。

所爱而带来的悲伤情感可能不再刺痛我们,换言之,悲伤情感的强度会减弱,但想象逝去的爱人还活着的喜悦很可能在一定范围内不受这种真实情感变迟钝的影响。我们也可以承认萨辛格例证的真实性,比如父亲在想象儿子成功时会获得某种快乐,但父亲的真实情感是由儿子是失败者的特定知识决定的,而不受基于假设的想象情感的影响。我们不能否认经验的两个阶段的相对独立性及它们共存的可能性。但如果我们得出它们终将是独立的结论,那么这一定是个值得怀疑的推论。这种独立性顶多是暂时的。我倾向于认为,在两种情况下,这种想象情感的地位将随着对实际事实的必然性认识而稳步下降。就我自身的反思而言,随着对不存在判断及其消极价值情感的重复,对激发想象情感的客体存在的想象、假设能力和欲望都减弱了,它仍只作为一个词语或名字所暗示的心境或情感符号。然而,这并不排除在一定的心境或结合的有利条件下,想象情感可能会不由自主地复现。在情感记忆研究中检验过的无媒介复生情绪的事实,实在是再清楚不过了,以至于我们无法容纳这种否认。

事实上,萨辛格承认存在这种表面影响的情况,即假设情感对判断情感的影响以及判断情感对假设情感的影响,但他认为这种影响仅流于表面,必须用另一种方式来解释。在他的讨论中出现了与威塔塞克观点相关的问题,即在审美经验中,想象情感受主体在审美体验时所处的实际情操或心境的影响。众所周知,有些心境和情操与艺术情感和情绪完全对立。因此,如果我们处在一种沮丧的心境中,就无法意识到,甚至无法想象地意识到一件艺术作品所表达的快乐情感。在某些心境下,悲痛情绪并不真实,甚至流于荒谬。萨辛格在他的理论中给出了对这些事实的解释,即我们此处看到的并非一种情感对另一种情感的影响,而是判断心智过程的影响。某些判断,连同其伴随的情感,使假设活动变得不可能,从而使想象情感变得不可能。但恰是在将情感从其心智预设中抽象出来时,我们窥见了这种论证的不足之处。在对情感和欲望的研究中,我们始终坚持认为,情感或欲望的一个基本特征就是其认知预设。正如我们已经表明的那般,情感既不能因果性地决定情感,也不能决定欲望。情感—意志意义的所有决定都是通过认知预设的变化来实现的。因此，当一种情感的预设使另一种情感的预设变得不可能，或以其他方式影响另一种情感预设时，我们就只能在表达具有意义的情况下，才能获得情感对情感的影响。

最后，在讨论一类情感对另一类情感的这种影响时，萨辛格压根儿未考虑某些现象的情形，即词汇的情感符号。他将其描述为直接附着在"基础观念"之上的想象情感，而根据我们的理论，这是第二类假设—情感。其中，假设是隐含的，它们遵循预设的判断习惯。如果他对这些现象进行了考察，他就会发现它们不断地影响着他所谓的真实情感和欲望。它们的影响在两种情况下是可见的：（1）它们表现为推动情感或情感符号，否定、抑制特定的欲望和情绪；（2）在伦理型归类的情况下，它们将其意义直接赋予特定的欲望或情感反应，而不借助任何媒介联系，它们增加了欲望或情感反应的能量或情感—意志意义。

在萨辛格对这些现象的完整讨论中，他完全没有认识到这两种类型的假设（显性的和隐性的）与判断的发生学关系。对这种关系，我们在第一章的分析中已经讲得很透彻了，并在后面的章节中始终予以强调。由于这些假设情感与特定判断情感的发生学关系，它们在认知和预期方面都是实际情感的代表，并按照前述方式决定着实际情感。接下来我们会更加详细地进行说明。①

---

① 关于这一点，詹姆斯在最近的主席演讲《人类的能量》（*The Energies of Man*）中的一段话极具启发性："正如某些事物唤醒爱、愤怒或贪婪一般，某些观念也会自然而然地唤起忠诚、勇气、忍耐或奉献的能量。当这些观念在个体生活中起作用时，其影响往往非常巨大。它们可以改变个体的生活，释放无穷的力量。如果没有这些观念，这些力量就永无用武之地。'祖国''联邦''圣堂''门罗主义''真理''科学''自由'，加里波第的'罗马或死亡'等，这些都是能量—释放抽象观念的例子。所有这些短语的社会性质是其动态力量的基本因素。在任何其他力量都不能产生同等效果的情况下，这些观念都是一种制动力，并且每种观念仅在特定人群中是制动力。"

二、价值决定中情感一般的作用

那么，我们应当如何描述这些情感经验阶段在情感—意志意义的连续性中的作用呢？如果对萨辛格批评的结果是有效的，如果这些阶段真的决定了实际情感，也即对具体情境的当下反应，如果真实情感与想象情感之间的区别并不极端，而是忽视了它们之间发生学关系的结果，以及最后一点，如果对不同倾向存在的推断并无必要，那么就没有什么能够妨碍我们定义"情感逻辑"的概念了。另外，我们对这些阶段的结构分析（以及对其起源的功能分析）显示了它们作为对情感一般形式的描述的有效性，并为定义情感逻辑的概念奠定了基础。现在我们可以更详细地探讨这些阶段与所谓实际情感之间的准逻辑关系。

我们的主要论点是，这些情感泛化和情感符号承载着一种独立于其强度的累积意义，并代表着特定的情感——在替代、统合和中介的关系中——在价值的连续中。这种代表性功能格外值得强调。萨辛格的确认识到情感的代表性特征，却没看到涉及价值评估过程中的实际功能。他告诉我们："假设—情感取代了价值情感。"当客体是否存在被假设时，人们会根据其主观价值对其进行衡量。在评估过程中，迈农更敏锐地注意到两种类型假设情感的实际功能。他对两类价值，即对 Werthen 和 Werthalten 进行区分，并在假设情感的情况下识别出主观的价值（Werthen），在判断情感的情况下识别出一个更客观的价值（Werthalten）。[①] 他甚至在价值评估过程中赋予这些代表性情感某种优势，因为它们经常在判断条件不可能时出现。迈农将这些代表性情感称作准情感，并认为其对情感—意志意义连续性的重要性是无可争议的。

故而，我们可用以下一般术语来描述情感泛化和情感符号的功能。假设—情感无论是在对客体存在与否的实际显性假设之后产生的情感，还是直接附着在某个词汇或某种一般观念上的情感，连同其对相应客观事物的假设，或是与某种习惯性判断相关联（这种习惯性判断已经

---

① 迈农：《论假设》(*Über Annahmen*)，莱比锡，1902年版，第八章，第53、54、55页。

转变为关于存在的隐性假设，譬如在信念的情况下那样），都代表着我们在特定情形下对特定价值情感的实际能力。如果假设是显性的，那么它将告诉我们在想象中我们在真实情境下会有怎样的感受。如果它直接附着在某个词汇或一般观念上，那么它代表着在过去的一系列判断情感。如果它附着在当下的某种习惯性判断或信念上，那么它代表着一种判断—倾向。

三、情感泛化在价值连续性中作用的例证

如果将其运用至本章开头所提到的情感替代、情感统合和情感转变等具体事例中，这种一般性论述就会更加明确。我们特别要注意伦理和审美统合的情况，其中情绪、情操、心境或情感符号的泛化阶段会逐渐取代特定的显性情绪，并吸纳新的情绪态度，从而为情感转变奠定基础。

在伦理约束的案例中，我们将假设和判断结合起来。所有的情感抽象都是"无强度鉴赏"，即假设—情感，尽管判断—情感指具体的激情或情绪，并因此表现在内容的强度和多样性等方面。现在，在一个情绪化的伦理情境中，存在判断总是预设的，我们总是具有某种具体的激情或情绪。但我们很熟悉伦理态度的变化，在其中，新态度融入旧态度，或旧态度仍被作为新态度认可或约束的基调。我们在神圣愤怒或性爱本质变得以母性为主导的现象中发现了这种情况。对这些情感统合（我们发现它们并非混合情感）的研究表明，情况可被分为以下类型：新客体或旧客体的新方面，变成了存在判断的客体，进而变成新情绪的客体；旧判断不会即刻消失，而是由一个与之相关的具有情感抽象的某种假设来代表。在神圣愤怒的案例中，关于上帝存在的判断暂时被搁置了，而以某个假设来代表。与之相对应的情感是一种抽象的、泛化的宗教情感，具体客体则受到判断并在情感上产生反应。这种分析的重要性在于，尽管由此产生的态度似乎是一种融合物，实际上这种态度却是一种真正的情感统合，因为它是建立在保留假设能力的基础上，这种结合才是可能的。如果愤怒情绪的伴随情况足以压抑潜在的宗教假设，那么宗教色彩就会消失。在另一种情形下，在对待丈夫的同一态度中，妻子与母亲双重情感的出现、唤起特定情绪的存在判断，都是针对引起母性本

能的客体方面，但由婚姻关系形成的倾向作为情感的底色仍然存在，这种情感以模糊的假设作预设。

我们再举一个例子，以更清楚地说明这种情况。这个例子常被用作混合明显对立情绪的极端例子，但实际上这是一个关于情感统合的极端案例。作为鉴赏性内省的经典之作，卢梭的《忏悔录》描绘了他如何再三设想 Martens 夫人[①]是他母亲的情况，直到最后，这种纯粹的想象几乎变成一种信仰，伴随而来的是相关的孝道之情。当这种关系转变成一段私情后，最初旧的态度为新的情感镀上一层神圣色彩，而这种旧态度在当下又回归为一种设想。卢梭告诉世人，这种神圣色彩并未持续下去，而且的确也不可能持续下去。这种设想连同随之而来的情感都被排挤了出去。在这个过程中，他遭受了悔恨之痛。在这一看似病态的极端案例中，我们仍然可以看到一种情绪逻辑或情绪谬误（具体视情况而定），这便是所有伦理约束或重新适应的特征。例如，当一个人醒来时，发现他的信念（主要是情绪上的）发生了变化，这仅仅意味着长期以来旧的信念只是一个设想，而现在终于有一个新判断压制了这种旧的信念。

审美统合则是另一种类型。在这里，情感态度在当下的客体只是被呈现，而非被判断，尽管在有些情形下，判断被作为部分预设而参与其中。在前面《食莲人》和《乌鸦》的例子中，特定情感的实际客体都是表象的客体而非判断的客体。但正如我们已经展示的那样，至少在倾向论的层面，这将是一种否定意动和欲望存在的表面化分析。在这些情况下，倾向均由假设表示。一种是对所欲求的放松的存在的假设，另一种则是对无可挽回的命运的假设。每种情形下的心境都是潜在假设的情感关联。从发生学的角度讲，这些假设都是先前实际欲望与存在判断的产物——只有这样，假设的客体才有足够趣味以保持审美关注，但将所有特种具体的情感保持在心境的统一中的可能性是受以下事实制约的，即心境改变了与特定意象相关的情感，阻止了这些情感转变为特定的实际情感的倾向，比如，阻止它们获得可能干扰审美错觉的强度。

[①] 此处似为作者笔误，应为华伦夫人（Madame de Warens）（译者注）。

第六章 评估法则

第一节 评估法则——其本质及适用范围

所有价值分析和价值理论均以探寻法则为最终目的。依据这些法则，客体、商品或价值物可被相互估价并找到相应的等价物，或可被确定其情感—意志意义的程度。偏好行为是构成一切价值客体系统的基础过程。鉴于这些偏好行为、这些判断表达了客体的累积性意义，我们有必要考察在这种累积性意义获得过程中所蕴含的心理法则。若一个客体的累积性意义是其可欲性，而这种可欲性又为实际情感所决定，正如被预设的价值倾向和将客体与倾向相关联的认知预设所限制一样，那么，价值评估的心理学法则就是支配实际情感变化的法则，而实际情感中的变化则由实际的和意向的预设中的变化来决定。

目前已经存在一些关于这些法则的表述，它们为经济学的特殊研究目的发展而来。基于价值情感与"愉悦—致因"机制等同的假设，以及进一步的所有价值客体都可被分析为感觉性元素、客体价值可被归结为这些感觉—情感总和假设，这些法则未加批判就被扩展应用于所有的评价类型中。但若客体与其价值情感的关系并非因果关系——这无疑是我们早期研究的结论，以及进一步地严格来说，如果某些客体根本不是感觉或表象，而是这些感觉性元素的意义，那么，这些法则并不一定适用于所有类型的价值过程。尽管如此，由于这些表述已被提出（尽管提出时人们尚未对价值经验进行充分分析），那么它们在价值理论中就占据一席之地，而我们的首要任务就是对其基础和适用范围开展批判性考察。

一、可适用于经济学范围之外的评估法则

这些心理学法则主要是由经济科学发掘而来，目的在于衡量有限商品领域中人们对某个客体相对于其他客体的偏好。经济学的研究方法是研究这些偏好法则，这些法则源于支配个人消费各种独立商品的法则——主观价值法则。该法则是基于多数经济学者作出的一个明确假设，即个体价值观念不会因为参加集体经济活动而改变。客观价值法则可从主观价值法则中衍生出来。总体而言，目前所取得的成果已经证明了这种简化问题的方法的合理性。在涉足更宏大的评估问题之前，我们通常会先研究支配个人价值情感的法则，而暂不考虑因他人价值情感的参与而引发的复杂问题。关于问题的这一方面，我们将另作讨论。

对评估法则的研究比消费经济学理论所设想的问题更为宏大。当我们反思到这一点，即评估关涉的是对一般物理客体和心理客体的情感—态度，经济学评估则仅关注根据消费而对其作出鉴赏的那些客体的情感态度时，研究评估法则的意义就显现出来了。消费只是鉴赏的一种特殊形式。尽管其他鉴赏模式，如伦理鉴赏和审美鉴赏，可能会参与进来并调整消费价值，从而调整客体的总体价值或累积性意义，但严格而言，这些价值不再是单纯的消费价值。因此，"鉴赏"这个一般性概念不仅包含在物质商品消费过程中产生的价值情感，还包含着其他情感，这些情感以更高层次的心理特质为客体，通过感知建构和观念建构过程从物理客体中产生。就比如说，以一种和谐的方式安排消费客体，就能赋予一场盛宴以审美价值。整洁和节俭的价值也是如此，它们也是显现于消费过程中的鉴赏客体。这些价值尽管是这些过程中的固有性质，但它们也可从中抽象出来成为鉴赏的客体。评估法则必须考虑到与这些不同类型的客体相对应的支配价值情感变化的法则。

但是价值评估及其法则必须涵盖比上述更广泛的情感范围。从消费和鉴赏的基本过程中还发展出了其他观念客体和观念建构（它们完全不是感觉和表象的客体，而仅仅是判断和假设的客体），它们既可以改变鉴赏的基本价值，也可以被独立地赋予价值。消费客体在被享用时的价

值，既可以通过对其被用于其他目的的效用的工具性判断而改变，也可以通过对参照其他主体需求所确定的交换价值的判断而改变。同样，鉴赏的简单"条件"价值，如整洁和节俭，或其他此类性质，当被认为是自我的一种属性时，它们就可能成为一种新的情感的客体；它们就变成人格价值的心理客体。我们对这些心理客体的价值情感，可能会因为关于这些客体在社会群体或整个社会中是否存在的辅助判断而显著改变。在某些情形下，有关此类客体是否存在的判断会增强我们的这种情感。

以上所有事实都引导我们认识到在评估法则中必须包含的现象的范围、价值情感客体的多样性以及这些情感所预设的过程和态度的多样性。从价值通论的角度讲，我们的问题是研究因经济学目的而发展起来的情感及其变化的心理学法则，并确定其在其他评估类型和评估客体上的适用范围。

二、作为情感—意志意义法则的评估法则——分类及阐释

这些心理学法则一般可被称作价值情感的相对性法则。它们描述了对情感的倾向性预设发生改变后价值情感如何相应变化。第一条是阈限法则，该法则陈述了如下事实：一个客体，或更确切地说，一个客体的给定量所具有的能够唤起价值情感和判断的能力，是先前情感所创造的倾向的函数。第二条是价值递减法则，阐述了客体被评估的能力的变化是前述价值情感效应的函数。实际情感的量——无论是以重复反应的形式还是以单一反应的强度加大的形式，都削弱了倾向进一步现实化为明确情感和判断的能力。第三条法则，即互补价值法则，阐述了客体唤起价值情感能力的变化，认为这种能力的变化取决于主要客体与其他客体的组合。在一定条件下，价值递减法则的作用就如此发生改变，并使客体价值增加。

这些法则之间的相互关系显而易见。价值判断的阈值由第二条法则和第三条法则共同决定。第二条法则单独发挥作用时，具有提高阈值的效果，但这种效果又被第三条法则引入的因素所改变。因此，我们研究的最终客体正是这些法则在决定不同类型客体的价值或情感—意志意义

方面的作用。由于这些法则构成了心理过程或价值运动的法则并规范了其条件，因此它们又进一步相互关联。向着新的欲望及情感客体的运动，或对旧客体态度的变化，都应依据这些法则来解释。

最后，应当指出，这些法则是一些描述性的表达，它们揭示了在实际情感中，倾向的现实化对被预设的倾向的强度的影响，以及对倾向进一步现实化的能力的影响。当我们意识到这一点时，我们此前对价值情感预设的分析、对实现情感的行为类型的分析的重要性就不言自明了。我们需要对这些不同的预设、假定、判断和假设对情感及其对应倾向的实际影响进行具体分析。只有在倾向与感觉的情感——基调相一致的情况下，这种关系才能被设想成一种直接的因果刺激。在价值情感的情形下，这种关系则为别种类型，必须明确区分潜在的倾向。

第二节 阈限法则——其一般性意义

有了这些一般性的考虑后，我们可以开始研究价值情感相对性的第一条法则——阈限法则。一般而言，该法则表达了这样一个事实，即客体唤起价值情感或价值差异情感的能力不仅取决于客体本身，还取决于主体的情感或意动倾向。若将该法则量化，那么就涉及能够引起价值情感改变的客体的最小量。很显然，这一法则非常重要。所有价值理论都关注于确定客体的相对偏好原则（这里的相对偏好是指客体的相对重要性或情感——意志意义）。为确立这种偏好程度，我们有必要在相对价值的极限处为这种估测找到一个固定的起点，也就是说，在这一点上，相对价值一方面可以过渡到毫无价值，另一方面可以过渡到绝对无限价值。我们可以根据强度法则类推，把这些相对价值的上下限称为上限阈值和下限阈值。

在消费和功利的有限领域内，这种限度概念已经被精确定义。这些领域中的评价上限和下限分别被描述为"存在——最小量"和"最终效用"。

但稍加反思便易得知，我们可以轻松地将这一限度概念扩展至价值分析和价值理论领域中更广阔的适用空间。我们已经看到，价值判断的客体可能是消费的物理客体，或是这些客体可供鉴赏的性质；也可能是心理学客体，比如人的行为，或是这些行为所表达的情感—意志倾向。如果我们以第二类客体为例，即人的行为及其所表达的预设倾向，并考察它们引发的伦理判断，我们就会发现，同一行为或该行为揭示的倾向的数量可能会根据判断主体所预设的倾向有价值或毫无价值。因此，作为人格价值的客体，当它没有达到引起社会道德判断所需要的最低要求量时，它就可能超出价值的阈值。同样地，当某个具体行为不足以超越法律判断的阈值时，它就可能引发来自个体或社会不赞同的判断。因此可以说，具有定性差异的阈值划分了意义的不同领域，我们在这些领域中作出判断。与此相对应的是不同的情感变化，这些情感变化的实现需要不同类型的客体或同一客体的不同数量。即使是严格的经济学意义上的评估客体也能证明这一点。一个纯粹的条件价值的物理客体的价值完全体现在满足某种感官欲望的能力。但随着其数量的增减，这种客体也可能引发关于占有或工具性价值的情感和判断。这些情感和判断不仅在程度方向上改变价值情感，还能通过引入性质的新方面来改变价值情感。

我们可以从这些事实中提炼出几个重要结论。首先，通过发现某一给定类型价值评估的上下限——在该限度内，价值差异完全由客体数量的差异决定——我们就能够划分出不同层次的价值评估。定性阈值标定了这些领域的界限。因此，我们将区分出鉴赏的条件价值的阈值、特征化的个体价值的阈值以及参与和功利的社会价值的阈值。其次，在确定这些限度及其相互关系时，我们的分析不仅为给定意义领域内的偏好法则提供了基础，还为从一个意义领域跨到另一个意义领域的价值运动法则奠定了基础，因而我们也就有了一类客体相对另一类客体的偏好法则。

不同价值评估层次和不同价值客体是在获取意义的过程中知觉建构和观念建构的产物。尽管阈值代表的是一种概念性限度，在该限度范围内，客体的给定类型发生了变动，但它们仍对应着由预设差异所决定的情感态度中的实际的、可被鉴赏的认知的差异。对这些预设及由此产生的期望或需求进行发生学研究，我们便能确定这些需求的限度。

有了对价值理论中阈值概念的更重要意义的理解后，我们现在可以回归到对条件价值的经济学阈值的心理学的详细研究中来。

一、经济学阈限——存在—最小量和最终效用评价[①]

在一定的限度范围内，人们可以对条件价值客体进行相对评估。这些限度可被称作"存在—最小量"和"最终效用"点。

"存在—最小量"是指绝对价值转化为相对价值的概念点。给定商品在达到存在所必需的最小量要求前，人们不可能估测出其相对价值，因为该商品的任何数量都具有绝对价值，并能引起无定限的牺牲。这种商品没有替代品，只有当它也成为具有"替代能力"的商品时，才会建立它的相对价值或偏好程度。因此，消费领域的相对价值上限就是第一个超出满意所必需的最小量的增量。这一上限概念的心理学意义在于，只有达到这一点，人之为人的全部条件才会被包含进来，也就是说，无论是对食物、对温暖，还是对其他客体的最基本需要或需求才会被包含进来。而通过抑制基本欲望，意动趋向的整个系统都将集中在，或是说被导向一个统一的客体。当达到"存在—最小量"后，对基本欲望倾向的收紧或约束得以放松，价值估计就变成相对性的了；亦即，商品的每一后续连续增量都是根据独立的特定需求或欲望的重要性来估计的。毋庸讳言，对于许多商品而言，并不存在这样的上限或存在—最小量。早在达到这一点之前，这类商品就要么被替换，要么不为人们所欲求。但它们在价值体系中的地位或者说相对重要性，是由它们与某些不具备替代能力的基础商品的关系所决定的。一旦我们的习惯性评价受到干扰，我们被迫作出最终的偏好选择，这种关系就会变得明显。

下限，或曰最终效用点，则是最小量的价值转变为无价值的概念点。它是能够满足主体最次要、最不重要的需要或目的的商品的最小数

[①] 原文中即直接从标题"二"开始，现将其改回"一"。

量。从心理学上讲，它对应着与商品所满足的根本需求相关的最边远的次生意动趋向。当前，无论这样的最终效用点是否真的存在于具体经验中，它就如同"存在—最小量"一般，至少是一个可用于描述实际评估过程的概念限度。①

在摆在我们面前的案例中——这些案例关注经济学的工具价值，并因此而关注以存在和不存在判断及次生效用判断作预设的价值情感——很显然，这些点代表着相对工具性评价的限度。因此，下限，也就是最小价值的量，代表着对客体存在与否的判断来说最不重要的那个点。也就是说，伴随这一判断而来的工具性判断将其指向最不重要的目的。任何低于下限的数量都无价值。若非要说有的话，那也是以其他的一些态度，比如说被内在地估价。因此对于富人来说，一枚小硬币，比如一分钱，可能从工具性意义上来讲是无价值的，而作为他个人整体财富的一部分，它很可能有内在价值。因此，最小效用或最终效用点都是心理学意义上的点。在该点处，所有的相对工具性的判断都消失了或至少未被引发出来。另外，存在的最小量，即相对价值转化为绝对价值的点，在心理学层面是所有工具性判断被终止或抑制的点。在该点处，价值变成内在价值。我们在这一临界点上达到了抑制的极限，其结果是所有的次生趋势或倾向都集中在基本需求上。在这种情况下，情感即是激情，具有其他倾向的所获得的所有意义，但它又是含蓄的、间接的，所有的相

---

① 我们需要对以这种方式使用"最终效用"这一术语进行说明，或许还需要一些辩解。正如由杰文斯（W. S. Jevons）引入并为经济学者所普遍采用的那般，最终效用描述了所购买或消费的商品的最后增量所满足的欲望强度，即在任意给定的获取或消费过程中的最后增量，并很有可能与在达到无价之前所假设的最后增量相去甚远。因此，我们的用法仅在相对意义上是最终的，并与当前正逐渐取代这一用法的边际增量或边际效用概念一致。然而，既然在这一意义中最终效用被认为是取决于递减效用法则（根据该法则，任何刺激的价值都是其最终次重复所获得的满意程度，并因此随所提供的刺激的数量或等级而变化），那么最终效用作为边际效用就与最小价值意义上的最终效用趋于一致。事实上，将这一术语与边际效用相等同的用法并不恰当，并逐渐为人们废弃，这也许可以作为我们在此方面特殊应用它的理由。

对判断都受到了抑制。[①]

总而言之，共有两个临界点，在这两点上，相对价值和工具性价值转化为内在价值：（1）在上临界点处，价值转化为绝对价值；（2）在下临界点处，除非最小量以某种形式获得了内在价值，否则它就会转变为无价值。我们很容易理解第一种情况。情感对被预设的意动倾向的超越指涉已成为一种准义务的推动模式。欲望和情感都是无条件的，不为任何具体特殊目的所决定。我们稍后就会发现，即使在经济价值领域也会产生某种准义务性的情感。对于另一种情况——毫无价值或低于工具性价值下限的客体获得内在价值的情况，则需要更详细的分析。

二、获得性意义对下限的改变——互补价值

对于价值低于阈值的客体或客体数量而言，其内在价值的获得往往源于新的预设的纳入而引发的情感变化。显然，客体的单纯存在并不足以唤起价值情感，但当它通过工具性判断而与其他价值客体及其情感相关联时，便可能超越价值阈值。另一个值得我们关注的现象是，如果我们假定一个具有内在价值的个体化整体存在，那么一个毫无价值的客体可以通过与这个个体化整体建立关系而获得内在价值。这种通过关系获得的价值可被称为互补价值，我们将在后续章节进行深入研究。这里我

[①] 为使具体的价值态度准则成为可能，我们发展出这种相对价值评估的上下限概念。这些概念性临界点有多大程度与具体情境相一致呢？根据我们的分析，这些情境是什么呢？它们有现实相关物还是纯概念性的呢？很显然，尽管有可能，但由概念性临界点表示的具体的心理层面的倾向几乎都不是经验中的真实时刻。我们试图接近它们，它们却总倾向于保持为观念性限度。那么，它们在什么意义上是作为实际决定因素而进入经验之中呢？会有这种可能吗？答案是会的，这种情况会出现并通过以下形式。尽管与阈限相关的现实情感几乎无法实现，这是因为构成其预设的有限判断几乎都是假设性质的，但这些判断往往是由假设表示的，紧随其后的情感则完成价值序列。作为在连续真实评价中的情感符号，我们稍后将对替代情感或假设情感这一概念进行重要应用。此处我们只需注意到这种现象，并观察到：虽然这些被替代的情感缺乏其在实际情况下（此时预设是存在判断）所具有的强度，但它们仍然具有价值暗示。在这种情况下，这种价值暗示是超越指涉，这使它们在实际评估中具有功能性地位。

们只研究它们是如何改变价值阈值的。在上述案例中，当一分钱对主体没有工具价值时，对它的简单内在鉴赏便是一种带有预设的价值情感，这些预设在某些重要方面与工具价值的阈值不同，亦即在次要预设方面存在差异。在客体本身无法引发的工具判断及其情感的位置上，出现了一种假设—情感作为替代，它预设了财富作为个体化整体的想象和其暂时的存在。微末客体尽管没有工具价值，却也是整体中的一部分。在这种情况下，将微末客体提升到阈值以上的并非直接情感的强度，而是我们所描述的假设—情感对判断—情感的包含。

我们还可以在经济领域之外的价值评估领域观察到类似现象。比如在伦理学领域，我们经常发现，偷盗一枚别针或其他微小的疏忽或犯罪，尽管在工具性意义上无关紧要，却可能引发内在价值或无价值情感。再一次地，此处引发价值情感的不仅是行为的存在与否，而且是一般概念对此行为的包含赋予了此行为关于情感抽象的一切价值暗示，情感抽象则被包含在与概念相对应的客体存在假设之中。

在审美领域，我们也会发现某个元素本身毫无价值，但作为直观的个体化整体的一部分，它可以获得整体的价值。这种情感可以扩展到本身毫无价值的元素上。我们在这里并不关注直观个体化的特征和补充性美学价值的本质。我们只需注意，即使在条件价值的经济学客体领域，这一法则同样适用。在效用的某些准美学组合中——例如节日大餐或着装风格——一个本身毫无价值的细节作为单独效用也可以获得非凡的价值。

从这些例证中可以清楚看到一个一般性原则：对于一个低于价值阈值的客体而言，当其被赋予基于个体性整体存在与否的假设而产生的价值，该客体又是个体性整体的一部分时，那么它就有可能成为内在鉴赏的客体。我们通常从联结的角度解释这一事实，即低于阈值的微小情感倾向的加总造成了对阈值上限的超越，而这种加总又是通过与对应于基本客体的情感倾向相联结的倾向刺激产生的。然而，当价值被定义为愉悦时,这种不可避免的单纯加总概念却站不住脚。① 伴随对客体的内在伦理价值评估或内在美学价值评估而来的价值情感的改变的并非假设情感元素的加总,而是在对新建立的客体(该客体要么是观念性的,要么就如在美学中一样,是被直观给定的,是假设的客体)进行理解之后产生的一种新的整体性情感。我们这里关注的是一种情感的包含现象,而非加总现象;关注的是认知预设的变化,而非刺激的变化。与简单的快乐相对比,价值阈限在本质上必须被视为认知性的。

三、快乐阈限与价值阈限的独立可变性

可以看到,无论是具有内在指涉的简单鉴赏的价值,还是具有工具性指涉的效用的价值,价值阈限都具有认知特征,这使其与纯粹的快乐阈限形成鲜明对比。在价值分析和价值理论中,这两个概念常被混淆并导致严重谬误。只有坚持前述观点,才能避免这种谬误。我们将从价值阈限研究的角度进一步证实在前述章节② 已被指出的价值情感和愉悦/不悦的独立可变性。因为正如克鲁格指出的那般,一个客体可能在不超越阈值的情况下激起转瞬即逝的愉悦/不悦或冲动,而客体同样也可能在没有明显情感波动的情况下超越价值阈限。

作为对第一种可能性的例证,可以考虑这样一种完全可能的情形:就纯听力方面的刺激(或者更准确地说,一种瞬时的感官知觉)而言,一个微不足道的乐句可能会引发一闪而过的愉悦或不悦,但尚未达到价值判断的程度。我们意识到听觉享受的变化,但并没有通过对构成价值情感预设的对客体的认知性指涉而产生情感态度的加总。另外,很多案例都可以解释第二种可能性,即一个客体在不伴随愉悦—致因的情形下超越价值阈限。在这些案例中,价值判断的倾向是在直接的愉悦—致因关系的基础上形成的,即使客体(尽管能被感觉到或被表现出来)无法产生愉悦,对客体的存在判断也会唤起价值情感。因此当达到餍足点

---

① 参见霍夫勒(Hoffler):《心理学》(*Psychologie*),维也纳,1897年版,第448页。
② 参见第三章。

时，经常发生的情况是，对客体（比如味道）的实际享受，或对其享受的想象力的呈现不伴随愉悦；但对客体存在与否的判断依然可以唤起价值情感。

当我们从刺激—阈限转向差异阈限时，简单快乐阈限和价值阈限的独立可变性原则就得到了进一步证实。在价值情感不变的情况下，快乐强度却可能存在可觉察的差异；在快乐强度不变的情况下，价值态度也可能变化。对于第一种可能性，我们可以这样理解：在理解一个客体，特别是在理解一件艺术作品时，随着注意力从一个阶段向另一阶段转移，我们可以对作为整体的客体的情绪态度同组成整体的元素的特定情感基调作出区分。因此，在情感基调中可能存在可觉察的变化，这些变化足以导致注意力的重新适应的转移，但不足以导致判断态度的重新适应，后者在价值运动中或在针对作为整体的客体的价值态度的变化中是被预设好了的。同样，由于与感官刺激相关的神经疲劳，反复理解行为可能导致情感基调的可察性变化，而不一定导致价值态度的变化，即并不一定导致在这样的态度变化中所预设的认知预设的变化。建立在表象元素基础之上的对客体的价值情感预设了另一种倾向。当我们考察价值评估的第二法则时，我们会发现这些现象是相当重要的。

经济学中的价值情感也会出现类似情况，即这种价值情感紧随工具性判断而来。例如，一个人在享受能够引发愉悦情感的客体。随着时间推移，他对客体的整体态度发生了变化，在愉悦之中就可能出现可感知的差异。更具体地，人在享用食物时，除非态度发生改变（这种改变是通过对客体针对其他目的，譬如对将来目的的判断性指涉而在情感的判断性预设中发生的），否则价值评估中不可能出现可感知的变化。在这里，价值情感中的认知性差异还是不能与最难以察觉的快乐变化相一致。

第二种可能性——情感态度变化，而快乐强度没发生变化——也可以从经济学的价值情感领域得到解释。从愉悦的角度看，除了被享受的客体的数量外，其他具有同样性质的客体的存在并不要紧，但对于价值情感来说，这个问题至关重要。将这些随之而来的判断包含在情感态度的预设中可能造成价值情感中的认知性差异,而简单的愉悦情感仍保持不变。

愉悦—致因的差别阈限和价值情感的差别阈限的可变性是不同的,我们遇到了一种类似于在感觉和知觉领域已被指明的情形。我们已经指出,必须对感觉和知觉的差异阈限作出区分。在一定范围内,刺激的变化可能不会在被认知的客体中产生可觉察的差异。感觉有差别,知觉却没有。这意味着对差异的知觉涉及情感对意义的获得。这一意义在重新适应和以判断为形式的态度变化中表现出来。感觉变化介于这些意义或态度的变化之间,对于认知而言,这些变化并不重要。[1] 类似地,我们可以说,价值情感和价值差异情感是属于认知层面的,它们是情绪、感觉和心境,而不是假想的快乐元素。因此可以想象,在价值反应没有任何变化的情况下,享乐冗余可能发生变化。简言之,这意味着变化可以是表面的、肤浅的,因为它们不涉及整体情感态度中的任何意识的加总,它们并不渗透至人格之中或涉及人格。

快乐阈限和价值阈限之间的这一区分对我们的理论产生了重要影响。这是因为,已经确立的客体超越价值阈限或价值差异阈限的事实包含了对情感—意志意义的认知以及对超越指涉和内在指涉的认知,并因而包含了对作为预设的判断或假设的认知。现在我们要对这些阈限的心理法则进行审视修改,因此有必要研究每种价值情感类型的本质,并拒绝将这些改变愉悦—致因关系并因而改变快乐阈限的法则不加批评地扩展至一般价值情感和价值差异知觉的领域。

第三节 价值递减(或价值极限)法则:对其心理学基础的批评性研究及阐释

一、其历史意义

对价值阈限概念及其与快乐阈限的关系的研究已经明确,一个客

---

[1] 参见斯图姆夫(Stumpf):《音的心理学》(*Tonpsychologie*),第一卷,第48页。同时参见:《心理学手册》(*Manual of Psychology*),第120页。

体要唤起一种价值情感或价值差异情感，就必须改变其认知预设。在给定的心理情境中，给定客体或客体的数量是否会超越价值情感的阈限，取决于先前的价值评估所形成的态度或倾向（意动的和判断的）。当探讨支配这种相对性的确切法则时，立刻出现了以下问题：我们可否识别出一些能以统一方式改变价值情感的倾向预设，从而改变价值情感本身的因素呢？

为经济学目的发展起来的价值理论已经确立了消费效用的相对性法则，该法则以支配"感觉—情感"及其相应倾向变化的心理学法则为基础。在习惯形成、感受力下降以及餍足点的影响过程中，刺激频率、刺激数量和刺激能力的限度等因素为一般性价值递减法则以及与之相关的更特殊的边际效用法则提供了心理学支撑。在所有情感都与愉悦相一致的假设下，这一相对性法则将适用于所有类型的价值情感。

但在这一问题上存在意见分歧。一方面，艾伦菲尔斯主张将边际效用原则扩展为更一般的边际收益原则，克莱别格却认为边际效用原则是对一般相对性法则的特殊表述，只适用于商品经济工具性价值的有限范围。很显然，对该问题的回答取决于以下更基本的问题，即这些影响愉悦情感潜在倾向的心理因素是否会以完全相同的方式影响价值情感的意动性预设和判断性预设；对于价值情感而言，随着重复和数量因素而产生的习惯和满足是否具有与对待情感一致因同样的功能性意义。只有对这些因素进行心理学分析，我们才能够回答这些问题。

作为这一分析的开端，我们必须更充分地考察相对性原理的表述，并阐明该法则所依据的心理学假设。第一种表达可以追溯到边沁（Bentham）和伯努利（Bernoulli）[①]。边沁研究财富与幸福的关系，这一问题的产生与善的分配同其"最大幸福"原则的关系相关。边沁在《片论汇编》中提出以下原则，他将这一原则奉为公理："当一个人的财富超过另一个人的财富的数量发生递增时，财富在创造幸福方面的作用不断递减；换言之，每份财富（财富被等量切分）所创造幸福会越来越

[①] 关于这些陈述的大致历史请见克劳斯（Kraus）的《价值理论》（*Zui Theorie des Wertes*）第四章《现代价值理论基础》。特别见第58—69页（哈雷，1901年版）。

少；第二份财富创造的幸福比第一份少，第三份财富创造的幸福比第二份少，依次类推。"边沁对这一原则的各种表述存在一个共通之处：对于假设给定的存在—最小量，在其他条件相同的情况下，当善的数量在任意恒定关系中增加时，幸福、基本价值在一定范围内都会增加，但不以相同比例增加；相反，幸福相对于财富的增长率持续递减，尽管边沁未能确切阐述任何关于支配这一速率递减的法则。伯努利的著名法则也假设了一个存在的最低值。他发现，同边沁一样，幸福的增加与财富的增加成正比，但增量持续减少。然而，伯努利超越了边沁，他试图定量地表达这一法则。当财富以几何级数增长时，幸福也随之以算数级数增长。最后，戈森（Gossen）将价值递减法则引入政治经济学，他用以下话语阐述了这一法则，从而引入边际效用或最终效用的概念："伴随客体数量的增加，每一额外增量的价值都必须递减，直至为零。"或曰："价值客体的第一个增量具有最高价值，第二个增量价值有所削减，直至最后一个增量无价值。"[1]

这些价值递减法则的表述都传达着一个普遍的概念，即当欲望或快乐的满足在数量上增长时，最终会导致这种欲望（及其情感）能力的丧失。因此，欲望会转向新的客体，形成新的意向。鉴于该法则在功能方面的作用，其作为新的适应的原因，可被描述为价值极限法则。

二、法则的心理学基础——两个更一般的法则：（1）重复带来的感受性钝化；（2）餍足——批判性研究

当我们找寻这些法则的心理学基础时，我们发现边沁、伯努利和戈森的表述都假设了价值情感和愉悦的同一性，并因此认为它们之间具有相互依赖的可变性。因此，为从心理学上创建这一相对性的普遍原则，我们只需诉诸支配着产生愉悦和不悦感受的生理条件的法则。边沁显然是把他对这一原则的表述建立在更基本的心理学法则基础之上，即通过

---

[1] 戈森：《人类交往法则的发展及由此产生的人类行为规范》（*Entwickelung der Gesetze des Menschlichen Verkehrs: Und der Daraus Fließenden Regeln für Menschliches Handeln*），1853 年版，第 31 页。

重复和习惯、餍足和占有能力的限制而使感受力变得迟钝；同样，费希纳（Fechner）将伯努利法则归入其更一般化的感受性法则之中时，他也是以这些法则的普遍适用性作为假设的。

但这种假设的合理性遭到了怀疑，必须对其进行仔细审视。正如我们对阈值的研究所表明的那般，如果愉悦—致因和价值情感可以独立变化，亦即内涵和外延（人格的深度和广度）可以独立于享乐冗余的强度和多样性而变化，而且如果在这种程度上存在强度较低的鉴赏行为（这些行为的预设是意动的和判断的，而非感觉刺激），那么这些支配感觉—情感的心理—生理法则，以及以它们为基础的一般相对性法则，就不能不加批判地扩展到判断和假设情感上去——也就是说，在未对每种情况做具体分析的情况下，这些法则不能扩展到价值情感中。事实上，即使在假设愉悦和价值情感相一致的情况下，费希纳也警告我们不要太过草率地将支配简单感觉的愉悦价值的原则泛化到更多的复杂情感上。他在《美学入门》中写道："对愉悦和不悦强度的真正数学的、纯粹心理—生理的度量，不能仅仅在对愉悦和不悦的终极普遍致因的认识中寻找，否则那只能是一个大致的估计。"

而且，如果建立了愉悦—致因和价值情感的相对独立性关系，那么就有必要单独考察这些法则应用于后一类情感的情况。正如布伦塔诺指出："对于所有以感官内部的心理活动（而非以外部刺激）为基础的心理现象，或由其他心理现象引发的心理现象，强度衡量尺度都行不通。"我们完全可以想象，在鉴赏或价值评估的整体态度中，整体情感的两种成分是可被区分的：一种是具有心理预设、意动倾向和判断的价值情感，另一种是具有感官感觉性条件和外部感觉性条件的享乐冗余。对于后者，感受力钝化和餍足法则可能适用，而对于已被发现是独立可变的前者，重复和数量因素可能具有别样意义。至少可以想象，情感基调深度和广度的增加可能与享乐冗余强度及多样性的减少并存。

（一）感受力钝化法则。批判性研究——其应用仅限于感受性情感和价值情感冗余

感受力钝化法则和餍足法则常被混淆或被视为同一法则，这是因为

它们在估测与单独的感官欲望或倾向相对应的消费客体效用时，产生的实际结果是一致的。因此，在估测给定增量的糖的效用时，其效用降低是由于通过反复刺激降低神经敏感性而使欲望减弱的结果，或是由于糖这种刺激物的数量所产生的关于餍足的独特感官感受所导致的结果，这都无关紧要。但当我们检验两种现象的心理特征时，就会发现它们是如此不同，必须对两种现象分别作研究。

我们已知边沁主要通过欲望的重复满足在导致习惯和感受性钝化（及其必然性结果，即占用能力受限）中的作用来论证其价值极限的普遍原则。重复性刺激改变了情感的生理条件或倾向条件，从而在法则所指示的方向上改变了情感的相对强度。很显然，在对任何客体存在与否的判断或假设之后所产生的价值情感程度，都将由先前消费或鉴赏行为所产生的倾向所决定，但这并不意味着重复对所有的倾向都具有相同的影响。由于不同情感的预设不同，所以在客体方面，频率或数量因素的意义可能也不同。因此我们必须分别考察重复因素对不同类型情感的影响。

存在这样一种情况，即价值情感受到先前感觉—情感限制，重复对这种价值情感的影响既简单又明确。一个具备满足某种感觉倾向能力的客体，当对其作出存在与否的判断或假定时，就会成为一个价值客体。在消费过程中产生的感觉情感并非价值情感，价值情感完全由消费过程产生的倾向所决定。刺激的重复、感受力的钝化都降低了存在判断或存在假设唤起我们价值情感的能力。因为在这种情况下，感觉—情感的变化是价值情感的唯一决定性因素。因此，糖是一种价值客体，因为它满足了某种感觉—趋向，而且它对感觉器官的刺激带来了愉悦的感觉。但在连续刺激的作用下，神经物质的疲劳会降低感觉器官的感受力。当然，在一定程度上，感觉的融合以及对不同感觉倾向的适度温和刺激可能会产生更大程度、更长时间的愉悦。但大量因素的这种质的升华只发生在极其有限的范围内。最终，敏感性会变得迟钝，对刺激客体存在性的判断或假设也不再能唤起价值情感，除非判断被次生的工具性判断所改变。意动活动被抑制，我们开始进行面向其他客体的价值运动。

然而，当从直接的愉悦—致因转向对价值情感的研究时，我们发现在这种情感中，客体与倾向之间的关系不是一种直接刺激的关系，而是以假设、判断和假定作中介。这样，习惯或感受力钝化的原则是否可被直接应用于对价值情感中的变化进行描述就不那么确定了。我们必须深入研究重复对每种情感类型的影响。

我们先考虑一些出现于假设或存在判断之后的简单鉴赏情感。在他人掌声中表达出的个人声誉通常是价值情感的客体。这种情感不是掌声刺激的结果，而是对掌声所表达的观念客体的存在判断的结果。掌声的重复及与其相伴随的判断的重复通常伴随着情感的冷淡。最初带有情感强度的东西最终变得不具有情感波动。我们可以再举一个矿工的例子，他的职业使他时常面临危险。对危险存在的判断最初会伴随着或多或少的紧张性情绪不安，但随着这种判断的不断重复，他的危险感受力就会变得迟钝。于是，情感判断的重复会使感受力钝化，从而减少价值情感。

这一推论的前一部分显然正确，后一部分似乎是前一部分的必然结论。但在接受其必要性之前，我们必须更仔细地观察在这些案例中究竟发生了什么事。这些现象比表面上看起来要复杂得多。我们是否可以从逻辑上推断，由于这种敏感性的迟钝，与声誉和危险这两个客体相对应的意动倾向同样减少了，并且客体已经失去了它们的价值呢（无论这一价值是积极的还是消极的）？我认为不是。因为首先，迟钝了的感受力是情绪的波动，而其最初的强度源自对比，由于之前某种假设或判断习惯的干扰，以及重新适应活动所需要的努力——这些重新适应活动依赖于在新的判断中实现以前被判断为不存在的客体的存在。随着这种信念的增长，情绪波动消失，感受力的强度减弱。但这并不意味着情感的意义、其超越或内在指涉、其在个体之中的深度和广度都因此而减弱。事实上，经验向我们呈现了一个完全不同的情境。无论情况如何，一旦人们形成对声誉或危险的存在的信念，作为情操、心境或情感符号的情感就总会作为个人情感经验的底色而存在，并丰富着个人的所有价值判断。这一情感构成了所有后续经验的预设。

对这一事实的心理学解释在于用含蓄或明确的假设来替代判断。文中另一处曾表明[①]，存在判断是一种关系判断，换言之，它只出现于欲望被抑制之后，是断裂之后的联结。在所有其他情况中都假设了实在。在所有的存在判断中都包含了重新适应，因此也包含了情绪波动及其相对应的强度。当判断随着重复转变为假设时，强度就减弱了，包含在情感波动中的能量也随之耗尽，接着便出现了感受力钝化。但这一感受力还只是情感—态度的一个方面。当判断被具有想象情感、一般情操或情感符号的假设取代时，感受力的强度确实会有所下降——情感实际上变得不那么强烈了。但情感的意义、其在人格中的深度和广度可能仍然不会减少，甚至反而有所增加。在我们研究过的例子中，声誉或危险观念的累积意义仍然是以这种情感的关联物的形式存在。这些关联物可以通过具有想象情感的明确假设来恢复，或通过被嵌入一般概念中的、语词的情感基调中的隐含假设来恢复。当情感属于第一种类型时，主体通常在想象中持续实现客体和观念被感受到的意义，而现实感觉经验或具体的适应性判断却不具有情感反应。在第二种类型的情感现象中，具有过去经验（如声誉或危险）的累积意义（或更甚者——如前述章节所示[②]，它们还具有社会根源和社会意义）的纯粹的情感抽象自身将作为未来情感经验的情感预设而继续。

最后，关于重复对我们所描述的两种假设情感的影响，即对想象情感、情感抽象或情感符号的影响的问题出现了。这两种情感取代了特定的情感反应。我认为，重复并不会降低这些情感经验的价值暗示。只有当判断使假设站不住脚时，这些价值暗示才会发生变化。

情感的这些阶段在某种程度上不同于感觉情感和具体的情绪或判断情感，这一事实并没有逃脱学者们对这些现象的观察。这种差别通常被认为存在于：想象情感（萨辛格）或情感抽象和符号（波耳汗）不受支配特定"真实"情感的法则约束，即不遵循强度随重复递减的法则[③]。对

---

① 参见第二章。
② 参见第五章。
③ 参见第五章。

这一点的理论解释为，无论是通过明确的想象还是通过习惯性判断的语词关联，这些真实情感的实现都不像其他情感的实现那样涉及能量的消耗。因此，也不涉及情感倾向的实现能力减弱。现在我们可以认可这一差别的事实，但不能认可对它的解释。重复会影响所有感受力的强度，甚至影响价值情感的快乐伴生物的强度。但情感的意义相对独立于其强度。情感波动引起的感受力下降并不与价值或情感—意志意义的递减相关。

（二）餍足法则并不适用于价值情感

价值递减法则所依据的第二条心理学原则是餍足法则。在确定这些表述是否适用于所有的鉴赏行为时，我们发现有必要区别对待习惯法则和餍足法则。尽管从这两条法则在决定客体效用中发挥的实际作用来看，它们可被视作等同的。

在消费与单独的感觉倾向相对应的简单商品的案例中，我们能清晰理解餍足的含义。通俗来讲，它就是一条将感觉强度和情感性质联系在一起的法则。随着感觉强度的增加，愉悦强度相应地也以相对较缓的速度增加，直到达到愉悦开始回落的临界点。最后，在到达这一变化曲线的第二个临界点处，愉悦的正系数转变为不悦或痛苦的负系数。第二个临界点被称作餍足或饱和点。目前这种关于感觉性质的情感基调的整体变化的概念尽管可以满足经济学家说明数量对效用的影响的需求，但从心理学分析的角度看，就会发现它是一个虚设的概念，是对情感现象的过度简化。事实上，情况并非如此简单。我们这里要谈论的不是纯粹愉悦增至某个临界点后突然转为不悦，而是一种复杂现象。从一切感官趋向的刺激中产生的愉悦都是由感觉自身的情感基调同与之相关联的机体觉的情感基调加总而成的。伴随着过度的刺激，后者逐渐变得令人不悦，但这种不悦起初还不足以改变在整个精神世界中占主导的愉悦基调。那些构成餍足时刻的因素才真正主导着具有令人不悦基调的感官内容。因此，作为将愉悦转化为不悦的这样一种东西是不存在的。如上所述，实际上在最初体验中，与内容密切相关的愉悦情感被一种更为强烈的不悦情感驱逐了出去，这种不悦情感来源于与前一种内容相抗衡的、外来的内容。

现在，如前所述，虽然对情感现象的这般解释丝毫不会影响根据餍足法则而对消费商品效用所作出的推断，但它的确改变了我们对餍足法则之于一般鉴赏行为的意义的看法。我们还不甚清楚能否说餍足是欲望本身得到满足的正常结果，即餍足存在于欲望的本质之中。我们甚至可以抽象地想象：如果可以在不产生感官波动并因此不产生新的内容的情况下占有一种商品的连续增量，那么感受力下降原则就适用于单独的意向，餍足原则则不适用。

当我们转向研究对所谓观念的"善"的鉴赏时，上述考虑就变得更为重要了。当我们认识到餍足现象并不为鉴赏活动自身所固有，而是一种伴生现象，即次要于鉴赏的感觉冗余时，就会对鉴赏的某些更复杂的事实产生新的认识。我们可能会注意到，鉴赏意识自身明确区分了这些被称作餍足的伴生经验在消费鉴赏和观念鉴赏两种情形下扮演的不同角色。我们可以这样说：当餍足现象发生于消费过程时，主体将其意义转化到欲望客体身上，从而使主体对客体感到厌烦。但在追求观念的善或是在鉴赏行为中，不悦的机体觉表现为过度刺激和疲劳的伴生物，主体认识到它们的次生特征，但不会将其转移到客体身上；它们不会影响客体价值。我们在"对真、美或善的渴求永不满足"的判断中表达了这一点。从心理学上讲，这意味着作为情感—意志意义的价值感始终是作为意识中的底色而存在。情感的超越指涉或内在指涉超越了当下的感官不悦。欲望仍以情操、情绪或感情符号的倾向形式存在。当包含在客体的现实化中的知觉和判断的现实过程伴随着被由我们称为餍足的不悦条件时，对客体存在的纯粹想象、假设就足以唤醒这些典型的价值暗示。因此，价值要素并不存在于快乐的伴生物中，而存在于对已经预设的意向的超越指涉和内在指涉中。因此，即使享乐冗余发生变化，价值也依然可能存在。诚然，这些伴生物、这种餍足可能成为消极价值判断的客体，而这种消极价值可能与客体的积极价值相抗衡，但在这种情况下，我们面临的是一种新情况。餍足状态被呈现为价值情感的客体，它本身不再是价值情感或价值情感的一个方面。

因此，当与判断情感相关联的餍足情感，即那些特殊的不悦感官知觉产生时，这并不意味着价值或判断情感的性质已由积极转为消极，而意味着包含在客体表象和判断中的以及相伴随的情感经验中的生理过程已被耗尽，愉悦的伴生物转化为不悦。被耗尽的不是倾向，不是价值情感的能力，而是包含在客体表象和客体判断中的其他倾向。在这些情况下，在所谓餍足的经验期间，评价可能会以假设情感的形式而延续。

（三）结论——感受力钝化法则和餍足法则的有限应用

前述分析对于避免混淆习惯和餍足对价值情感的意义至关重要。戈森试图通过对艺术作品的鉴赏来说明价值极限的一般法则，但他未能区分这样的评价中所包含的一些因素。他告诉我们："当一名艺术家观察一件艺术品的时间足够久并捕捉到其所有元素时，这件艺术品就会为这名鉴赏它的艺术家带来最高享受。这种享受会随着继续研究而稳步下降，经过若干时间长短之后（根据客体的性质和观察者的性格），观察者会感到倦怠，餍足就会出现。当他试图鉴赏其他同类作品时，他甚至也会感到疲劳。如果经过若干时间（根据客体性质和观察者性格），观察者对重复愉悦的愿望增强，那么由于先前对艺术作品的了解，他将在短期内达到享受的最高点。但重复发生的频率越高，达到这一最高享受的难度就越大、频率就越低。"[①]但在这一描述中，戈森没能区分这一鉴赏中的两种不同情感。如果他观察得更仔细一些，他就会发现，尽管对于纯粹感觉愉悦在形式因素中所发生的事情来说，这一解释是正确的，但就对内容所产生的感想、艺术作品所表达的客体而言，却可能很难因重复而受到影响。在后一种情况中，情感是一种假设—情感，这种情感所预设的意向与另一些倾向截然不同，后者的反复刺激可以产生对形式元素的愉悦感。这些倾向的实现无论如何都不会同包含在愉悦—致因中的倾向的刺激产生相同的结果。

---

① 戈森：《人类交往法则的发展及由此产生的人类行为规范》，1853年版，第5页。

第四节 价值极限法则在观念客体中的
应用范围——一般性问题

前面对习惯和餍足这两条原则的研究（它们构成价值极限一般法则的基础），已然表明它们只适用于感觉情感和判断情感所涉及的情感波动的强度。后者，即随着判断的重复而递减的情感强度（实际上也可能是感觉情感），是紧随在判断的心理活动之后的感官共鸣。感受力钝化和餍足法则并不一定适用于价值情感本身，也不适用于在判断和假设过程中获得的情感—意志意义，因为它们不是感觉情感。然而至少在当前的讨论阶段，我们应当避免得出这样的推论，即价值极限法则并不如它的创始人所宣称的那般普遍适用。这是因为它所依赖的心理学分析尚不完备，但这并不意味着它不能作为对事实的陈述。我们完全可以设想，它代表了所有评价过程的命运，这些过程原则上建立在感觉刺激以外的其他能力的限度基础之上。

有两种类型的价值评估，在其中，被感觉到的或被表现出来的客体不是情感的直接原因，情感—倾向是通过判断或假设的智力活动而生成的。它们是通过判断，在客体的观念重构过程的基础上建立起来的价值情感。这些重构可以是工具性判断的工作，在这种情况下，相对应的价值是工具性价值；也可以是美学重构的过程，该过程将客体作为一个和谐的统一体进行个体化，并使其具有内在价值。现在我们必须考察这些价值情感及其变化，从而确定这一评估法则的适用范围。

在我们的导论分析中，这类评估客体及其累积意义是"有根据"（founded）的客体。我们已经列举了这些客体的各种类型：鉴赏的心理客体，譬如知觉客体中形式的美与优雅；一般在消费活动和本能活动中出现的有依据的特质，譬如整洁、仪态等；个人的品质和倾向，它们要么从内在价值的角度被视为个体的价值，要么从工具性价值的角度被视为个体参与社会的基础；最后一类是效用和交换的客体——更具体地说是交换的媒介——可以说，虽然所有这些都是直接感觉和表象的客体中所固有的，但它们本身并非这些感觉和表象过程的客体，而是判断和假设的客体。同样，它们的累积性意义也不取决于简单情感，而是由那些将判断和假设过程作为其预设的情感所决定，这些情感本身又是判断和假设过程的客体。这种情况完全可能，且事实上也经常发生，即这些价值或意义源于感觉和表象本身，随后我们谈论它们时就会将它们视为后者的互补价值。但出于心理学分析的目的，两者必须被明确区分开来。

经过这些思考后，我们现在首先转向价值极限法则在效用客体和交换客体中的应用问题。这是关于简单鉴赏的扩展，这种扩展是通过插入工具性判断而发生的。

一、法则在所有工具性价值中的应用[①]

（一）边际效用法则及其解释

经济学价值理论兴起于将价值极限原则应用于与单独的感觉倾向相对应的客体之中。正如我们在历史上所看到的，它之所以能够扩展到一般价值评估之中，是因为我们未加分析地用一般财富或货币代换了与独立的感觉趋向相对应的特定同质商品。借助财富概念，或更具体地说，借助货币概念，我们为客观价值找到了最抽象的符号，因此也间接地为主观价值找到了这样的抽象符号。因此，如果为独立的消费过程形成的相对性原则适用于对一般财富连续增量的评价，那么我们就可以合理推断这一原则具有普适性，其创立者所作的享乐主义假设也是正确的。

事实上，我们现在看到由边沁及其后继者发展的关于价值情感变化的纯粹经验法则在某些限度内确乎适用于对财富连续增量的评估，但这并不表明两种情形下对该经验法则的心理学解释是相同的。既然伴随着财富的连续增量的价值情感是判断情感，而在消费中的情感是具有不同预设的感觉情感，那么它们的变化法则也可能不同。为说明我们的立场，我们可以参考心理学的另一领域。即使如冯特主张的那般，被称作韦伯法则的相对性原则（该原则最初是因为关于强度差异的感知而制定的）也适用于对程度的相对差异的感知，但这也不能说明两种解释是一

---

① 原文此节下仅有标题"一"。

样的。强度与程度是两种不同的东西，事实上它们都是独立可变的。只因经验法则相同，而将相对程度法则归入相对强度法则之中，这种做法是不正确的。同样，在未进行更深入的分析之前，我们不能推论由于工具性评估中的判断情感变化的经验法则与直接愉悦—致因中的经验法则是一样的，这两种现象就是完全相同的。

除了后续我们将要讨论的一些重要特例，与财富概念相对应的价值情感是判断情感。无论象征财富的具体客体是什么，这一概念的本质都在于：通过插入某些适用于不同目的的辅助判断，无论是通过对简单使用的扩展还是交换，客体都能从刺激或消费的简单愉悦—致因的直接性中分离出来。因此，这种价值情感的预设就是基本的意动倾向，这一倾向被与客体适用性相关的附属判断所改变。尽管通过交换可以扩展客体的适用范围，但一个客体的使用价值与对其首先满足的基本欲望之间总是保持着微弱的联系。但正如在货币—经济中那样，它越是从这一基本联系中抽象出来并扮演交换的纯粹象征角色，它的纯粹的工具性特征就越被彰显。现在，其结果就是在对欲望的立刻满足达到一定程度时，任何商品的后续增量都只能通过交换其他客体来产生情感的变化，它们不是通过直接刺激，而只能通过唤起判断的间接过程来改变情感。

那么，当对商品的再适用性作出必要的重复判断时，财富的后续增量会对经济阈限或价值情感阈限产生怎样的影响呢？很显然，这种增量提高了价值阈限。对适用性的每一次新的判断都会削减商品的适用能力。也就是说，伴随商品的每一个增加，特别是作为抽象符号的货币的增加，主体更有意义和更重要的基本条件价值得到满足，再适用的可能性（对任何个体而言，这种可能性总是有限的）被逐渐耗尽，而客体和直接鉴赏之间的关系变得越来越间接，越来越疏远。为了建立新的增量与条件价值或人格价值之间的重要工具性关系，增量必须明显加大。

因此，很明显，经济学家有理由将效用递减或价值极限概念扩展至包括所有由再适用的连续判断所生成的价值，以及那些被直接刺激的重复所限制的价值。此外，从这一更一般的原则中推导出的边际效用或最终效用法则（根据该法则，一组商品的价值不取决于"总"效用，而取决于最后增量的边际或"最终"效用程度）普遍适用于所有客体，其价值在于其再适用能力。然而，对这一事实的解释所使用的法则是否将我们的能力限制在纯粹刺激上还不够清楚。更有可能的是，此处涉及更复杂的对目的的想象建构和观念建构过程。

（二）对边际效用法则的某些限制

对这一法则的某些重要限制使得这一情况表现得更为明了。西美尔最近指出，对于任何个体而言，被称作货币的价值曲线或累积性意义的东西都不能被视作渐进变化所绘制的图形，而是代表了一系列离散阶段的图形。[1]因此一个人如果有固定收入，那么他就通常生活在一个充满相对固定的可能性的时空中。在这个时空中，很多重要的条件价值和人格价值，譬如审美满足和社会地位，都会因为它们依赖于金钱而被排除在法则的适用情况外。根据上述法则，这个人对收入的逐渐增加进行估值，因为在这个相对固定的系统中，重新适用变得越来越不重要。但若增量的数量足以改变可能性的范围，那么评估水平就会发生变化。新的条件价值和个体价值出现在个人视界，关于适用的新的可能性也就出现了，价值曲线在新的阶段重新开始。正如西美尔所言，当把量作为一个统一整体去把握时，它可能会转化、升华为质。在新的阶段，法则会重新开始发挥作用，以前述方式改变阈限。

对该法则的第二个调整似乎与之前所描述过的调整密切相关。在前一种情况下，其特征在于，如果一个人收到一笔钱，比如一百万美元，那么其主观价值就不能根据边际效用法则来计算。在没有调停工具性判断的情况下，它首先直接诉诸人格价值（社会尊重、独立性等）。阈限是定性的，而非定量的。类似地，当这笔钱被视作一种观念时，它就获得了这种定性特征。例如在守财奴的案例中，他将这笔钱视为一个整体、一种理想，那么这笔钱的连续增量价值就不遵循边际效用法则。当他快接近目标时，最小的增量可能都具有绝对价值。而且，即使是在这一过程的最初阶段，任何增量的价值也都不按照这一法则来计算。这种

---

[1] 参见西美尔:《货币哲学》，第 250—276 页。

情况的显著特征就在于对工具性判断的压制，并代之以对作为整体的财富的可能的适用性的假设。每一微小增量都有一种伴随个体化的整体而来的假设情感。或者我们可以说，这些系列中最微不足道的因素从系列的目的情感中"借用"了价值。正如我们在研究阈限时所看到的那样，将一个微小客体作为个体整体的一部分进行内在评估，这会降低客体的价值阈限。因此，尽管在对财富的工具性评估中，每一连续增量只有通过一系列工具性判断的中介作用才能唤起价值情感，而且价值随着客体远离基本欲望而减少；但是，在对作为个体化的整体的财富进行的内在评价中，这种在个体化之后产生的评估既不服从于随着感觉情感的重复而产生的感受力钝化原则，也不受工具性评估所固有的判断能力的限制。

对这些现象的思考使我们能够理解边际效用法则在经济学效用和交换中有依据的观念客体中的有限应用，而未将其归入只适用于愉悦的感受力钝化和餍足法则之下。此外，更重要的是，它使我们可以摒弃愉悦强度随财富增加而不断增加的心理学假定，这一假定是许多经济学价值理论的基础。但事实上，我们必须承认，一些经济学家在未接受价值情感无穷小变化的理论假定时，就已经将这一法则作为纯粹经验原则使用了。①

第五节　互补价值法则：对价值限制法则的修改
——其在心理学法则中的基础

正如我们所见，价值极限法则适用于直接满足的客体和具有更间接的工具价值的客体。在第一种情况下，它决定的是对直接感官刺激的适用性；在第二种情况下，它决定的是对客体的再适用。在第一种情况下，习惯和餍足法则的作用在于提高价值和价值差异的阈限，直至最终达到意动停止的临界点。客体不再具有直接的条件价值。只有次生的工

---

① 参见克劳斯：《价值理论》，第64页。

具性判断作为情感的部分预设被包含在情感之中，对客体的价值评估才会继续。在第二种情况下，客体作为直接感觉情感的刺激物，不会上升到阈限之上。然而通过工具性判断的调节，它会唤起新的价值情感。这种被抑制后的重新适应本质上是观念重构的过程，因为具体的客体被抽象的交换等价物所替代。但是，尽管评估通过这些抽象的观念重构获得了一定的连续性和扩展性，习惯和餍足法则的运作也通过对工具判断的包含得到了一定的调整，但正如我们所见，呈现为边际效用法则这一特殊形式的价值极限法则对这些判断情感也是适用的。重复和数量因素在此处以相似的方式发挥作用，尽管这种作用不能被完全包含在习惯（感受力钝化）法则和餍足法则之中。这表示着判断能力受限，而非刺激能力受限。

然而，还有第二种类型的欲望客体重构，这种类型的重构确保了价值评估的连续性，并由此产生了一个新发展。这种重构是直观的而非概念性的，并发展出一种新的内在鉴赏形式。这种重构是直观的，因为它将一组客体个体化为一个意义整体、一组元素的和谐整体，并且在这一个体化过程中出现了新的有依据的心理客体，这些客体都被内在地评估着。我们现在必须考虑这些个体化过程的本质，并研究支配内在鉴赏这些心理客体的法则，特别是价值极限法则的运用范围。

一、对互补价值法则的描述

（一）在经济学评价中

这类重构的一般特征在于：客体中的所有元素，或消费或获取的整个意动过程中的部分过程，相互之间都密切相关，进而互补。换言之，当它们作为一个个体化整体中的元素而相互关联时，整体价值——对预设的意动倾向的满足程度——超过了各单独元素价值的总和。在这样的过程中获得的价值就是互补价值，而这些情感所指向的客体就是观念客体。由此获得的互补价值的确可归因于一个个单独的元素，但它们不是元素的价值，而是基于元素的和谐排列的客体的价值。我们首先考察这一经济学价值学说，然后确定它在其他类型价值中的应用范围。

根据边际效用法则（我们已经研究过其心理学基础），经济学家们不难得出以下推论：商品提供的价值并不取决于从不同部分实际获得的效用的加总（那只是整体中不同部分的不同效用的叠加），而是决定于商品最微不足道部分的效用，这一效用因每一等大部分效用的总数而增加。然而对于这一一般法则来说，还有一个被普遍认可的例外，即商品的总和构成一个整体，并因此显示出某种效用影响。该效用影响与单独各部分效用的总和并不相等。因此我们可以进一步推论，整体的任何给定部分都赋予了整体效用，这种效用超出其作为单独部分所拥有的商品效用，这种效用仅受边际效用法则约束。我们可以用猎人和火药、子弹和打火石的例子来说明这一情况。火药、子弹和打火石中任何单独一样都是无用的，但若将它们全部与使用它们的劳动力相结合，所得到的价值（或用更精确的经济学术语说，就是贴现价值）就等于猎物的价值。每一个单独的元素都是无用的，只有将其组合在一起时才会发挥效用，而每一个元素的价值也就等同于整体的价值。

（二）*经济学之外的美学和伦理学评估*

在猎人的例子中，我们得到一个统一体、一个个体化的整体，其工具性价值产生于对元素的分组归类，整体的各部分通过工具性判断而相互关联。但同样的一般性原则在以下情况中也很明显：工具性判断退居其后，内在评价取而代之。我们已经考虑过这样一种情况：被视为一个整体的财富获得了具有内在特征的互补价值，这种价值不仅在量上超越了各部分的工具性价值总和，其在质上也发生了变化，量变积累产生了质变。这里涉及两种情况——接收一笔钱，将其作为一个整体进行内在评估（而非根据边际效用法则，比如在逐渐获得这笔钱时，对它的部分进行工具性评价）。另一种情况是守财奴将其财富作为一个整体来评估，而不考虑各部分的工具性价值。在这两种情况下，工具性判断退居幕后，仅由对工具性价值的模糊假设表述出来。对整体的内在评估不明确涉及对部分的工具性价值的评价。

但我们还发现在另一些情形中，互补价值的一般性原则适用于个体化整体，其中效用元素、工具性判断元素完全缺失，整体和部分都是内在鉴赏的客体。这些客体就是具有审美特征或伦理特征的观念和知觉的统一体。我们仅举两例便足以揭示这种知觉整体构建的特征。一个例子是一张所有特征组合在一起而充满魅力的面庞，另一个例子是一幅由河流、山丘和河谷组合在一起而被认为非常美丽的风景。失去其他任何元素，它们都谈不上美丽；每个元素都拥有整体的魅力。在这种观念建构中，人的个体化特征颇为典型。人是一种观念构造，是特征或倾向组成的复合体。当所有的特征或性格结合在一起而形成独特的整体时，就创造了一个具有充足依据的客体——人。人的内在价值超越了各部分的单独价值，单独的特征或倾向则被赋予整体全部的互补价值。

（三）该法则的一般性特征

我们现在来看互补价值法则所描述的现象。从现有的例证看，它是一个能够扩大价值评估范围的过程。无论是感觉和知觉的物理客体领域，还是想象和判断的观念客体领域，通过这一过程，价值极限法则（这一法则既适用于感觉情感，也适用于判断情感）的运作发生了改变。派顿（S. N. Patten）教授在其消费理论中特别关注了这一情况。他告诉我们，传统的消费学说并未考虑愉悦和效用的全部元素。① 除了商品总数量以及这一数量与基本需求能力之间的关系，商品簇中还具有在定量范畴之外的重组的能力。这些能力是定性的、审美的。一组和谐排列在一起的商品带来的快乐要多于这组商品的每一组成部分所带来的快乐的简单加总。然后，这些组成部分就被赋予了互补价值。这一原则被认为能改变习惯法则和餍足法则的运作。正如我们所见，这些法则适用于所有的感觉情感，因此价值极限法则适用于所有由这些情感—倾向所决定的价值判断。但既然在这些感觉情感的客体中存在某种和谐组合的能力，而这种能力扩展了它们持续刺激的能力，那么这些法则在一定程度上就发生了变化。派顿教授认为，"由于这些审美商品可被认为是简单经济学商品中没有餍足点的商品"，并且"由于简单的审美商品可被认为是将不同的愉悦融合到一个整体中的结果，并且审美愉悦似乎是社会所

---

① 参见 S. N. 派顿：《财富的消费》（*The Consumption of Wealth*），费城，1889 年版。

能产生的最大的和谐愉悦的组合",因此"从增进个体和社会价值意义的角度讲,进步必然朝着和谐消费的方向去"。尽管令人遗憾的是,派顿教授使用了将价值和愉悦一致因等同起来的表述,并谈及了愉悦的总和,但我们可将其作为简单鉴赏行为通过欲望客体和情感客体的重组和重构而实现扩展的真实解释。

派顿教授在这一概念的基础上又增添了一项对我们的研究颇为重要的内容。在《道德进步的经济学原因》①的小册子中,他试图说明至少有许多审美和伦理观念(这些观念是满足的相对永恒和渐进的来源)是定性表达,是这些互补商品的名称,被赋予了经济学商品的价值。因此,舒适、干净、节俭——可能还会加上品位和举止——是在调和感觉情感的商品或客体、消除不和谐元素过程中使用的定性术语。即使是家庭及与之相伴随的美德、国家及其秉持的正义都是这样的价值。它们部分是经济的,部分是伦理的。如果我们将消费概念扩展至包含所有获取商品和利用商品的活动,我们就可以接受这种对原始伦理客体和美学客体的起源的解释了。这一概念的重要性在于,如果这些质上不同的价值可能因此作为互补价值而与基本的经济学价值相辅相成,我们就有办法去调和这两组价值。

此外,必须指出,这些对和谐消费与和谐活动的定性表达,这些美学观念与伦理学观念,是价值情感的新客体,是观念客体。它们的真实性依托于知觉活动,但当下它们不再是感觉和知觉的客体,而是判断的客体。作为判断的这种观念客体,现在它们自身变成了新的价值情感的客体,并能进行观念重构,成为新的观念统一体或整体。因此人格的价值、善良、高贵、责任、内在平静、自由、完美等观念是互补价值的定性术语,它们产生于对这些基本倾向的和谐的调和之中。它们是欲望和价值情感的客体,出现于观念活动和观念建构之中,而非知觉活动中。我们稍后将要关注这些观念客体在多大程度上会成为满足的相对永恒和渐进的来源。

---

① S. N. 派顿:《道德进步的经济学原因》(*Economic Causes of Moral Progress*),《美国政治和社会科学研究院编年史》(*Annals of the American Academy of Political and Social Science*),第三卷,1892年9月。

二、对互补价值法则的心理学解释[①]

因此,互补价值这一经济学概念有了新的外延:个体化整体的知觉和观念可通过简单元素(它们是欲望和情感的基本客体)进行重构,这一过程中产生的获得性情感—意志意义被包含在互补价值概念的外延中,而这一外延的扩展又发掘了无数具有次生获得性价值的客体,并引发了这种观念建构和意义获得的限度问题。当我们从更宽广的视角去审视这种知觉和观念建构的过程时,这些建构作为意动连续性的一种形式,都服务于价值评估的连续性,并有助于意动倾向在被抑制后的重新适应。互补价值法则足以描述这种意动连续性或价值获得性的事实,但要回答这一过程的限度问题,我们还需对该原则进行恰当的解释。

(一)互补价值的客体:知觉和观念的结合形式——有依据的客体

人们通常会作出这样的解释:在某种意义上,互补获得的价值是元素所引发的愉悦的数量的总和,尽管一个产品并不仅仅是元素的相加。这种解释没有考虑到该过程真正重要的特征,即获得性价值不以这些元素为客体,而以建立在元素重组基础上的一个新客体作为其客体。即使在食物组合及其消费顺序的简单情况下,获得性价值的客体也只是一种特质、一种意义,尽管这一特质或意义可以从过程中被概念性地抽象出来,但只有在实际消费元素本身时才能直观地实现。当我们考虑将这些食物元素与其他感官客体——如宴会上的灯光、鲜花、音乐、招待和饮食过程的精致——进一步混杂时,获得性价值客体的心理特征就变得更加明显,因为我们在说"品位"和"礼仪"这两个术语时,我们含有将过程形式和物质元素分离的意味。整洁和节俭等心理客体,尽管同样是在消费过程中发展起来的组合形式,但作为判断和假设的客体,它们仍然能更容易、更彻底地从过程中抽象出来,并在对自我,即对过程主体的占有判断中被指涉。

此外,这种将心理客体视为在意动过程中出现的一种形式—性质的概念,可以扩展到其他基本的本能活动,比如与采集、狩猎、战争和劳

[①] 原文此处标题号即为"三",为与前文保持连贯,现将其改为"二"。

动等相联系，进而与性和亲情相联系，并最终扩展至知识和艺术中所涉及的知觉活动和观念活动。因此，可能的心理客体范围非常广泛，对这些客体的构建赋予了其所创建的直接感觉客体和知觉客体以互补价值。而且，我们可以再次回顾一番，当人格被内在地估值时，我们可将其视作一种"特征"，一种某些元素结合的形式。在这种情况下，元素是出现在同情参与所涉及的观念建构过程中的某些性质和倾向。我们稍后会大加应用这一原则的这种特殊用法。

（二）互补价值的心理学法则

因此，这些心理客体是建立在知觉活动和观念活动基础上的个体化活动的产物。那么，是否有可能像其他两个法则，即阈限法则和价值极限法则一样，将互补价值的一般法则归于更根本的心理学原则呢？

在回答这个问题时，我们首先要注意到这样一个事实：我们在这里关注的是通过心理客体的个体化来获得意义的一般性心理学法则的表述。因为是一般性法则，所以在具体评价领域都有着具体特定的应用。其次，我们必须区分意义获得的一般法则和元素组合的特殊法则。在前者中，互补价值法则是关于价值理论的一种表述；通过后者，则可获得意义。

相应地，互补价值法则有两个方面。从意动活动的角度出发，存在向一个新的（心理的）客体的发展。从内容的角度出发，存在元素的组合，其中出现了一个个体化的整体，其具有在单独的元素中不存在的意义。冯特将这两方面描述为目的异质性法则和创造性结果法则，或简言之，就是结果法则。①

因此，结果法则就是元素组合以及通过组合和重构获得意义的法

---

① 冯特：《生理心理学》（第 5 版），第三卷，第二十二章，莱比锡，1903 年版。同时参见类似研究：克莱别格：《价值理论体系的心理学基础》，维也纳，1902 年版，第 59—63 页。冯特将其描述为心理因果律，以区别于物理因果律。并指出，在物理因果律中，前因和后果之间存在量的等价性，而在心理过程中，结果总是显示出意义的增加或获得。他将这种情感—意志意义的获得称为"能量增加"，他在物理的能量等价性和心理的能量增加这一对比中，发现了物理因果律和心理因果律的本质差异。尽管在使用他的描述性陈述时，我们无须也不应从因果律的角度来考虑它们，个中缘由已在前言和各处讨论中言明。

则。每个结果都是一个个体化整体（无论是知觉的还是观念的）。互补价值便是在这种构建中获得的情感—意志意义。那么其中涉及哪些心理学因素或法则呢？

冯特只提出一种这样的法则，即通过对比而增强的法则。他这里所说的是通过对比元素的作用，情感和意志之间相互施加影响的增强。但从全方位来看，虽然对比原则可以包括所有直观构建的原则，但就我们的目的而言，有必要为这种内容的排序制定更具体的法则。

因此，我们要区分三种具体法则，元素根据这些法则直观组合成了一个整体结果：第一，狭义的对比法则；第二，整体序列法则（费希纳在美学中将这一法则表述为后果法则）；第三，目的情感法则（费希纳在美学应用中将其表述为和谐法则）。我们在这里只是简要说明这些法则的含义，在其所适用的具体情境下再进一步地展开。

简单对比原则指出，当一个欲望和情感的客体与其对立面进行对比时，或是当其存在与其不存在发生对比时，它就获得了一个归因价值，而这个价值并非客体本身的内在价值或工具性价值。整体序列法则指出，对欲望和情感的客体按照分级序列或某种伴以对比和重复的关系（例如在节奏中）进行排序，就会引发整体的归因价值，这一价值并非单独元素价值的总和。目的情感法则承认这样一种事实：一系列元素的价值是由序列中最后一个因素与其前面因素的关系所决定。形式一性质产生于这些对元素的特定排列形式中，它们构成了归因价值的真正客体。

第六节 价值极限法则关于内在价值观念客体的适用范围

我们现在可以回到这个问题上，即对观念客体进行内在评估时价值极限法则的适用范围。在接下来的章节中，我们将有机会讨论关于价值极限法则的更具体的问题，即对美学和伦理学的观念客体价值进行的实际具体判断的支配规律。我们在这里只关注一般性的理论问题，即这些客体的本质及其相应的价值情感的性质是否使这一一般法则适用。正如我们所见，在这一问题上存在重大的意见分歧。克莱别格和迈农表示否定，艾伦菲尔斯则作出肯定回答。很显然，这一问题首先是个事实问题。是否存在具有唤起持续内在价值能力的欲望和情感客体？其次，这是一个对价值评估行为所涉及内容的心理学分析问题。因此，如果某个分析也认可布伦塔诺所提出的评估中的无强度行为，那它就能够推导出这种客体的存在，因为感受力钝化和餍足法则仅适用于快乐强度。一般而言，任何在愉悦—致因和价值情感之间、感觉—情感和通过判断和假设实现的情感之间作出根本区分的理论，都只能给出关于这个问题的开放性答案。

如果我们从直接给定的经验事实出发，从对知觉客体和观念客体的鉴赏出发（它们产生于本能的意动活动和观念建构），那么乍一看我们也是倾向于认可价值极限法则在该领域也同样起作用。诚然，和谐消费中出现的互补价值会改变习惯和餍足的影响，并扩大评估的限度，但最终我们还是会达到这些限度。一组获得感官刺激的互补客体的意义，如获得感官美感、饮食品味等的意义，都会使客体脱离对欲望的直接全部满足，并推迟了感受力钝化和餍足；但由于这些意义依然建立在某些刺激的基础上并为其所限制，因此它们最终受制于所有感觉情感中所固有的法则。感官的美感使人乏味，生活的精致使人厌烦，我们在与之形成鲜明对比的丑陋和粗暴中寻求新鲜感。这是从获得性价值到基本价值的价值回归运动。

同样的命运似乎也跟随着所谓的观念情感以及对价值由情感和情操决定的这样一些观念客体（如知识、艺术和道德的观念客体）的评估。随着新鲜感的丧失，随着每一次连续的鉴赏行为，热情逐渐消退，激情振奋褪去，而这恰是第一实现（first realizations）的特殊光辉。詹姆斯在其关于情绪的章节中以其惯有的如诗如画、令人印象深刻的笔触描绘了这一过程，而这种现象在我们关于人和物的鉴赏中随处可见。友谊始于饱满而共鸣的情感，爱始于欣喜若狂的奉献，但随着时间的推移，它们最终成为情感强度几不可察的习惯。也许最引人注目的例子就是重复对同情参与（移情）的影响。伴随参与的每一个举动，对观念客体、他者意向的存在判断都获得更多的确定性，性格也得到了更充分的实现。但当实现已成为习惯时，情感共鸣消亡。于是，那些观念客体（其价值不在于它们被感知，而在于它们被判断或假设为存在或不存在）似乎也失去了唤起强烈情感的能力。因此，如果我们将这些客体的价值或累积意义等同于这种能力，那么毫无疑问，这些客体的内在价值将受价值极限法则制约。①

显然，我们可以得出结论：这些观念情感和情操的重复经历，同样会带来对情感波动强度的感受力钝化。就像在重复的感觉—情感的情况下，在那些情绪强度不同寻常的体验中，在出现餍足现象时，情感波动的强度随着重复和习惯的出现，会导致感受力钝化一样。因此我们可以进一步得出结论：对观念客体的内在评估服从价值极限法则。

另外，同样可以说，这些经验并不会改变我们对客体价值的情感，也不能决定我们的价值判断，而与之形成对比的是，在感觉—情感的客体中，习惯和餍足现象似乎会改变我们的判断。客体的价值似乎取决于意识的其他变化而非情感强度的变化。此外，作为相对永恒和渐进地提供满足的来源，客体价值还通过快乐伴生物中的这些变化而持续存在。因此我们对经验事实的分析表明，在这些过程中，我们得到一种"现象混合"，其中客体价值及其唤起情感强度的能力是独立可变的。换言之，正如我们先前坚持主张的，习惯自有其价值情感和情感—意志意义。

闵斯特伯格在对价值经验和心理学关系的讨论中明确阐述了这一对立。文德尔班（Windelband）曾评论道："人类的一切兴趣和鉴赏、一切价值评估，都与个体的、特殊的表象有关。"对此，闵斯特伯格回应：

---

① 而且，毫无疑问，在回顾某些心境时，情绪从客体的 unded（疑为 funded——译者注）意义转变为先前评价的情绪伴生物。恋人对自己曾经的狂热感到懊悔，虔诚的教徒以圣歌之词叹道："当我初见主时所感受到的福音在哪里？"而艺术家和艺术品的鉴赏者往往也渴望得到他们早期评价的情感伴生物，并时不时赋予它们更多价值，而不是已实现的观念和已得到的触动。尽管如此，我们还是将这些回溯运动正视为暂时现象，在这些回溯运动中仍然存在对观念客体的连续评价。恋人仍然相爱、相信和欣赏。观念客体仍然是相对永恒和不断提供满足的源泉。

"如果我们所说的价值是指在客观因果事件中产生的心理学情感—过程,那么这种价值感适合重复的程度不亚于单一反应。当然,有些行为的吸引力在于其新颖性和独到性,但所有美好和高尚的事物都通过重复获得情感—基调的深度,就像不快通过重复使情绪低落、抑郁一样。"[①]我们欣然接受闵斯特伯格的观点。谁也不能否认重复带来的情感—基调的深度的增加是某些类型价值情感的经验法则,除非是在偏见的影响下,认为适用于感觉情感的习惯和餍足法则也适用于所有情感。但如果我们要解释这一经验法则的话,就必须在逻辑上区分情感—基调的深度和强度这两个属性。很显然,情感—基调的深度在此处等同于价值程度,但不等同于情感波动的强烈程度。情感深度必须被视为对情感某个特殊方面的变化的描述,而不是对感觉和表象的情感基调的描述,因为这种快乐基调的强度也受到随着重复而感受力钝化的法则的约束。

到目前为止,仅就心理学问题而言,要解决这些问题,似乎取决于对以下两个基本问题的回答,即这些观念客体的性质是什么?这些客体所从属的心理行为的本质如何?因为正如我们已经看到的,情感的变化取决于情感预设的特征。

至于这种内在评估的客体的性质,我们已经表明它们是观念上的和有根据的,而且,虽然效用判断的观念客体或概念客体服从于这种构建中固有的限制。但是,在创造了这些具有内在价值客体的个体化构建的情况下,不存在对意义获得的限制——至少从演绎中无法推出。已经分析过的个体化构建法则清楚地表明了这一事实。

当我们转向对观念客体内在评价过程的情感方面,并审视这些情感预设时,我们发现,被预设的认知行为是判断和假设(既有显性的,又有隐性的);这种观念客体完全不是感觉和表象的客体。对受这些行为限制的情感的详细分析表明,作为价值极限原则基础的感受力钝化法则和餍足法则并不适用于这些情感,而只适用于行为的享乐主义冗余。换言之,情感抽象或"情感符号"(代表着判断习惯的假设—情感)并不

---

① 闵斯特伯格:《心理学原理》,莱比锡,1900年版,第39—40页。

服从于这些法则，而是随着重复，在情感—基调深度上有所增加。正如我们所见，假设—情感将其自身直接附着在判断或代表了一般性概念的语词上。此外，由于这种假设—情感代表了先前价值判断的获得性意义，因此它构成了新的判断—情感的确切预设。每一次后续的价值判断都体现了先前判断的假设情感或"习惯意义"，从而使感觉的"情感—基调深度"增加成为可能。

然而情感深度的增加并不能排除感受力钝化和餍足现象适用于这些连续鉴赏行为的"享乐主义冗余"。正如布伦塔诺所说，这些冗余及与之相伴的对观念客体的内在鉴赏行为的原因太过复杂，以至于我们没法说它们的变化形成了什么具体法则。然而原则上，感受力钝化和餍足法则也适用于它们，就像适用于其他所有感觉—情感一样。因此，当我们说这些观念客体内在价值的获得、这些观念情操的永恒性不受这些法则影响时，我们只是说，相伴随的感觉—情感强度的变化与价值判断无关。我们已经在很多方面看到一个整体的情感态度这两方面的独立可变性，特别是在我们已经分析过的对艺术品的重复鉴赏的影响的案例中。通过这种区分，我们解决了内在评估中的显著矛盾。

第七节 一般结论——从对不同类型客体的评估法则的研究中得到的推论——价值获得的限度问题

前面对价值极限及其针对不同类型客体的情感的应用研究，本质上是纯心理学性质的，因为它关注的是感受力钝化和餍足法则在具有不同预设的情感中的运用。不难看出，在这一原则中，我们定义不同价值客体的方法是根据其能够被连续评估的能力，以及继而决定客体相对优越性的能力——不仅是同类客体，而且是不同客体相比之下的相对优越性。在第一章中，我们区分了不同的价值客体（条件价值客体、个体价值客体和非个体或超个体价值客体）。在后续章节中，我们将利用这些研究成果。但在转向这些主题之前，同时为结束本章讨论，我们仍要考虑一个非常一般的理论支撑问题，即能力限度（最初在消费中形成的占有能力）原则能否应用于价值评估的各个方面。

我们还记得，价值的经济学理论正是根据这一一般原则来构建基础的，而所有其他法则都参照了这一一般性原则。我们看到，这一理论部分地建立在对经验的有限领域的分析之上，部分地建立在具有先验特征的无根据的假设基础之上。由于作为"愉悦—致因"基础的意向在能力上是有限的，因此假定所有与愉悦—致因一致的价值意向、价值情感都具有同样的限度。对更大范围价值情感及其心理学条件的实证研究表明，一些观念客体进行连续评估的能力已被扩展，或许已远远超出我们一直在批判性研究的理论所设想的限度，那么我们可以把注意力转到这一先验假设上来。

假设是这样的：对于鉴赏所区分的每一个观念价值客体，以及对于直接指向该客体的价值情感而言，都存在一个相应的生理倾向；这一倾向是系统的一部分，系统的总能量是恒定且有限的；在这个系统中，可能存在能量的再分配，但绝不会有实际的能量增加；因此，任何倾向的能量的增加都受系统元素相互关系的严格限制。随后，这一概念被完全引入心理领域，并从中推导出心理能量的限度和意义获得的限度。

艾伦菲尔斯显然以这种假设为依据。他认为："伦理倾向，就像其他任何倾向一样，无论多么微不足道，都拥有超越其既定限度的能力。在这种趋向中，它们被其他所有趋向中固有的以维持其先前力量的相同倾向牢牢束缚在先前的关系中。"[①] 他坚持批评克鲁格所说的至上道德、至上价值，也就是对评价能力自身增长的需求。他说道："'每个评估主体都必须拥有评估行为的倾向'这一论断既得不到先验证明，也得不到经验证明。"[②] 他这里也采取了与上述相同的假设。显然，假设所构建的每一个观念客体都如同其相关客体一样，具有一个明确的生理倾向，而它在价值系统中的位置不过是该倾向在能量系统中位置的

---

① 艾伦菲尔斯：《价值理论体系》（*System der Werththeorie*），第二卷，第217页。
② 艾伦菲尔斯：《价值理论体系》，第二卷，第171页。

反映。

　　更具体而言，这里关注的问题是：我们是否有可能理性地希望或努力争取到我们的价值倾向在任何方向上都有所增加？例如，一个人是否可能在仁爱情感的经验基础上，理性地欲求这种情感的增加，即追求更强烈的仁爱倾向呢？艾伦菲尔斯的最初回答是断然否定的，但为了回应霍夫勒对同一问题[①]（对于我们的目的而言，所有这些已经足够）的批判，他得出结论："假设在仁爱情感高涨并为此作出巨大牺牲的状态下，一个人内在地欲求永久拥有在当下场合中体验到的仁爱情感能力，这比他通常所拥有的仁爱情感能力更多——这个人可能是理性的，因为他所欲求的并未超越相关倾向能力的已知范围。但欲求倾向本身增加是不合理的，因为这将忽视一个问题，即因仁爱情感倾向的增加超过正常尺度而导致其他倾向的减少。"

　　显然，正如此处所阐述的，问题不在于倾向对社会福利的工具性价值——那是另一个问题，而只是从个体价值经验的角度探究这种增加的可能性或可欲性。于是，理性问题完全是一个内在标准和固有标准的问题，是欲望与先前经验的一致性问题。因此，欲望取决于对实际经验已知标准的判断。现在，撇开这一标准实质的次要问题（这一标准不仅要用强度来表达，还要用广度来表达，也就是用其在各种生活行为中表现的能力来表达。但艾伦菲尔斯只考虑了力量或者说强度），而直接探寻问题的根源。欲求增加倾向的合理性必须完全由经验问题来决定：这种观念是否具有连续评价能力的客体？随着重复或数量增加，价值情感是否会相应地增加？作为一种具有固有意义和内在意义的标准，要知晓倾向增加的可能性和可欲性，唯一的方法就是通过意愿，通过判断或假设客体存在，并从由此产生的价值经验中推论这种判断或假设的正确性。这个标准完全是经验内的。但对艾伦菲尔斯来说，对欲望是否理性的真正检验并不是一个经验内的检验，也不是在对不同类型的价值情感本身

[①] 艾伦菲尔斯：《价值理论体系》，第二卷，第175、176页；霍夫勒：《心理学》，第599页。

进行的归纳分析中形成的标准。它是从纯粹假设和抽象的概念中演绎而来的，是超心理学的。它依赖于对特定神经系统倾向的假设和对这些倾向能量限度的假设。

在我看来，这种陈述问题的方式在本质上是错误的。任何价值评估的"理性"问题本质上都是一个价值论问题。正如我希望在最后一章揭示的那般，唯一可能的价值论标准是一个内在于评估过程本身的内在标准。从这一点出发，"理性问题"只有用纯粹实践问题表达出来才有意义。在没有内在矛盾的情况下，我能否继续欲求和期望任何客体或其增强？当然，在当下的语境中，矛盾并不是指判断与判断之间的矛盾，而是情感与情感或情感与意志之间的矛盾。在摆在我们面前的具体案例中，如果我真的欲求增强一种给定的情感，并且在这种经验中没有什么是矛盾的，就像在欲求快乐的不确定增长的情况中那样，但随着每一次关于感觉增强的判断，价值情感就会增强，那么，这种欲望只有在这个语词具有就这一点而言的意义时才是理性的。

我们应该这样陈述艾伦菲尔斯的问题：对一个观念客体不确切增长的欲望，比如建立在仁爱情感经验基础上的仁爱倾向，是否与对价值经验的充分分析所揭示的欲望和情感的经验法则相一致？如果答案是肯定的，那么欲望就是有根据的，是"理性的"——因为它所依据的假设是有充分根据的。从这个意义上讲，正如我们在引言中所指出的那样，价值论假设不得与心理学法则相矛盾。但不必要求它们不与科学（这种科学只有从我们正要解释的经验中抽象出来才是可能的）的假设性建构相矛盾。因此，这个标准是经验性的，而不是从与我们所讨论的经验无关的抽象构建中推论出来的。当然，如果对我生理能力限度的判断将成为对我价值情感的部分预设，那么，这种判断将表现为我欲望的限度；但情况也因此而发生改变，因为判断因此已经变成了一种经验内的因素。

对具体价值判断的研究将告诉我们：这些判断以及它们所表达的价值情感，预设了某些观念客体连续评估的能力。本章的意义就在于，对于不同类型价值情感的心理学分析，以及基于这种分析制定的评估法则，为我们提供了用以解释我们将要揭示的价值评估具体事实的科学概念。我们不能因为这些概念是从本质上并不相关的领域引入的，而过早地对其在接下来的分析中将要展示出的有效性抱有偏见。

第七章 简单鉴赏的价值

第一节 简单鉴赏的价值——其起源与本质

一、"条件价值"的客体:原生的和派生的[①]

我们可将价值客体初步分为三类:条件价值(或简单鉴赏的价值)、个体价值和超个体(或非个体)价值。与此相对应的是三种基本类型的价值评估活动:简单鉴赏、特征描述和社会参与,后者包含对客体效用的评估。在每个价值评估层次上,客体的价值都是在先前的心理过程中获得的累积的情感—意志意义。我们可以通过鉴赏将不同层次上的价值情感特质区分开来,这种差异可以追溯至价值的积累过程。简单鉴赏的条件价值由个体情感决定,这种情感只对当下或未来可欲的客体(即对应于意动倾向的客体)的存在与否作出假定、判断或假设等预设。它们之所以被称作条件价值,是因为当从客体中抽象出来并被回顾性地审视时,其所唤起的情感并非指涉自我的观念,而是指涉感官的情感条件(condition)。个体价值决定于以经验为基础、预设了同情共感(Einfühlung)过程和基于该经验的倾向观念建构过程的情感。超个体价值则决定于以更广泛的社会参与过程以及相应的观念建构过程作为其预设的情感。

被如此区分的三个层次代表了价值评估中相对独立的阶段。它们通过将较低层次的价值隐含地预设在下一较高层次的价值中的这种方式而相互联结。个体价值与社会价值,以及其质上不同的情感和差别化

[①] 原文此节下仅有标题"一"。

的客体，首先出现于简单鉴赏过程中。它们建立在"条件"价值客体的基础上并由此发展起来。在这一一般性过程中，显性判断和情感的客体变成隐性假设的客体，并在更高层次上让位于新客体。我们可以将这个一般过程描述为一种"进程（progression）"或"价值运动（Value Movement）"。因此，在随后的研究中，我们面临的一般问题是描述这些进程所涉及的各种过程、发现其条件和法则，以及尽可能地将其经验一致性提炼为可被称作评估法则的意动和情感的一般法则。

尽管这是个一般问题，即我们的设想的发生学背景，但当下的前景却被条件价值的价值和客体所占据。这些客体是原始价值客体，其价值是原始价值。如前所述，个体价值和社会价值（或超个体价值）可从其中衍生出来。但在条件价值范畴中，存在某些需要为了其自身目的而进行研究的鉴赏现象和评估法则。本章将致力于探讨这一问题，我们可将其描述为评估的一般法则在条件价值这一特定层次中的运用。

条件价值的客体性质各异。为方便起见，我们将其划分为物理客体和心理客体。物理客体主要包括所谓的经济商品，对这些商品的欲求受某些基本感觉趋向限制，这些商品带来的刺激或满足被称作消费。除此之外，还必须加上其他一些感觉趋向的客体。出于各种原因，这些客体并不直接进入经济核算的范围，尽管它们有间接进入的必要，譬如对基本的性和群居本能的满足。条件价值的心理客体是指物理客体的特质，它们从消费、追求和获取过程中产生，成为新的鉴赏客体。它们要么给原生客体增添互补价值，要么当其成为判断客体时，唤起新的价值情感。

这种原生客体和派生客体及简单鉴赏的价值之间的区别构成了详细研究条件价值及其法则的起点。因此，有必要能更充分地阐释这种区别。所谓原生价值（或称为艾伦菲尔斯所说的"Stammwert"），是指一切能够直接满足所有"基本（fundamental）"本能感觉—趋向的客体。对此类客体存在与否的纯粹假设或判断会引发一种内在价值情感。在这里，"基本"的意思是一种相对恒定的本能趋向，以及与之相应的激情性或情绪性精神状态（或本能情感）。根据其被实在化的意动行为，这种趋向主要是欲望或情感。①

就我们的研究目的而言,没有必要确定哪些客体和价值是原生的,哪些是次生的。无疑,对于伦理学和社会科学的某些目的,这种分类确乎必要——学者们在此方面已进行了诸多努力,特别是艾伦菲尔斯和施瓦茨近期的尝试。但就本研究的特殊目的而言,有以下认识便已足够:存在某些基本的意动倾向(譬如饥饿、性、感官能量的表达等),这些基本意动趋向的满足会带来即时的、无条件的"条件"价值。对于任何给定个体而言,这些价值是原生的、原始的,因此对应于这些趋向的最简单客体就是简单(simple)鉴赏的原生(primary)客体。

更重要的是从原生价值中派生出次生价值。有人认为,这些次生或派生价值出现在对原生客体的追求、获取和消费过程中。作为互补价值,它们首先被作为附加价值而归因于原生客体;但当它们成为个体和社会价值的客体时,它们最终可能会从原生客体中被抽象出来,并被观念性重构和独立评估。

在前一章中,我们已经大致了解了这些互补价值如何出现于评估过程中。从客体角度看,它们是知觉和观念重构的结果;从意动趋向角度看,它们涉及态度被抑制后的重新适应。对任何孤立物质商品的连续评估,对任何单一趋向的满足,都会导致感受力钝化和餍足,客体重构和态度变化则构成一次价值运动,评估的连续性在其中得到维持。我们当前的任务是更详细地研究这些价值运动,以期发现这些态度变化和客体重构是否可被归纳为一般类型,并确定其条件和法则。为此,我们首先试图对价值运动的一般现象进行分类与分析,然后试图将那些典型的简单鉴赏(通过简单鉴赏,原生条件价值获得了互补价值)与更加完备的

---

① 术语"基本"并不暗示其具有更高层级的客观价值或无源性的特征。正如施瓦茨在评论尼采的价值理论时曾正确指出的那样,不存在因其原生性而对原生价值(尤其是排他性价值)产生影响的意动倾向。与此同时,当我们观察个体历史和种族历史时,我们发现与基本激情相对应的某些本能和意动倾向在某种意义上起到了作为其他倾向集中的极点的作用。从心理学的角度看,个体在出生时可能被看作是一组或多或少松散协调的意动倾向、冲动和本能。

从评估的某一层次向另一层次的发展区分开来。从对价值运动及其与评估的一般法则的关系的理解出发，我们可以转向研究两种特殊的心理发展形式，在这些形式中，条件价值客体获得了伦理价值与审美价值；我们也将试图展示这些获得的互补价值如何修正我们的简单经济学判断。

我们可以通过将一般问题与上一章的分析结果联系起来，从而使一般性问题更加明确。我们发现，阈限法则、价值极限法则和互补价值法则是一般价值—过程的基本法则。我们已经看到后两条法则是如何修改阈值的。价值极限法则修改了价值判断的阈值，是因为旧客体与这些客体的习惯性数量失去了它们的价值，进而导致对新客体的非连续性价值运动。互补价值法则是连续价值运动的特殊应用，它扩展了评估的上下限。我们研究的主要问题是，这些阈限是如何被获得的伦理价值和审美价值修改的。

第二节　一般价值运动—定义及分类
——其与评估法则的关系

一、价值运动的定义

我们所说的价值运动是指任何对客体的重构和态度的重新适应，并由此产生的评估的连续性。通过技术性使用，该术语在最近对价值理论的贡献中获得了永恒地位。该术语的发展主要归功于艾伦菲尔斯[①]，他用它来描述价值情感在客体之间的转移。施瓦茨[②] 使用了同样的概念，尽

[①] 艾伦菲尔斯：《价值理论体系》，第一卷，第135页。
[②] 施瓦茨：《意志心理学》，第203页。我们可以完全引用原文里的这段话："这一关系（价值运动）在某些条件下常被发现，即当最初只有一种倾向驱动我们时，我们迄今还未建立起的意志的新的音符出乎意料地却被听到了。我们还不知道自己内心深处悄然响起的是什么。我们依然认为自己只是在第一个动机的方向上行动。但是第二个动机开始蓄力。它最初只被作为第一个动机的附加音，可能永远不会被我们察觉。然而，它可能突然取代第一个动机，使自己被聆听。当这种情况发生时，当我们逐渐在新动机的影响下执行来自旧动机的行为，并进而忘记旧动机或用新动机补充旧动机时，我们就获得了所谓的 *Motiv-Wandel*，或曰价值运动。"

管他赋予这一术语另外的名字：Motiv-Wandel。他利用这一概念描述在追求某一客体的过程中，新客体逐渐且通常是不自觉地取代了旧客体。随后，两位学者试图对这些价值运动法则进行分类和规范化，并最终试图从价值的基本法则的角度进行解释。他们将这些价值运动的类型命名为运动方向（Directions），从而表明所发生的变化并非毫无规律，而是能揭露出某种趋势及其成因和意义。这便是价值分析和理论发现的职责所在。我们可以接受这种价值运动的概念，但需要做一个调整，即其应被理解为也包含着对待同一（same）客体的态度变化，以及从中获得意义的客体的变化。

有了对"价值运动"术语的理解，我们现在可以对它的两种一般类型作出区分，即前文提及的非连续型（discontinuous）价值运动和连续型（continuous）价值运动。当习惯法则和餍足法则发挥作用时，我们将得到非连续型价值运动，即意动趋向从一个客体向另一客体的简单转移。在此过程中，一个客体获得意义，另一个客体失去意义。另外，当我们得到连续型价值运动时，意动趋向逐渐由旧客体转移向新客体，或从同一客体的旧方面转移到新方面，新价值情感成为旧价值情感的互补情感，或旧价值情感在新价值情感中被延续为情感基调。

二. 对价值运动的分类：其方向

所谓价值运动的方向，是指将价值情感向新客体或向同一客体的新方面或新的有根据的特质进行转移，从而获得新的意义。首先，作为获得价值或情感—意志意义的方式，价值运动方向仅能通过鉴赏来区分；但因这种运动预设了某些借以改变客体的心理过程，也预设了某些对客体的情感—态度的功能性预设的变化，因此这些鉴赏性描述可被转化为心理学术语。它们的鉴赏性特征立即体现在描述所使用的术语中。它们被划分为向上和向下、向前和向后、向内和向外运动。在每种情况下，客体的当下情感或条件价值都获得了一些在此前难被区分的新指涉，这些指涉可能是超越的，也可能是内在的。

为了更好地研究这些现象，我们可以对这些方向的分类及其潜在原

价值评估的本质与法则：一般价值理论导论

则进行批判性检验。艾伦菲尔斯①区分了方向的四种主要类型：向上、向下和向内的价值运动，以及他所描述的朝向活动的运动。他将此类活动概括性地命名为"目标序列"（Ziel-folge），这是因为虽然价值运动的主体的意识中没有终点或目标，然而在反思中，这种转变却可以被看作具有内在意义。对于一个被直接或内在评估的客体而言，当因为它是达到某些新的价值的客体的工具而被间接评估时，我们就得到了向上的目标序列（Ziel-folge nach aufwärts）。与此相反的情况是，当一个本被视为达成某个目的的手段的客体因其本身而得到评估时，先前的客体就被忽视了，艾伦菲尔斯把这种价值运动称作向下的目标序列（Ziel-folge nach abwärts）。当把价值从欲望或情感的客体转移至价值态度所预设的倾向中时，我们就得到了向内的目标序列（Ziel-folge nach innen）。最后，当价值评估的重心从欲望或情感的客体转向包含在客体表象中的活动及对其的反应时，朝向活动的价值运动就发生了。

这四种类型价值运动的例证在我们的经验中随处可见。在所有的基本本能及其客体中，我们可以观察到向上和向下的价值运动。最初，食物、爱情和运动可能被视为内在评估的客体，后来因为它们有助于实现观念和概念目标，从而被工具性评估。例如食物和运动被有意识地视为促进身心健康的工具，爱的经验被有意识地视为创造艺术魅力的工具。另外，向下的价值运动在一些情形中也显而易见，比如金钱、知识和地位等，它们最初被视作实现其他目标的工具，但最终它们成为目标本身。我们也可以在个体和社会群体中看到这些趋向的例子。在其中，节俭和自我克制最初仅被视作实现目标的必要手段，最终它们却获得了自己的内在价值。

向内的价值运动，即本质上对倾向的评估，通常与向下的价值运动密切相关，这一点不断得到证实。如果我们不考虑那些已经以这种方式历史性地发展起来的基本道德倾向，如勇气、纯洁、真诚等，即这些已为社会效仿和评估而固定下来的基本美德，我们可以不断看到作为价值

---

① 艾伦菲尔斯：《价值理论体系》，第132—141页。

客体的新倾向在我们眼前产生。生活条件中需要重新适应的每一处显著变化，都会通过活动的具体化来进一步明确意向。比如对于资本家和工人、政治家和学者而言，当他们追求的直接目标不再被关注时，他们的倾向本身就会被看作是有价值的。

朝向活动的价值运动也与各种形式的意动趋向密切相关。正如我们稍后会看到的，从最广泛意义上讲，这种价值运动是所有审美态度的根基。无论这种活动最初是以某个具体的客体还是目标为导向，当它开始相对独立地发挥作用时，我们就会看到评估重点发生了转移。饮食、狩猎、性爱和社交等各种行为，最初都是本能的，都带有明确而具体的目的，这些行为可能只因为作为活动的形式（forms）本身而被赋予内在价值。随着评估重点的转移，我们会将这些行为作为自身便蕴含意义的个体化整体对其进行重新调整和排序。

施瓦茨从稍有不同的角度对这些现象进行了略有不同的分类。然而，我认为可以证明，他的分析实际上同样关注的是价值运动方向的规律性。他将价值运动区分为三种基本类型：向前、向后以及朝向活动的运动。向前的价值运动是指从纯粹条件价值向观念客体和价值（无论是个体的还是超个体的）的发展。这种运动的典型例证是激情发展为观念化的爱情，纯粹的感官同情发展为有意识的善意，好奇心发展为对知识和真理的热爱，等等。在这些情况下，物理客体逐渐演变为有根据的观念客体，其中前者的价值或累积意义由作为生物体状态的情感变化所决定，后者的价值由预设了判断过程（在其中，观念客体被构建）的情感所决定。这种价值运动被称为向前的运动，因为它是价值进程在连续评估中采取的正常方向。

另外，当评估的重心从直接鉴赏或条件价值的客体，或者从简单鉴赏中发展出的个体或超个体的观念客体转向价值情感的纯粹快乐冗余时，我们就获得了向后的价值运动。在这种现象中，从整体态度中抽象出来的快乐共鸣被认为是被动的，并被概念化地表述为快乐数量，它成为欲望和价值情感的客体。这种向后运动显著存在于各种形式的有意识的享乐主义中，也可以在各种情绪的更微妙的情感享受形式中被观察到——如同情、宗教、道德等情感。

我们可以看到，施瓦茨并未区分出一种典型的用以价值鉴赏倾向的向内价值运动。当我们意识到这只是向前价值运动的一个方面时，其原因就相当明了了。所有的向前运动都朝向观念客体的构建和对它们的评估这一方向。倾向是一种基于条件价值经验的观念建构，并在判断中指涉自我。因此，它显然是为保持评估连续性而对经验进行观念重构的向前价值运动类型。朝向活动的运动和向后价值运动密切相关，尽管无法与其相等同。

通过比较这些对价值运动分类，我们发现了两个事实。在阐释合理的情况下，它们能够帮助我们从心理学角度理解价值运动，并向我们展现价值运动在评估过程中的起源与功能。首先，如前文所提，这些价值运动的方向是对心理内容和功能变化中的某些规律性的鉴赏性描述。当其被描述为向前或向后、向内或朝向活动的运动时，我们面前将呈现出一个以简单的基本欲望为出发点的完整的欲望或意动的可能性变化系统，一个通过它可以获得价值的可能性变化系统。

其次，我们发现价值运动一般被分为两类：第一，价值运动是价值情感通过一系列途径向目标的转移，即向上或向下运动；第二，价值运动是朝向某个新客体或旧客体的新方面的运动，这在直接指向原生客体的欲望和情感过程中逐渐显现出来。这便是朝向倾向的向内运动、朝向活动的运动以及朝向快乐伴生物的向后运动。我们在此处关注第二类价值运动。正如我们所描述的，它们是"连续型"价值运动，因为它们代表了对意义的持续性获得。

在那些反映连续性的价值运动中，功能性预设中的变化在于在欲望或情感与其客体之间插入一个关系型判断。客体之所以具有价值，是因为它有助于实现另一个欲望客体。当被视为客体时，倾向之所以有价值，是因为它有助于实现某些可欲性行为，或因为它与主体相一致。另外，那些以鉴赏态度的逐渐变化为特征的价值运动，以在情绪的统一性和连续性中发生的变化为特征的价值运动，具有另一种类型的预设变化。它们大多表现为逐渐以假设取代最初的判断、增加新的判断以及通过各种方式将存在判断与假设相结合。正如我们将看到的,这两种类型的价值运动都是在抑制和"疏远"当下的欲望和情感客体之后,作为对意动趋向的适应而出现的;其不同之处在于重新适应所涉及的概念性重构的程度。

三、对简单鉴赏中价值运动的分析

对第二类价值运动,即客体获得了新意义的那些情况进行深入分析,我们可以很明显地看出它们都有一个共同特征:它们始于对原生客体的态度变化,在这种变化中,出现了新的情感或情感的变化,导致了将互补价值赋予原生客体,并最终促成新观念客体的构建。在第一种情况下,我们只是对简单鉴赏的扩展;在第二种情况下,我们则迈入了新的价值评估层次,譬如向个体价值迈进。向内的价值运动和朝向活动的价值运动首先都是简单鉴赏的价值运动,但它们是后续观念建构和观念价值的基础。

这种态度中的渐变——及其对原生客体的知觉性和观念性重构——涉及认知预设中的某些变化。总的来说,这些变化的性质在于假设对判断的替代,即初始的判断逐渐转化为假设(无论是显性的还是隐性的),以及新判断的出现。这些替代的特征在具体的价值运动类型中存在细节上的差异,但这一过程的一般性质可被描述为:判断、欲望和情感的原生客体逐渐被疏远(distanced)并落入背景之中,关于其存在的情感仅被保留为一种假设—情感,新客体或旧客体的新方面则作为表象和判断的客体进入前景之中。

为深入考察简单鉴赏的价值运动所涉及的功能性预设的变化,我们可以从那些被描述为替代的运动类型出发。在这里很显然——例如,当婚姻态度逐渐受"母性"情感或相反的情感色彩影响时,如前述章节描述的卢梭的情况——我们面对的是情感统合现象,我们此前已经讨论过这种现象的本质。随着旧客体的新方面或新客体逐渐成为判断的客体,并因而成为新价值情感的客体时,旧的判断—情感并未消失,而是

---

① 参见第五章。

逐渐转变为假设——情感。旧关系、旧态度，例如婚姻关系，仍然是模糊的预设或假设，而作为其组成部分的情感符号为新情感"渲染"。在这种现象中存在着情感的连续性（continuity），而在此前描述过的非连续型价值运动中，判断态度之间的转变都是突然的。

简单鉴赏层面上的向内运动和朝向活动的运动都属于同一种一般类型的现象，都是逐步重新适应的过程。在向内运动的情况下，判断——情感逐渐被改变，直至变成一种隐含的假设，并让位于情感的新变化和新客体。初始情感的客体是这样一种情形：其存在与否本质上为人们所欲求。在这种欲求之中产生了一种在工具性上被需要和被估价的行为。伴随这种行为的重复以及习惯或意向稳定性的形成，直接欲望的客体被疏远（distanced），控制因素变得主观，新的假设和判断出现。即使是从客体中抽象出来的，这种行为本身也被假定具有内在价值。它获得了一种推力、一种动力。即使当原生客体不再引人注意时，这种动力依然存在。就其起源和条件而言，这种向内价值运动既可以是纯粹个体或次社会性的，也可以是部分社会性的。我们首先关注其个体性方面。

现在，正如已经指出的那般，这种价值运动的完成（completion）导致了意向本身呈现为判断的客体，并引发了对它的内在评估。但在这种价值运动和对客体或行为的直接欲望之间存在着一个向内运动的中间阶段，这一阶段是价值运动和直接欲望的关联中的重要现象。这种中间态度的特征是通过形成稳定倾向来强化超越指涉或心理的张力。然而，这种情感的变化仅以一种对情感的超越性指涉的最终客体的假设来作为其功能性预设。这样，对于任何行为的义务感的逐渐获得（我们稍后会把这种现象视作向内运动最重要的阶段），在于把在倾向形成过程中所获得的超越指涉附加到客体或行为的价值当中去。这种增加的情感以关于这一指涉所指向的更为终极的可欲客体存在与否的假设作为其预设。在简单鉴赏层面与纯粹感受（felt）义务的层面，这一客体总是不确切的。当这种超越指涉明确地指向如自我或他者、法律、国家或上帝这样的客体时，假设才能通过观念建构和明确判断而转化为判断。随后，赋予客体或行为义务性特征的过程可被看作是一个连续的价值运动过程。

在这一过程中，旧的价值情感逐渐被新的价值情感所吸收，而在这种情况下，新的价值情感是与所创建的稳定倾向相对应的假设—情感。这种情况下获得的价值是超越指涉的增加。

朝向活动的运动也涉及对欲望和价值情感的原生客体的逐渐疏远和新态度或新客体的插入。在其完全形式中，意动或情感的活动变成了新判断—情感的呈现客体，就像游戏、狩猎或爱情（如撒娇）等活动自身成为价值客体，而无须对其原生客体进行意识性指涉一样。但在对客体的直接欲望和对直指客体的活动的明确评估阶段之间，再次出现了一个对于简单鉴赏来说非常重要的中间阶段。在这一阶段中，对活动的逐渐替代仅仅导致将因此而获得的新价值归因于原始的欲望客体。此处涉及的过程相对比较简单。原始的欲望客体（在对其存在与否的判断之后将伴随价值情感）逐渐被疏远，判断则被纯粹假设所替代。当所欲客体不再引人注意时，活动（activity）就变得突出起来。

现在，这种获得性价值的特征，以鉴赏的方式描述，便在于它的内在指涉。当判断转化为假设时，客体与直接欲望开始疏远，意动和情感的纯粹活动则逐渐显露至意识的前景中来，使客体得以"安身"，同时也使得通过原本指向客体的活动的独立运作来获得新的价值成为可能。当我们深入探究审美价值的获得时，作为朝向活动的运动的最重要方面，我们将发现对美学态度获得的内在指涉会是一个价值要素，与之对应的客体是被我们称为美丽、优雅、崇高的观念客体。最后我们可以看到，作为一种情感连续体，朝向活动的运动同样必须被视作一种情感统合。在为符合纯粹活动而对客体进行的知觉性和观念性构建中产生的新情感，被统合在了指向原生客体的基本情绪态度（如某些情操或心境）之中。

四、对价值运动的说明和解释：其与评估法则的关系

对简单鉴赏中所有这些价值运动的功能性预设变化的总体回顾揭示了这样一个事实：这些变化的共同点在于对欲望或情感的原生客体的疏远和具有被修正的预设的新情感态度的插入。判断向假设的变化，新判断被这些假设的同化，以及由此而感受到的连续性，都是变化的重要因

素。我们有必要强调这一连续性的事实和本质。这些过程之所以连续，是因为与反思性发展或由工具性判断决定的价值运动相比，简单鉴赏的所有这些价值运动，即情感的替代、向内的运动以及朝向活动的运动，都构成了旧客体向新意义或旧意义向新客体的逐渐同化。此外，我们最好将这种连续性的特征描述为情绪上的，描述为一种情绪统合。转变的中间过渡项是情感的；代表着对原生客体既往评估的判断习惯的假设情感被作为背景或"情感符号"保留下来，它们赋予新情感以背景色彩。我们可以将这样的情感统合描述为"情感逻辑（emotional logic）的形式"。

我们已在前述章节[1]中试图解释过将这种情感逻辑与心智逻辑区分开来的观念的合理性。在那一章中，我们从更为心理学的角度研究了这些情感统合的本质与条件，并详细给出情感统合的基本类型的示例。当下重要的是强调以下事实，即简单鉴赏的价值运动属于情感统合的一般类型。

然而，这些情感连续性的意义只有当其在发生学上被视为再适应（或进或退，视情况而定），并在那些被描述为兴趣（interest）法则或评估法则的情感—意志意义法则运作后才能真正显现出来。我们已经看到，作为主要法则的价值极限法则适用于条件价值的所有客体，也适用于从对条件价值客体的评估中生发出来的所有工具性构建。从功能层面讲，价值极限法则可被解释为一种抑制（arrest）法则，价值运动则可被解释为抑制后的重新适应。关于获得互补价值的一般法则则笼统地描述了抑制之后重新适应的形式。[2]

---

[1] 参见第五章。
[2] 在价值运动中，抑制要素的重要性必须被强调。黑格尔（Hegel）对那些以纯粹"肯定形式"进行心理发展的理论展开批判，如果我们将它们的知识性术语翻译成情感—意志术语，可能同样适用。他在谈到这些方法时说："它们的主导原则是，感性被（公正地）作为前提和初始基础，但随后从这个出发点衍生出来的阶段，却只表现为一种肯定的形式，而把精神活动的否定方面，即把物质转化为心智并将其作为感性的东西而消灭的方面，却被误解和忽视了。"〔威廉·华莱士（William Wallace）:《心灵哲学》（Philosophy of Mind），克拉伦登出版社，第442节，第61页。〕因此，我们也可以说，虽然条件价值是价值评估的更高层级的前提，但它在后期阶段只是通过对初始阶段的抑制而出现。

第七章 简单鉴赏的价值

从功能的角度看，价值极限法则阐述了意动过程中抑制和非连续性产生的条件。通过将这些条件还原为心理学成因，我们可以看出这些抑制主要有两种类型。首先，由于习惯和餍足，任何孤立的意动趋向都会在所涉及的对感官趋向的重复或过度刺激之后被抑制。其次，同样重要的是，当达到工具性判断的极限时，当对用以满足初始欲望的有关客体的重新适应停止时，或者当在实现目标方面具有工具性价值的行为变得不再适用、实现目标变得不再可能（或即使还有可能）时，情感的变化、意动的抑制也会发生。

以上就是造成意动趋向被抑制，进而引发价值运动的原因。我们重在强调这样的事实，即对意动趋向的抑制可以是完全的，也可以是部分的，因为正是在抑制程度的差异中，我们发现了不同类型价值运动之间区别的来源。当抑制是完全性时，价值运动是非连续的，我们将意动和情感转移到一个新客体上。然而当抑制是部分性的时，我们就得到了连续型的价值运动，即新客体逐渐被融入至旧客体中，或对原生客体态度的逐渐改变，从而获得互补价值。原生客体价值被保留为对新情感的假设或预设。

最后，我们关注这些价值运动的目的论特征。从功能的角度看，它们是被抑制后的重新适应，从而确保了评估的连续性以及对意义的获得。如前所见，对这些运动或适应类型的方向的描述在性质上是鉴赏性的，并因此预设了所有鉴赏性描述的前提，即价值增值或获得意义，并在本质上是目的论的。但当这些价值运动被描述为目的论的时，很显然这并不意味着它们是由明确的目的意识所决定的。这种对目的的明确指涉只出现在较高层次的价值评估中。从这些更高层次的评估中回望，我们可以发现，条件价值客体的互补价值蕴含着向更高层次发展的萌芽，但这些更高层次中的评估客体并不为简单鉴赏所预见。在简单鉴赏的价值运动中，目的论完全是内蕴的。

第三节 在简单鉴赏的价值运动中获得的伦理价值与审美价值——其作为获取与消费的经济学价值决定因素的作用

一、作为条件价值情感修正的伦理价值和审美价值

对客体条件价值的简单鉴赏可以通过两种基本方式进行修改。价值态度可以在客体中获得义务属性或审美宁静的属性。这些获得的情感为新价值融入客体奠定基础。

识别这些鉴赏性差异的相对性至关重要。康德所作的先验区分在更深入的分析中并不成立。从发生学的角度看，更为原始的伦理价值和审美价值形成于消费和获取过程中。对整洁和节俭的义务、对生活中品位和修养的审美价值几乎都是在不知不觉中获得的。从分析的角度看，我们不可能说义务是与欲望根本不同的东西，也不可能说审美是无欲望的鉴赏。它们是总体价值过程中的鉴赏性区分，是对可以借此获得意义的态度的修正。此外，如果从经济学分析的角度来看待这一问题，我们会发现，即使是经济学家也无法保持其专业领域的独立性，他们将被迫看到其一般性法则因伦理和审美动机的介入而发生改变。当科学试图独立运作时，这些事实就构成各种价值科学的祸根，而它们恰恰又蕴含着整个价值理论的最大希望。当一种行为或态度变成义务性的时，它就获得了伦理价值或意义；而一种行为被感受到义务性，便意味着它已经成为一种新的价值情感的客体。当一个客体变得美丽时，它就获得了审美价值或意义。这里的"美丽"指的是广义上的美，它包含了审美的所有变体。而一个客体被感受到是美丽的，便意味着它已经成为一种新的价值情感的客体。在每种情形下，行为的义务性或客体的美都是在某些过程中获得的意义或价值，并被融入行为或客体中。

当我们试图鉴赏性地描述这些新的意义时，我们发现在每种情形下，客体都获得了一种新能力，一种能够引起情感的某些不同鉴赏性修正的能力；而当我们试图定义这些修正时，它们似乎最好被描述为对某种情感修正的深化，这种修正已被发现是价值情感的基本方面。从鉴赏

的角度看,正如我们在前述章节[①]已经看到的,义务感只是对动态张力这一基本的价值情感模式的超越指涉的深化。当一个行为获得了义务的程度时,它就获得了一种新的动力,这种动力既不基于行为对其他行为或客体的工具性指涉,也不基于它当下的快乐伴随物,而是基于一些规模更大的意义系统,人们可以模糊地感觉到这些系统是预设的。从鉴赏性描述的角度看,美感是对情感内在指涉的深化。当客体获得美的特质时,它就获得了吸引我们的能力,获得了将我们的意动和情感的能量限制在情感扩张上的能力,从而使我们在客体中获得宁静。鉴赏性差异就在于对客体累积意义的这两种修正中。它们也有一个共通之处,即两种价值都是内在的。换言之,在义务感或美感中所揭示的客体价值并不是工具性价值(它们从客体的以下能力中出现,即客体产生情感修正的能力,或通过与其他客体的关系联结而间接产生这种效果的能力)。义务的特质在于行为或倾向本身,美的特质在于凭直觉便可知的客体中。

我们已将两种简单鉴赏的获得模式分别描述为推动模式和拟似模式,并给出了关于这些模式或态度起源的概括。我们当下的任务是要更详细地发展这一概述,并向人们展示这两种态度或简单鉴赏模式进程只是"向内"价值运动,特别是此前已经描述过的朝向活动的运动的一种特殊形式。

二、简单鉴赏的伦理模式——其对客体条件价值的修正

(一)对义务的推动模式的分析

通过进一步全面分析义务感,我们发现从某种意义上说,它是一种无法进一步简化的终极鉴赏模式。我们将其描述为推动模式中对超越指涉的深化,这实际上只是一种描述而非定义。严格来说,我们不可能对其定义。如果我们希望在对这种经验模式的定位上更进一步,那就必须运用向在一系列同等的终极意义的模式中插入的方法,并确定其心理等价物。但在执行这一程序时,我们会立刻遇到巨大的意见分歧。西美尔

---

① 参见第三章。

认为义务是思维的基本形式（思维方式，Denk Modus），其他人则将其描述为意志模式，还有人将其描述为情感模式。然而经过仔细观察，我认为这些不同观念之间并无必然的不可调和性。以义务作为模式之一的价值经验总被视作具有特定认知预设的情感，而经我们仔细分析，情感和意志之间的区别已经表明它们是意图的相对差异，而非内容的相对差异。

西美尔发现，义务（das Sollen[①]）在某个方面是介于不存在判断和存在判断之间的一种思维模式。他谈及对客体的各种可能态度时说："我们可以把这些态度都排列在一个现象系列中，该系列从我们思维中一个不存在的客体的纯粹表象延伸至完全的现实，意志、希望、能够、应当，所有这些都可以说是介于不存在和存在的中间阶段。对于从未经历过它们的人来说，就像我们无法定义存在或思维究竟是什么一样，我们也无法定义它们：义务没有定义。"[②] 因此，我们通过将其放置于连续重要系列中来间接定义态度，就如同布伦塔诺的系列中所定义的情感和意志态度的关系那样。是什么将义务态度与系列中相近的术语或模式区分开的呢？很显然，是不同的认知预设。根据客体被认为是独立于主体还是依赖于主体，我们曾发现情感和意志之间的区别在于同一内容的意图或意义的不同。当客体被认为是独立于主体时，我们就会产生情感；当客体被认为是依赖于主体时，我们就会根据客体的依赖程度而产生欲望或意志。既然价值情感是以判断或假设作其预设的情感，义务感又是价值情感的一种模式，那么我们必须探寻这些术语的差异。"我祈愿""我希望""我能够""我应当""我必须""我将要"这些情感，代表了这些预设中变化的逐渐提升的尺度。在这些预设中，行为或客体对自我的依赖性更清晰地呈现于人们的意识中。"我祈愿"仅以不存在判断为预设；"我希望"以为可能性假设所限定的判断为预设；"我必须"代表了这种可能性已经转化为对存在的明确判断；"我应当"的情感则介于权力和约束之间。

[①] "das Sollen"是德语词汇，直译为"应当"，在哲学中，尤其是在道德哲学中，它指的是一种义务或应有的行为模式。这个概念经常用来描述个体或集体在特定情况下应承担的责任或行为标准（译者注）。

[②] 西美尔：《道德科学导论》，柏林，1892年版，第一卷，第8页。

因此，当义务被插入至一系列同源的态度中时，它将被我们视作一种思维方式。这种用连续作解释的方法也使我们能够回答另一问题，即它是一种情感模式还是意志模式。通常来讲，两种描述皆可。正如我们感受（feel）到需求或希望，或感受到我们能够做某事的能力一样，我们同样可以说感受到做某事的义务或必要性。因此，义务感可以被恰如其分地描述为一种价值情感模式。另外，当我们前瞻性地从意志的后续态度角度看，义务感似乎更接近于意志的初级阶段。当我们应用先前的研究成果并认识到情感和意志之间的区别本身并非终极的、不可归约的，意志是具有某些特征性预设的情感时，这两种描述的有效性就显现出来了。义务感似乎是一种意志模式而非情感模式，除非情感这一术语被限定为与情绪波动有关的快乐伴随物。义务感绝不等同于情绪波动，这是因为最深层次的义务可由情感抽象甚至情感符号来表示，后者通常只是词语的情感内涵。

如果我们对义务感的这一分析是充分的，那么就不难证明它在价值运动系统（借助价值运动系统，条件价值获得了互补价值）中的地位。在前述段落中我们已经将其归入向内的价值运动，是指从对客体本身的渴望向某种态度的运动。在这种态度中，欲望被预设倾向的意识限制。义务感是一种向内的价值运动，指向其实现的客体或行为获得了这种向内指涉的全部意义。对客体的"疏远"，即其通过抑制而与当下满足的脱离，继而导致对超越指涉的深化，而后者反之又是主观控制的附加元素的标志，其关注的焦点在于预先形成的意向。对客体不存在的纯粹情感被可能性假设（即"我能够"的情感）所补充，随后过渡到对存在和必然性的判断。因此，后来发展成为明确的义务感的推动模式，是从不存在中流泻出的欲望与伴随着存在判断的"必须"感之间的过渡阶段。[1]

---

[1] 西美尔在《道德科学导论》第二卷第387页对这种依赖于抑制的朝向义务的价值运动的起源进行了详细描述："义务必须处于必须和意愿之间；在必须的行为中，基于某种主导原因而产生的强烈欲望与其相抗衡；在自由意愿中则完全没有；在义务中存在一定数量的抗衡力量，克服这些力量的程度标志着伦理价值的多少。"他在这里从个人价值和社会价值的更高层次上描述了义务。

（二）前伦理和准伦理的推动与义务：其个体与次社会特征

义务感在最简单的前伦理形式中是一种推动模式，并因此是对价值情感的一种新的修正。正如我们已经指出的，这种修正最初在其萌芽形式中是无客体的。其表面客体依然是简单欲望的原生客体，而简单欲望和情感已在不知不觉中被超越指涉深化。然而它的真实客体是预设的倾向，并最终是自我或社会群体的观念建构。当连续进程或价值运动达到情感预设得以明确认知和界定的阶段时，情感就会被指向自我或群体的观念建构。判断中的这种明确认知和界定需要一定的同情模仿和投射（或移情）过程。但稍后将被加以界定和认知的客体在情感的超越指涉中只被模糊地预期。因此，义务感客体始终是观念客体，而正是其价值在义务感中得到了反思。

因此，义务感具有不同程度的明确性。它可能只是被感受到，比如在简单鉴赏的情形中，抑或它可能明确地指涉某些观念客体。在第一种情形下，某些新的情感条件的客体被模糊地假定；在第二种情形下，某些观念客体，譬如自我理想及其倾向，或社会福利、法律观念将被构建，情感则指涉这些观念客体。

我们可以将被深化的超越指涉的发展区分为三个层次，并借助居约（Guyau）的术语将其描述为义务的三个心理学等价物。① 第一个等价物是被我们描述为属于简单鉴赏层次的动态暗示，是某种态度在个体中获得的、作为通过重复和习惯而形成的意动倾向或稳定意动的结果。我们可以将这种等价物描述为在对客体的简单鉴赏层次上的本能的、前伦理的义务。第二个等价物是通过移情投射而产生的张力，是对超越指涉的深化。对他者或社会群体中情感及情感—倾向的存在推测，深化了作为主体条件的对情感的超越指涉。居约将其描述为产生于欲望和情感的"融合"张力。第三个等价物是张力或超越指涉的进一步增加，它们产生于当情感客体被明确界定和认识为个体或超个体的需求、社会或观念

---

① 参见居约：《无义务无制裁的道德概论》（*Esquisse D'une Morale Sans Obligation Ni Sanction*），第一册，第三章。请特别参考第127页。

的需求（视情况而定）时的反思阶段。第三个等价物与明确的伦理义务对应。其他等价物可被分别描述为前伦理和准伦理的。

康德分析发现，这种对价值意识的深化（被称作义务感），在个体与超个体价值的对立、个体与超个体价值及条件价值对立出现的情况下表现得最为明显。事实上，在这些情况下出现了偏好与牺牲。这些情况预设了个体和非个体客体移情投射和观念建构的过程，义务感则指向这些客体。因而，在这些情形中的义务感预设了对客体存在或不存在的明确判断，以及客体对自我或他者的明确指涉（后续章节我们会详细讨论这些问题）。然而，尽管较高层次的义务预设了这些社会性投射和模仿的过程，但不应把义务感看作是一种简单推动模式，其起源完全是社会性的，也不应认为朝向伦理的价值运动是以作为个体或社会价值的态度表征为条件。这些观点与事实相去甚远，就像说价值经验的审美条件受社会制约一样，尽管大多数具体的美学活动的确是社会性的。正如在居约的分析中所展现的那样，原生的义务感既是次个体的，也是次社会的。作为一种简单条件价值的纯粹本能情感，在其被呈现为对自我或他者的态度之前，就已经具备了由此产生义务感的对比和对立的潜力。居约认为这种原生义务感与能力感密切相关。无论何时在面临抑制时产生了"我能够"的感觉，接着就会在不知不觉中产生"我应当"的感觉。

（三）对各种本能的准—伦理义务的例证

我们先来考察这种次个体、次社会的义务感如何表现，然后分析观念建构和情感向观念的意识指涉。几乎一切意动趋向在特定条件下都会获得义务感。我们往往没能意识到人类最简单、最本能的行为背后隐藏的持续的义务底色。其中最为引人注目，也最具启发性的是仅通过蛮力就可获得的义务感。起初，我们为了达成某个给定目标而用力。即使兴趣消退，面对阻力时我们还是会继续坚持，这是因为态度已经取代了价值的地位，向内的价值运动已然发生。在社会模仿和对比的刺激下，当坚持不懈的努力被观念性地呈现为个体价值或具有超个体指涉的某个客体时，这一切就简单明了了。关键在于，经验向我们表明，这种义务出现在简单鉴赏层面，是次个体和次社会的，并出现在态度的观念性呈现之前。

如果力量具有义务，那么与条件价值相关的其他本能活动也会获得义务感。比如，本能的性冲动也会产生义务感，这种本能义务甚至先于其态度和倾向对自我和社会的指涉（这些指涉创造了适当的道德和伦理义务）。居约给出了关于这种本能义务的一个好的例证：一个年轻女孩宁可跳窗也不愿接受不爱之人的拥抱。尽管她履行了所有约定的个人义务和社会义务，但她的精神状态具有悔恨情绪的一切特征。她服从了父母的命令与社会的要求，但性的本能义务以一种绝不仅仅是厌恶与不悦，而且是一种最基本的悔恨特征的形式"获胜"。同样，羞耻派生出的情感态度代表了一系列长期的种族抑制的产物，它也承载了具有这样特征的最基本义务。即使经过深思熟虑，即使构建了可能改变这一态度的个体和社会性观念，它仍然会以一种本能义务的形式而取得胜利，这是不可否认的。

这些义务的一个有益特征在于其互补价值，它们提高了本能活动自身的价值。这或许可以解释在反思改变之后它们得以保留下来的原因。事实上，价值意识最引人注目的现象之一正是这种保留义务甚至创造义务的趋向。关于性的这种特有本能，它用义务的无数细微之处来限制自己，为自己设置禁忌。这些细微义务和禁忌可以说毫无社会意义，对个体而言也是次个体的，因为它们并非有意识地被指涉到自我。它们实际上是本能地获取新价值和意义的多种方式。人们还指出一些几乎可以说是不正常的情况〔爱弥儿·左拉（Emile Zola）在他的一个角色中描述了这一点〕：女性在经历了放弃性的本能抑制、义务和羞耻的生活后，在进入真正的激情时，会试图以不亚于可悲的热情来恢复它们。在真爱面前的无价值感导致产生了对端庄的有意识崇拜。那些从未感受到这些价值丢失的纯洁女性却永远不会想到要建立这种崇拜。

尽管我们只用了两种基本意动趋向的例子来描述这些现象的重要性，但这的确是所有现象的典型特征，因为个体义务的本能创造在我们的情感—意志生活中随处可见。这些现象的重要性在于：义务的基本等价物、向内价值运动的趋向（即将当下欲望的客体设定在一定距离内，并因此获得对预设倾向的超越指涉的互补价值)是在获得情感—意志意义范畴中价值运动的一种正常形式。它是价值运动一般法则的特殊形式，即目的异质性法则。根据这一法则，指向客体的意动倾向会发展出不可预见的新目的和价值观。

(四)获得性义务对经济学评价的修正

简单欲望同本能以及义务的基本等价物之间存在的密切关系为我们提供了这样一种视角，从中我们可以理解一般简单条件价值与伦理价值，特别是经济价值与伦理价值之间的发生学关系。一个客体的经济价值取决于其满足欲望的能力，无论是借助其与意动倾向有关的内在能力，还是借助与其他具有这种内在能力的客体的因果关系的工具能力。决定客体经济价值的获取与消费活动本身是无道德的、非道德的，但它们显然可以获得伦理价值，甚至被道德化。当然，它们可以通过其与个体目的和社会目的的关系而获得道德意义，并被观念性地呈现为与经济活动工具性相关的具有内在价值的客体。但在单纯的获取和消费过程中，这些条件价值可能会在不经意间获得一种伦理意义。我们已描述过的本能义务可能会因此独立于任何更为遥远的目的(无论是个体的还是社会的)的意识而受限，这些意识是在单纯的获取和消费过程中被预设的。对于这种准伦理的限制，我们已经看到存在诸如节俭、进取、整洁这样明确的描述性术语。它们所代表的倾向起初对于获取和消费的条件价值来说仅是工具性的，随后可能被作为个体价值获得内在性的评价，或被作为内在互补价值归因至获取和消费欲望的原生客体上。我们关注的正是后一种现象，对这种归因所依据的法则将揭示这一过程的基本特征。通过这一过程，纯粹条件价值获得了义务程度；还揭示了这种获得性意义改变支配着经济价值判断的法则的方式。

在我们对评估法则[①]的研究中，我们发现评价在两个极限或两个阈限之间移动，它们将相对评价与无价值、绝对价值分隔开。阈值下限是具有最小重要性的商品的最小量，也即最小增量，其存在或不存在会

---

① 参见第六章，第127页及其后。

引发价值情感改变。阈值上限，或称"存在—最小量"是指一种没有替代能力的商品的最小量。拥有它是进行所有进一步相对评价的必要前提，其因此具有绝对价值。在我们关注的条件价值领域，与这些阈限相对应的客体是物理客体的数量，对它们的欲求在于其满足某些基本感官趋向的能力。通过修改这些阈限，获取的义务感可以改变对条件价值的判断。

毋庸置疑，对于构成存在的最小量且不具备替代能力的客体，其价值情感已经具备了准伦理性质，并已经获得了义务感。在我们无法考虑的限度范围内，自我—保护是生命的第一法则。这是最原始的本能义务，在意动趋向抑制达到足够程度时显现。在这里，可能针对自我观念的情感的超越指涉尚未明确达到产生个体义务感的地步，但至少存在一种对观念性目的的完整系统（其以生命保护为基础）的超越性指涉。① 严格来说，对客体内在价值的情感，以及对于指向客体获取的行为的义务性特征，在超越存在的最小量后会急遽减少。更大的商品量只具有相对的工具价值，它们只满足次生倾向和获得性倾向，并且是可以替代的。但恰是在这一点上，获得的互补价值及其义务程度可能会修正这一法则并改变相对价值的阈限。例如，如果从整洁中获得的互补价值已经超越了对满足欲望的原始"素材"的消耗，并形成了相应的具有义务感程度的倾向，那么存在的最小量（即具有绝对价值的商品数量，人们愿意为其作出无止境牺牲的商品数量）将会增加。凡对于不可减少的整洁的最小量来说是绝对必要条件的，都会获得绝对价值。我们稍后将看到，当这种倾向被称作个性并获得个体价值时，其所带来的义务就可能具有不惜冒着生命危险的特征。在简单鉴赏的这一层次上，对义务感程度的获取可以为纯粹条件价值的客体增添额外价值。

---

① 乍一看，这一表述似乎是对鲍德温所谓的"隐含谬误"的一个例证。当然，这种建立在自我保护预设的基础上的理想目标系统，没有任何意义上的动机出现。对自己生命的本能义务感，严格来说，就像一切情感的推动模式，都是无目的客体的。这一陈述的全部意义仅在于，在对本能意动的抑制之后，肯定就获得了自身固有的意义。这种意义随后在各种观念目的中被具体化。

因此，义务感的获得随之导致对客体内在价值的归因。这引导我们思考第二个现象，即通过对客体义务感的归因来改变"最终效用"的下限。更具体地说，获得性义务作为向内价值运动的结果，可以使工具性无价值的客体（比如低于阈限）的一定数量变得具有内在价值。对存在的最小量的追求在所描述的方式下产生了一种内在的义务感。这种努力本身，即具有经济价值的进取精神，变得具有内在价值。对商品的最经济化的处置（其可被描述为节俭的经济化美德）也是如此。这种获得的内在价值和互补价值由此被归因为对商品数量的纯粹工具价值的附加价值。根据边际效用法则，如果这种附加价值被单独决定，那么它将接近于无价值。我们研究阈限概念时提到的小硬币就是一个例证，这枚小硬币不具备工具价值但却具备内在价值。一般而言，许多现实的义务都是这种性质的。这些义务往往是基于本能且无明确目的的，当财产对人们而言不再具有可观的工具价值后，这些义务会驱使人们仍然获取和保留财富。

三、审美鉴赏：作为朝向活动的价值运动的一种特殊形式——其对条件价值的修正

与伦理模式相对应，经验的审美模式的独特属性在于其内在性。尽管审美态度和伦理态度都是内在的，但伦理模式可被鉴赏性地描述为对超越指涉的深化，审美模式则是对内在指涉的深化。在第一章中，我们对鉴赏性描述进行分析，发现审美模式以对客体的宁静和情感的扩张迹象为特征。从对价值运动的发生学研究的视角看，我们将朝向审美的运动归入到朝向活动的运动这一一般类型下。现在，我们需要将这两种观点联系起来，来展示功能中的变化和包含在朝向活动的运动中的内容是如何成为客体宁静和情感扩张的决定性条件的；在一种态度中，静止与运动是如何结合在一起的；这种结合是如何创造随后被归于客体的互补价值的。

就像我们通过义务程度的获得来研究条件价值的伦理约束一样，我们对审美约束的研究也必须从定义鉴赏性描述的心理学等价词开始。我

们再次面临同样的问题：审美态度是情感模式、意动模式还是认知模式？答案千变万化。我倾向于认为这些答案并不一定矛盾。准确来讲，比如从发生学的角度来讲，审美态度可被认为是三种模式都可定义的模式。我们先着手审视那些试图找到情感中审美评价的等价物的尝试，这是由对情感内容和表象内容的某些排序或安排所决定的。

（一）对鉴赏的审美模式的分析

我们每次探讨都会提出这样一个问题：为什么我们会有对内容的这些特殊排序或安排（它们构成审美经验的特征）？答案基本一致：如果忽略术语用法的差异，这么做是为了让我们在未满足的情况下尽可能长时间地获得最多的愉悦。尽管所有人都想到了愉悦量的概念抽象，但我们还是引入了对这种愉悦的鉴赏性描述，从而将审美经验直接与价值领域联系起来。正是在这一点上，尽管表述不同，但经过分析，我认为它们显现出一种共性，我们可以将其视为对这种重新组合的根源及其对个体经验的意义的真正解释。

马歇尔（Marshall）[1]认为，内容的审美性重组中的关键要素在于它构建了一个用于愉悦重现的"扩大区域"。这个区域的特征在于它具有大量的更大强度等价物的适度刺激，而非狭义的更大强度领域的适度刺激。结果是双重的：强烈的局部刺激带来的餍足被延缓，随之而来的是朝向新客体的价值运动；另外，向愉悦中引入了广度的质性差异，并创造了停留在客体上的条件。

格罗斯（Groos）[2]则认为，审美的本质是通过"游戏式幻觉"来增加愉悦。我们在此处再次鉴赏性地将审美愉悦与其他愉悦区别开来，因为"游戏"和"幻觉"这两个术语都具备功能意义。格罗斯早期的心理学著作（这些著作极其关注作为意义性功能的游戏式幻觉的发生学）倾向于通过将愉悦与其生物学效用联系起来，来解释"游戏"和"幻觉"两方面带来的愉悦——因为愉悦产生于这些纯粹的本能行为本身。但

---

[1] 马歇尔：《快乐、痛苦和审美》（*Pleasure, Pain and Aesthetics*），第335页。
[2] 格罗斯：《审美乐趣》（*Der Aesthetische Genuss*），吉森，1902年版，第一章。

他后期的作品①更关注对审美态度本身的分析，重点放在内容领域的重排、重组上。他由此提出的观点是，在"内在模仿"中对事物印象的游戏式停留，对自我与其他事物或与人的短暂认同，及其有意识的自我—幻觉环节，都是使感觉和相关内容融合并复杂化为可能的条件，并由此产生补充性愉悦。因此而发生的内容的变化是双重的：首先，通过在融合的直觉性要素中包含互补性结合，使经验领域得到扩展；其次，消除所有与总体经验不甚和谐的因素，这些因素通过其分散注意力的强度或能力，可能导致判断和价值运动——简言之，消除所有的幻觉—干扰要素。相反，可以通过内容重组来实现融合、消除扰动环节并创造审美幻觉。同样，此处的基本特征仍然是通过消除那些可能打破态度的元素，使扩展经验领域并静止于其中变得可能。

还有人认为，审美经验的精髓在于它巧妙地结合了活动和静止的乐趣。我们对这一观点的理解可能还不够全面，下面这段话或许可以帮助我们部分地理解这一观点："刺激的扩散、冲动的平衡、通过静止而增强的生命力——这就是审美经验。"②反过来解读这一定义的要素，我们可以看到，静止环节是由冲动的平衡引起的。我们具有意动性行为，但如果这些行为处在均衡状态，且无人打破这种状态，那么就可以说，以欲望或判断的形式为基础，我们就有了欲望和判断的静止，因而也就没有了价值运动。但这种冲动的平衡，只要它受内容组合的限制，那么它便是由刺激的扩散所带来的，也就是由一个扩大了的均衡的刺激区域造成的。至于如何通过技术手段创造这种扩大化的扩散区域和平衡刺激区域，我们将在后续内容中讨论。现在我们关注的是如何定义这一现象。

在我们对三种表述的概述中，我们不难定义其共通之处。很显然，这个共通之处就是关于扩散性刺激的广阔区域的概念，即冲动平衡。这种平衡状态下没有人可以构建幻觉—扰动要素，也不会触发新价值运动中的重新调整。这将导致在客体中意动的静止和情感的扩张。因此，审

---

① 例如《审美乐趣》。
② 帕弗尔（Puffer）:《美的心理学》（*The Psychology of Beauty*），第三章。

美经验中特有的对内容排序、重组的行为，归根结底是为了深化或增强价值经验的基本模式，这些模式可被鉴赏性地描述为内在指涉，即情感的扩张性迹象。但这种意动的静止及随之而来的情感的扩张，是受前述分析中明确指出的经验内容的特征性变化所限制，受内容的重构所限制，而在这种重构中，意识的前景被次要和附属性的感觉和表象活动所占据，也被一种与之相关联的抑制了基本意动趋向的"印象游戏"所占据。我们还未考虑实现重构注意力扩大化区域的技术是什么，但很显然，它必须具有用大量附属性活动替代基本意动趋向的一般性质。然而，如果没有对审美作为态度的相应分析，这种对审美经验的内容进行特征化修正的观点就是不完备的。内容中的这些变化以情感—态度的预设中的变化为前提。到目前为止，我们只是将审美模式视为一种情感模式。我们现在必须将其作为意动和认知的一种模式，思考它与其他价值态度的发生学关系。

（二）对审美模式认知性预设的分析——在重要系列中的插入

要找到这个问题的答案，我们只有通过使用与分析义务感时相同的方法，即尝试将模式定位于态度的活力系列中。从这个角度看，审美并不像人们有时所认为的那般是无欲望的鉴赏，也不是将纯粹表象作为其预设的情感。审美态度被认为是具有意动和认知这双重预设。当下呈现出这种扩大化区域的客体首先是欲望和判断的客体；在审美领域中平衡了的冲动首先是附属于某种朝向客体的基本意动趋向。当朝向活动的价值运动发生时，即当所欲求的客体隐入背景、被疏远时，基本欲求就确乎变成了倾向性的，但正是这种作为欲望—倾向的存在赋予了静止情感中内在指涉以深度——正如我们在鉴赏女性之美的例证中已然看到的那样。审美作为一种情感模式，是介于感觉情感的被动性和明确欲望之间，而情感和欲望的区别只是相对的。

审美也不是与现实毫不相关的"表象—情感"。通过插入法可以看出，它是一种介于存在判断和非存在判断之间的思维模式。在朝向审美的运动之前，客体作为欲望的客体，无论它是实际存在的还是可能存在的，都是存在或非存在判断的明确客体。随着对客体的疏远以及明确欲望转化为情感，预设发生了改变。审美情感不再是判断情感，也不仅仅是一种"表象"情感，而且是一种假设—情感。在审美情感中，客体的存在总是被假设的，除非明确的非—存在判断取代了这种假设。

在审美的描述中，我们可以找到关于意识的自我—幻觉的真实要素。这种内部矛盾的说法有些笨拙地描述了一种真实的经验模式，即它是介于两个明确判断之间的一种直接的适应阶段。它是一种对现实的假设，它足以在客体中实现暂时的静止，并在欲望明确及其预设为存在性判断时实现客体对意动的全部价值。但幻觉可被说成是有意识的，是自我—幻觉，只有在这种意义上，尽管假设以其独有方式通过将意动倾向现实化，从而获得了现实性程度，但其仍受在先前经验中创造的判断习惯和明确假设的控制。因此在通常情况下，任何假设过渡为明确判断的趋势都会被抑制。它并非一种有意识的自我—幻觉，因为对它的控制受对自我的意识性指涉制约。

（三）朝向活动的价值运动及审美态度的起源——其个体性与次社会性特征

在之前的分析中，我们对审美态度和审美经验结构性和功能性变化特征进行了探讨，证明了将审美归入朝向活动的价值运动的一般价值类型的合理性。具体来说，首先，在考虑到第二个方面的同时，审美态度存在一种以假设取代判断并使客体与当下欲望疏远或分离的情况，这是拟似模式的特征。其次，随之而来的是通过感觉、表象等的附属倾向活动的增加来强化价值，这是想象态度的特征。在探讨审美情感本质的过程中，我们提出了一个关于审美作为简单鉴赏的一种模式其起源的问题。这一问题实际上包含两个方面：（1）成为朝向活动本身的运动的条件是什么？（2）带有疏远性质的这种活动的特殊形式（这正是审美的特征所在）的起源是什么？

1.前—审美形式中朝向活动的价值运动的条件

由于许多人认为，朝向义务态度的向内价值运动的起源完全是社会性的，因此也有类似的趋向认为只用社会性术语就可以解释审美的发生。对艺术起源的研究在某种程度上支持这一观点，因为多数对情绪表达、情绪客体的重组、重建都似乎与在情绪表达中获取社会赞同以及由此而来的同情参与强化的动机直接相关。因此，将排序因素引入粗糙的情绪表达被认为纯粹起源于社会。然而，尽管社会同情可以增强审美价值，尽管社会赞同的动机可以决定许多艺术形式，但我认为，朝向审美本身的运动以及其中涉及的内容重构都必须同朝向伦理的价值运动一样，具有次社会性和个体性的起源。作为个体中的一种价值运动，我们必须从价值运动的一般条件中搜寻其功能性条件，即通过疏远欲望客体，或通过对附属趋向的餍足和替代来抑制基本趋向的满足。

在希尔恩宝贵的著作《艺术的起源》[①]中，他强调了艺术起源的这一方面。首先，他成功地区分了审美精神的功能性起源问题和艺术表现形式的历史起源问题。他明确提出，审美所规范的各种活动（通过信息传递、展示和自我—展示、性刺激和战争刺激等次要社会动机而产生的具体的艺术起源）并不能解释它们预设和表达的先前情感精神。相反，它们是情感和意志活动，其中，先前情绪表达需求进行了自身规范。艺术冲动本身，或按我们的术语讲，朝向活动的价值运动，必须从更深层次和更一般的功能性原因中去探寻。他发现这些原因在于当主要活动受到抑制时将产生发展次要活动的趋向。从对快乐和痛苦描述的角度看，艺术既可作为缓解受挫的意动趋向所带来的痛苦的手段，也可以作为增强基本意动趋向已经带来的快乐的方式，并推迟餍足时刻的到来。

受篇幅所限，我们无法对个体和社会心理学的事实进行深入探讨来证实这一观点，即悲伤情绪甚至悲痛感觉是如何通过替代次要活动来真正缓解这种根深蒂固的对活动的抑制，从而获得积极价值的？在关于悲痛的社会表达中，在某些原始人的哀鸣中，在普遍意义的挽歌中，悲伤是如何被平复，甚至产生一种全新的积极的喜悦（表达中的喜悦、活动中的喜悦）的？在他们的狂欢中，野姑娘们是如何通过大声喧哗、咆哮和高呼，通过疯狂的舞蹈和狂野的行为，甚至通过折磨，努力保持和恢

[①] 参见希尔恩:《艺术的起源》，伦敦，麦克米兰出版公司1900年版，第一、四、六章。

复着曾使她们的努力受挫的逐渐消失的生命感的？但已经有足够多的说法表明，大量孕育着审美行为的朝向活动的价值运动，都是源于对意动趋向的痛苦抑制。欲望和悲伤的基本意动趋向的客体被疏远，对其存在与否的充分认识被模糊的假设所取代，后者只为整体经验留下了含蓄的底色，而次要趋向的活动却占据了意识的前景。

这的确是朝向活动的价值运动的起源方式之一，但它并不包括那种导致对已欲客体（即具有满足基本欲望能力的客体）价值增强的朝向活动的价值运动。在这种情况下，价值运动也应被理解为抑制后的适应，但在这里，对意动趋向的抑制出现在另一点上。我们已经在别处看到，一旦基本的意动趋向通过反复抑制而集中于其附属趋向上时，对基本趋向的过于直接或排他性的满足感会导致餍足，而这会使次要趋向无法得到满足。通常情况下，次要趋向的这种朝向活动的价值运动的动机是为了对同一客体评价的连续性而疏远欲望客体，因为在其价值之外还增添了次要活动的补充价值。

我们之前讨论过的被添加至获取和消费的经济学活动中的形式—特质便是这种特征；从这一角度看，对使用客体进行艺术重构以使其实现审美宁静似乎也具有相同的一般特征——正如我们所见，对充当效用客体的客体的远离、对工具性价值的情感，本质上很快就会受到价值极限法则支配。最后，对性的客体的远离，向媚俗和理想化的纯粹活动的运动，无论其生物学起源如何，它们作为个体的价值运动，似乎都具有相同的特征。因此可以说，正如我们对价值运动的一般性研究中所表明的那般，朝向活动的运动起源是在对基本意动趋向的抑制中发现的。

2. 审美的特殊差异

然而，有人可能会提出异议，认为尽管这是对一般类型的"朝向活动的价值运动"的起源的真实解释，且造成这些运动的起因的确是次社会的和个体的，然而这些运动本身并不一定是朝向审美态度的运动。所有朝向审美的运动都是朝向活动的运动，但并非所有朝向活动的运动都是朝向审美的。既然认可这种朝向活动的运动具有内在必要性，那么为什么这些运动不会止步于粗糙且原始的运动和情感表达（这足以占据意识的焦点，缓解被抑制的痛苦并强化逐渐消逝的生命感）？为什么这些运动会发展成刻画了审美特征的有序活动呢？我们已经解释了朝向活动的前—审美运动，而审美态度最终由此产生，但我们还未解释这种活动为何成为审美的。

很显然，这个问题触及了问题的核心，也是所有尝试解释审美的问题的关键。回答这个问题并不容易。许多人倾向于在社会而非个体层面的原因中找寻情绪表达、想象活动的非审美性自由活动同有序审美活动之间的差异，这并不令人惊奇。但是，尽管活动的共同性和社会赞同等因素在决定活动形式方面发挥重要作用，并在很多情况下活动也可能起源于这些因素，但我认为，仍有可能表明，引入排序因素、重构经验内容是朝向活动的运动自身作为个体价值经验中的一个阶段其固有的属性。如果我们接受审美模式的初始定义，即它是对宁静的内在指涉的一种修正；进一步地，如果我们承认这种欲望客体中的宁静、这种延长对客体鉴赏的趋向是基本的，并且只能通过将客体从直接欲望中脱离出来而实现，那么，在拟似模式中，问题实际上已经得到了回答。正是因为缺乏有序、平衡且和谐的活动，这种在活动中的内在指涉、这种宁静才不可能实现；正是因为缺乏秩序要素，幻觉—干扰要素、欲望和判断会再次出现并引发新的价值运动。因此，要使朝向活动的运动成为审美运动，就必须包含对活动的重排重组。因此，形式、秩序要素在发生学上必须被视为获取审美价值的纯粹工具，而审美价值最终是内容的情感—意志意义。

3. 活动和客体的审美特征化——秩序要素在创造审美价值中的功能

在延长对客体的鉴赏、通过与当下欲望脱离而强化客体内在价值的过程中，秩序要素的作用在艺术活动中表现得尤为明显，特别是那些与基本欲望和本能紧密相连的原始艺术。在这些艺术形式中，审美活动尚未成为自身的目的，也未成为独立的价值客体。如我们所见，内容重构既可以是知觉上的，也可以是观念上的，审美重构同样如此。人类运动活动的秩序化，如舞蹈中视觉或听觉经验的秩序化，构成了知觉性重构，而对事物或人的审美刻画，比如在文学中的，便是观念建构。①

我们从最原始和简单的审美特征化形式开始，即从对情绪表达活动的知觉性重构入手。民族志学研究表明，原始舞蹈无一例外地是对由特定具体本能产生的具体情感状态的肢体表达的重构。这意味着原始舞蹈总是具有情色、战斗、葬礼或宗教等特点。这些重构始终包含戏剧性和韵律性两个方面。它们以姿势和默剧的形式表达这些本能的运动活动，并在其中增添了一定的秩序和节奏。这两方面秩序要素都涉及对粗糙情感表达的一定程度的重构，它们构成所有审美特征化的基础要素。节奏要素除了确保在运动中的参与或社会共识方面具有社会性功能外，还可以使情感及其表达（无论是战斗、情色还是宗教）在较长时间内保持在较高水平，以便于排除对客体的欲望。客体因此被疏远，基本的意动变为倾向性的。这种节奏，通常采用前进或后退、肯定和抑制等表达形式，并产生了冲动的平衡，这能防止基本趋向爆发为公开行动。

另外，情感表达中的戏剧性元素以累积的动态"运动—形式"方式进行排序，这种运动形式被固定为舞蹈的特征化秩序。通常情况下，就像无论是情色舞蹈还是战争舞蹈，它都是一种常规化的运动—形式，表现为基本情感的逐渐上升和下降。它最初只是暗示而非充分表达的动作和手势，逐渐过渡为愈加明显和激烈的表达，有时甚至达到使艺术与现实之间的界限模糊的程度。除了确保社会参与方面的功能外，这种戏剧式的运动—形式还把系列秩序原则引入现象之中，个体因此获得了价值。在审美经验中，这些活动的传统形式被融入其中，它们构成了实际本能，而作为朝向活动的价值运动的审美产生于其中。

正如上述分析所指出的，作为重要且严格的形式审美因素，冲动平衡是将客体从当下欲望中剥离出来的关键。它是对知觉和观念重构的一

---

① 审美重构应与知觉和观念等其他类型的重构区分开来，我们已经讨论过有关后者的案例。方便于意动趋向的知觉重构，通过工具判断来扩展意动范围的对客体和倾向的观念重构，都可能产生新的经济价值和伦理价值。但在这些类型的重构中，意动是显性的，价值要素是超越性的；而在审美重构中，意动是倾向性的，价值要素是内在的。

般性法则在审美重构领域的特殊应用。我们在前述章节中讨论过这一法则，即互补价值法则。但除此之外，还有对"整体系列"和"最终情感"的法则的应用，它们构成排序现象的特征。在我们讨论的案例中，所涉及的激情的动态运动—形式被个体化为一个整体系列，而渐进程度始终与赋予整体以特征的某些最终表达和情感的高潮有关。

这些形式因素的作用显而易见，但需注意的是，客体从当下欲望中的剥离只是部分性的。在原始舞蹈中，意动客体与欲望还未十分远离，基本欲望或欲望系统几乎还不是倾向性的，"内容"因素，即情感表达的动态运动—形式，还未达到在更高级的审美活动中所经历的审美重构的地步。它在某种程度上仍然是超审美的。然而，在历史上，随着音乐和戏剧从舞蹈中分化出来，它们中的客体与基本欲望的距离更被拉大，平衡法则被引入运动—形式中，而意动元素也变得更加具有倾向性，并且事实上仅以一种主导心境的形式存在，比如在音乐中。①

我们需要对静态客体的知觉性审美重构（其中不涉及节奏和动态运动—形式，也即我们在艺术中所了解的审美知觉）进行一些阐释。在纯粹且简单的审美分析中，这或许是关键所在。然而，由于我们的兴趣仅在于审美与其他价值态度的功能性关系问题，且不追求分析的完整性，因此我们只提供一个简单概述。此处，为了达到静止目的，我们再次对客体进行个体化处理。实现抑制和静止的两个重要因素在于次要冲动的均衡以及对内容的个体化和分离化（或解离化）处理。从心理学分析的角度来考虑第一个环节，我们需要意识到，我们在这里同样关注活动的重构，但并非关注情感表达的运动活动，而是关注注意力的内部活动。在这种情境下，支配的活动不是情感表达，而是注意力。此时，朝向活动的运动是朝着被描述为"与印象游戏"的方向发展，其中感觉和知觉客体被有序地组织为群组和"形式—性质"，以平衡注意力的各个冲动。注意力被分散至广阔领域，使得呈现的整体没有任何部分能引发直接且强烈的情感和欲望，从而打破整体的统一性，摧毁幻觉和静止，并导致

---

① 参见第五章，第 105—106 页。

新的价值运动。

在非连续型艺术中，经适当调整后，审美重构的重要原则与连续型艺术中的原则是相同的，即"整体系列"和"最终情感"的对比原则；但在此处，这些原则被应用于注意力活动，以便能扩大注意力领域并随之扩展情感的范围。

绘画艺术为这种注意力领域的扩大化提供了生动的例证。在绘画中，我们可以通过空间布局和色彩元素的巧妙组合，去探寻平衡和静止的形式条件。这些秩序元素的价值在此方面仅仅是为实现所追求的注意力—活动的平衡而存在。当然，所使用的色彩和所描绘的客体通过联想而获得内在情感价值，但它们指涉的是预设的意动趋向。就这个意义而言，形式要素的倾向受前面考虑过的审美建构的基本法则的特殊形式所支配。为此，我们运用了色彩对比和性质对比，即"系列"原则，其中包括将光影按逐渐减少的比例进行排序，将高光放置于注意力的中心；我们最终运用了"最终情感"原则，通过这种元素的平衡，使注意力始终可以返回至与音乐作品中的基音等效的中心兴趣点上。

然而，对于我们的研究而言，关键并不在于对秩序的这种形式要素进行详细分析，而是要探讨它与审美经验中价值要素的关系。价值情感的客体始终首先是通过这般有序呈现的所表达的内容，尽管我们也可以就形式本身的工具性价值，比如其代表或表达客体的充分性，或确保和保持审美静止的妥善性而进行次要的价值判断。这种内容始终是可能引发欲望或厌恶的客体。也就是说，如果它被判断存在或不存在，它将引起实际欲望或情感。但在审美状态下，这些判断被抑制，并为假设所替代。因此，从价值理论的角度看，秩序的形式要素的意义仅在于作为确保在客体（或内容）中静止的手段，而在非审美的经验中，这些客体则是明确欲望和判断的客体。因此，在技术上被称作艺术作品（比如一幅画）中特定要素的"价值"的东西实际上是相对性的工具价值。所谓工具性，是指对基本审美价值，即宁静或内在指涉的增强。

因此，当一个客体通过朝向活动的运动而获得互补的审美价值时，这并不意味着这种获得的价值是形式"要素"价值相加的结果，而是对价值情感的内在指涉的增强，是对作为整体的客体的情感的扩展。这种欲望或假设的客体以情感抽象，即情操或心境的形式倾向性而实际性地呈现。

（四）通过获取互补的审美价值来修正条件价值

通过对作为一种朝向活动的价值运动形式的审美态度本质和起源的描述，我们现在能够将这些研究结果运用到研究的主要问题中，即确定审美态度如何修正我们的基本鉴赏判断，尤其是我们的经济判断。我们已经研究了简单条件价值可从中获取准伦理性质的行为。我们还需说明条件价值情感是如何具备审美性质的，以及这种性质是如何修改经济价值判断及其法则的。

为正确认识这一问题，我们有必要回顾简单鉴赏中价值运动与向着新观念客体或目的的完整价值运动之间的区别。在第一种情况下，对情感的超越或内在指涉（视情况而定）的深化仅构成添加到原生客体或欲望之上的补充价值。在第二种情况下，即在完整的价值运动中，欲望的原始客体消失了，取而代之的是一个新客体。获得性意义孕育了新客体建构的基础。客体或活动被独立地加以评价。我们所描述的对客体和活动的重构，确切地说是艺术性的，它们构成了完全意义上的审美——我们在前文中描述过的重构都是这种意识类型。"在活动中静止"的互补性价值，即美的多重变体，是为其自身而追求的，对客体的重构则服务于这一理想目的。但在审美的这一阶段之前，存在朝向审美或朝向活动的运动阶段。在此阶段中，欲望的原生客体仍然是主要的，而朝向活动的次生运动仅仅改变了初始价值。这些可被恰如其分地描述为准审美价值。

同准伦理价值一样，这些准审美价值可能与知觉性或观念性的所有活动相关联。从这层意义上讲，解决一个数学问题、执行一次外科手术都可以是美的，且不次生于与更基础、更本能的活动（如进食或散步等）相关联的"风格"或"惯例"。所有这些获得性价值都可被描述为风格，即生活的风格。然而，在其最简单的形式中，这些风格及其价值出现在与基础本能以及对客体的获取和消费相关联的情境中。在任何基本欲望或本能及其满足之间——如对食物、服饰、爱的欲望等——这些准审美的活动介入其中，其价值进入客体的累积价值之中。食物的供给与进食的风格、服饰的制式与颜色及实际穿着的风格、爱情的优雅与媚态，都极大地扩展了客体的原生价值，并赋予了它们更高的可被连续评价的能力。

这种评价能力的扩展尤为重要。尽管任何客体，无论其简单条件价值如何，都可以获得这种互补价值，特别是在条件的阈限和极限处，这种准美学价值的功能尤为明显。我们已经看到，客体或客体数量对直接鉴赏或再适应而言太过微不足道，换言之，其价值低于内在价值或工具价值的阈限，却可作为审美个体化整体的一部分而获得全部价值。[①] 从另一个角度看，同样的现象表明这些准审美价值改变了关于简单条件价值的餍足法则和感受力钝化法则，以及适用于工具价值的价值极限法则。我们无须再次展示这一法则是如何渗透到无意识和有意识的生活技巧、渗透到基本的和更高级的活动当中的。我们强调的是，它以显著的方式重塑了我们所有的经济判断。

---

① 参见第六章，第129—131、149—150页。

第八章　个体与超个体价值

第一节　个体与超个体价值：起源及本质

一、同情参与（移情）的前提是个体与超个体价值具备"共同意义"

在前述对"条件"价值的研究，我们探讨了对客体的简单鉴赏，强调了情感的三种特性：纯粹个体性、次生个体性和次生社会性。虽然这些情感—态度可能受准伦理和准美学的影响，却没有指涉更高形式的伦理和美学体验所特有的个体、超个体和社会层面的特性。有观点认为，简单鉴赏的修改与互补价值，包含了向个体和非个体社会评估的高层次完整价值的运动萌芽。这些运动不仅涉及创造客体或建构观念，还包括对态度的调整。换言之，这标志着一个新的层次，在这一层次的情感及其相应的价值判断中预设了新的判断和假设。在接下来的章节中，我们会深入探讨个体和非个体的社会价值，包括对相关客体的定义、分类，以及评估这些客体的法则。目前，我们的研究重点放在新客体和新态度的起源与演化问题上，尤其是情感—态度独特预设是如何形成的。个体价值与超个体价值的共同之处，与简单条件价值的区别之处在于，个体价值与超个体价值中包含了简单鉴赏所不具备的意义获得过程。这一点不仅体现在价值客体的本质特征上，也体现在客体价值谓词所表达的情感意义上。[①] 首先，价值客体被描述为理想的和"有根据的"，即价值客体是基于某些预设过程的观念建构。其次，正如相应的价值谓词所表达的，这些情感所表达的意义是后天

---

① 参见第二章，第 27 页；第三章，第 62—63 页。

发展出的派生意义。这些派生意义是在承认对意义的判断、承认对简单鉴赏情感的指涉时所产生的，是通过将这些情感视作个体需求或超个体社会需求时所产生的。

在尝试更精确地定义"意义"时，我们认识到意义是"共同的"，情感既指涉个体又指涉超个体，客体是建立在某些判断或假定（即个体的情感和欲望与他人是共通的）之上的。在所有个体价值情感中，都假定自我、倾向或品质是他人价值情感的客体。在进行个体价值判断时，我们假定欲望和情感的客体具有共同意义，在进行非个体价值判断时，我们同样假定个体的判断和假设反映了更广泛的社会意识。

深入审视这个领域内的价值谓词，可以更全面地阐释这一情况。首先，当讨论个体价值时，价值被归因于个体所展现的特定倾向，对其情感表达或意志行动。这种归因主要通过赞赏与否定、表扬与批评、优点和缺点等术语来表达，具体使用哪些术语则取决于个体倾向的存在、缺失或强度。同时，对个体抱有一定的期望，即期望个体具备并展现这些倾向。当以价值判断的形式来分析期望时，期望就转化为了对义务的判断。这种对表扬、批评、义务的归因，可被视作伦理层面的归因。除了伦理归因，还有一种与伦理谓词紧密相关的审美归因，用美、高贵、行为高尚等谓词来表达。所有这些归因都基于一些共同的假设，这些假设又进一步共同构建了人们普遍认同的"人格观念"。

我们可以从另一个角度来判断所讨论的行为和倾向，我们认为某种行为具有价值，不是因为这种行为代表了一种人格，而是因为这种行为有助于实现某些社会的、超个体的目标，这种行为有助于满足某些客观需求。在这种情况下，对功绩、过失或义务的归因都可以被视作客观归因，并且这种价值归因以对个体参与社会生活的某些期望或假设为前提，从而构成了所谓的社会参与价值。

如果现在我们将第一类价值描述为"特征—价值"，将第二类价值描述为行为和倾向的"参与—价值"，那么，这两种评估类型都预设了观念客体、倾向、个体、社会意志的建构，都在归因判断中表达了新的情感或情感的变化。所有个体价值推定、非个体价值推定中的预设期望或隐含假设，都在某种程度上是共有和共通的。因此，当前备受关注的研究是探讨在这些新情感意义中的心理参与过程。这些过程被多样化地描述为模仿、同情投射或移情。

二、"同情参与—移情"：与情感和简单鉴赏的关系

当代心理学普遍认为，自我和他者是观念的建构者，观念建构反映了个体的情感、想法、情绪和欲望。这种建构是一个社会过程，模仿和对立（或对比）作为功能性和演化性因素在这个过程中发挥着作用。鲍德温论述了投射、内摄和排斥等模仿的过程，认为这些过程构成了自我意识的辩证法基础。罗伊斯强调了对比在这一过程中的重要性，而塔尔德从社会学的角度展示了模仿和对抗在个体和社会新内容生成中的同等重要性。但是，据我所知，尚未有系统性研究详细分析了这一辩证过程对价值意识变化的影响。这是因为现有研究主要从认知心理学的角度开展，关注点在于建构内容和建构意义等方面，而非建构过程的意动和情感等方面。从情感的视角来看，这个过程被视为移情过程，即"情感—进入"过程，其中情感态度被同情地投射到他者身上，然后反馈回自我，从而成为认知、判断和假设的客体，最终成为新的价值情感的客体。因此，就这个角度而言，这个过程是一种价值运动，在这一运动中形成了新的价值。

移情作为一种价值运动，作为一种情感过程和简单鉴赏的延续，是一个值得深入研究的领域。从这个视角来看，移情表现为一种完整的"内心"价值运动。因此，情感与"情感—进入"（移情）之间、鉴赏与特征描述之间没有明确的界限，鉴赏活动必然会形成特征描述。例如，当我们觉察到要履行义务时，这种情感冲动被逐渐且明确地关联到自我或他者的意动倾向上。这种不确定的指涉在将倾向与自我观念建构相关联的过程中变得清晰，从而形成了明确的义务感。因此，移情作为从对他人情感表达的简单鉴赏到对他人特征描述的一种完整价值运动过程，

是值得被深入研究的。[①] 由于"移情"是个既包含情感也包括意动的术语（其相互关系已在前文中阐述），我们采用"移情"这一术语指涉特征描述和情感参与的整个过程（包括投射、模仿和排斥），还将"移情"视为"情感—意识"过程的一部分。无论是在"质"还是"数"的方面，通过情感参与所引起的认知假设的变化始终伴随着情感的相应变化，这些参与法则将逐渐发展为个体和超个体客体的评估法则。

第二节 移情的心理学：同情性投射

一、问题：情感投射的本质——移情如何成为可能？

广义而言，术语"投射"被用来描述所有心理内容的"外化"。我们将触觉和其他感觉的空间指涉投射到我们周围的客体上。在进行比较和区分等内在思维活动中所形成的想法及概念，被当作感官体验的真实基础，进而投射到我们的外部世界中。同样，我们将对情感的直接体验解读为倾向的概念性建构，并通过这种解读方式描述自己和他人情感体验，可以说，情感是对倾向的指涉。

显然，这些建构是建立在感知基础上的观念客体，与第一种类型的投射受直接情感体验的制约一样，第二种类型中倾向的概念建构同样建立在直接情感体验之上，是基于"内在感知"的，即基于对他人"情

---

① 对移情这一术语的广泛使用可能会受到质疑。确实，权威观点更倾向于将其限定在纯粹审美的个性化和个人构建类型；最初引入这一概念是为了解释某些审美现象〔利普斯和沃尔克特（Volkelt）〕。另一方面，由于这一术语结构本身的广泛性——包含了将我们自己的情感投射或排斥到他人中的行为——已经被一些作家采用，特别是在威塔塞克的文章《审美移情心理学》(*Zur Psychologie der asthetichen Einfühlung*) 中被广泛提及，本章后面的部分会对此做进一步的分析。在那里，审美移情被视为这一过程的仅有的一种形式，并与伦理移情进行区分。我认为，这一更广泛概念通过对过程的遗传处理是合理的，随着讨论的深入，这一点将变得明显，而鲍德温将拟似模式与移情等同起来的分析仅是部分正确的。正如将在后面讨论的，整个过程中的某个阶段存在拟似模式，但这并不代表整个过程。关于这个术语的一般讨论，参见鲍德温的《哲学与心理学大辞典》，特别是在"审美同情"和"移情"的术语条目中。

感—态度"的领会。因此，直接的同情参与是将人格倾向作为个人价值情感客体进行概念建构的必需条件。要理解个体价值，就必须分析其背后的同情性移情过程。

与同情投射相关的研究主要是审美人格化和伦理人格化现象。最简单的形式是将感官的感受、情感、情绪和欲望读入客观的、非感官化的客体中。这类型的示例包括将运动、努力或紧张的情感归因于空间的静态性或时间的连续性，例如在建筑中，我们可能会将柱子或塔楼向上延伸的样子与努力的情感联系起来，或者在音乐中，旋律的流动被感知为动态情感。在人物示例中，同情性移情的示例包括基于面部和身体的表达，将愤怒和恐惧等情绪"情感—进入"至人物中，这在对演技进行审美鉴赏时的情绪表现尤为明显，同时，也体现在我们基于这些表达建构对他人的伦理性判断的实际态度上。正是这些直接的审美鉴赏和对自我之外的"内心活动"的鉴赏，使得观念的建构得以被推测、假设或被判断为存在。因此，我们面临的首要任务是明确这一人格化过程的本质和条件，这个过程在认知层面表现为"理解"，在"情感—意志"层面则表现为"鉴赏"。在心理学中还需要回答这个问题：移情是如何成为可能的？解答这一问题，是研究以这些过程为基础的价值情感的重要前提条件。

心理学问题——"移情是如何成为可能的"？——在最近的文献中激发了广泛讨论。这些讨论产生了许多心理学分析，但其中提出的理论问题尚未确定是否已经找到了最终解决方案。主要难点在于这样一个事实：被感知的客体（无论是事物还是人）的体验，既是同情投射给主体的体验，又是客体的内容。这种情感似乎既是主体的体验，具有其自身的预设，又是投射到主体之外、作为客体内心活动被理解和鉴赏的内容。如何通过投射自己的内在状态，根据个体经验来解释除我们自己之外的真实的内心活动；主体的情感必须经历哪些内容和功能预设的变化，才能作为体验在他人身上被投射和实现；这些构成了心理学领域中最困难的问题之一。

我们最好通过深入讨论某些特定问题来探讨这个普遍性问题。首先，正如我们所见，对特征和倾向的态度建构是基于某种直接鉴赏的。我们直观地意识到，不同的情感会造成不同的态度体会。那么，我们应该如何理解对另一种情感的直觉性实现？如果这种实现是通过我们自己的情感投射达成的，那么被感知客体（无论是事物还是人）的哪些特征行为激发了这种投射，以及主体的情感与被理解客体的心理融合是如何发生的？

其次，我们需要探讨被投射情感的特征。被投射的情感是"真实"的情感吗？它是否包含与直接体验的情感相同的内容元素和预设？或者，被投射的情感是对情感表达的替代，是对预设的逐渐演变吗？一般来说，内容和功能预设的变化包括什么？这些变化又如何决定参与过程的不同阶段？

最后，我们面临一个由前述问题所产生的第三个问题。在评估过程中，参与情感扮演着怎样的角色？被投射的情感本身是否构成一种价值情感，还是说只有在对人格进行判断时产生的那种判断情感才被视为价值情感？这个看似有些微妙的问题，对我们将移情作为评估过程的观点有重大影响，因为这实际上是更广泛问题的另一个侧面，即假设的情感或想象的情感是否构成价值情感。[①]

二、移情投射——其本质及条件

（一）移情投射的本质

因此，我们的核心问题在于探究个体如何凭直觉去理解和鉴赏其他客体的内心活动。这个过程通过两个途径实现：一方面是作为"内在模仿"，另一方面则是"投射"。主体通过将自己的情感—内容投射到客体中，来赋予客体生命，这种"情感—进入"或内在模仿的过程，对客体的某些方面或表达产生了刺激。对于这一过程的纯粹心理学分析，以及对产生这个过程的条件和意识内容的结构性分析，无论被激活的客体是非个体还是个体，以及假设或判断在该过程中的内心活动是否真实存

---

① 参见第五章，第118—119页。

在，都是无关紧要的。在反射时，即使我们知道客体是非个体的，假设是不成立的，这种内在感知方式也不会因此受到影响，就像不会改变对外部空间的感知一样。在这里，我们首先要关注的仅仅是所涉及的心理过程本身。

内在模仿或投射的过程进一步表现为不同类型的内容融合或交织。情感或欲望等具主观性的内容，被认为源自与客观外界内容的融合。视觉和听觉的刺激、空间和动作的形态、手势和声音的表达等，是触发情感和身体感知的线索，构成了与肌肉模仿所不同的内在模仿。内部内容与外围内容的融合使得内在模仿变得客观化，也就是说，内在模仿获得了与外围内容相同的客观指涉，并且具备了客体的特质。因此，我们可以说，在内在模仿中体验到的情感是由外界刺激引发的，而感知到的内容则是这些情感的诱发条件。

为了深入理解这种心理融合的可能性，我们需要更清晰地界定客体。首先，应当认识到，将投射的情感作为客体，主要涉及两种相对独立的情况：一种是更深层次的情感体验，另一种则是直觉性的理解。以美学移情为例，在欣赏哥特式塔楼时，我们可能只是简单地注意到塔尖向上延伸的形态，也有可能感受到我们自己的情绪随之高涨，即体验到与内在驱动趋势相伴随的真实感官情感。在后一种体验中，个体直接参与了塔尖的"向上冲"，而在前一种体验中，则是将这种运动以象征性的形式投射出去。同理，我们可以真切地感知他人情绪状态的各种暗示，例如愤怒或恐惧，而不必真正体验到构成这种状态的感官情感；或者，在特定条件下，我们甚至可以移情地体验到这些感官情感。当我们如此真切地"看到"尖塔的"向上冲"，或者感受到他人的恐惧或愤怒时，我们的体验不仅仅是概念性的思考，实际上，我们在某种意义上也"看到"了它们。正如威塔塞克所强调的，这种体验是一种直观的（生动的）再现。

当我们分析这两种心理体验时，可以发现它们在情感内容投射和情感预设的本质方面存在主要差异。从直接的情绪参与和感官同情到基于理性的直观理解，不仅内容本身会发生变化，其背后的认知预设也会有所不同。我们目前关注的是这种变化的第一个层面，第二个层面将在后续讨论中探讨。

在情感参与较深的体验中，情感、欲望及其主观意义与更客观的感知或观念内容相融合。当我们回忆起对情感的分析是一种特殊的敏感性、运动性和感官性的"意义"时，我们很容易理解这种融合。这种"意义"如我们所见，是通过敏感性的"形态—特质"具象化的，而当这种主观敏感性在特定条件下与客观元素融合时，主观的意义就融入了客体中。另一方面，要理解投射情感的直观把握，我们需要运用情感分析中得出的一个重要观点，即元素的结合方式可以独立于这些元素本身，并转化为表达形式。这样，特有的心理元素，比如情感和意志，就可以被表达出来，并且，被投射的情感作为客体的特质也可以被直观地把握。①

格罗斯在其著作中提出了一个引人深思的观点，我们将在后续部分对此进行更深入的探讨。② 他指出，感官同情、移情和感受均受到由重复性而导致的感知能力减退的影响。反复的体验可能会削弱我们的感官移情，降低感官共鸣的强度，直至其最终消退，但我们对于所投射情感或欲望及其深层意义的直观理解仍然持续存在。虽然我们可能不再直接感受到建筑尖顶的挺拔或愤怒者的情绪波动，但是我们仍能够感知并理解它们。这种同情参与揭示了一个与简单情感体验相似的现象，展现了鉴赏与参与之间的内在关系：虽然重复性减弱了"情感—态度"的感官刺激和愉悦感，但它却增强了"情感—意志"的深层意义以及情感态度的动力和扩散效应。这种在移情层面上的现象，与情绪和激情转变为情感、心情和"情感符号"的重要系列事实相对应。

因此，情感作为内容的特定变化，预设了一种投射过程，在这个过

---

① 在第四章第 90 页中对此进行了更全面的分析。在给定的情感态度的四个可区分的方面中——积极或消极的方向、前提条件（判断或假设）、元素的形态—特质、共鸣的强度，只有元素的形态—特质是可被直观呈现的客体。其他方面则可能成为判断的客体，被概念性地表征。例如，愉悦或不愉悦及其强度、特殊的个体前提条件都可能成为判断的客体，但都不是被直接呈现的客体。这些在体验过程中都无法被直接呈现。

② 参见格罗斯：《审美乐趣》，吉森，1902 年版，第 186 页及其后。

程中，投射的情感被感知并作为客体的特质得到评价。我们所介绍的两个阶段展示了这一过程的不同阶段。为了更深入地理解主观情感如何转化为客观存在，我们需要探究投射过程中认知预设的变化。在深入探讨这一问题之前，我们需要简要考察情感投射的诱发条件，即那些构成投射意动的感知内容。

（二）情感投射的诱发条件

无论是人还是物，无论是静态还是动态，客体的"形态—特质"都是直观情感投射的触发因素。我们特别关注人类情感投射中的诱因，但通过分析事物美学特征中的基础移情现象，我们可以更好地理解这些诱发条件。

所有情感投射的初始诱发条件都是感知到的"形态—特质"，这些特质由简单元素的质量、强度、持续时间或范围之间的关系所决定。例如，音阶中旋律的升降、相对强度的变化、光影的对比、声音的响亮或柔和、节奏的逐渐加速或减缓等，都能激发具有动态暗示的情感状态，这些动态暗示随后被投射为客体的特质。例如，日出时光线的逐渐增强或日落时光线的逐渐减弱、风势增强时增大的呼啸声所引发的情绪或心境。此外，质量、强度及其他对比的动态暗示也很重要，在这种对比中，一方通过与另一方的对立来得以强调；这种对比是暗示"情感—意志"的意义，是确认和制止主观意动趋向的诱因。特别是自然界和艺术作品，如小溪的宁静低语或海浪的激烈冲击，可能会引发价值情感的动态变化和扩展变化两种基本形式。最终，空间形态，如尖塔的向上延伸或远景的朦胧感，能够引发动态超越性的情绪或心境，而其他形式则引发宁静悠远的情感体验。

当移情的客体是人时，触发这一过程的基本条件是相同的，即感知到相同的"形态—特质"。例如，面颊的红润可以传达不同的情绪信息，这取决于面颊的红润是突然出现还是逐渐形成。身体的肌肉动作、面部表情乃至眼神、语音的重音、高低调及声音的变化，都属于"形态—特质"，即感官元素之间相对稳定的质量、强度或持续时间。它们之所以能表达意义，是因为它们与情感态度的动作形态相融合。

在这些情境中，我们可以将心理过程视为内在与外在动作的融合。但要强调的是，尽管在很多情况下我们确实可以观察到感官情感与外部形态的融合，但这种融合并不是情绪客观化和直观理解的必要条件。正如我们在格罗斯的示例中观察到的，我们可能会看到尖塔的向上延伸，而不会感到具有努力的情感，原因在于动作形态是情绪态度的基本要素，通过重复，动作形态可以从它最初建立的感官感知和肌肉感知中抽象出来，并转化为另一系列或一组情感。这些外在现象经过投射后，就获得了"情感—意志"的意义。

我们还要强调一个事实，即虽然激发情感投射的主要条件是感知到的"形态—特质"，但这并非唯一的条件。特别是在人作为投射客体时，个体意念的整体性和持续性成为同情投射的重要诱因。思维的脉络、脉络的融合或关联方式形成了具体的动态形态，表现出特定的情感态度，尤其是表现为我们所说的脾气上的不同。毫无疑问，情绪、心境及深层的倾向，经常影响我们的联想过程，这不仅包括即将在脑海中唤起的形象，还包括这些形象的组织方式。将这些连续的形象视为思维的动态展现是恰当的，因为它们包含了情感和意志上的意义。这种思维方式成为观察者感知情绪表达的源泉，为我们直观地投射情感态度提供了基础，这与我们通过感官感知到的"运动—形态"同样真实。因此，当我基于某个人所表达的思想去理解他作为诗人或作为朋友的情感和意志态度时，这一过程并非基于推断——认为一个具有特定思想和心智类型的人必然拥有特定的情感或情感倾向——而是通过直接的同情参与来实现的。

三、参与情感的预设条件

（一）在同情投射的第一阶段，预设即推测

在讨论一般性问题中的第二个问题时，我们探讨了投射情感所依据的预设条件的本质。普遍观点认为，个体的内在情感与向他人投射或在他人中感知到的情感存在着本质上的不同，而且为了进行投射，情感必须被具体表达或构想出来。真实情感作为个体独特体验的前提，被认为仅限于个体自身的情感与感官判断，而这些是无法共享的。因此，被投射的情感并非真实情感，而是一种构想出来的情感。在真实的移情体验中，真正存在的不是被投射的情感，而是基于对被投射情感的个体倾向进行判断后产生的次级情感。这种被投射的情感是一种想象中的情感。

在整个参与过程中，存在一个情感被想象和表达的阶段，这是个体观念形成的一个重要阶段。由于预设条件的不同，直接体验到的情感与被投射的情感之间形成了明显的区别。然而，这种区别并不是该过程初始阶段的典型特征。在初始阶段，情感预设基于一种简单的推测——感官模仿是真实存在的。正如之前指出的，从演化的角度来看，情感与移情之间并没有绝对的界限。移情实际上是简单鉴赏活动的延续，在我们更深入地开展研究时，可以看到移情的基本形式（即纯粹的感官同情）并未表现出直接体验的情感与投射情感之间的区别。有充分的理由去坚持这样一个观点：在最基本的感官同情中，情感并未被具体表达出来，且无法区分作为主体条件的情感与作为客体特质的情感之间的预设差异。例如，很难认为由感官同情而产生的奋斗感与那些完全源于个体自身的奋斗感有所不同，更难以认为婴儿因感官同情而哭泣与仅因内在反应而哭泣之间存在情感差异。

因此，在同情投射的初始阶段，我们可以得出如下结论：情感预设是对内心活动的简单推测。但是要注意，这种内心活动并不是明确归属于自我或他者的。从消极的角度来说，作为个体体验的情感和作为投射的情感之间并没有区别，也就是说，这两种情境的预设条件是相同的。在这种感官同情中蕴含着萌芽，它将来可能会发展成为参与情感，但在这个阶段，它与简单鉴赏中的直接情感几乎没有区别。

（二）假设情感的产生及预设差异的出现——"拟似"

然而，在未能对预设进行感知区别的情况下，对他人情感的参与显然只限于感官和感知层面上最基本的感官同情。我们可以从这些事实中推断出，真实、想象或表达出来的情感之间的区别在演化上并非最终的，而且这种区别在后来变得愈加重要。但是，一旦本能的感官同情受到哪怕是微小的干扰，就会在意动过程中进行重新调整，预设也会随之发生变化，同时，我们发现投射内容也发生了变化。这种变化体现为用明确的假设逐步替代隐含的推测，随着这种替代的发生，被体验到的情感和被投射的情感之间的区别也变得明显。

情感主体假设或想象外部客体的内心过程，与从预设到假设的转变过程遵循相同的原则。[①] 所有价值情感的预设都植根于对客体切实存在的基本推测。当外界条件激发特定的情感和欲望倾向时，这些倾向转变为影响主观感知的因素，从而产生了关于客体切实存在的假设。在感官同情及同情投射的过程中，形成了超越基础感官同情范畴的参与倾向，引出了一种轻松游戏般的移情形式，这种形式是以客体切实存在为基础提出的假设。这种假设可能仅停留在审美层面，也可能发展为带有更深刻道德情感的存在判断。因此，从简单推测到明确假设的转变标志着情境的重大转变。在这个阶段，主体开始明确假设他者具有某种情感。在之前的阶段，由于内部与外部的控制没有被区分开来，这种明确的假设并未形成。然而，一旦明确假设他者存在某种情感，就意味着承认这些情感所基于的必要预设存在于他者之中。正如我们所观察到的，这些预设以及与之相关的愉悦感的主观体验，并不能被直接或直观地传递。它们只能作为概念性的建构被表达出来。因此，在采取假设观点时，我们对直接情感体验进行一种理想化的重构，并为将这种重构投射到他者及他者特征上创造条件。

随着从直观推测到明确假设的转变，主体的情感经历了一系列重要的变化，这些变化为观念建构和特征描述奠定了基础。情感转变为一种基于假设的情感，正如我们之前研究所揭示的，这包括了情感自身的特定变化。首先是我们所说的抽象化和概括化的变化。从功能角度来看，这个过程表现为情感从个体化的预设中抽象或分离出来。[②] 在不同于自我原有情感的前提假设下，将某种态度"情感—进入"到另一种态度上，会赋予情感一种近乎普遍的意义和示意性特征，使情感从单纯的主观鉴

---

① 参见第三章，第 51 页及其后。
② 参见第五章，第 113—115 页。

赏中抽离出来，进入了探索客观意义的新征程。

其次，在基于假设的情感中，我们发现了对整体情感态度特定方面进行区分的初始步骤——将个体无法呈现的方面与情感可呈现的"形态—特质"进行区分。通过这种区分，情感获得了识别性和通用性意义。这些在前述章节抽象分析中提出的基于假设的情感特征，现在在移情过程中被赋予了额外的意义。一方面，基于假设的情感、想象的情感以及内容和功能的变化伴随着参与情感的扩展，超出了对感官同情简单鉴赏的范围。另一方面，移情过程推进了情感态度的概括化和客观化。现在，我们必须关注第二个方面，即其在特征描述及观念建构过程中的意义。

基于假设的情感，或者说想象中的情感，具备两个特点：一是它相对独立于个体预设之外，二是它对整体态度的各个方面进行了区分，这两个特点促进了自我与他者特征的变化或价值运动。这种情感具有双重特征和功能，既是主观体验也是客观表达；它既有个体指涉，也有超个体指涉。可以说，这种情感处于不稳定的平衡状态，需要进一步做区分和定义。强调这一点对我们理解移情过程中过渡阶段的本质至关重要，因为它与一个即将讨论的问题紧密相关——被投射的内容是一种"真实"的情感抑或仅仅是幻想。乍一看，认为一种情感既是主观体验又是客观表达似乎自相矛盾。但根据已有观点，情感是某种特定内容的主观意义，这种意义既可以是基于感官的情感，也可以是以直觉的方式转移到更为客观的外部内容上的情感。因此，我们认为这种构想或展示出的情感具有双重指涉——既具备主观性也具备客观性，这意味着它既代表了带有独特个体预设的个体情感，也代表了被抽象并转化为超个体的客观情感。

这种双重特征进一步扩展了感官同情中所隐含的"共同意义"。在感官同情阶段，各种预设尚未被明确区分；然而，随着假设观点的采纳和个体预设的抽象化，情感展现出了一种示意性特征，允许它在自我与他者之间进行互相指涉。通过这种示意性特征，我们可以准确地理解独特个体的预设和感官情感内容的抽象，这一特征使其具备了双重指涉性，正如鲍德温所描述的，这是一个"个体—投射"过程，在情感发展的过程中，可以通过明确的判断将自我或他者区分识别出来。

在"情感—态度"形成"共同意义"的过程中,最关键的一点是想象中的示意性情感能够获得辨识性和通用性意义。当情感直观地投射到"他者"中时,就会把这种情感视作自己的情感。之前的讨论已经指出,情感获得认知意义的前提是它变成了一种基于假设的情感。被辨识的不是情感的独特个体层面,而是想象中的情感的示意性动作形态。在模拟的移情方式中,我们恰好具备了将情感态度客观化、辨识化,并将情感从态度上反馈回自我的必要条件。在这里,情感的不同意义之间也产生了进一步的差异,比如情感作为"被动的愉悦—不愉悦"和作为"动态和扩张的运动形态"之间的差异,这些差异与意动倾向相关并导致了观念的建构。

(三)参与情感作为判断情感——将预设作为判断的客体——基于倾向视角的内心活动概念性重构

假设情感的产生及参与的拟似模式,是获取特定意义及进一步深化个体特征的关键条件。如前所述,对事物和他人的内心活动的假设可能仅停留在假设阶段,但对美学的内在鉴赏可能导致内在价值的进一步发展。在这个过程中,直观的示意性情感"投射"发挥了阶段性作用,对内心活动的模糊假设在判断中得到了确认。我们将这一阶段称为通过倾向的概念建构把情感预设明确表述出来的阶段。

当发展到这一阶段时,对倾向进行价值评估的完整内在价值运动的条件便已具备,不再仅仅是假设或推测情感背后对应的倾向,而是形成了明确的判断方式和判断习惯。这些关于个体或他者倾向存在与否的判断,构成了我们所讨论的个体及社会(非个体)价值情感的基础,并在本章前文提到的义务判断和责任判断中得以体现。通过不断重复判断,逐渐形成判断习惯,从而在内心逐渐形成了一些假设或预期,这使得进行价值判断的主体对判断的客体(人们的行为和倾向)具有一定的潜在预期。

四、移情作为评估过程——"价值情感"的本质——同情参与和特征描述中的价值运动

(一)投射的情感是"真实"的情感

至此,我们已经从演化的角度详细追溯了认知预设及其对应情感变化的逐步演变，这些变化共同定义了"情感—意动"的参与过程。基于纯粹心理学角度对内容与功能预设的变化开展研究——这些变化为个体和超个体意义的获得创造了条件——需要在某些环节对参与情感在评估过程中的作用进行更具体的研究来补充。

这一探讨对于理解个体、社会及超个体价值至关重要，因为这些价值情感根植于移情过程，并且分析评估法则对这些情感的适用性是接下来最重要的研究之一。但在深入这项研究之前，我们面临一些与心理分析有关的问题。具有个体和超个体指涉的投射情感既是主观体验，也是客观表达。投射情感不仅是主观情感的个体预设，还对主体之外的客观存在进行了推测、假设或判断。那么，被投射的情感是否反映了个体的真实情感，这一情感是否构成了一种价值情感？

首先引发的问题是，当情感不再具有纯粹的个体特征时，它们是否还能被称为情感，或者说，随着它们的预设功能和内容发生变化，它们是否已不再是情感，而是转变成了某种表现形式。这个问题实际上是一个更大问题的特殊方面，在不同场合上已经有所体现，这主要与移情的美学研究相关。在这场讨论中，一种观点认为，只有能被表达出来的情感才能被投射出去，而另一种观点则认为，被投射出去的情感是真实的情感。

将被投射的情感视作真实的情感还是情感的表达，这个讨论引发了另一个问题。当对他人情感开展推测、直接感知或鉴赏情感时，是否就产生了价值情感，或者只有在对情感背后的真实倾向的存在与否作出次级判断时，才产生价值情感？我们已经提出，被投射的情感是一种基于存在推测或假设的真实的价值情感。现在，我们需要通过批判性地考察其中所涉及的心理学问题来验证这一观点。我认为，这整个争论可归结为对情感本质理解的不足，以及对功能与内容两个概念的非演化性简化。

威塔塞克[①]认为，只有被表达出来的情感才能被投射。因为真实的情感依赖于感知、感官、意动和判断这些只属于个体的预设条件。没有这些

[①] 参见威塔塞克发表于1901年《心理学与生理学杂志》(*Zeitchrift fur Psychologie and Physiologic*)，第二十五卷中的《美学移情心理学》。《美学通论》，莱比锡，1904年，第107、114页。

条件，真实情感便无法存在。但是，情感投射者和被投射的客体持有不同的预设条件，这些条件本身是无法被投射的。尽管被投射的情感是基于想象或表达的，当与这些表达情感相匹配的倾向被主体确认时，真实的同情情感、参与情感就会产生。格罗斯[①]则从另一角度强调被投射情感的真实性，他的观点以感官情感切实存在为基础，并将感官情感的存在作为判断情感真实性的标准，同时他也承认，情感的投射可能仅以表达形式出现。因此，我可以感知到别人的愤怒或恐惧，而不必体验到构成该实际情绪的感官扰动，另一方面，当我确实体验到与他人相同的情感时，我经历的情感表达就会受到感官扰动。在这两种情况下，我们都体验到了移情，但在一种情况下情感是被表达出来的，在另一种情况下情感则是实际存在的。

显然，这两种理论均只揭示了真相的一部分。威塔塞克认为，只在更高层次的投射中才有"真正的"参与情感，在这种投射中，倾向性预设被判断为"存在"。因此，这些情感在本质上属于判断性情感。而格罗斯则认为，在原始的感官同情中，即那些基于实在性推测的体验中，存在真实的情感体验，但由于缺乏感官情感，他否认了投射阶段情感的实在性。这两种理论都未能提供一个准确标准来判断真实情感。就格罗斯讨论的"情感—态度"的内容而言，他将感官情感的存在视作真实情感的标准，但我们在之前对情感的分析中已经明确指出[②]，尽管情感首先具备感官和动作形态的内在意义，但它的意义并不仅限于这些内容。情感可以作为"形态—特质"转移到更为客观的内容上，而不丧失其主观指涉和意义。另外，我们的分析也表明，威塔塞克的观点所依赖的假设——情感与其表现形式之间的区别是根本的——是不成立的。如果采用这种观点，毫无疑问，投射和直观表现的情感—态度缺乏实在性验证，这种观点是没有根据的。

这两种观点的根本误区在于忽略了演变的视角，未能认识到带有准表达内容的想象性投射、认知和一般意义，仅仅是从感官同情的简单鉴

---

① 参见格罗斯:《审美乐趣》，吉森，1902年版，第209页。
② 参见第四章，第87—90页。

赏到更高级的参与情感之间的过渡阶段,而参与情感是随着判断或隐含假设而产生的。在这个阶段,"心理"的态度被直观表达与识别,并在判断中与自我和他者关联。同时,当推测和假设转为明确的判断时,它也代表和预示了后来的参与情感。因此,关于情感抽象和情感符号的真实性及其在评估过程中作为真实情感的作用的讨论[1],可以在讨论其在同情参与活动中的功能时再次被提及并强调。投射的情感是一种价值情感,无论这种超越个体的指涉是由推测、假设还是判断构成的。

（二）参与和特征描述中的价值运动

前面的讨论得出了如下结论:情感作为个体体验与作为被投射及共享的体验之间的差异具备演化性和相对性,这有助于我们理解参与情感、移情及人物特征在不同认知态度之间的发展联系。正如对物体的简单鉴赏一样,在对事物和人物的描述中,在从感官同情转化为伦理和美学的参与和描述时,发生了价值转化。伦理参与和审美参与之间的差异不是投射情感的内容差异,而是认知预设的差异。在美学移情中,这些预设就是假设;在伦理参与中,这些预设则是判断。在这两种情况中,情感作为一种心理内容,都是基于所描述的诱因条件而直观投射的,进而形成了对存在或不存在的倾向的概念性建构。这两种情况产生的情感差异,源于做出的判断或假设。伦理情感源于判断,而美学情感源于假设。对于像李尔王这样的小说或戏剧中的人物,我们会像现实生活中那样真正地感到绝望和愤怒,有时甚至更加清晰和生动,我们体验到一种源自暂时假设的特殊共情。另一方面,在伦理参与时,我们对情感有着恒定认知,但其前提是认为情感是真实的。

第三节　个体和非个体参与情感的区别

一、强度和广度投射

对移情过程的前述研究,即其如何激发与观念客体间的参与情感的

---

[1] 参见第五章,第118—120页。

研究，忽略了一个早期显现的、对于意义认知至关重要的区分，即个体情感与客观情感的差异。虽然所有形式的参与情感都基于超越个体的共性理解，但这种共性理解可以进一步被明确划分为个体或非个体的客观层面。第一章强调了一个观点：某一行为或情感的倾向，可以从个体和非个体两个角度进行评价。在这些情况下，人们对于价值的情感被他们不同的经验和理解所影响。做出判断的人呈现出两种不同的自我，或者更准确地说，是自我在不同情境下呈现出两种表现形态。我们面临的挑战在于阐释这些意义和态度上的差异是如何形成的。

这种态度上的差异是根本的[①]，其根源在于同情参与的最基本条件和过程。在开展所有反思性判断之前，在有意识地判断特质或倾向对自我或他者的工具价值之前，在对利己主义和利他主义进行反思性区分之前，在强烈、个体化的需求与广泛、社会化的需求之间就存在着明显差异，在内在、个体与外在、非个体之间对认可或不认可也存在着明显差异。这些差异可以追溯到最基本的同情形式中的预设差异。

我们考虑的一个关键差异可以清晰地定义为深度同情与广度同情之间的区别。在我们的理解中，深度同情首先是一种特定形式的同情，其过程——包括模仿、想象投射和观念建构——主要局限于自我及互动者。当互动模式反复出现时，共享的情感及其意义便变得尤其凸显其个性。而广度同情，则是指在更广泛的范围内更多个体进入情感参与的过程，个体在其中体验到与社会或种族群体的情感和志向的共鸣。在深度

---

① 部落道德先于个体道德，部落良知及其更非个体的义务先于个体良知及其个体义务，这是常见现象。尽管正如我们在前一章中所强调的，在个体或社会建设之前，有必要承认一种先于伦理的推动模式，即准义务，然而，我们也承认，从社会学的角度来看，更客观的社会需求是以义务的形式得到承认的，而不是以个体化形式得以承认。在任何情况下，非个体的、社会的都与个体的义务具备同样的基础。种族的习俗道德先于个体道德，种族良知及其非个体的义务高于个体良知及其个体义务，这是常见现象。正如我们在前一章中强调的，认识到在个体或社会建构之前的先于伦理的驱动模式——准义务——是必要的。尽管如此，我们也承认，从社会学的角度来看，更加客观的社会要求是以义务的形式被承认的，社会要求是优先于个体要求的。

同情和广度同情之间，实际上还有许多中间层次，这些术语显然仅具有相对意义。

然而，这种差异的重要性不容忽视，因为参与的范围越广，共享的意义就越趋向于泛化和去个性化。我们将在后续具体阐述这个观点的根据，但即便不进行深入分析，也显而易见，同情投射的范围越广，所表达的情感态度就越具备普遍性和种族性，与任一特定个性化价值的关系就越弱。基于这一理解，我们可以合理预测，根据参与过程展现出的深度或广度特征，隐含的预设及其所反映的态度将存在显著差异。

二、区别主要归因于诱发条件的差异

总体而言，不论如何划分投射深度和广度，情感投射的诱发条件已经被阐释清楚。不论是实际感知到的还是想象中的，基于感官模仿的动作形态构成了同情投射的基础。当移情的客体是人时，这些动作形态主要表现为各种身体语言及其在思维和言语特质中的体现。对于最基本的感官同情而言，动作态度和表达方式的相似性是基本要求；我们已经知道，对于想象性投射而言，态度或性情上的某些相似性——归结为对意动趋向的肯定和抑制的功能关系相似性——同样是必不可少的。

从态度的概念角度来看，很明显，在任何社会群体中，不论其规模大小，都会有态度的多样性分化。首先，从最基本和最抽象的差异开始考虑，我们发现个体在他们倾向于积极还是消极的类型上存在差异。在完全无抑制和极端抑制（如我们在修行者中所见）的两端之间，存在着无限变化。目前我们不探讨这些变化的原因——不论是社会学、生物学还是经济学的因素，我们仅关注变化这一事实。人们已经认识到这一事实，且进一步发现，在任何有组织的社会中，甚至是更大社会内的小群体，足够的孤立性会使这样的群体或社会变得相对同质化，且会趋于围绕一个标准而变化，群体态度会淡化或消除个体的超常变化或有缺陷的变化。

态度和情感中更细微的变化是由基本的意动趋向特征所决定的，其他趋向围绕这一基本意动趋向被系统化，因此，基本意动趋向对其他趋向具有最大的制约和感官影响。那么，在任何个体群体中，同情参与由所谓的兴趣相似性或差异性决定，这显著地影响了所有的情感态度。虽然真正的可能性是无限的，我们不试图全面论述这种差异及其对情感态度的影响，但我们可以借鉴两个受到特别关注的差异化方面，即性别差异和职业差异导致的功能差异。在社会心理学的最新研究中，布赫（Bücher）和凡勃伦等人[①]深入讨论了基本功能的差异化对次级或衍生情绪和情感的影响。由于不同阶层对不同事物的肯定与阻碍具有很大差异，同时这种差异随着世代遗传演化而变得十分稳固，所以，一个阶层的感知和观念很难被另一个阶层实现。

当我们关注到性别差异时，感官功能在影响衍生情绪和情感差异方面的作用变得更加显著。相较之下，男性对事物的"肯定"往往是一种习惯，而女性则不然，此外，男性和女性对事物的"阻滞"程度也同样有所不同。情感态度和对特定情感、情绪倾向的根本差异，为同情参与设定了明确的界限，并且，当对这些倾向进行理想化建构后，会造成义务和美德观念的差异化。

通过这个简洁的说明，我们可以清楚地看到，有一些因素在不同规模的群体中导致了习惯性态度与表达的形成和分化，这些态度和表达构成了同情参与的诱因。这些因素无疑涵盖了社会性和次生社会性因素，其中次生社会性因素在个体层面主要指的是生物学和心理学因素。然而，这些原因的具体细节并非我们当前讨论的重点。我们面临的问题是：鉴于这种态度差异的存在，它们将如何影响同情参与以及在参与过程中形成的价值情感？

三、从感官同情到观念建构的差异化发展

在同情参与的初级阶段，就已经能观察到针对"共同情感"个体指涉和非个体指涉的基本区别。这种区别在随后的阶段中，如在想象投射

[①] 布赫：《工作的发展》（*Die Entwickelung der Arbeit*），第三版，1900年；凡勃伦：《有闲阶级论》；西美尔：《关于社会差异化》（*Uber Sociale Differenzierung*），1890年。

或模仿、观念建构与判断中，变得更加明显。在感官同情的过程中，在区分预设前提之前，同情可能受到个体或社会的影响。群体情绪与个体情绪一样，能够实现同情体验。我们有理由相信，所谓的情绪传染在原始社会中比在更高级的社会中更为彻底。受到这种情绪传染的个体能够通过内在模仿立即理解所表达的情绪态度，并将其投射为超越自我的存在。这是一种普遍的情感，对参与者来说具有共同的意义，但重要的是——这种情感没有局限于个体自我反馈，而是以一种超个体的方式保持着对外部的指涉。

当同情参与基于想象或情感扩展去超越感官同情时，对个体和非个体的共同意义的区分就变得更加明显。感官同情的诱发条件在于态度和表达的相似性，而参与的界限是由次生社会和心理层面的生物学条件所设定的。在此基础之上，投射变为想象性的，参与的情感转变为一种假设情感。我们已经认识到，这种想象性投射的前提是将情感从其个性化假设和感官表达之中抽象出来。这一点对我们研究"共同情感"如何通过广泛投射而变化的研究具有深远的意义。这表明，同情投射的范围越广，个体在表达和态度上的差异就越大，这种情感抽象过程就越彻底，而对情感的指涉作用就越非个体化。

这一结果可以从两个方面来阐释。首先，只有特定的、数量有限的情感态度能够进行广泛的投射，这些态度往往是那些最不具个性化、最具有普遍性或种族特征的态度。在较小的群体中，可以直观地理解更具派生性和差异化的情绪态度，但是随着投射范围的扩大，这种假设变得越来越不确定，描述也变得更加富有想象性，只有那些最基本的价值态度能够被广泛地投射。当我听说某个原始人或东方人的英雄事迹时，我能在一定程度上直观地感知到他的情感态度，尤其是当这些英雄主义行为与家庭或国家的基本动机有关时。但即便如此，由于表达习惯和思想方式的种族差异，我的理解也只是片面的，对于更具差异性的态度则无法完全把握。这一点在理解个体荣誉感的细微差别时更为突出。深入探究形成情感和判断的背后假设或潜在预设，对我来说极其困难，因为这些预设是由我自己在某些重要方面的同情参与和随之产生的想象与观念建构活动所塑造的。在这两种情况下，社会选择和差异化发挥了不同的作用。我们会在另一个场合讨论这种选择的本质与法则，此处只需明白一个事实：除了基本的感官同情之外，同情参与在现实中是有其局限性的。

鉴于这些事实，很容易理解人们对事物存在与否的判断和隐含假设。更广泛的社会倾向和参与情感越来越少地依赖于直接的感官同情和直觉反应，越来越多地依赖于抽象推理和判断，因此，这种情况下的参与情感逐渐变得越来越客观和非个体化。同样明显的是，由此产生的隐含假设或期望，在更直接的个体交流中所产生的期望或要求上，在所要求的态度、倾向以及期望的程度上，都将大相径庭。同样明显的是，由此产生的隐含期望、假设在对态度或倾向本质以及期望上，与更直接的个体交流中形成的期望或要求相比，会有很大的不同。这些事实解释了本章开头提及的社会义务、个体及非个体责任之间产生差异的原因。对这些差异及其解释的进一步探讨将在后续章节中展开。

第九章 个体价值

第一节 个体价值观——个体特征的价值标准

一、定义：个体价值观是个体在价值评估中的态度

在我们的价值体验中，个体价值观构成了一个明确的意义领域。人们能够感受到基本情感的满足与深层个性需求的满足有所不同。同样，行为的价值在于对人格的表达，还是在于帮助达到个体或社会目标，这之间的差别也是非常明显的。如果我们有机会来批评利普斯的观点——"每种快乐都是由人格价值所限定的"——我们会发现，价值情感是以个体观念为前提的。这些情感被描述为个体价值情感。

这类情感的客体主要是个体的特质或倾向。虽然条件价值的物理客体可以获得额外的互补价值，但只有在这些客体通过次要关联或工具判断与主要客体发生联系时，才会获得额外的互补价值。如我们所见，这些客体是在同情参与过程中形成的观念建构。通过移情，个体的情感获得了一种共通且超越个体的特性。与这种情感相对应的倾向，现在被推测、假设或判断为存在于另一种情感中，通过参与和共享获得了新的意义和价值。然而，当这种倾向以这种方式被认识，并具有了主观的"参与价值"时，它还可以作为自我或他者的表现而进一步被内在地、独立地赋予价值。这就构成了个体价值或特征价值。

我们对个体价值的态度，无论是针对自己还是针对他者，通常表现为尊重、钦佩或它们的对立面——轻视和鄙夷。我们明确地把自尊与自满、自我鄙视和自怜区分开来，将对他人的"尊重/轻蔑"与单纯的"喜欢/不喜欢"和"怜悯"区分开来。这种区分的理由在于，第一类词语描述了个

体的价值，而第二类词语描述了条件价值。怜悯、喜欢/不喜欢是对条件价值情感的表达，可以用愉悦和不愉悦来充分描述。只有当我们将主观情感视为目的，将个体特质视为达成该目的的手段时，只有当我们构建起自身或他人的幸福观时，自我主义与利他主义之间的冲突才会显现。这是因为"条件价值"的主观方面缺乏共同的意义且不可共享。严格来讲，自满和自怜是自我主义的表现，而自尊和自我鄙视则不是；对他人不幸的怜悯或对他人幸福的满足是利他主义的表现；对他人的尊重和鄙夷既不是自我主义也不是利他主义。对人格本质的评估则超越了这种区分。①

在开展评估时，个体态度和非个体态度之间的区别同样清晰。在一定范围内，尊重与不尊重、钦佩与鄙视可能独立于对善与恶的道德判断。正如个体态度超越了自我主义与利他主义的区别，并且在某些情况下也超越了与之密切相关的道德善恶的区别。

前述对个体价值情感、情感客体以及客体特质的研究，阐明了这些情感中较为重要的特征。这些情感的意义是后天获得的，情感客体是一种观念建构。这些情感及其客体都以在特定意义领域中的发展为前提，该领域虽然是从较低层次的条件价值情感中发展而来的，但现在已与较低层次形成了鲜明对比。

深入分析，我们可以发现这些预设实际上是情感主体对客体的隐含假设。如前一章的研究所示，这些假设涉及对自我与他者是否具备某些特定性格、欲望、情感和行为倾向的预判。当这些假设被内化为对自己的要求时，便产生了个体义务感；当这些假设被外化为对他者的期望时，就构成了我们进行表扬或批评的基础。因此，观念建构被界定为自

---

① 对个体价值的理解往往伴随着仇恨和嫉妒的情绪，这实际上验证了我们的观点。我们不会因为一个人的个体价值而对他产生仇恨或嫉妒，因为这种价值是后天形成的，并且在本质上被视为美好且值得追求的。仇恨和嫉妒的情绪只有在我们关注那些与个体价值相伴的快感时才会产生，即那些我们认为与个体价值相伴出现或认为与个体价值有工具性联系的条件价值。因此，当那些不识字的雅典人听到别人称赞阿里斯提德为正义时感到厌恶，他们实际上是在羡慕这种美德所带来的奖赏。因为一个人的美貌、力量或美德而感到嫉妒，本质上是一种价值观的倒退。

我或他者价值意义领域的前提条件，而情感的客体正是这种观念建构。

二、如何在所有个体价值判断中假定人格观念的意义

当我们讨论个体的存在时，在个体价值的情感和判断中都设定了与人格有关的假设。在这一过程中，我们必须谨慎，以免超越心理学方法的范畴。无论最终对形而上学的实在性如何论述，严格来说，它都既不是直接体验的客体，也不是感知的客体，更不是简单鉴赏的情感客体，而是建立在直接感知和鉴赏之上的更高层次的概念。自我不是先成为一个现实存在的客体再被表征，而是一个在表征过程中被建构并且赋予个性的客体。最初，人格这一概念是为了现实目的而建构的，用于调节我们对同情参与的预期，随后，它发展成为一个具有内在价值和意义的客体，我们可以将义务、责任、优点和缺点归因于此，而这些概念代表了情感的某些后天获得的意义。总之，它首先是一种有价值的建构，其次才是知识的客体。

在个体价值的情感和判断中，总是假定着一种"自我"。在这种假定下的自我，首先是一个广义上的、理想化的自我。更明确地说，理想化的自我既是个体的也是超个体的，特定倾向通过指涉"个体"的概念而获得了更深层的意义，但最初的个体概念是一个框架，尚未根据独特兴趣和内心观念进一步细分为自我或他者。为了理解这一点，有必要回顾一下前一章中所提出的"个体—投射"的概念。[①] 在前一章中，我们讨论了这种理想投射在移情过程中的发展——从简单的感官同情过渡到想象的情感，从个体预设中抽象出情感及其概要特征——使其既是个体又是超个体的，既被解读为自我或他者，又在判断中作为自我或他者被认可。

第二节　确定理想人格特征的建构过程

一、同情性移情中的理想化过程

人格特征是由同情投射中某些固有因素决定的。其中，首要因素可

[①] 参见第八章，第 210 页。

以被定义为理想化趋向。这里的理想化是指在想象的、表面的移情投射过程中固有的倾向，可以被认为是一种在"他者"中扩大投射和存在的情感及情绪倾向。这种从个体预设中抽象出来的投射情感，被认为是更深刻、更广泛，且与人格更为一致的情感。

  这一现象的例证不胜枚举，在心理发展不成熟的个体中表现得尤为明显，尽管其表现程度因人格差异而异，却也在所有人际关系中都或多或少存在。原始社会中的人对首领的力量和傲慢抱有深深的敬畏，却忽视了由此带来的负面影响（如阴暗面感受），也忽视了这种优越感带给他们的痛苦。孩童对善良美丽的女士抱有崇拜之情，单纯的人相信学者拥有无尽的知识，即便是较为成熟的人也不免有类似的错觉。爱情中的错觉是一个很好的例证，因为它非常适合揭示这种错觉的心理根源。恋人通过移情感受到他所爱慕之人的爱，但这种移情是从个体假设中抽象而来的，因此他感受到的是一种被净化和放大的爱。他自己清楚地意识到这种爱依赖于感官和其他假设——他知道这与条件价值（在这种情况下指的欲望）相混合——尽管他可能认为这种情感是稳定的，但他也能感受到情感的波动。虽然在理智上，他推断对方可能也有类似的情况，但凭借直觉他却无法将这些情况投射到对方身上，因而忽略了这些情况。他所观察到的这种被放大和净化的爱，被认为在他的爱人中有相应的倾向——这是他个人所无法实现且具备一定深度和广度的倾向。[①]

  这种富有想象的投射以及随之而来的情感，是从个体和限制性前提中抽象和扩展而来的，这仅仅构成了理想化的初级阶段。投射出的情感同时指涉个体和超个体层面，当这种情感作为他者的态度以移情的方式被实现后，它又被重新解读并融入自我之中。正如我们所讨论的，通过想象投射而被理想化的情感，再次以其理想化的形式与自我联系起来。利普斯以比我更加精确的术语描述了这个过程："当我观察周围时，其

[①] 参见利普斯：《伦理学基本问题》，第44页。这是一个经验事实——利普斯在其论证中正确地强调了这一点，即在承认他者的内在个体价值与从自我中衍生出来的价值相对立的过程中——同情投射的正常伴随现象是在理想化"他者"时，将"他者"中假定的态度或性情与我们自己进行比较。

他人的表现在某些方面超出了我在自己身上所观察到的人格特征。正如我们所知，这意味着其他人的表现激发了我内心对自我本质的认知强化。由此在我内心形成了一个新的人格观念，它之所以成为理想人格，是因为它是对我的真实人格的扩展。最终，在这一过程中，我形成了对理想人格的想象。"①

二、人格分化——理想化中的负面时刻——理想化过程中的下一阶段

到目前为止的讨论中，我们仅探讨了对人格的观念建构。条件价值与个体价值之间的初步对比仅仅是观念建构的起点，但这种对比及其引发的理想化并没有就此终止。迄今为止的对比主要存在于想象情感与实际情感之间，即投射到他人或反馈到自我中的情感与具有个体预设的个体情感之间的差异。在获得他者认同或在回归自我认同的观念建构过程中，涉及个性化的进一步发展，这可以被描述为个体价值的对比、与自我或他者相认同，以及与次生人格条件价值的对比。这些因素共同促成了人格的分化。

无论是在自我还是他者中的人格分化，都是观念建构过程中的一个众所周知的阶段。在所有伦理判断中，"高级"自我与"低级"自我之间的区分被作为一个基本预设。对这一现象的分析显示，人格分化最初源自对感性对比的明确认可或对立。如果将积极的性格特征作为辨识某个人的关键特质，就需辨识出相反的负面特质，这进一步强化了自我概念中主要分类的对比。肉体与精神、欲望与意志之间的对立是这种情境的典型代表。恰如这些例子所示，通过这种对立，"精神"和"意志"的投射获得了新的意义，并且与理想人格更加一致。

然而，如果我们没有意识到这个阶段可能仅是后续阶段的起点，没有意识到在人格分化的发展过程中对低级趋向和负面因素的彻底排斥，我们就无法充分理解这个阶段的真正意义。例如，在将诱惑概念化并将其以敌对人格的形式进行人格化时，就步入了这一阶段。这种外部化的

---

① 利普斯：《伦理学基本问题》，第37页。

极端情况出现在某些宗教的人格化过程中，最高的个体价值被善良的上帝所认同，而邪恶则被投射成对立的人格和力量。那些将自己的意志与上帝的意志相认同的个体，经常会通过对比的完全一致性而获得完全圣洁的绝对价值，而其他人则将圣徒的理想价值归于他。当价值情感被外化到一个对立的社会群体中时，价值情感的提升也是相似的，如殉道者的个体价值通过与周围的邪恶形成对比而变得更高。作为殉道者，他内心可能存有一些邪恶念头，但是当基于某个至高无上的个体价值塑造个性化人格时，那些邪恶的负面影响因素就会被排除。这种完全对立通常只在人格的孤立状态下得以实现，在美学建构中，负面因素被暂时忽视，在所有基于理想信仰的观念建构中，都存在着类似的美学时刻。正如我们稍后将看到的那样，在某些情况下，即使是纯粹的美学观念也可能转变为信仰，并影响我们在现实中的道德情感和判断。

三、人格的直觉（审美）个性化——互补价值的获得

迄今为止，在我们对人格的观念建构的研究中，已经强调了其示意性特征和超个体方面的内容。通过个体情感态度的理想化投射及其与条件价值的对比，人格具备了个性化的指涉和意义。然而，当以这种方式建构观念时，当某个人的特质被视为其个性的内在表达时，进一步的个性化过程便显现出来，这些个性化特质通过成为和谐整体中的一部分而获得互补价值。人格的对立或分化，以及最终对个性的审美或准审美的单独考量，为个性化重构和人格要素的重新排列创造了必要条件，从而使人格要素融入客体成为可能，并由此产生互补的内在价值。

人格的个性化是前述章节中所讨论的直觉性建构[1]，前述章节描述了这种个性化建构的形式，既包括感知和态度等形式，也包括确定感知和态度的基本法则。特别是，我们考虑了通过感觉和感知活动的重组创造的美貌、礼仪、清洁度等新的鉴赏客体；我们也考虑了观念建构的个性化，例如，一笔钱的每一部分都具备工具价值，当将这笔钱的总和作

---

[1] 参见第六章，第147页及其后。

为一个整体或总体时，这笔钱还获得了工具价值之外的内在价值。人格的个性化建构法则与这些类型没有区别，差异仅在于所涉及的要素有所不同。

在建构理想人格的过程中，对比法则具备基础性作用。实际上，正如我们所观察到的，其他两个法则在某种意义上都是对比法则的具体表现形式。人格中的某一特质通过与其他特质的对比获得互补价值，这种现象可以从两个方面进行观察。一方面，这种特质既可以与周围人的相反特质形成对比；另一方面，它可以与同一人格内已经被克服或正在被克服的对立特质形成对比。例如，殉道者的圣洁被视为与其人格具备完全一致性，与周围的普遍腐败现象形成鲜明对比。奥古斯丁之所以被尊为圣人，部分原因在于他晚年对理想目标的全身心奉献，这与他早年生涯中的低层次欲望和情感形成了强烈对比。无论是在内在自我与外在自我之间，还是在自我与社会之间，这种对比都加深了对实在性直觉和人格价值情感的理解。那些经历过心灵转变的人喜欢将他们的现状与过去进行对比，这种做法源自通过将当前观念与人格完全认同所增强的个体价值情感，以及由此对比带来的情感升华。

所谓的"整体序列"原则，在美学建构中扮演着至关重要的角色，并且在个体价值经验的真实活动和判断中也发挥着重要作用。这一原则甚至可以被描述为自我与他者性格塑造中的一种戏剧化趋向。无论是有意还是无意，追求统一性和连续性始终是人格塑造的核心目标。个体生活行为和表达在时间序列中的排列，以及它们根据目的所确定的特质顺序或意义，构成了赋予人格互补价值的主要来源之一。这种准美学的人格塑造与我们对自身过去的重构或对未来的规划密切相关，因为自我在本质上是一种价值建构。这一原则对于其他人格的传记性和历史性重建同样不可或缺。

最后，我们还需强调"终极情感"原则在人格特征中所扮演的重要角色。总的来说，如前所述，基于目的进行选择、归纳和重新排序，将排序后的最终项视为人格整体的核心，并作为整体人格特征的主要决定因素。即使在日常生活中，这种"最后一刻"也非常重要。以各种形式表达的"盖棺方能论定"的思想，凸显了对最后一刻的重视。同理，在临终前的最后一刻对个体进行整体判断是非常重要的，这一重要性通过宗教对"善终"的强调得到体现。

但在文学作品中开展美学特性描述时，在历史记录和传记的准美学特性描述中，这种观念建构法则的作用最为明显，这一法则在确定人格整体价值方面的重要性也得到了最佳体现。即便在生命中相对无意义的阶段，如果最终时刻展现了极致的力量或自我牺牲，也会给整个生命赋予至高无上的意义，并可能将生命的所有时刻神圣化。实际上，通过最终时刻与之前行为的软弱或邪恶形成鲜明对比，可以提高人格的价值。在逻辑上，目的的最终性独立于时间的最终性，但这对于直觉性建构而言却并非如此。从某种意义上说，一个人生命中的主要高潮，例如他的英雄时刻，何时发生极其重要，但从另一种意义上来说，它又并不重要。因为一个人生命中的高潮具备超越时间的价值，从整体人格的视角来看，无论是在生命的早期发生英雄行为后平庸地度过余生，还是在生命的最后时刻通过一次美好的行为赋予生命意义，都会使世界呈现出不同的面貌。正如在音乐和戏剧这些"时间艺术"的统一性中，我们试图在人格审美中使这两种"目的"重合。

在前述的人物特征描述法则中，我们揭示了理想化过程的建构法则，该过程始于同情性移情以及随之而来的个体价值与条件价值之间的对比，并在个体直觉的个性化中继续发展。在以下两种情境中，价值得以实现。第一种情境，是理想化过程的初始阶段，获得的价值是超越性的，即态度的投射、共同意义的获得以及与条件性价值的对比，这种超越性产生了一种新的需求。相对于他者而言，这一需求在个体内心中被感知为一种个人义务，并且转化为对内在个体价值的追求。另一种情境，个体化建构获得的价值是内在的，是融入客体内部的，即实现人格统一。这里的价值观念是具备部分美学或完全美学特性的，对价值的感受表现在完美、高贵、品格之美等美学范畴中。在获得这种互补的内在价值时，许多人格特质之所以显得重要，很大程度上是因为它们是独特整体的必要组成部分，并且这些特质仅具备个体价值，对于社会目的而言并不具备工具价值。

四、结论

通过对个体理想化过程的研究，我们可以得出以下结论：在这一过程中，产生了新的意义和新层次的价值评估。通过指涉个体观念，并与条件价值进行对比，倾向转变为与简单鉴赏有本质区别的情感客体。这些带有前提条件的价值情感不仅在本质上获得了新的意义，而且在人格指涉中具有了更广泛的超越性和内在性、更大的深度和广度。因此，它们实现了价值或"情感—意志"在意义层面的绝对提升。通常情况下，个体价值高于条件价值。实现个体价值的需求，如完成"个人"义务，比完成条件价值客体所需求的准伦理义务更为迫切。与条件价值的客体相比，个人特质具有更大的持续价值。我们将在后续章节中对个体义务和个体责任的研究中，进一步证实这些结论。

第三节 适用于以个体价值为客体的评估法则

一、问题

示意性理想化人物的存在，曾在个体价值的情感和判断中被模糊假设或推测，现在已经在大致轮廓上被描绘出来。可以看出，这一概念性术语指的是一套被假设存在的倾向或"情感—意志"趋向，这些倾向有时存在于自我中，有时存在于他者中。这就是我们称之为"个体"的整个价值群体的背景或预设条件，它揭示了这种社会观念是如何通过观念建构中固有的个性化原则而实现个性化的，以及这些元素是如何作为独特整体的一部分获得互补价值的。因此，做出判断的个体带着这样的期望、假设和要求面对被判断的客体，而对客体功过的归因，则是对预期倾向是否存在的判断所引发的满意或不满意情感的表达。

就其本身而言，这些假设或要求是同情参与过程中产生的倾向的具体体现，并受这一参与中固有的理想化选择过程影响。一旦我们充分认识到这点，就会明显看出，迄今为止，我们的讨论忽略了个体价值情感及其相关判断的一个重要层面,即数量或程度。由于个体价值判断背后的假设是通过同情参与和理想化过程来反映意义,因此,当个体面对判断客体时,个体不仅倾向于预设某些特质的存在,还期望这些特质达到一定程度。

因此,个体价值的情感和判断取决于这些期望的实现程度。正如我们所见,任何数量的相对价值是该数量与预设需求量之间的关系函数。这种需求是由之前评估行为中形成的情感或欲望的倾向所决定的。在这种情况下,需求是理想人格的反映,是通过指涉个体建构而获得的累积倾向。现在,我们的任务是,用量化的方式来界定这种需求,并以此确定个体价值的观念客体的评估法则。

二、基于通用评估法则来审视特定客体

通过对评估法则的研究,我们可以看到,解决这一问题的方法是将第六章《评估法则》中提出的一般法则应用于一个特定议题,即把法则应用于特定类别的价值客体。当我们把个体价值客体界定为观念客体和内在客体这种特定客体时,实际上已经确定了与这些特定客体相关的评估法则,这是因为此类客体的价值具备被"持续评估"的能力,即随着客体数量的持续增加,客体的价值也随之持续提高。我们发现,条件价值和工具价值的客体都遵循限制性价值法则,相应的价值判断也反映了这一法则在发挥作用,也就是说,条件价值和工具价值的阈限与该法则有关。而另一方面,具有个性化和能够获得互补价值能力的观念内在客体,则不受该法则的制约。因此,我们得出了如下推论,即价值判断的预设包括:客体绝对价值切实存在,且具备被持续开展价值评估的可能性。

如果这些通用原则对个体价值的特定客体类别成立,那么对此类客体的需求将是无限的,我们对个体价值判断——无论是对义务的判断还是对责任的判断——的基本假设是,个体价值倾向的无限增加意味着价值程度的持续增加。如同前述章节中的例子所示[1],无限期地期望倾向增

---

[1] 参见第六章,第160页及其后。

长是"合理的";在反映这种愿望或需求时,我们对义务和责任的判断同样也是合理的,这种判断是对事实和价值经验法则的反映。

这一基于通用性考虑的结论将在后续讨论中被证明是合理的,对这一领域内的价值判断开展研究将会证实这个假设。我们将发现,关于个体义务和责任的判断是以该推测为前提的。基于这个视角对同情参与和理想化开展专题分析,不仅能为通用性结论提供更为具体的理论基础,还能揭示出开展个体价值判断时必须具备的一些关键事实。

三、受客体数量因素影响的个体价值情感

（一）数量因素分析

个体价值的情感源于直接同情和同情参与,而这种同情首先是感官同情。在感官同情基础上,发展出想象力的投射和倾向的观念建构,同时发展出与此相关的存在假设和判断。显然,在研究数量对情感程度的影响时,我们必须注意到情感客体与相关预设的区别。在简单的感官同情中,数量因素以两种形式出现:一是作为同情参与的重复度,二是作为同情参与过程中的主体情感强度。当达到假设和判断的观念建构水平时,客体不再是直接的情感表达,而是预设的倾向。在第一种情况中,用广度来衡量倾向,即倾向在人格中的习惯性程度;在第二种情况中,用深度来衡量倾向,即倾向在人格中的基础性程度。

（二）感官同情

基于发生学视角,我们发现感官同情是同情参与的最基础层级。重复这类情感会导致敏感度减弱,并最终导致同情参与的停滞。经验分析无疑证实了这一点。无论是在客体参与的非个体美学移情中,还是在客体参与的他者情感伦理中,这一点均十分明显。正如前一章研究所清楚揭示的[①],在"内在模仿"的情况下,当诱导条件是感知运动形态时,重复会导致感官共鸣的减弱。当诱导条件是个体表达时,这种情况会更加明显。在对他人的快乐和悲伤进行感官同情时,这种同情明显只在短时

---

① 参见第八章,第206页。

间内和有利条件中发生，并且随着重复丧失同情强度。[①]然而，在这两种情况下，都存在以直观情感来替代感官同情的可能——更确切地说，就是通过情感想象或情绪抽象来代替感官同情。

重复造成的敏感度减弱效应与餍足感减弱效应一样，即当情绪表达的强度高于一定水平时，人们产生的同情增量将逐渐减弱。正如在他者身上观察到的，可以通过极度的喜悦或悲伤，通过无限的热情、奉献或牺牲，让富有同情心的人产生情绪，就感官共鸣而言，在"知觉—情感"领域中可能有类似于餍足感减弱的效应，尤其是当受试者对这些情绪体验设有倾向界限时。然而，在这里，感官同情的界限并不一定就是所有同情参与形式的界限。对于情感共鸣的替代——类似于想象力情感，能够显著扩大我们的参与广度。正如在戏剧中所体验到的美学"期待"，我们发现当满足一定条件时，观众会在被描述为"真实"的情况下，以不可能的方式和程度，同情参与到演员所表达出来的无限增加的情感。美学上的孤立和幻想使得我们的同情参与能力不同寻常地扩展，使自我与他人情感的完全认同（尽管是暂时的）成为可能，并使同情参与者与戏剧性呈现出的个性认同成为可能。

（三）判断与假设情感

感官同情受极限价值法则的约束，该法则是由敏感度和餍足感的减弱决定的。但是感官同情并不意味着同情参与的终点。在某些参与形式中，感情以假设和判断为前提。我们接下来要明确的问题是：在实现情感时，认知行为对倾向及相关假设带来的影响是什么？数量因素产生的效果是什么？乍一看，这个问题似乎更加复杂，但当我们意识到所带来的效果并非情感迟钝或情感餍足时，问题立即变得简单了。此时，极限价值法则不再适用于判断和假设情感本身，因为它们并非"知觉—情感"。[②]随着这一负面结论的得出，讨论内容立刻变得清楚，我们关注的不是单纯的重复和过度刺激的机械效应，而是我们称之为判断能力的限

---

① 参见第六章，第155页。
② 参见第六章，第148页。

度问题①，当客体的数量在认知行为中被感知到时，该数量的价值要么是工具性的，要么是内在性的，当价值情感通过工具性判断进行调解时，它会受"极限价值"法则的约束，这一点在前文中已经有所阐述，在此不再赘述。这条规则适用于倾向价值，前提是这种价值具有工具性。另一方面，当价值是内在的，并以其作为整体中的部分个体存在假设为前提时，互补价值法则就会发挥作用，而被持续开展价值评估的能力完全取决于目标价值、个体化以及独立程度。那么，价值程度是否增加，取决于随着个体价值客体数量的增加，该客体能被多大程度地赋予内在价值。这些互补价值是否发挥了作用，是否决定了我们在实际判断中预设的个体价值需求，取决于这些内在评估在多大程度上改变了这些判断的倾向预设。

四、理想化对现实判断和倾向判断的影响

（一）观念是想象化的建构

只有在对人格进行美学或准美学单独考虑的条件下，内在评估才成为可能，正如在理想化过程研究中所描述的那样，想象性投射其导致的差异化、个性化的重要作用已被强调，这些想象或假设的情感是否参与形成了我们的长期信念或实在性的隐含假设？显然，当前讨论中的关键问题是想象力引发的情感如何影响我们的现实情感倾向，并因此影响我们的价值判断。当然这是早期章节中已经充分讨论的一般问题的另一个方面。②在那里，我们强调，想象力和判断力带来的情感会改变我们情感的倾向和隐含假设，在评估过程中具有重要作用。在这里，我们可能无须进一步分析事实就可以直接得出结论，但是，如果我们对美学参与开展独立分析，将使本研究更为令人满意。

（二）拟似模式在简单鉴赏中的作用

拟似模式及美学模式在简单鉴赏中的影响已经被阐明，但基于此重新深入思考这些事实，将使我们更好地理解其在人物特征描述中的作

---

① 参见第六章，第 160 页。
② 参见第六章，第 129—132 页。

用。基于认知角度思考,确实存在有意识的自我幻想,而在大多数美学体验中,尤其是在艺术的创作和评估中,需要有意识地排除幻想这一干扰因素,人们也一直在通过判断排除各种幻想。但是,实在性与幻想之间的界限不应被过度强调。美学鉴赏模式与其他价值观念之间存在天然的联系,因为美学鉴赏模式是具备活动性的价值运动,在这种运动中,假设起到了判断的作用,而欲望转变为了一种倾向。但正是因为这种内在的联系,在这种运动中获得的内在价值改变了我们的现实价值情感,正如我们在价值归因的现象中所看到的那样。[①] 即便在艺术领域,这种假定的情感也会对我们的实际欲望和情感产生影响。在像丁尼生的《食莲人》这样的艺术作品中——一个几乎完美的情绪幻象,在消除了所有扰乱幻象的因素后,和平与遗忘的主导情绪得以完全实现——它的影响可能在非美学态度中持续存在。虽然短暂假设梦境之地的存在不可能转变为对其真实存在的真正信仰,但由于这是一种基于情感的、被暂时满足的欲望倾向,所以这种幻想可能以一种微妙的方式影响现实的情感和判断。正如哥伦布(Columubus)所言,"启发他的不是天文或几何学,而是他对《以赛亚书》中关于新天地预言的解读",这种梦想不仅能孕育出一种最终会自我实现的信仰,还可能成为判断实际行动和生活的关键,从而推动实现改革者梦想中的新天地。

(三)美学在人物特征描述中的作用

当我们探讨想象力在塑造人物特征中的作用,以及想象力对我们个体判断背后隐含假设的影响时,想象与信仰之间的界限变得更加模糊不清。在我们对伦理和美学投射的研究中,发现差异并不在于投射出的情感本身,而在于对某种倾向存在与否的判断或假设后所跟随的二次情感参与。以《李尔王》(King Lear)为例,投射出的情感,可能比在现实生活中实现的情感更完整。当参与的冲动或倾向最为微弱时,相应的参与情感就可能被认为是不真实的,这属于假设性的情感。然而,这些假设性的情感可能通过几种显著的方式演变成为判断性的情感。把舞

---

① 参见第七章,第196页。

台上的情感当作现实,并据此采取行动的常规做法,粗略地揭示了假设与判断之间的关系。审美态度的极端理想情况,即无欲望的直觉,难以得到完全实现。愿望总是以一种潜在的形式存在,并随时可能在对实在性的粗略模仿中迸发。然而,对于更丰富的价值体验而言,更重要的是所谓的"对实在性的事后感觉",即重要的是对某些情境、情感等是真实的信念或判断。这样,我们就遇到了一个有趣的情形,一种情感的意义未被充分鉴赏,但其所假设的特征被充分实现时,这种情感可能会逐步演化为以判断为前提的真实情感。这样的现象并不罕见,理想化的激情和情绪的审美实现可能会激发出一些预期,进而影响现实生活中的判断。同样,一个人可能会相信自己的梦想,而这些梦想最初仅仅被认为是"美梦"。①

五、绝对的个体价值:以客观存在的绝对形式存在

"自我"是一个个体化特征的观念建构,涉及对比、序列排序,以及终极性概念的整体化。建构这一概念涉及美学理想化中才可能的"负面因素"的隔离和剔除。在这种理想化中,绝对价值得以实现,即出现了个体价值客体与人格完全认同的情境;彻底消除负面因素,完美理想得以实现。

在实际的道德品格塑造中,这种理想状态只能被不完美地实现。自我反复地被区分为较低层次和较高层次(即康德所说的经验性意志与理性意志之间的对比),这是建构观念和做出伦理判断的必要条件,但这

---

① 这种从美学视角、富有想象力的人格建构,仅仅是对实在性的假设和有意识的"自欺欺人",到真正信念的转变,在一些通灵的案例中被极端地展示出来。在弗卢努瓦(M. Flournoy)的《火星之旅》(A Journey to Mars)中,似乎可以确定,二次人格的形成之前有一段孵化期,在这段孵化期中,理想的虚构人格是从阅读、对话等获得的材料中建构出来的。随着时间的推移,围绕一个核心观念,趋势和态度逐渐成系统,并伴随着干扰幻想倾向的消除。最终,这种分离变得如此彻底,以至于这个系统获得了新的名字并成为一个全新的人格。从假设到判断的转变及其伴随的信念转变是渐进的,这种转变的贡献在于它提供了完全自我暗示的条件,阻止了所有可能干扰幻想的倾向,这可能再次把信仰变回为假设。

第九章 个体价值

种区分通常是不完整的。理想的个体价值客体与人格的完全认同仅仅是一个待实现的理想，因为完全排除负面因素是困难的。然而，在自我实现的过程中和对他者的特征描述中，确实存在独特的体验，完全认同的幻想、完美的状态成为实际伦理过程的一部分（这只在纯粹的美学体验中具备可能性），在这一过程中，美学假设获得了现实判断的认同。这些我们可以称之为实践的绝对性。

在这些独一无二的体验和至高时刻出现的情境中，个体与周围社会价值之间的反差，或是真正的个体价值与较低层次的条件价值之间的反差是如此之大，以至于负面因素完全被外部化了。通过获得观念客体的认同，实现个体与观念客体的人格统一；审美隔离和审美幻想则得以完成。这表明，在心理层面上，对于直接体验而言，存在着不可动摇的个体价值——尽管从更加客观的非个体和超个体的角度来看，这些价值可能会有不同的判断。宗教体验中的观念建构以及个体对这些建构的认同便是相关的实例，基督的至高牺牲成为一种信仰客体，而个体意志通过获得他的意志的认同，在一些特殊情况下产生了完整圣洁的体验或幻想。这些宗教体验的一个引人入胜的特点是，虽然它们像美学体验一样基于孤立性（基督与上帝合而为一，信徒"与基督一同藏在神里面"），但在宗教体验中，所有"扰乱幻想"的因素和一切对立因素都被完全抑制，使得原本的假设转化为了真正的信仰。这种体验瞬间实现了最高价值，排除了所有关于可能性和概率的疑问，排除了所有超越当下伦理和道德判断特征的指涉。需要特别强调的是，虽然这些体验受到美学和准美学孤立的影响，但它们的影响超越了当下的瞬时体验。美学和宗教上的假定激发了期待，这些期待在道德义务判断和道德责任判断中充当了观念的规范。此时我们关注的问题不是这些体验的主体是否具有体验真实价值情感的能力，也不关注现实生活中的人是否能展示这种观念倾向，而仅仅关注心理学中的美学体验所产生的假设是否改变了现实中的信仰和判断。

我们将探究在心理中产生绝对价值的关键点，并说明它们是在什么心理条件下实现的，它们可能是在悲剧性或英雄式的升华中实现的，也可能是在内心的和平与和谐中实现的。前者表现为超越价值的极限情况，后者表现为内在价值的极限情况。悲剧性提升可能出现在两种情况中：一种是个体完全将某种态度与自我认同，并因此成为个体价值的态度，此时所有的条件价值——包括作为条件价值预设的生命——都被舍弃；另一种是个体与社会的外在价值判断完全对立，并为其认同的价值奋不顾身。这里提出的论点通过一个例子得到了阐述，即便是那些从客观性和工具性的角度来看并不值得为其牺牲的事物，也能实现绝对的个体价值。从心理学角度看，这种通过强烈对比或对立达成的人格完整性，是人格核心特质被突出至其他一切因素变得不再重要的结果，同时，这些次要因素及其行为效果的考量也随之变得无关。将失去的事业捍卫至死的领导者，不论他牺牲的效果如何，其价值都被绝对地认可。

以同样的方式，人的缺陷和弱点也能被这个人的最后行为抵消。这是"终极情感"赋予整个人生命的基调。只要存在牺牲或对立的不彻底，我们对个体的人格判断就会被负面因素及其社会效应的次要判断所复杂化。反之，让牺牲或对立完全实现，这些次要的判断就会变得无关紧要。个体真正地提升是超越了这些判断的，这些判断变得外部化且无关紧要。以类似的方式，对应于"英雄式"的理想，"美丽灵魂"或内心和谐的理想代表了一种理想的人格建构，在这种人格建构中，所有干扰因素都被排除了，并且达到了意愿满足状态。这里，我们又一次遇到了一个可以被视为评估中的"绝对时刻"，但此次，相对价值向绝对价值的转变并不是因为通过一个至高时刻的努力和牺牲使得倾向与人格完全一致，而是因为通过重复和习惯形成了完全一致性。

很明显，这些时刻只有通过一种准美学的人格孤立才能实现，这一过程的条件已有所阐述。无论是在履行义务的崇高瞬间感受到的绝对个体价值，还是在绝对牺牲或人格完美和谐的瞬间中揭示的他人的完美感，这类体验都建立在一种假设之上，这种假设只有从因果和工具的角度抽象出来才能实现。因此，关于绝对个体价值的可能性、实际性的假设或假定，可能无法从普遍理论的视角得到证实。但是从当前讨论的角度来看，这些时刻的重要性在于它们构成了实践中的绝对标准[①]，可以说，这是认知及其相对价值最终停止的关键点。尽管这些只有在审美体验中处于个体孤立状态时才能实现，但它们创造的期望决定了对个体价值开展实际道德判断的规范和标准，后续的研究将进一步揭示这一点。因此，我们可以总结这次讨论：只要个体价值客体的内在特质被赋予内在价值，它们就能获得绝对价值。

[①] 对于"绝对"一词的类似用法，请指涉西美尔的《货币哲学》，第213页。西美尔在书中区分了绝对目的和相对目的："绝对——在这里所讨论的实际意义——是那些意志过程中最终停止的事物的价值。"强调将"实践绝对"这一术语来描述这些悲剧性提升和内心平和时刻是有其必要性的。它们在实践意义上是绝对的，因为相关客体的存在信念带来了一种意志满足感，超出此点，任何相对增长显得不可能。这些客体为评价过程及其目标的实际感觉和意愿活动而存在，但不必与这些过程分离。这些时刻是个体的感觉和意志过程完全实现的时刻，但从一个更客观、非个体的视角来看，这种对绝对客体的信仰可能看起来是虚幻的。

第十章 个体价值（续）

第一节 基于前述理论中的起源和本质分析个体价值判断

一、问题

一直以来，人们认为个体价值的情感和客体界定了一个明确的价值体验领域，而前一章的研究已经在很大程度上证实了这一观点。将人作为个体开展评估，形成了一种相对独立的评估类型，这类评估预设了客体与态度之间的区别，并以特定的预设和假定为类型特征。如果这种观点成立，那么我们可以通过对现实判断的详细分析来证实这些结论——包括我们之前已经区分出的个体义务判断、个体优点和缺点的责任判断。无论是定性判断还是定量判断，这些判断都会揭示出某些规律，即价值的程度如何随着价值客体数量的变化而变化。对这些现象的仔细分析揭示了这种"价值与数量"的一致性，如果对其进行适当解释，就会发现它们反映了个体评估法则。我们现在必须转向这种分析和解释，在现实判断中证明或反驳我们的理论。因此，本章的任务是对个体特征描述和个体价值估测的经验法则进行表述和解释。

要开展这样的研究，首先必须明确区分我们关注的客体——个体价值的判断、个体义务以及优缺点的判断——与其他判断类型的差异。为了深入理解这些判断，我们需要清晰区别：（1）判断的客体；（2）用于特征描述和估测的术语和谓词，确保这些与其他类价值判断中的客体和谓词不同。此外，还需要区分出判断主体在开展个体特征描述和个体评估时所依据的标准或规范、期望、内在假设，与其他估测类型中的相应标准做出区分。如果能实现这种态度的分化和现象的孤立，我们就能通过追溯客体、谓词、预设的同情参与和观念建构的过程，来解释所讨论的价值判断。

二、个体价值客体

在我们的经验中，个体价值与条件价值之间的区别早在我们明确思考自利与利他之前就已经潜在存在。我们发现，人格倾向和特质有本质上孤立的内在鉴赏领域，这与将这些倾向或特质视为实现条件价值的工具完全不同。个体价值的客体，通过同情性移情和观念建构，成为具有普遍意义的观念客体；进而，通过与特定个体的整体相关联，获得更深层次的互补价值。它们之所以有意义和价值，是因为它们作为个体所呈现出的整体特质。我们已经探讨了个体价值的客体是如何建构和如何与条件价值对立的，这里就不再赘述。重要的是要明白，个体价值客体与条件价值客体的这种对比在所有具体价值判断中都存在，并将在我们对个体特征描述所使用的谓词和个体价值的量化估测中进一步体现。

因此，个体价值判断的客体，归根到底，是人的特质和倾向；而以功绩或缺点的形式表现出的价值，是在拥有或不拥有这些特质的基础上归因于个体的。但在我们深入探讨个体价值判断时，还需注意个体价值判断中的孤立性，这需要我们更细致地研究。这些理想化的特质和倾向，可以从两个明显不同的角度来评估：一是基于个体视角，二是基于超个体或非个体视角。当基于个体价值的视角开展评估时，这些特质或倾向被视为观念个体的一部分，具有内在价值。在这种个体化判断中，判断主体是从对社会超个体倾向的指涉中抽离出来的，是从这些倾向的社会参与工具价值中抽离出来的。个体判断以个体与社会指涉的隔离或分离为前提，并且基于直接同情参与及理想化特征产生的期待来估测个体价值。而在超个体态度中，判断者则忽略了这些特质或倾向的个体指涉与意义，最终通过后续的描述过程，形成了一个相对中立或非个体化的视角，在这个视角下，判断受到更广泛社会意识中的需求和期望的影响。

这种差异在一些特定事例中表现得非常明显，我们很容易就能识别出来。大致上，这些情况可以被描述为兴趣或注意力的转移，一种假设体系的确认以及另一种假设体系的否定或抑制。在特别强调个体态度的案例中，当尊重和钦佩等内在伦理或美学谓词被内心唤起时，我们对人物的特征描述几乎总是优先考虑"可爱的"等纯粹个体化的准伦理特质，而不是那些具有更广泛社会指涉的个体道德特征。同样，更具美学的特质，如和谐或力量，往往与其表现出来的行为无关，却可能会比社会美德更受重视。在极端情况下，存在着一种个体崇拜和钦佩，几乎完全不考虑道德判断。事实似乎是，有些个体特质对社会价值的指涉是最间接和遥远的，有些则对个体和社会判断都有意义，还有一些则可能在指涉中几乎完全是非个体的和社会的。重要的一点是，个体参与中的需求或假设与更广泛的社会需求或假设在重要方面有所不同。尽管如此，这种对个体的孤立始终是相对的；只有在美学特征描述活动中，才能实现完全孤立，因为那里的抽离和孤立的条件是最为有利的。但是，我们也应明白，这种孤立在所有具体的个体价值判断中都起着决定性的作用。

在判断中区分个体与非个体视角时，我们通常会用到"伦理"和"道德"这两个术语。这种区分与通俗用法相符，"道德"和"不道德"被用来指代那些普遍性和超个体性的标准，即康德所描述的完美义务领域；而"伦理"与"不伦理"则被用来指代一个更为宽广且不确定的个体观念领域，这是一个社会要求不那么绝对的区域。我们将进一步详细探究，由于这种态度上的差异，对同一倾向的个体与非个体评估在质量和数量上是如何不同的。但在讨论这个问题之前，我们需要先对用于个体价值判断的术语或谓词进行初步研究。

三、个体价值估测

当我们描述一个人的特征时，通常会使用伦理和美学两方面的术语。伦理方面的谓词，比如"好"与"坏"，是根据一个人是否具备在人际关系中所期待的某些特质来决定的。而美学方面的谓词，如"庄严""粗俗""美丽"或"丑陋"等特质，反映的是人格中各种特质的相互价值关系的和谐或不和谐所带来的附加价值。

对用于描述人物特征和评估其个体价值中的"善"与"恶"这两个

第十章 个体价值（续）

伦理谓词的分析，清晰地揭示了客体和态度的差异，也展示了前文所述人格的相对孤立性。首先，一旦那些对个体参与有工具性作用和条件性作用的特质和倾向，通过移情的选择性过程被区分并固定，并且被赋予内在价值，它们的价值完全以其在人格中的深度和广度、与个体的认同程度来估测。各种美德都按这些标准来评估。它们涵盖了仅在个体描述和鉴赏中有意义的准伦理特质（如可爱和值得钦佩的特质），也涵盖了更为基础的美德（如勇气、正直、坚持等具有更广泛社会工具价值的特质）。就个体态度而言，将一个人定性为"善"意味着个体价值高于条件价值，而定性为"坏"意味着条件价值高于个体价值。这种区分一旦建立，那么选择追求舒适和物质享受，选择追求身体健康，而非追求更具个体指涉意义的特质，往往会受到负面判断。除非在特定的极端情况下，这一法则几乎无一例外地被广泛接受。

因此，估测个体价值就是估测内在人格，这揭示了人格与社会判断的相对孤立性，并从人格特质的社会工具价值中抽离出来。这一点在我们对比个体价值和非个体价值的衡量标准时变得尤为明显。为了衡量个体价值的大小，需要考量这一特质在个体中的深度和广度，即这一价值在多大程度上与人格相一致，有必要开展一些比较，这可以在个体价值与条件价值之间的对比中找到。所有相对价值的评估都涉及正面和负面两个方面；一个客体的价值程度间接地通过牺牲其他客体的价值程度来衡量。当进行个体价值归因时，一个人的价值由他在追求个体价值时愿意牺牲的条件价值的大小来决定。因此，价值评估完全就是内在人格评估，反映了个体在建构理想人格时的自我分化。

这种评估方式与基于更具体的道德视角对特质或倾向开展衡量形成了明显的对比。在道德视角下，对倾向的道德价值衡量是基于个体转向超个体利益（即从自我利益转向他人利益）所做的牺牲。在这种判断态度中，个体价值和条件价值被视为个体范畴，这与超个体社会价值形成对立。从这一视角出发，对倾向价值的判断完全从倾向作为个体特质的内在价值中抽离出来，并完全基于该倾向特质表现出的参与超个体目标的能力，倾向的高低是通过衡量个体愿意牺牲个体和条件价值的程度来衡量的。确实，从它们的起源和意义的角度来看，个体价值在反思中可能保留对社会目标的潜在指涉。同样，一般来说，社会价值也具有通过反射来识别和补充个体价值的情况。但这种说法并非绝对正确，随后的讨论将证明这一点。个体价值和社会价值在某些情况下是中立的，这意味着概念视角中的个体伦理与社会价值只是部分重合。有些特质和行为虽然从个体伦理立场来看是重要的，但从社会道德立场看可能是中性的，反之亦然，某些社会要求在个体价值关系中可能并不适用。这一事实的系统意义和影响将在其他讨论中展开。[①] 重要的是，如果这些弱关系存在，它们对于特定的判断和特定情境来说是不相关的。

通过一个例子可以更清楚地展示这种情境，并进一步强调在个体价值归因时涉及的人格的相对孤立性。任何表现出超出基本个体价值（如追求目标时展现的力量、勇敢和坚韧不拔）的个体，都会形成自己的标准，并在一定程度上看到其他人接受这一标准。例如，我们评估某位无情控制他人的大亨或现实中的强盗时，会考虑到他对社会的贡献，而对他给出非常低的评估。但如果我们暂时搁置这种判断，只是考虑他的勇气和坚持，考虑他为了其自认为的个体价值而愿意牺牲条件价值，我们的评估就会有很大的改变。至少在那一刻，这些特质成为我们关注的焦点，我们似乎能够深入理解到比利己主义与利他主义更深层的意志终极实在性。这种不由自主而又时常令人困惑的双重标准，暗示了我们对于善的认识中存在的一种真正的二元性，我们必须彻底解决这一问题。

至此，出现了最后一个问题：个体价值的优越性和它与人格的关联可以通过两种途径实现。一种是通过增强个体价值的倾向，另一种则是通过减弱那些仅具有条件价值的倾向。是否所有情况下的价值归因都相同？根据我的经验，答案非常明确。如果我们的判断纯粹基于个体价值，那么个体价值的增加只能通过增强倾向来实现。单纯减弱条件价值会导致个体价值降低，因为无论这些个体特质变得多么理想化，它们都根植于那些更基础的、具有自发性的力量和意志的特质，正如我们所观

---

① 参见第十四章。

察到的，这些特质带有一定的伦理义务。削弱这些冲动也就削弱了与之形成对比的个体价值。反之，如果我们的判断纯粹基于社会和非个体因素，如何实现个体与条件价值之间的观念关系就不那么重要了，因为我们更关注其对社会目标的工具价值。关键是，我们的具体判断总是相对的和选择性的。在实践中，无论是因爱好还是因意志而形成的正确的个体习惯和特质，这在"快速"社会判断中其实并无太大差别，效果在两种情况下都是相同的。然而，当我们对个体开展判断时，其中的差异却很重要。

四、个体价值或超个体价值视角下的同一客体（倾向或特质）相对价值的差异

个体和非个体价值判断在客体与估测之间的差异，清晰揭示了个体价值判断中的个体孤立趋向。当我们进一步考虑这些判断的数量特征时，这种差异变得更加突出，正如已经揭示的那样，有一些特质或倾向既有个体指涉，也有非个体指涉，我们的态度则因此是"混合"的。但，即使是那些同时具有个体和非个体意义的特质或倾向，在我们的态度中也能明确分辨出来。将个体态度与非个体态度区分开来并不难，因为当以个体或非个体的判断态度为依据时，同一倾向会获得截然不同的判断结论，这进一步凸显了个体价值判断中的个体孤立。

首先，这种区别体现在个体与社会或非个体判断阈值的敏感度差异上，即个体和道德责任标准之间的差异。同一倾向在数量角度表现出的绝对量，在个体与社会判断中可能具有完全不同的相对意义。比如，像诚实这样的倾向，同时具备个体和社会指涉，就是一个很好的例证。在个体价值关系中微小的诚实偏差可能极为重要，因而微小的诚实偏差在个体评估中具有价值，而对于更广泛的社会交往来说，则可能被忽略不计。另一方面，对某些倾向的道德判断，可能在尚未影响个体判断的情况下就已经达到了阈限。这在道德规范中具有某种程度上的约定俗成，虽然这种关联相对间接和宽泛，但其与重要目标的指涉确实存在。在代表社会立场时，我可能会因朋友的轻微过失而责备他，但我的表情和语气却显示出我对他个人的态度并未发生改变。这在更重大的情况下也是成立

的。坦率地说，即便是违反两性关系等更基本规范的行为，如果这些行为是基于坦率、慷慨和自发的情感，那么也可能不会改变个体对其看法。

其次，在个体鉴赏中存在很多细微差别，这些差别对个人交往和判断至关重要，但不一定引起道德上严格的认可或反对。这一点我们在特质方面已经观察到。从道德的抽象角度来看，许多个体特质的重要性相对较弱，比如前文所提到的"可爱"的特质。当从定量角度观察这一情况时，这一事实变得更加明显。在那些同时引起个体反应和非个体反应的特质的情况中，表现出来的倾向量有很大的差异，这些差异不会影响道德判断。在基于某一倾向来进行个体价值归因时，如果判断是基于个体角度，那么行为背后的整体倾向会被考虑在内，并将其作为人格的一种表达，而价值程度也往往与展示出的倾向量直接相关。另一方面，在具体的道德判断中，我们更倾向于根据行为不可能发生的最低倾向量进行判断，即行为对社会的工具价值。除此之外，超出社会期望的倾向量过剩，无论行为表现出的是什么样的独特个体情感和情绪，都往往是无关紧要的，如果将其包括在判断中，则会得到一个与所表现的倾向量成微小正比变化的估算值。

通过分析这些情况，我们可以确认，基于特定的态度和预设，个体价值的判断确实形成了一种区别于其他判断类型的独特判断方式。[1] 根据判断时的视角是从个体角度还是从超个体（或非个体）角度出发，同一倾向或特质在质和量上的意义具有明显差异，这表明我们所讨论的个体价值归因遵循其自有的法则，这些法则由其特有的预设所决定。如果我们能够明确这些预设，就为解析这种类型的判断及其法则提供了基础。

---

[1] 迈农：《基于价值理论的心理学研究》(*Psychologisch-cthische Unlersuchrugen zur Werththeorie*)，第 295 页，在某种程度上做出了同样的区分，但他也没有认识到个体态度在价值判断中的全部意义。他将这种区分描述为情感和智力归因之间的区别。在智力归因中，价值判断的主体不是与判断客体有直接个体关系的人，而是代表整个社会意识的非个体主体；在情感归因中，主体是与他人有直接同情关系的个体。与智力归因中的方式类似，价值归因所依据的行为完全是根据其对社会目的的工具价值来判断的。行为的情感方面和它所承担的倾向在整个人格中的地位是不相关的，而在情感归因中，这些决定了判断，而工具价值往往变得不相关。

第二节　对个体价值相对估测或衡量的预设

一、个体义务及价值归因的阈值和规范：起源于同情参与的过程

决定个体价值判断的预设与决定道德和非个体判断的预设显然不同。前述章节单独考虑个体价值归因的现象就证明了这个结论。现在的问题是，是否可以更明确地定义这些预设，而从中推导出个体价值归因的具体现象。

如果用最一般的术语来表述，对个体价值情感和判断的预设就是我们所描述的理想人格。① 更仔细地审视会发现，这一理想包含某些隐含的假设，这些假设包括：个体存不存在某些特质或倾向，以及是否在同情参与和理想建构中产生了某些期望。当这些期望得到满足，当判断客体存在时，情感是满意的，判断是肯定的；当客体不存在时，情感是不满意的，判断是否定的。

要求自身或他人拥有某些特质或倾向，是前述个体价值情感的前提。这些特质是个体参与的必要条件，也是尊重和钦佩他人的必要条件。但是，正如我们所见，这些假设或期望也具有量化的方面，这是由应用于参与情感的评估法则所决定的。因此，情感的程度，以及由此产生的个体价值程度，是所表现出的倾向量（供应量）与预设需求之间的关系函数。就像在经济学中的条件价值、内在价值和工具价值一样，客体的价值程度是需求和供应这两个因素的函数；同样，个体价值是个体倾向量的存在性判断与预设期望或隐含假设之间的关系函数。②

---

① 参见第九章，第 222 页。
② 关于在此情境中应用需求和供给概念的适用性，自然会有疑问产生，因为尽管价值判断似乎是由预设的需求或期望所决定的，但伦理需求似乎不受供给的影响。这个非常普遍且未经批评的假设正是争论的焦点。作为抽象规范和理论上的表述，伦理需求确实看起来如此孤立。因此，"人作为本体，并尊重他人"这一要求所表达的人格理想可以说是绝对的，因为它实际上毫无意义。只有当观念具体化，当对个体的特定特质或倾向的需求变成具体价值判断的基础时，它才具有实际意义。但如我们在研究人格的观念建构时已经看到的，个体中的这类需求，无论是对特定特质的需求还是期望的量，都是由个体经验所决定的。

在我们对价值法则的常规研究中[①]，我们指出无论在哪个层面上，所有的价值判断都预设了某些规范和限制，这些规范和限制以概念性术语定义了预设的需求或情感—倾向的容量。这些被我们定义为价值阈值，虽然只在条件价值情境中被详细描述过，但研究表明，同样的概念也可以应用于更高层次的评估中。在经济价值判断中，为了衡量一个商品不同数量的相对价值，需要从定量角度明确需求的大小，即确定需求变化的概念范围、规范和限制，以及需求随商品数量变化的增减法则，同样，在个体价值判断中，也必须满足这些要求。

在之前的讨论中，我们已经尝试区分个体准伦理价值和非个体道德价值的界限。总的来说，这种区分主要体现在两个方面：（1）某个行为如果展现了一定数量的倾向，即使这一数量不会超过非个体道德判断的阈限，也足以唤起个体价值情感；（2）随着行为中表现出的倾向数量的增加，即使在道德或非个体价值视角中这种数量增加无关紧要或产生负面影响，个体的情感响应也会持续增强。因此，与道德或非个体价值判断相比，个体价值的判断标准更为宽泛，它的敏感度阈值更低，容忍度阈值更高。这表明，个体价值的范畴，尤其是那些基于人格化特质相对孤立的价值，覆盖的范围比道德价值更广。接下来，我们需要更精确地界定个体价值情感的阈值，因为它们是个体价值归因的关键参考点。

（一）常规阈值——特征的规范

所有的个体价值归因，无论是正面还是负面，无论是功绩还是过失，都基于一个共同的出发点，即所谓的常规阈值。常规阈值表示在个体交往、同情参与及其伴随的观念建构中产生的与正常期望、习惯或隐含假设相对应的倾向量。换句话说，人们期望在个体价值与条件价值的对比中，个体价值能够显示出一定的优势，并希望这些个体价值能在人格中占据一定的重要地位和范围。由于这种期待构成了人际交往中对人

---

① 参见第六章，第125页。

物特征的基本假设，我们将其称为人物特征的规范。①

这个规范实际上是一种习惯，当个体行为仅仅达到我们对"恰当行为"的预期时，这种行为并不会特别引起我们的正面或负面评估。对于那些表现出符合我们预期倾向的个体，我们既不会给予特别的赞赏也不会指责他们。只有当这些倾向明显地超出或未达到预期时，我们才会产生明确的反应和判断。从这一刻起，任何超出或低于这个常态的变化都会相应地被视为优点或缺点，被视为优点或缺点的程度取决于这种变化的大小。现在，我们需要明确这种变化的界限在哪里。

（二）个体价值的上限和下限——特征最低限度

我们观察到，对于某一特质或倾向，如果它已成为个体理想中不可分割的一部分，对维护个体价值关系和形成个体价值极为重要，这就会形成一种标准化的期望或特征描述的判断规范。从这个规范出发，实际表现可能会有较大幅度的波动。如果某人表现出超出预期的倾向，则可能会被认为有价值或优点；相反，如果某人在这些倾向上有所缺失，则可能会被认为有缺陷或不足之处。但这一系列判断的性质是由一些限制性的假设或预设所决定的，一旦超出这些假设或预设，判断的立场和类型就会发生改变。这些限制或阈值取决于我们所说的特征最低标准。

特征最低限度定义了为保持个体之间的和谐及尊重所需的倾向或特质的最低标准。这一术语，与生存最低限度相似，用于标志个体由条件价值过渡到个体价值的关键点。生存最低限度代表了相对条件价值的最低限度，当由相对价值转变为绝对价值时，生存最低限度用来描述维持客体生存必需的最低物资量，并且是无法找到替代品的最低物资量。而特征最低限度则代表个体价值关系中不可替代的最低倾向量。如果个体倾向低于这个水平，他或她在个体价值上会被视为无价值，这一点成

---

① 我们通过对比"参与准则"来进一步阐明这个概念的含义。在探讨纯粹道德判断（即那些区别于伦理和准伦理个体判断的判断）时，我们将发现存在一个可以明确区分和定义的常规预期。但是，这种常规预期与个体价值判断中的预期有所不同，它们遵循不同的法则。这指的是个体应具备的一种社会所认可的倾向量，这一数量是基于其对社会目标的实际贡献程度来确定的。

为个体价值归因的最低阈值。由于它代表了至关重要的个体价值的最低值，如果牺牲所有条件价值来换取这一不可或缺的最小值，就被称为绝对价值归因。

在如下两种情况下，个体的特征最低限度都发挥了重要作用。一方面，当个体倾向不再满足我们对其个体价值关系和尊重所期待的最低标准时，我们会愈发强调负面归因，直到价值判断发生质的转变。正如我们所看到的，个体立场是可以转变为非个体判断或纯粹的利他主义的，而这种转变是在辨识被判断者有条件价值或没有条件价值、快乐或痛苦时发生的。当达到个体参与所需的最低限度时，我们会用这样的短语来描述这种情况，直到认为此个体或行为"不值得批评"或"完全没有价值"。另一方面，当某人为了维护个体尊严（如荣誉）这样的个体价值最低限度，而牺牲所有其他条件价值，甚至包括生命时，我们的评估从负面转为正面，实际上从相对价值转变为绝对价值，达到了英雄主义或悲壮的高度。在这种极端的自我牺牲中，个体通过放弃条件价值来彰显了如勇气或忠诚这样的个体价值，这类行为使我们赋予其正面的评估。这种情况反映了个体价值的一种替换，展现了个体价值在极端情况下的独特重要性和意义。

二、个体价值的替代及其限度

这就引出了对个体价值替代这一问题的讨论。只有在某些特质或倾向无法替代时，才会出现所谓的特征最低限度。我们已经看到，这样的特征化最低限度或是所有个体价值归因的预设，或是一个隐含假设。那么，所有的个体价值是否都无法替代呢？为了准确回答这个问题，我们需要区分在特定的个体交往情境中无法替代的倾向，以及那些绝对无法替代的倾向。在经济学中，面包屑之所以被视为生存的最低要求是有条件的，仅限于特定的时间和地点下，这些条件使得替代成为不可能。同样，在对个体或伦理的价值归因中——在特定情境中某个倾向的最低限度可能没有替代品，因此影响了对自我或他人的评估。例如，考虑到那些在更亲密个体价值关系中不可或缺的、较为表面的个体价值——如美貌、名声、智力、处事技巧——尽管缺乏它们可能使人无法建立更深层次的个体价值关系，从而不得不开展非个体化的价值评估，但它们实际上是可以被其他深层个体价值——如荣誉、奉献、勇气、坚韧等——所替代的，因为通过揭示这些深层价值可以恢复个体价值归因。

即便是最基本的价值观，如贞洁和荣誉，也无法被替代，但在特定情况下，出于更根本的个体价值或本能特质的考虑，它们也可能被牺牲。这样，我们看到，尽管通常认为女性的贞洁和男性的荣誉无法被替代，但在某些情况下，如果因为强烈的爱、对孩子的关怀或是对国家的热爱而牺牲了这些价值，而这种牺牲真正反映了深刻的自我牺牲，我们则会将这些归因于一种终极的个体价值，这种个体价值有时甚至达到绝对价值的高度。为了爱情牺牲荣誉的行为也是如此，此时，更深层的个体价值取代了较浅层的价值。像《骑马像和胸像》所描绘的那种未能作出牺牲的行为，则会获得负面价值评估。因此，唯一绝对没有替代品的特质是最基本的个体价值——力量与和谐的特征。到目前为止，在我们单独考虑人格时，重点强调了个体价值中的如上几点。

尽管如此，我们必须明白，上述情况仅为特殊案例。幸运的是，对于大多数人来说，人格的孤立及其与社会需求的分离，通常只在纯粹的美学体验中才会出现。在我们对真实人格进行判断时，这些个体判断与社会道德判断复杂交织，使得个体价值归因的法则并不那么清晰，所有个体判断预设的人格孤立也往往难以完全实现。但重要的是，这种孤立性在美学领域是可以实现的，并且，当以这种方式实现时，归因的判断遵循这里所描述的法则，而这对于整个价值理论具有重大意义。

三、人格最低限度在个体义务中的作用

在讨论他人的个体价值归因时，特质最低限度的概念同样适用于自我认知中的个体价值情感，尤其体现在个体义务感上。在所有相对义务的意义上，特征最低限度都是预先假定的——这里的特征最低限度不仅是个体参与的底线，更是自我理想化形象建构的基础。

两个例子足以展示上述观点是如何发挥作用的。我们听到一些非常

有启发性的关于个体义务感转变的故事，这些转变发生在那些因特殊环境而与文明社会隔绝、生活在未开化地区的人们身上（不包括因履行义务而到这个地区生活的人）。我们经常发现，个体价值是在社会互动中获得的，由于缺乏继续获得这些价值的共情参与的社会互动过程，这些价值会逐渐消失。我们发现，用更基础的态度来代替更先进的态度是一种倒退。在一些情况下，原本被视为文明人标志的习惯，如清洁和礼节，可能会被忽略。然而，也有令人感动的例子，表明人们为了保持这些情结或显得绅士的习惯，愿意放弃重要的物质价值，甚至冒生命危险。在这种情况下，某种个体价值，如清洁，可能成为个体身份的核心，其重要性超越了其他所有价值，变成了非要不可的最小需求。这表明，在维持个体特质的最低要求上，我们可以观察到最强烈的义务感。

似乎毫无疑问，对于个体价值来说，在个体义务归因的领域内确实存在一些不可替代的价值。这些价值构成了参与他人体验和对他人持有个体态度所必需倾向的最低限度，同时也是个体在更高层次的评估中继续进行价值判断所必需的理想化特质的最低限度。因此，它们具有绝对价值。然而，这并不意味着这些相同的倾向，在作为工具价值服务于社会超个体目标的方面，同样没有替代的可能性。超个体的、工具性的倾向是由其他法则所决定的。

第三节　基于功过归因和个体义务论述个体价值情感的影响法则

一、将个体价值归因于他者

我们可以用这些规范和限制作为分析的概念工具，进而转向对个体价值情感的定量研究，而这种价值情感则表现在对义务及归因的判断中。个体倾向价值主要是直接通过归因判断的变化来进行衡量的，也间接通过"我应该"这类义务感判断来衡量。归因价值表达了在同情性投射中产生的期望被满足的程度，负面价值判断则反映了与期望的偏差程度。同样，由于义务的大小程度可以用来衡量观念客体（即倾向与人格的认同程度），因此这一程度是具有价值的。通过追踪这些情感及其相应判断的变化——从常规阈值（归因价值为零）到特征最小值（归因价值为绝对价值）之间，我们将有办法确定对个体价值起源和本质的分析的有效性。

我们可以从以下角度开始讨论：首先，我们研究与道德判断无关的情感或倾向，即与非个体参与无关，但对个体参与却具有决定性意义的情感或倾向；然后，我们考虑对个体和非个体参与都具有意义的倾向，但当这种倾向达到某种最低限度后，对于非个体参与来说，即使不是多余的，也是无关紧要的。

以第一种情况为例，我们可以考虑某些夫妻或亲子情感的细微差别，这些差别太微妙而无法超越道德感知的阈值，它们本质上是两个人之间情感共鸣的产物。这些更细微、更有灵性的信念和忠诚可能被要求作为亲密个人关系的基础或不言而喻的前提，在更加非个体化却仍具有道德要求的价值关系中，即公正旁观者所关心的价值关系中，则几乎不可能被提出来。对绝对信任的浪漫要求，是不顾外表而相信一切的信念，是爱情和友情、夫妻和亲子关系更高形式的必要条件，但这超出了严格意义上的道德范畴。我们的道德感确实要求一种最低程度的夫妻和子女关系，但严格地说，这与其他人无关。实际上，与他人无关的个体价值，只有通过美学鉴赏才会被意识到。一旦这种信任或忠诚的态度与某个人格联系在一起并形成了特定的期望，个体价值情感可能会经历一系列的正面和负面变化，而不会超越非个体道德判断的阈值，这就像我们的道德判断可能发生重大变化一样，例如，对倾向和行为的不认同在法律上可能并不重要。

以个体价值的倾向为例，其价值归因的判断依据预期的两个关键点——期望的常规值、特质的最低限度。当某一倾向低于常规期望时，随之而来的是对该人物缺点归因的强化认定，直到达到特征的最低要求。这个最低要求因个人和环境而异。然而，一旦低于这个最低标准，意味着与个人相关的价值归因已经被切断，随后会发生多种变化，这种变化或者仅仅是条件价值变得更加重要，或者是出现了客观的道德态度。

这一现象非常有趣。当达到特征的最小值时，判断主体的态度就会发生两种基本变化中的一种变化。他可以用对条件价值鉴赏或非价值鉴赏，取代同情的态度，或者他可以用理性的、客观的道德判断态度来代替个体的、情感的态度。我们已经在讨论特征最低限度时考虑过前一种可能性。这是一种"倒退式"的价值运动，为了增加愉悦或减少痛苦，以感官同情取代了个体价值的直觉投射，或者是以他人的愉悦或痛苦的概念构造作为利他行为的目的。

另一种可能性是客观态度的替代，在这种替代中，不再对人格进行单独考虑，而是用公正的道德判断取而代之。在我们所考虑的与个体价值有关的情况中（包括婚姻和家庭态度），这两种类型的替代都有所体现，爱转变为怜悯或严谨的正义。当达到个体参与的最低程度时，价值评估并没有停止，但客体和态度发生了变化。重要的是，当从公正的旁观者的角度来看，不能应用"坏"这一明显的道德谓词时，个体参与的最低程度就可能被超越，与个体价值相关的评估也将被切断。同样，正如我们后面将会提到的，即使当某人从道德的角度受到负面评估时，个体价值也可能长期存在。此外，还有一种，个体价值的情感超出了道德的善与恶、上与下。

如果我们转向那些对个体归因和非个体归因都有意义，但在数量方面与道德判断无关的倾向，我们会发现同样的法则在发挥作用，该法则只是略有变化。荣誉感作为一种既引发个体判断也引发道德判断的倾向是一个很好的例子，因为它是一组从不同的判断立场来看都很重要的倾向，而这些判断立场从纯粹个体到不同规模的社会群体，一直到非个体的公正立场都涵盖了。不需要讨论就能指出，在这些不同情况中，人们的期望有很大的不同。正如在上面讨论过的类似情况，个体可能在做任何会引起严格道德判断的事情之前，就为了他的朋友或社会群体失去所有的个体荣誉。同样正确的是，从个体角度来看，为荣誉理想过度牺牲可能会唤起绝对的个体价值，但从社会道德角度来看，这种行为可能是无关紧要的，甚至是不切实际的。实际上，一个人在纯粹个体价值关系中，甚至在有限的群体中所需的不可替代的最小需求，可能超过了公正道德判断中的正常需求。因此，我们发现，只要我们实现了人格孤立的条件，为荣誉所做的牺牲就可以无限增加，并且随着这种增加，个体价值会相应增加。另一方面，就社会道德观点及其智力工具性判断而言，超过某一点后的过度倾向往往会引起负面的价值判断。

考虑到利他主义这一既可作为个体价值又可作为社会价值判断的倾向，我们将面临个体与社会价值关系的一些最有趣的问题。利他主义被理解为对他人价值情感的同情参与。显然，这种倾向既可以作为个体价值开展内在评估，也可以作为其社会价值的工具开展评估。由于某些原因，这将在下一章中展开分析：利他倾向的工具价值——为了超个体价值牺牲个体和条件价值的倾向——并不会无限增加。我们将发现，虽然对某种程度的利他主义表现有一定的正常需求，但超出这一标准的增加则受到类似于经济商品领域中边际效用递减法则的控制。最终，牺牲不再获得认可，甚至可能招致不被赞同的负面判断。然而，有意义的是，如果将利他主义个体从社会道德判断中抽离孤立出来，他通过牺牲这种条件价值可以无限增加个体价值。就倾向的内在价值而言，倾向是人格的一种特征，其不受这一法则约束，随着倾向的增加，归因的价值也相应增加。当为了超个体的良善而牺牲所有条件和个体价值，甚至是生命本身时，就出现了这种悲剧性提升的极限情况。如果其价值是由非个体化的理智判断来决定的，那么它就不会具有以个体价值为本质的绝对价值。而当我们从本质上评估它时，我们这样做是因为它表达了个体与超个体目标的认同能力，并抽象出了行为所具有的工具价值。作为个体价值，利他主义可以获得绝对价值；作为社会价值，它不易受到不确定的评估。

这种根据个体人格或超个体客体的差异来应用不同价值标准的做法，将在后续章节的表述中变得更清楚。在这些章节中，我们会探讨超个体价值标准、个体价值与超个体价值之间的优先法则。目前，我们只需注意到，在这种内在的评估过程中，倾向的增加效果可以被忽略。次要的工具性判断被抑制在直接的个体价值关系中，或者最多由所讨论的倾向的不确定性、可复制性或工具价值的模糊假设来表示。在伦理学讨论中，我们只关注动机，而不关注其效果。这种态度和假设是否构成一种幻想，确实是个问题。整个关于价值幻想的问题将在本章结尾时进行探讨。

二、反映个体价值法则的个体义务

将个体对自己特质的价值情感，与其对他人特质的价值情感相比，更为难以捉摸。概括而言，他对个体特质重要性的感知反映在他的个体义务感上。义务感的强度表征了该特质与人格的认同程度，因此也表征了其超越个体指涉的重要性。当义务感得到满足时，以类似满足感和内心深度平静的方式反映了获得的个体意义。

如前一章所分析的[①]，义务感有三种形式，表现出三种层次的意义，这三种意义在鉴赏上是可以区分的。条件价值论者可以通过抑制意动趋向而获得一种本能的次生个体义务和次生社会义务，例如，客体产生的义务接近于存在最小值。[②] 在同情参与和观念建构过程中产生的心理客体、人格特质或倾向会引起一种义务感，根据客体是指涉自我、指涉人的内在品质，还是指涉某种超个体的社会需求，而产生个体的或是社会的、或是超个体的义务感。对这些心理客体的义务感可能是个体的，也可能是超个体的，这取决于需求是个体的还是社会的。有些态度或倾向仅仅是个体义务，而有些态度或倾向既有个体义务，也有超个体或社会的义务。我们现在关心的则是个体义务感。

这类纯粹的个体责任，与下意识的本能或非个体的道德标准相比，很容易区分开来。正如前一章所述，如果说力量、性别等具有某些义务，而这些义务并非个体或社会观念投射的反映，那么也同样正确的是，人格中的某些特质所承担的义务与社会参与无关，更具体地说，与社会需求无关。它们的实现对社会需求并不重要，并没有超越非个体道德判断的阈值。从非个体和道德的视角看，未能履行这些责任也不会引

---

① 参见第七章，第 180—182 页。
② 参见第七章，第 183—186 页。

起自我谴责。人们有时区分"完全义务"与"不完全义务",这种区分恰恰反映了此情形。"完全义务"指的是那些作为参与社会所必需的、普遍要求的,具有一定必要程度的基本义务。而"不完全义务"则指的是那些具备个体化和人格化特点的义务,这与非普遍要求的、超出基本要求的倾向有关。

比如"位高则任重"这一概念,就涵盖了许多这类个体性强但从非个体角度看又显得不完全必要的义务。因此,"位高则任重"被视为其最初的阶级意义上的义务,作为亲密的同情参与的结果,这种义务将比广泛的社会义务更密切地与个体有关。更深入的还有思想家对真理、艺术家对美、圣人对神性的更个体化的义务。这些义务往往超越了任何可认知的社会指涉;即便这类义务的独特性和超越性,导致其所附着的态度或倾向无关紧要甚至不利于社会参与,这种义务依旧真实存在。

个体义务的核心特征是,个体义务的客体并不总是与社会义务的客体相一致。特别是从数量角度审视个体义务时,这种区别变得更加明显。最为深刻的个体义务往往与特征最低限度要求相关联,但这一最低限度要求的倾向量可能远远超过了社会判断所认为的标准或适当量。此外,虽然随着一个行为所需的倾向强度超过常规要求,非个体义务的强度可能会下降,但个体义务依旧存在。

这种分歧源于同情参与的不同过程,个体和社会这两种价值态度在此基础上形成,因此在感觉到的需求与义务方面存在一定差异。对于那些既具有超个体义务又具有个体义务的态度或倾向,存在一个被认为是"恰当"的标准态度,我们目前不必深入探讨这是如何确定的,但围绕"恰当"存在着最强烈的超个体义务感。任何偏离这一"恰当"标准的行为,无论是缺失还是过量,都被视为是用来弥补义务的不足,这种义务感体现在牺牲个体价值和条件价值上。但当牺牲达到某一通常所需的程度,或当通过牺牲所获得的超个体利益微不足道,且不足以对社会参与产生重大影响时,超个体需求或非个体义务就会消失。然而,如果态度或倾向与人格一致,则被视作个体价值的一部分,情况就不同了。对于个体价值而言,当达到特定的最小标准时,个体的需求或义务并不会因此而结束，若该倾向是个体价值中不可替代的，其价值可能在倾向最低限度处达到极致。例如，我们之前讨论的清洁度的例子就很有代表性。清洁度既是社会价值也是个体价值的体现；它既满足了超个体的需求也满足了个体的需求。我们会发现，对于社会参与所必需的最小清洁度是最为强烈的社会义务感。而当牺牲某些价值超出社会所要求的最大限度时，超个体的义务感开始降低。但这并不意味着个体义务感也随之结束。相反，像在前面的示例中[1]，如果清洁度成为个体认同中不可替代的一部分，它就成了一个必不可少的最小标准，为了实现清洁而做出的牺牲可能是一种无上限的需求。特别值得注意的是，从人格化的角度看，这种最小标准在数量上可能远超过社会所要求的最小标准。在我们讨论的示例中，构成人格化最低标准的清洁度水平远远超出了社会的需求。荣誉和利他主义的义务感也是同样的道理。即使在个体对社会的义务感完全消失后，个体对荣誉理想的义务感仍可能持续存在；在某些情况下，个体的义务感甚至可能与社会义务感发生冲突，比如个体义务可能与社会义务相矛盾，为荣誉复仇的义务感与避免为个体复仇的道德义务感相冲突。

在这种情况下，利他主义提供了一个极为生动的例证。一定程度的利他主义构成了社会需求的上限，也是社会参与所需的最大限度。超出这一点后，非个体的义务感就会减弱，但个体的义务感并不一定会减弱。个体最强烈的义务感体现在特征最小值上，而对于特定个体来说，构成这一最小值的倾向量可能远远超过社会需求的最大限度。特征最小值构成了个体观念必不可少的自我最小值，而对于超越个体社会目的而失去价值的特质，则可能通过指涉整体人格而获得内在的互补价值。

三、美学互补价值在个体价值判断中的作用

前述段落似乎表明，以贡献感和义务感衡量的个体价值客体可能具有绝对价值。通过人格的同情参与和抽离孤立过程，倾向与人格如此一

---

[1] 参见第十章，第249页及其后。

第十章 个体价值（续）

致，以至于倾向不能被替代且需要无止境地牺牲条件价值。随着对这种牺牲需求的增加，个体的价值情感和情感指涉也随之增强；同时，随着牺牲倾向的增加，对人格的赞赏也会相应增加。不过，该法则似乎只在个体处于孤立状态，且不对社会利益这一倾向的同情参与及工具价值开展判断时才适用。个体价值归因和个体义务感达到极限的情况，是在个体通过牺牲包括生命在内的所有其他价值来完全认同自身的人格态度时，所感受到的悲剧性提升。

但对实际价值判断的分析似乎表明，当人格的认同不以牺牲为衡量标准，即没有对立和对比的因素时，个体价值因而可能"具有无限的增值能力"，甚至可能获得绝对价值。如果人格可能因极端的牺牲而被孤立和悲剧性地提升，那么它似乎也有可能因表现出"没有努力和斗争痕迹"的内在统一与和谐而在美学上被孤立。首先，长期观察到的一个事实是，许多更微妙的个体价值态度具有这样的特征：当它们的表现涉及牺牲和努力时，它们会失去一些独有的特质。爱、奉献、感激、荣誉是无法强迫的情感，一旦被强迫，就会失去某些价值。我们既不愿意向他人要求，也不愿意让他人向我们要求这些情感。自发性与和谐表达构成了所谓的"美丽灵魂"的基本因素，似乎是决定个体价值的一个基础因素。

毫无疑问，尽管人格中的这种要素被赋予了价值，并且随着该倾向超过常规增加水平，其价值程度也随之增加，但将这种价值归因解释为功绩将是一个错误。归因于功绩的条件是个体价值对条件价值的牺牲，这种对立和对比源自个体价值的观念建构。然而，我们面对的情况是，正是因为这种区别已经消失，个体价值的客体与条件价值的客体一样被自发地渴望，这种新的特质才融入我们对人格价值的情感。有观点认为，这些价值观以努力和牺牲的意识为前提，就像画作、音乐等艺术作品的价值可能包括了创作这些作品所做出的艰辛努力一样。[①]毫无疑问，这种元素确实融入人格美学的评估，但如同价值归因的情况，它已经不再是价值的衡量标准。所讨论的情感源自假设中的美学内在价值，即所

[①] 西美尔：《道德科学导论》，第一卷，第227页。

渴望的倾向在人格中得以完全实现，这是价值情感的积极来源。但这种人格的深沉安宁感是以其孤立自身为前提的，而这种孤立需要摒弃所有负面影响；否则，对完全实现假设的期待就无法维持。对过去努力和牺牲的认知仅仅加强了假设并孤立了客体，并不能增加客体的内在价值。我倾向于认为，这是宗教意识在其对如佛陀和耶稣这样的理想人物的崇拜中隐藏的情感逻辑，其观念建构总是包含了极大诱惑的故事。诱惑并不增加内在价值，但它们有助于孤立个体并加强价值情感所依托的假设。

应当注意的是，人格孤立以及在艺术与生活中对人物的这种审美评估，都是体验中独特且短暂的瞬间，原因在于它们所依赖的假设只能在极短的时间和特定的条件下保持。但正如已经指出的，有些价值体验的价值并不在于重复，而是一旦经历过，就会创造出决定后续价值判断的期待。

对于全面了解人物塑造的价值观而言，了解个体价值判断之间的主观联系很重要，也就是要了解摒弃所有负面因素以及与之相关的努力和冲突后，所产生的个体内心平静感或绝对价值情感。尽管如前一段所述，它属于独特且非惯有的类型，但其无疑是个体价值体验中的一个真实因素。这种体验不同于伴随着完全牺牲的孤立和努力之后出现的悲剧性提升感，这些体验是神秘宗教的极端表达，通过将自我认同为至高无上的存在来孤立自我。这种情况的典型特征是：当个体意志获得与上帝意志完全一致的认同时，该个体就会"迷失在神奇、爱和赞美中"。通过将个体与某假定中已实现绝对性的存在相认同，个体价值得以绝对化。与伴随义务感的伦理特征不同，这种体验的审美本质在宗教体验中已成为现实，但它始终是伦理上的一个追求的目标。

这种具备"实践性"的绝对值是存在的，并且人们相信它们对应着现实中的实在性。毫无疑问，这种想法也体现在我们的实际判断中。无论这些判断是否重复，它们都具有代表性，都是衡量个人价值体验能力的标准。作为这样的衡量标准，它们决定了义务和判断结论。

四、个体价值判断有效性，判断所依据的隐含假设或假设的有效性

我们对个体价值判断的分析已经证明了本章的主要论点——个体价

第十章 个体价值（续）

值可以无限获得；存在绝对的个体价值；并且这种假设被设定为所有个体特征描述和所有个体评估的前提。从心理学角度来看，这种信念、这种隐含的假设是可以解释的。上一章完全致力于研究个体价值情感中的假设起源及其在定性和定量上决定实际判断的效果。意识到这一假设是所有个体价值判断的基础，是讨论的高潮所在。

当我们考虑到这些判断的有效性和它们所基于的假设时，问题变得稍有不同。这些假设和观念可能是缺乏事实基础的，那么，个体价值的判断是否就是基于错误的理解呢？例如，基于与观念客体完全一体化的假设，在悲剧性提升和内在和谐的时刻给予个体以绝对价值。当个体感受到某个个体价值的绝对义务，或在满足这种义务时感受到完全的内心平静时，这种感受是基于实现客体的可能性或客体已经实现的信念。如果从"实际情况"的外部视角看，这些假设是没有基础的，那么这些情感是否就成了在心理现象中真实但在认知中却是无根据的想象？这些假设本身在心理上起源于想象性的建构，而这些建构以人格的审美隔离为前提。难道对"事物的原因"的反思不会表明这种孤立是不真实的，在这种经历中产生的假设没有任何事实依据吗？如果事实确实如此，我们可以非常恰当地将它们描述为"可悲的谬误"，这与文学和艺术中的用法一样，在那里我们解读了现实中不存在的无生命的自然客体的情感和思想。在这种情况下，我们的错误在于，我们将想象中的建构用于人和一般事物体系的解读中，并假设它们是真实的而非仅仅是美学幻想。

这个问题显然涉及这些假设和信念的"合理性"问题，这个问题已经在前一章初步讨论过了，并提出了解决问题的条件。现在，我们迫切需要解决这些问题：什么构成实在性，什么是价值体验中的幻想。我们将尝试提出解决方案，并在结论章节中展开讨论，同时分析价值判断与事实判断之间的关系。同时，我们必须关注对另一类价值的研究，即超个体价值与个体价值的关系。正是这些更客观的评估事实和评估法则似乎对个体领域的假设质疑。

第十一章 超个体价值

第一节 超个体价值客体——本质与起源

一、定义

在导论章节中区分了第三类价值客体及其相应的评估类型,一类被描述为超个体的客体,一类被描述为非个体的评估。超个体价值客体是那些基于社会和超个体的欲望与情感过程而具有价值的客体;而个人对这些客体的评估是非个体性的,因为个人对此的感受和判断是以参与到超个体欲望和情感中为前提的。通过参与他人价值意识的过程,个体的情感和欲望获得了新的意义,形成了超越自我的超个体指涉。

我们区分了两类超个体客体:道德客体和经济客体。它们的共同点在于,二者都建立在某种超个体需求之上,这种需求的范围和强度可能是多变的,但总被认为是超个体的。它们的区别在于客体的特征。经济客体主要是一种具有条件价值的物理客体,通过个体参与他人价值判断的观念重构过程,具备了超个体的指涉意义,从而成为一个具备交换价值的客体。道德的客体是指一种行为或由行为所代表的倾向,它不是仅仅因为所产生的条件价值或其对人格具有内在价值而受到重视,而是因为具有一定的参与价值和对超个体需求的指涉意义而被重视。经济客体是具有交换能力的条件价值客体;道德客体是个体的倾向,除了具备直接主观意义和个体意义,还具备为实现某些超个体目标而发挥作用的能力,道德客体的这种参与是满足社会期望的。因此,道德客体的价值是一种社会参与价值。经济客体和道德客体的价值都具备客观性和社会性,即具备客观交换价值和客观参与价值。很明显,这两种价值类型的相似之处在于，无论是经济上还是道德上做出价值判断的个体，都成了"公正的旁观者"，都是一种从个体、个体指涉和意义中抽离出来的评估态度，因此，基于这种抽离的角度，这种评估是非个体化的。

在我们讨论价值判断中的模糊性时①，我们发现，根据态度的不同或情感的预设，可以将正向价值和负向价值归因于同一客体。因此，我可以将客观价值归因于客体，例如钻石，尽管从主观上讲，钻石作为有条件价值的物品，这可能是令人不愉快的。要达到这种客观非个体化的态度，需要从主观鉴赏中进行某种抽象。通过参与他人的价值过程，客体不再参与直接鉴赏，并具备交换价值。前一章②描述的客体的某种观念重建已经发生。我现在认为，客体的价值在于它的交换能力，而这是基于一系列判断建立的，是在建构超个体需求的同时从直接鉴赏中抽离出来的。

在道德判断的心理客体——行为和性格的道德判断中，也存在完全相似的情况。在这种情况下，我对一个行为的客观判断可能与我基于个体视角的判断有很大的不同。在道德判断中，对行为的价值判断与个体价值判断不同，道德判断并不具有个体价值判断那种直观意识到一种情感—态度或倾向的意义，但是道德判断具有实现社会超个体目标的工具意义。例如，"非法同居"，从道德角度看其参与价值较低，因为它不符合社会要求，限制了参与其他社会客体的能力。然而，有时正是由于社会的孤立和由此产生的对比效果，这种价值关系中产生的个体价值和鉴赏价值可能非常高。任何公正无偏地深入探讨人类经验的人都不会否认这种可能性，也不会否认在某些情况下，个人对这种价值关系的义务感可能非常强烈，而且，如果我们忽略社会观点，其所表现出的倾向可能不仅令人谅解，实际上还可能将价值归因于所指涉的人格。但从纯粹道德或社会判断的角度看，这些情绪因素则被视为与价值判断无关。

---

① 参见第二章，第 19 页及其后。
② 参见第六章，第 144 页及其后。

二、道德判断的客观立场：道德合格行为与道德合格判断

经济价值和道德价值都是客观的和社会的，在这种情况下个体判断是非个体的。在这里，我们关心的是对倾向的客观道德判断，因为对经济价值的详细研究不在本次探讨范围内。经济价值的起源和本质是本书第六章《评估法则》中论述的内容。[①] 通过对这两个类别的比较，我们可以直接转向对倾向的道德价值的研究。

因此，回到我们已经提到的区分道德和准道德、个体判断与非个体判断的例子，很明显在这样的情况下——这只是个体判断与公共判断或道德判断之间频繁矛盾的一个极端例子——虽然表面上，两种情况中的判断的客体（即行为）都是相同的，但行为的意义在两种情境中有根本的不同。行为本身的预设，以及对行为的判断态度，代表了不同的意义。对于个体的态度和判断，行为意味着人格的自发表达，并完全以牺牲较低的条件价值为衡量标准。从道德观点看，它具有参与超个体需求的意义，并以准备牺牲个体的欲望和需求为衡量标准。

这既体现在道德视角下的合格行为中，也体现在道德视角下的合格判断中。道德上合格的行为是由所预设的动机决定的。当一个行为表达出对非个体参与的倾向，当一个行为对非个体、超个体需求有所响应时，这个行为就被这样定性了。行为之所以具有道德性，正是因为从中抽离出了主观个体动机。在个体价值归因中，归属于个体价值的程度是以牺牲条件价值来求个体价值为衡量标准的，而在非个体价值归因中——正如在稍后会更详细看到的——倾向的道德价值是以自我主义为利他主义的牺牲来估测的，从这一观点来看，自我主义包括条件价值和个体价值，利他主义则用来指代所有参与超个体目标的倾向。同样，道德上合格的判断是以从个体和个体需求中抽离出来为前提的，是完全由超个体需求意识决定的判断。这是"公正的旁观者"的判断，他从行为的主观参与价值和其获得的个体互补价值中抽离出来，并在他的判断中

[①] 参见第六章，第 122 页及其后，第 143 页及其后。

仅反映倾向的客观参与价值。①

三、个体态度与客观态度区分的相对性

虽然道德上合格的行为和对该行为的判断理想地代表了行为人和旁观者的客观态度，但是，无论是对这些行为的具体行为还是判断，都不能显示出其纯粹的道德态度。实际情况总是更复杂。在具体判断的范围内，个体判断和非个体判断之间的区别只是相对的。

在我们研究个体价值时，我们已经发现，尽管个体的某些方面或倾向对道德判断来说可能完全不相关，但许多方面对两种类型的判断都有其重要性，只有在某些特定的数量上，它们对道德判断才会变得不相关。我们的道德判断只在这些倾向或行为达到某个最低标准时才会介入，并且当它们超出某个最高标准时停止。因此，我们看到，在对相同客体的评估中，个体态度有时会转变为非个体态度，反之亦然。② 此外，为非个体态度或具体的道德判断只是从纯粹个体到完全非个体态度之间一系列阶段的极端案例。在人格上完全孤立（个体价值归因的极端情况）与完全忽略个体特点（道德判断的观念状态）之间，存在着在某种程度上同时具有个体和超个体价值的判断，例如，朋友间、不同社会群体中，甚至更广泛的人文准则中的"荣誉"概念。这些准伦理、伦理和道德价值判断的客体往往存在重叠，因此这些判断反映了由不同心理过程预设所产生的态度差异。再者，"公正旁观者"的非个体态度实

---

① 认为上述关于伦理价值和道德价值的区分——以及由此得出的道德上合格的行为和判断的定义——会立即得到读者的认可，这也许是太高的期望。在伦理学著作中，将两者混为一谈的太普遍、存在时间太长，不容易被轻易澄清。正因为这个原因，以我们的方式限定"道德"一词的使用或许应该受到批评：如果确实可以找到一个完全准确无误的术语会更好。但是，另一方面，有两个理由支持这种限定性的使用，对作者来说这些理由似乎具备决定性意义。首先，这仅仅是为了精确分析而使一个实际存在于所有行为评估中，甚至通过个体与道德之间的区分被认可的真正区别变得更为严格。其次，通过分析和解释下一章中呈现给我们的具体道德判断的有益性，这种限定性使用是合理的。该分析的结果必须决定这种区分是否有效。

② 参见第十章，第239页及其后，第251页及其后。

际上只是一个观念的极限，在这个极限中，个体指涉在某种程度上仍然存在。

个体与非个体判断之间的区别还表现在情感归因与理智归因之间的区别上。[①] 在这里，这种区别的相对性再次显现。每一个价值判断，作为价值判断，都是某种情感的表达。因此，当说到非个体的道德判断是理智的、是实践理性的表达而非情感表达时，仅仅是指在个体价值归因中起决定作用的某些情感与道德判断不相关——并不是说态度本身变成了纯粹的认知并且不再包含情感。更具体地说，对个体行为和倾向的超个体意义的理解，以及将这种认知行为作为价值情感的前提，抑制了那些仅与直接参与和个体参与明显相关的情感。

两个事实清晰地凸显出来——首先，道德判断的客体仅是较大范围内的伦理价值和准伦理价值中的一个更狭窄、更具体化的类别；其次，判断主体的道德态度是通过从行为或行为判断中的个体情感要素中抽离出来的。从这些事实中，我们可以得出一些关于道德立场、客体的起源与本质的重要结论。很明显，两种判断类型的预设，即个体态度和非个体态度的隐含假设和要求，都是在同情参与的过程中获得的，而客体是基于这些过程的观念构建的产物。如我们在同情参与的概述中所示，他者的情感态度首先对主体具有直接的鉴赏价值，我们在这里可以称之为态度的"主观"参与价值。一方面，从这里发展出对人的特征化评估，对将态度作为人对外表达的独立的、内在的评估。这是倾向的人格价值。另一方面，从这个"主观"参与价值中发展出客观参与价值，即反映在非人格道德判断中的超个体价值和倾向，作为对社会超个体客体的贡献所具有的工具价值。但是第二个事实同样明显，道德判断所预设的客观超个体价值，是由社会要求决定的，个体仅仅是参与其中；这是个体的社会互动或以其社会方面的同情参与的产物。

我们现在的任务是更全面地定义这些客观的社会价值，确定它们的起源、本质和法则，并展示它们如何在道德判断中被预设。本章将专门

[①] 参见第十一章，第290页。

研究客观参与价值,而接下来的章节将试图展示道德判断在义务和褒贬归因两个方面如何反映这些价值及其法则。

第二节 倾向的主客观参与价值

一、关系

所谓的"超个体参与价值"是基于倾向或特质与超个体广泛需求之间的关系,而"公正观察者"的道德判断则是以这种关系为前提的。这表明,我们接下来的研究将面临两个方面的问题。首先,我们需要探讨这种广泛超个体需求及其观念的本质与起源;其次,我们要研究个体是如何被这种需求所吸引,以及这一过程中形成的态度是如何影响他对于客观价值的感知和判断的,即超个体目标和需求意识如何成为其自身情感的前提。这样,我们的问题既包含了个体心理学的探讨,也涉及社会心理学的分析。

这段讨论指出,我们对超个体需求的分析需要从两个角度出发:一方面将其视为社会互动产生的社会现象;另一方面,考察它如何作为个体情感和判断中的一个内在前提。作为一个社会现象,它源于人们在社会中的相互作用和共鸣参与。同时,这个社会现象也是个体价值情感在共鸣参与过程中互相影响和调整的结果。因此,个体对倾向的主观价值情感与它在社会中被认知的客观价值之间存在一种紧密的联系。接下来,我们的目标是揭示这两者之间的具体联系。

二、集体欲望与情感——社会协同——需求与供给

在个体之外,有时候即使个体自身也并没有意识到它们的存在,也存在一些可以被称作社会意志的集体或总体欲望或需求,这些需求在不同大小的社会群体中有所体现。这些集体欲望或倾向的存在基于一个简单的事实:由于精神生活的感官和生物条件具有共性,人们拥有相似的本能和欲望,从而也产生了相似的激情和情感。这些欲望和情感可能在没有意识到它们的"共同意义"时被共享。即使我是促成某个需求的因

素，我也可能完全没有意识到这个需求的存在。由此，我的欲望只是一种集体或总体需求的一部分。但我也可能意识到我的欲望是那一部分需求。不只是欲望的客体此时拥有了共同的意义，我也意识到了这一共同意义，而且这种意识作为预设融入我的情感，我的欲望和随之而来的情感和价值判断也因此发生了变化。①

当集体的愿望和情感形成"共同认识"，当这种欲望和情感的客体成为大家有意识共享的客体时，我们称之为社会协同作用②；相应地，客观的、超个体的价值则是社会协同作用效应的产物。这个术语的引入旨在明确区别意识层面和次生意识层面的社会力量。本研究聚焦于前者，探讨那些通过有意识互动形成的、定义超个体价值的社会过程。这些过程源于我们先前从个体抽象心理分析角度探讨的同情参与和观念建构活动。我们现在的任务是将它们作为创造这些社会协同效应的因素开展研究，这些"需求和供应"因素决定了倾向的个体参与价值。

社会协同作用的需求与供应两大要素——社会对一些期望行为的需求和个体提供这些行为的意愿——是基于具备共同意义这一前提而形成的，它们是社会思想和同情的产物，即个体对共同目标的同情参与的产物。通过对集体欲望和情绪的同情参与，个体逐渐认识到了超个体需求，这种认识改变了他们的行为动机或期待他人的行为方式。社会供应的形成也遵循类似的机制。这是个体行为对社会目标的贡献结果，个体参与及对社会供应作出贡献的倾向是通过同情参与所获得的对需求的认知所决定的。这种认知从情绪意动和对共同生理功能的基本认同开始，经过共同的判断和信仰，演化为共同的情感和观念。

---

① 在这个议题上，可以指涉鲍德温对聚合意义、共聚意义以及公共意义的探讨，《思与物》第一卷第七章的第五至十节，以及他对这些概念更高层面的综合意义和共同意义的研究，见同书第二卷第三章。
② 这里提到的"协同作用"一词，是基于心理学中的相似概念（参见鲍德温《哲学与心理学大辞典》中的定义），该概念指的是不同的运动趋向协同合作，共同构成一个整体。虽然"合作"一词更常用，但它的缺点在于只能描述我们所关注现象中的一小部分；"合作"意味着参与达成目标策略的理性过程中，而实际上，许多参与行为完全基于情绪和情感的参与。

这样，倾向的客观参与价值就是社会协同作用的两个因素——供应和需求的功能；这些因素由参与其中的个体对共同意义的认知所决定。显然，为了确定这些因素及其法则的本质，需要发现这种对共同超个体意义的认知是如何改变个体的参与倾向以及对他人参与的需求的。由此，从主观参与价值的这些事实和法则中，我们或许可以推导出社会协同作用及个体特质的客观参与价值的法则。

在关于价值法则的章节中，我们发现，经济学方法包括对主观价值法则的分析，假定客观或交换价值可以从主观价值的法则中发展出来，这一程序是合理的。倾向参与价值与此情形类似，因为正如经济商品的交换价值是个体对中意商品的欲望和情感、主观价值法则的函数一样，一个给定倾向的参与价值也是涉及个体参与趋向或倾向的法则的函数。因此，研究了同情投射现象及其对个体价值情感和倾向的相应改变之后，我们可以转向客观的社会视角。

第三节　主体参与价值法则

一、由社会同情决定的个体参与价值情感：广义同情投射

个体通过广泛的同情投射而意识到集体的欲望和情感。在这个过程中，他的价值情感获得了一种超越个体的指涉和意义。通过对广泛投射及其诱发条件的分析[①]，得出以下一般结论：随着同情参与范围的扩大，参与的情感越来越客观，参与价值的客体越来越抽象。让我们简要回顾得出这一结论的理由。

首先，情感变得超个体化。它的超个体性指涉超出了人格范畴。即使在简单的感官同情层面上，直接参与群体情绪或激情也会"使个体脱离自我"。群体暗示的力量抑制了更多的个体及个体情感和反应，直到最终情感从其纯粹的个体预设中的抽离达到某一点，使其他不再被回溯到自我，并在判断行为中与自我相认同。这种感官同情中的价值情感的

---

① 参见第八章，第 214 页。

前提是一个模糊的推测，即存在一个未明确定位在自我或他者人格中的超个体趋向或需求。虽然它仍然微弱地暗示自我，但现在它已经脱离了对私人和个体意义的明确指涉。其次，广泛投射的条件、引发条件的特征，导致个体在情感态度中进行了某种选择。只有最基本和最普遍的态度才能够被广泛地投射，并获得这种非个体的、超个体的指涉。个体态度投射到社会群体中的条件是抽象出情感的个体预设及指涉。[①] 从这些事实的考虑中可以看出，无论是直接的或仅仅是刚成形的超个体需求，本质特征已经是超个体的。对给定态度或倾向的需求，虽然感觉模糊，但并不局限于任何人，无论是自我还是他者，因此最终可能成为相对非个体化和公正态度的前提。

随着超个体情感的非个体限定条件的出现，我们开始建构超越个体的目标，这些目标成为情感的指涉物。与个体价值情感相似，情感的获得意义指的是人格的观念建构，这里的超个体指涉导致对超个体意愿和目标的概念化。不过，个体和超个体情感及其基础假设之间的主要差异在这一点上变得显著：个体观念建构是基于个性化和直观的过程，而超个体客体则更倾向于抽象和概念化。从个体与条件价值之间的最初对立开始，从所描述的个体理想化开始，个体从社会关系中分离并获得进一步发展，直到个体价值在本质上被视为一种自我的目标。一个人的倾向被视为一种个体表达，将这个人视为个性化整体，倾向通过与这个整体建立价值关系而获得互补价值。然而，在基于广泛同情参与的观念建构中，情形则大为不同。随着情感越来越非个体化，其指涉的观念建构变得愈发抽象。这导致了个体越来越难以将这种情感归于自身或其他个体的内在目标，换句话说，变得难以将其具体化。因此，个体被看作是那些超个体目标或观念的承载者或介质，他们的倾向被视为仅仅是这些目标实现的工具或所作的贡献。这一发现非常重要。当直接的同情参与转变为观念构建和判断时，价值情感以工具判断为基础，需求并不代表内在价值，而是代表工具价值。

---

① 参见第八章，第 214 页。

二、被广义投射（定量）调节的参与价值情感：社会同情的法则

通过广泛的投射，对个体情感的预设以及由此引起的指涉物的变化现已有所显现。公共意义的扩展、个体情感的非个体化以及情感客体的抽象程度之间的某种关系已经显现。是否可能在这种公共意义的扩展与其内涵之间、在同情的扩展程度与其强度之间建立某种关系？如果这样的关系显现，可能为主观参与价值法则的制定提供基础，并最终为客观社会价值提供基础。

如我们所见，超个体价值情感的基本条件是在其广泛投射方面的同情参与。从最简单的形式开始（条件是生理条件具备相似性），通过想象和观念建构的阶段性发展，同情投射范围的扩展包括从个体预设和指涉中抽象出来，并最终在非个体指涉方向上发生质的改变。这种质的变化也伴随着情感特征的量化变化。为了理解这些变化，我们必须仔细分析所涉及的量化因素。

这里考虑的因素一方面是感受到的同情程度或其强度[①]，另一方面是通过将越来越多的个体纳入群体，来扩展同情范围的影响。同情的扩展范围对其强度有何影响？进一步说——由于参与超个体目标的欲望是感受到的超个体需求强度的函数，这种欲望是如何通过他人的行为和倾向来满足需求的？

从那种被描述为参与群体欲望或情感的广泛同情形式开始，即从直接参与集体的态度开始，我们发现这种参与对参与者的情感有明显影响。我们已经看到，在这种"情绪传染"的情况下，情感扩展仅在相对原始和未分化的情感态度下是可能的，并且限于相对较短的时期。在相对小的群体中，且在短时间内，情绪或激情可能达到高强度并完全扩展蔓延，以至于达到整个群体爆发同样的强烈情感。几乎可以说，我们拥有的是"乌合之众"的灵魂。在参与个体中反映出来的这种效果表现为

[①] 这里使用的术语强度是指程度的一般意义，而非"情感强度"（参见第三章，第64页及其后）。

他对超个体指涉的情感强化。在一定范围内，同情的程度及其伴随的超个体需求的强度随着同情范围的扩展而增加。这种对价值情感的暂时增加表现为参与的倾向增加，对社会需求的响应增加，对他人类似需求的响应增加。但众所周知，基于感官同情的这种参与，后续会出现类似于我们已见过的所有过度感官同情伴随的感觉迟钝和餍足经验的现象。这种基于外在且经常是表面相似的偶然性广泛同情，只有通过抑制更个性化和更个体化的态度及习惯才成为可能。临时推测的客体和目标的存在，与群体情绪或激情相对应，未能发展成判断、判断性习惯、隐含假设。①

对于超个体价值的认知明显依赖于群体情绪和激情的直接参与体验，这种体验虽然能够为超个体目标和需求的认知提供基础，但其实质上仅限于少数情况和相对较小的群体。任何超出这些限度的社会同情的延伸都必须建立在想象和概念的建构之上。我们实现同情参与超个体趋势和需求的能力，取决于更具理智的认知。想象力的投射和相应倾向的假设，则取决于态度的相似性。那么，情感投射范围的扩展如何影响这种同情参与的条件，以及如何影响同情的程度呢？

已经表明，想象力投射的条件是情感从其纯粹个体指涉中的抽象化，只有通过这种方式，"人的投射"才能获得共同的超个体意义。然而，也有研究表明，如果从个体意义中继续推进抽象的过程，情感的指涉就变得非个体化；情感不再回指个体，而是被投射并定位于个体之外。现在，这方面重要的一点是，由于想象力投射诱导条件的性质，我们发现随着同情范围的增加，诱导条件的相似性减少，因此，情感的抽象化和非个体化程度提高。我认为，随着这种相似性的减少和情感的抽象性及非个体化程度的提高，同情的情感以及对相关态度的价值情感，都会减弱。

一些重要的事实表明了这一推论的正确性。首先，如已经显现的，

---

① 众所周知，情绪复苏会导致敏感性减弱和餍足感，这是一个恰当的例子。在西部的某些地区，人们对这些效果有一个明显的说法。他们将被这种群体情绪访问的地区称为"烧毁了！"

广泛的投射在我们的情感态度中施加了选择性影响。由于个体之间的差异，其本质和条件已经被考虑过，所有独特和个性的情感态度都会被剔除，这些情感态度仅保留于亲密和个体关系中。某些其他态度将被标记为阶级态度和群体态度，只有最基本的态度才能在更广泛的同情投射中留存下来。在情感态度的数量方面也进行了类似的选择。与强烈投射不同，那些所谓在广泛投射中留存下来的态度，其投射情感强度也有特征性变化。逐渐地，情感的极端化、独特性和个性的变化被抑制，以获取在实际经验中能够得到响应的正常强度。因此，我们可以更进一步说，随着同情范围的增加，诱发条件的相似性减少不仅导致了情感的抽象性和非个性增长，也导致了同情强度减弱。[①] 直接的同情参与，无论是由生理条件的相似性还是观念预设的情感相似性的条件所决定，都会受到同情的心理本质和条件的限制。这一事实显然对个体心理学和社会心理学都有意义。它既阐述了个体意识中参与需求情感的变化法则，也阐述了这种需求在其更社会化方面的变化法则。

从这种客观的、社会学的角度观察同情参与，我们发现该法则的真理在许多有启发性的例子中表现得十分明显。在原始人群体中，社会同情及伴随的集体价值情感是强烈且直接的。群体的局限性、情感经验及其相应表达的相对同质性，是促使情感迅速扩张并支配整个群体意识的条件。在高度组织的社会中，当组织在较大整体内部分化出较小群体时，我们发现最强烈的情感参与同那些对应于有限群体的情感态度有关。作为进一步的结果，我们发现对群体态度的实际义务感和赞扬及责备的判断更加强烈。至于我们，我们只需关注自己文明中政治家和劳动者的特殊义务和美德，以及贵族社会中军事阶层的特殊义务。

---

① 这类事实正是吉丁斯（Giddings）在其所谓的"同情法则"中试图汇总的〔《归纳社会学》(*Inductive Sociology*)，第 217 页〕。他说："使用'同情'这个词来指所有包含在类意识中的情感，同情的法则是，随着相似性的普遍性增加，同情的程度减少。"进一步地，"当它扩展到更遥远的相似性时，它的强度会降低，而当它收缩到更狭窄的程度时，它变得强烈"。

三、主体参与价值的一般法则：价值限定法则

迄今为止得出的结论是，随着同情范围的扩大，同情的强度确实会增加，但当范围继续扩展时，同情的程度却会减少。随着指涉客体的日益非个体化，其强度随之降低。这一普遍法则似乎可归因于社会同情的心理条件所设定的限制。随着社会群体的扩大，直接的同情与其直观的情感观念投射变得越来越不可能。只要预设了直接的同情参与及其背后的假设，我们的情感和价值判断就体现了这一法则的作用。然而，我们对参与价值的所有情感和判断并不一定受到这种直接的直觉同情的制约。基于直接的同情参与，在此基础上进行了对倾向和超个体目标的概念性建构，这些倾向被工具性地指涉到这些目标上，一旦这些概念形成，这些倾向就被工具性地评估。这些倾向数量的增加对个体的价值情感有什么影响呢？

随着这类倾向的供应量的增加或减少，无论是通过增加或减少参与者的数量，还是通过增加或减少社会群体成员中给定倾向的数量，都会对个体的价值情感产生影响。问题是：这些数量因素对个体的价值情感有何影响呢？由此对这些价值情感所预设的情感—意志倾向有什么影响呢？随着超个体利益的数量增加、个体增加这一利益的参与欲望，以及当他人通过参与行为增加这一利益，这时价值情感会如何变化呢？我认为这些参与价值的情感，以及因此在参与过程中产生的倾向，无疑都遵循我们在评估法则章节中提出的价值限制的一般法则。通常情况下，随着每一次对参与范围扩展的判断，或通过这些增量对共同利益区域增加的判断，对价值程度的增量都会有相对的减少，直到达到一个点，即最终总体利益的增加对价值情感没有明显影响。

有几个事实以显著的方式表明了这一法则的存在。首先，最终我们将看到，个体参与的欲望、个体参与的义务感证明了这一法则。一旦对超个体客体的需求被创建，个体增加社会福利总和的欲望似乎取决于该福利已经实现的程度。当社会福利匮乏最为明显时，参与的活力通常最大，而随着参与倾向越来越普遍，这种活力就会减弱。如果投票是一种

普遍的义务和机会，如果投票行为构成对超个体、非个体福利的贡献，我们就会感受到参与欲望和义务感在个体参与最少时是最强的；随着参与变得更普遍，我们对其价值的情感和参与欲望会随之减少。同样地，对社会价值的任何贡献，如礼貌行为，当与较普遍的礼貌缺失形成对比时，感受到的价值是最大的。当这种参与变得普遍时，它们就不会超过价值判断的阈值。另一方面，直到这些缺失被强烈感受到，并且认同少数群体日益增长的需求时，我们就会倾向于与那些放弃相关行为的人一起行动，因为不这样做是没有用的。否则，我们行为的实际参与价值微不足道。

因此，一般来说，一个倾向的主观参与价值，无论是内在的还是工具性的，无论是直接的还是间接的，似乎都受限于价值限制法则。当然，这种抽象的、一般性的事实陈述必须在重要的细节上进行修改，正如我们将在不久的将来更详细地看到，当行为的非个体参与价值增加了个体和群体的互补价值时，当具有超个体指涉的客体也具有个体或类别指涉时，这一法则将以与消费品边际效用法则相同的方式被互补价值法则所修改。正如盛宴的细节或服装，或我们总财富中微不足道的一部分，它们本身没有可感知的工具价值，但它们作为和谐整体的一部分就可能获得价值一样，上述行为本身对社会参与也没有可感知的价值，这些行为可能作为和谐个性的一部分或标志，或作为一个连贯的社会阶层或群体的标志，而获得互补价值。

第四节　从社会同情法则推演倾向的客观参与价值——社会协同法则

一、客观参与价值

前述研究旨在确定个体对超个体价值情感的变化法则，这些价值情感包括直接的、间接的或工具性的，由同情参与范围所决定。现在的问题是，是否可以从这些事实中推导出客观的、超个体价值的法则，将其视为从价值情感的个体主体中抽象出来的客观法则。我坚持认为，个体的价值情感，只要是客观的，就反映了他以这种客观方式判断的态度的实际社会价值。如果这是真的，那么支配他对超个体价值的感受的数量规律，必须与社会价值的相似规律相对应。只有在这种情况下，非个体判断的规范和标准才会与实际的社会价值相对应。

客观参与价值取决于两个因素：需求和供给的数量。这两个因素由形成集体意志需求或供给的个体情感和情感—倾向所决定。然而，正如我们所见，这些个体的情感通过扩大同情范围而以特定方式被改变；随着这种改变，个体参与的意愿或情感—倾向也相应地发生了变化。由此可见，个体情感和情感—倾向的法则，与将这些倾向作为个体互动确定的客观价值之间存在直接关系。更明确地说，考虑到这种倾向如何改变需求或供给，社会需求和供给及其决定的客观价值是个体倾向的产物。因此，个体对客观价值的情感强度，无论是通过他参与社会需求的程度来表达，还是通过他提供所需倾向的行为来表达，都由这些倾向的普遍化程度决定。因此，当超个体需求从参与个体中抽象出来时，超个体的需求强度，必须由倾向的普遍化程度，即倾向的数量来决定。现在我们的任务是进一步阐明这种依赖关系的法则，并基于互动原则制定超个体客体的价值参与法则。

二、边际参与价值法则

正如我们所见，个体的某种倾向或特质，可能具有双重价值——作为更广泛社会交往条件所具有的参与价值（即有助于实现超个体共同目标），以及作为表达完整人格的个体价值。个体价值是对参与价值的补充。基于现有研究，我们仅对个体倾向感兴趣，因为这些倾向影响着社会中"善"的数量。那些表达倾向的行为的参与，可以被视为对这种"善"的增加或减少。供给可以通过两种方式增加：一种是通过增加涉及个体的倾向强度，如参与活力的增加，或者通过将个体增加到群体中，此时供应的强度或范围可能会增加。与这种客观社会供给相对应的是社会的超个体需求。那么，由这两个因素引起的供给变化对集体需求量有何影响呢？这种集体、超个体需求，像供给一样，是一个可变的量，也是一个由个体对具有参与价值的行为欲望的决定量，即对可能成为同情投射诱因的表达欲望的量。这种需求可以通过增加同情参与的强度或其范围来满足。我们必须因此考虑供给中每个因素对个体需求的影响。

首先，根据同情投射法则，作为供给增加因素之一的群体扩张会降低个体情感参与的强度，从而降低需求的强度。与之类似，供给强度增加带来的效果具备相同的本质，但情况稍微复杂一些，需要更仔细地分析。假如以某种方式（具体是何种方式并不重要——无论是通过模仿还是更有意识地选择），具有参与价值的某种倾向在个体或多个个体中的强度远远超过了平均水平。这样的供给增加是否会通过暗示和模仿带来相应的需求增加呢？换句话说，这样的倾向能否同时在强度和范围上有所增加呢？

乍看之下似乎是这样，但经过反思便会产生疑问。因为，根据我们对同情投射的分析，倾向平均强度的变化预示着与正常态度不同的变化，而这种变化越大，能够发生同情参与的群体就越小。因此，可以通过增加个体中超过常态的倾向强度来补充供应，这个过程包括新的群体孤立。个体和群体中的需求将会增加，但只有限制需求的范围，才能保证这种强度高于正常水平。

从这些事实来看，我们似乎有理由推断，这些客体的超个体价值受一个类似于经济价值领域的边际效用法则的影响。艾伦菲尔斯已经阐述了相同的法则，并以类似的方式加以发展。[1] 他将其描述为格伦茨－

---

[1] 艾伦菲尔斯：《价值理论体系》，第二卷，第三章，特别是第86页。当我们更仔细地检查这些超个体客体或商品的本质时，这些客体的参与价值决定了它们的道德价值，我们可以看到，应用这样一个法则的所有必要条件都存在。为了将经济学中的边际效用法则应用于任何条件价值客体，需要：（1）该客体在数量上受限；（2）它具有替代能力；（3）与该客体相对应的欲望具有达到尽可能高的倾向。对产生这些超个体客体的同情投射过程的审视显示，所有这些条件都在起作用。对客体的欲望源于参与倾向，而这种倾向在其原始的生理形态中，既寻求尽可能高的强度，也寻求尽可能高的广度。在同情投射方面，倾向的数量总是在广度和强度上受限；最后，正如我们所见，虽然个体或有限群体指涉中的倾向在某些特殊情况下没有替代能力，但最终没有任何特定的相关倾向是社会参与所不可或缺的。

弗曼（Grenz-frommen）定律，以区别于经济商品领域中的格伦茨－纳岑（Grenz-nutzen）定律。但由于我们完全用参与的功能术语定义了社会中的"善"，而社会道德感是社会"善"的反映，那么，我们最好从参与的功能角度来讨论边际参与价值法则。此外，这一法则在客观社会价值领域中，显然仅是个体同情参与中的递减或限制价值法则起作用的结果。

三、社会协同法则

如果形成这一法则的推理是合理的，我们就有理由得出结论——到目前为止，这仅仅是基于理论上的理由——个体对超个体价值的情感及价值判断，只要是非个体的并反映了这种情感，就直接对应于所判断的倾向的客观社会参与价值。本书认为，无论是义务方面还是责任方面的道德价值判断，都是对行为的非个体化判断，反映了这些行为对于超个体目标的参与价值。我们将很快转向对这些判断的分析，展示这种对应关系。显然，这些判断所预设的超个体价值意识反映了这一法则的作用，即这些判断所预设的规范和限制反映了这一参与价值法则。与此同时，作为对这一分析的铺垫，我们可以在此分析出这一法则的某些重要结果，这对我们后续的研究具有重要意义。这些结果有两方面，且可以归为边际参与价值法则的推论。因此，这一法则及其推论可以被描述为社会协同作用的法则，因为它们是具备同情互动和评估过程特性的社会协同法则。

（一）边际参与价值法则的推论

首先，这一法则为这些不同的社会倾向表现确立了某些参与价值的规范和限制。个体对参与的正常需求、最小和最大需求，即增加社会利益或满足任何特定社会需求的行为，取决于这种倾向普及化的程度。责任和义务的判断，只要它们对应于实际的社会价值，只要它们的指涉是非人格化和超个体的，就会构成这些客观规范和限制在个体意识中的反映。

其次，我们发现社会协同作用法则有一个不可避免的后果，就是造成社会差异化和群体孤立。每一种社会倾向或倾向所固有的完全普遍化或扩张的趋势，都伴随着参与价值的丧失。随后，社会需求的停滞导致价值向新客体的转移，正如个体中不连续价值运动的情况①。但是，如同个体价值判断一样，在社会价值判断中也存在另一种类型的价值运动，即持续的价值运动，在这种情况下，同一客体获得伦理互补价值或美学互补价值。在前者中，新价值是通过客体或人的分离、孤立和个体化获得的；在后者中，是通过一个群体的孤立、组织和围绕一个观念或价值的统一，以及与其他群体的对比获得的。通过这些对比产生了新的群体互补价值，这些价值被赋予超越实际的价值（实际价值是指基于社会协同作用的基本法则运作而具有的价值），并因此改变了超个体道德判断的规范和限制。只有通过考虑这两种现象及其相互关系，我们才能解释具体的社会责任和归因判断。

（二）参与价值运动的规范与限度

这一法则应用于社会价值的第一个结果是，它使我们能够在三个关键点上概念性地分配这些社会价值。对这一法则的运作，艾伦菲尔斯称之为边际收益法则，当应用于具备社会价值的倾向时，会导致价值的变化，这一过程可以具体区分出三个现象阶段，即有抱负的、正常的和过时的价值（艾伦菲尔斯）②。我们可以采用下列方式描述它们：有抱负的社会价值可以描述为"特定的社会群体对该价值的需求强度是巨大的，并且与社会意识的有限扩张或扩散相对应"。正常的社会价值可以描述为"需求的强度与其传播范围更为接近的情况"。在过时的社会价值中，传播已变得如此广泛，以至于随着它接近普遍性，需求强度减少并最终失去价值。这里，我们有了社会价值运动的标签，从社会激情和进步到习惯和冷漠，类似于个体对客体的工具性评估中的相似标签。

这种社会价值的变迁法则在服饰和礼仪时尚的表层变化中最为明显。在服饰和礼仪时尚的示例中，价值主要体现在客体对社会参与和对

---

① 参见第七章。
② 艾伦菲尔斯：《价值理论体系》，第二卷，第三章，第17段。

比的功能意义上，因此价值的变动相应地快速且表面化。通过新奇和对比来强化个体和群体价值的时期很快就被模仿和普及所取代，直到当客体变得"普通"时，它们的价值（主要受暂时需求的制约）终止并最终被淘汰，从而必须寻找新的区分和对比形式。法则的运作在此处呈现其最纯粹的形态，因为对客体或行为的大部分需求是其对直接社会参与价值的表达，它们可能对特定个体和社会目标的间接价值相对较少。这一点从时尚过时后，时尚的社会声望、经济价值或价格大部分消失的事实中可以看出来。时尚的悖论在于，当它最为流行、需求达到高峰时，其衰败已经开始。在到达那个点之前，是扩散刺激了模仿并创造了价值；当达到那个点时，正是这种扩散破坏了它的价值并导致了大规模放弃。正因为除了表面"传染"的普遍性没有任何其他意义，追求时尚在本质上是自我挫败的。

当我们转向社会期望的更重要领域，即人们的共同理想和社会期望的倾向时，我们发现，虽然这些是社会参与的更持久的条件，即它们服务的目标更为终极和持久，但它们仍然受到此法则的约束。的确，价值变动在更长的时间内延续，因此这一变动更难以被察觉。此外，社会参与价值与基本的个体价值交织得更为复杂，其强度对社会扩展的依赖性不那么明显。尽管如此，我们仍能通过分析来区分这两类价值要素。

这些价值变动的最明显的例证可以在社会理想和政治理想的领域中找到，尽管支撑它们的更为终极的道德理想也受到相似法则的支配。可以说，法国大革命的"自由、平等、博爱"理想经历了这些阶段。与旧制度中相对立的理想相比，"自由、平等、博爱"理想最初是有远大抱负的，参与其中时通常伴随着强烈的个体和群体价值。但当它们成为道德判断和立法判断的前提时，就达到了常态化阶段。此时，"自由、平等、博爱"已足够普及，不仅能够成为制度化的表达，还能够在现实中被足够强烈地感受到，"自由、平等、博爱"成为一种道德力量。在这一点上，这些理想所代表的倾向（承认普选权等）几乎获得普遍的认同，它们被视为理所当然。社会习惯出现了，理想对社会参与的有用性减少了。它们开始被超越，对它们的需求不再被强烈感受到。旧的象征变成了空洞的词语，缺乏追求价值的社会情感或伴随习惯的社会情绪，与现实价值不符，缺乏真正的强制力。当然，这些理想的精神还远未实现，并且它们将不断采取新的形式。这是真的，但每个新形式都意味着一个新的具体理想和一个新的具体倾向的分化，而对那个理想的感受强度将再次依赖于相同的经验条件，即该理想所达到的扩展程度。

这一切很容易被误解，可能被理解为已经转变为"理所当然的事物"或社会习惯的观念，失去了与实际社会价值的所有关系。这与事实大相径庭。这些理想已成为新价值得以建立的隐含假设。爱默生（Emerson）的警句"文化是衡量被认为理所当然的事物的尺度"在这里非常适用；我们可以说，社会文明是被视为理所当然的社会倾向或习惯的尺度。但是，即使承认了这一切，仍然真实的是，在被视为理所当然的纲领中，必须涌现出充满情感的新理想，以便社会价值得以持续。潜在的价值只有成为一种被感受到的价值才能变得实际和充满活力。为了继续存在，价值必须永远在采取新的形式。

这最终使我们想到了某些社会观念和倾向中可能存在的问题，这些社会观念和倾向的基础是更为肤浅的价值观，据说这些价值观具有绝对价值，可以避开前面所描述的社会价值运动。在前述示例中，有人说"即使形式变化，精神仍然存在"，而且这不仅仅是一个通俗的假设，在许多方面也是一个哲学假定，即某些基本行为和最本质的参与倾向具有绝对且无条件的价值。但当我们审视所讨论的行为或倾向时，我们发现在每种情况下，它们只是通过抽象出具体的实在性而获得这种独特的神圣性。要么，绝对性假设的基础是狭隘的历史和社会观点，在这种情况下，绝对性的情感附着在实际上既不是普遍的也不是永恒的具体行为或倾向上；要么，绝对性假设的基础是一个逻辑抽象的过程，在这种情况下，绝对的情感附着在一种具体的行为或倾向上，而这种行为或倾向在实在性中既不是普遍的，也不是永恒的，或者，在逻辑抽象的过程中——客体是如此抽象，以至于无论附在它身上什么，都没有实际的情感价值，普遍性和永恒性的假定都不能受到质疑。这种误解的形成，部分是因为不同的社会倾向或价值观在经历价值的变迁过程时，所需的时间长短不一，有些价值观在较长的时间段内仍然处于被普遍接受的状态，这让人难以判断过时价值是否真的在逐渐失去其原有的重要性或影响力。另外，一个价值观的实际内容可能随着时间发生了变化，但我们仍旧使用着它的旧名称，这也为此种误解提供了土壤。

这样的结论对我们理解道德价值具有重要影响。无论其形式如何，无论是功利主义还是理想主义，无论是在康德的"绝对命令"中还是在费希特（Fichte）的重新表述（"行动，使得你的行为准则成为你的永恒法则"）中，"普遍化"的规范性法则背后的假设是道德价值观脱离了价值观所固有的时间特征法则。但这种概念设定的困难是不言而喻的，特定倾向的普遍化，或者是供给的无限增加，涉及需求的变化，以至于反过来改变该倾向的实际客观社会价值。假设个体行为准则能够发挥同永恒法则一样的作用，就如同假设"重复"不会影响其价值一样行不通，经验不允许我们对任何客体的客观价值作出这样的假设。无论这种假设对个体的价值体验多么有效，它都不能被视为实际社会价值的标准或衡量标准。

我们在这里不关心绝对价值的逻辑或价值论方面的假定。"价值是永恒的"，即在每一个价值判断中都预设了价值的连续性，这是对价值判断的必要假定；从某种意义上说，我的价值判断在某种程度上与所有其他价值主体的判断是连续的，这同样是一个必要假定。但由此推断出任何具体倾向或行为的参与价值是永恒或普遍的是无根据的。只有在我们能够证明对于某些倾向的工具性参与价值没有替代品的情况下，这样的推论才是合理的。但除了认为任何具有实际社会价值的东西必须以某种形式持续存在，我们不能更进一步得出其他结论；对于这些未来形式，我们无法形成任何明确的想法，因为经验会告诉我们根据已有法则不断进行调整。许多社会价值观是一种观念，因此其作为组织个体和群体的核心获得了绝对性的实际意义，这是我们已经提出的一种可能性，并将在稍后更全面地思考这种可能性，但作为社会价值而言，价值始终是相对的。

（三）体现在个体身上的社会价值观

假设这种社会价值观变迁的示意图是真实的，即每一个社会价值观都经历了价值运动，因此，在任何给定的社会意识的横截面中的价值分布的示意图也是真实的，那么这种情况如何反映在个体对超个体价值的意识中呢？显然，所有三个阶段的价值都将得到体现。这些属于正常价值观的倾向构成了一个中心区域，我们可以把它描述为"道德"的倾向价值。它们代表了一种在价值判断中的习惯恒常性，这是其他倾向所不能达到的。这种恒常性有两个方面。一方面，这些道德价值代表了最完全的普遍化倾向，因此，对它们的参与期望或需求是相对普遍的。另一方面，预期的参与强度相对恒定，并代表了义务判断和责任判断中期望的规范。由于正常道德倾向中这一恒定性因素的存在，由此产生的判断最接近构成道德立场的公正无私观念。

在"道德"价值的中心区域周围，聚集着既有抱负又已过时的价值，相比之下，这些价值可以被描述为伦理的或准道德的价值。之所以这样命名，是因为虽然它们在指涉上是社会性和超个体性的，但它们缺乏公正旁观者的非个体性指涉。它们是限定群体价值，掩盖了个体价值。

有抱负的价值观具有超常的价值，因为它们代表着有限扩张的巨大强度。以基督教早期所教导的新价值观为例，在基督教团体内部，对美德的要求超出了常规范围，但对外人则认可不同的标准。在这种理想的情况下，期望不是"标准化的"，个体差异更为显著。而正是由于这个原因，与其他人缺乏这些美德的情况成正比，个体参与的强度也比正常价值观的强度更大。因此，参与的个体被赋予的价值也相应更大。

另一方面，过时的社会价值低于正常水平，因为这种扩展超出了强度，以至于就大多数个体而言，不再是情感上的参与，而仅仅是知识性和形式上的参与。因此，在个体中反映出的这种社会需求，通常比其他类别的价值倾向，即有抱负的和正常的倾向，要少得多。因此，有些常规行为和标准，例如在一些社区中进行的教会活动和某些形式的慈善活动，曾经是被强烈且直接感受到的参与共同崇拜或共同利益的倾向所推动的，但现在仅仅通过把它们作为社会团结的工具价值形式的理智认识而得以维持。对已过时的价值观的一种检验方式，就是当它所代表的真实倾向已经逝去或转移到其他行为时，有意识地去努力维持它。对这些虔诚和慈善形式的信仰丧失，并不一定意味着潜在的参与能量或意愿的减弱。它们简单地退缩，缩减到更理想化和个体化的形式中，也许在等待一个新的社会观念的出现，该观念将再次被唤起实在性。

因此，一个过时的价值以这种方式显现出来。作为一个积极的观念，它仍然被坚持，而且往往越是活力减弱就越是被激情地宣扬，它不被遵守的情况却越来越少地被注意到，反对的声音也越发稀少，直到最后完全与曾经给予其生命的直接感情和意愿分离。因此，在每个个体的意识中，都会有一些反映过时价值观的模糊的社会义务。

一般来说，如前所述，个体对超个体价值的意识将反映这些客体的实际社会价值，其参与及要求他人参与的倾向将以所描述的方式被修改。但我们不应忽视一个事实，即在有抱负的价值观下，这种价值运动的一般规律的运作可能会被改变。过时的价值可能成为个体和团体内在价值的观念或核心，并通过对比和对立获得新的参与价值。一种已经过时的社会价值观，如属于军事文明类型的荣誉和勇敢的阶级理想，可以在工业政权中生存，而谦卑和沉思的修道院理想则可以在它们不符合广泛社会需求的时候生存，通过这种对比和对立，它们可能成为强烈忠诚和情感参与的客体。对于这些保守个体和团体来说，它们再次变成了有抱负的价值。然而，因此获得的价值是一种伦理的、个体的或群体的价值，而需求不再是非个体的和超个体的。另一方面，从激进的角度来看，这些同样存在于社会之外的价值观成为新观念和新价值观发展的动力，在寻求摆脱旧的传统情感和观念的自由时，其发展出了新的价值观。这就引出了社会分化现象及其对价值观发展的影响。

（四）社会分化——群体孤立

边际参与价值法则的第二个结果，即社会分化，与我们一直在考虑的社会价值运动现象密切相关。伴随着社会倾向中固有的完全普遍化和扩大的趋向的是，参与价值的丧失和向新客体的价值移动。在这些运动中出现了新的群体构成和对比，并通过这些对比获得互补价值。我们也发现，在一定范围内，在客观社会价值的领域中，参与价值边际法则的变化与其他领域中工具价值的变化相似——通过获得内在的互补价值加以改变。①

社会分化与群体孤立，在于围绕某种理想目的对一个群体进行统一和组织。这是两个因素的产物：模仿和同情参与所固有的完全扩张和同质化倾向，以及通过对比强化共情感受的个体化倾向。第一个因素促生了社会习惯，有抱负的价值观变得正常，而正常的价值观则变得过时。但这一过程受到通过理想化和对比来实现的群体个性化的制约。这里涉及的过程在原理上与个体理想化所采用的过程相同。所讨论的倾向被假设在一个群体、一个阶级、一个种族、一个党派等内部是普遍的，这种同质性通过与对立群体的对比被加深。这样的观念建构，甚至可以使对立的群体在消极、邪恶的倾向和目标上实现个性化，通过一种众所周知的对比效应，将消极因素挤出，使群体的观念实现统一。我们已经看到，在感官同情中，群体的个性化和隔离在一定程度上是可能实现的。在短时间内，与基本的欲望和激情有关时，群体的团结可能是完整的，而同情可能通过群体对比而加强。但这种隔离只是暂时的，同质性的推测可能会很快失去力量并被证明是虚幻的。通过审美和宗教建构实现群体的理想化，在创造群体团结的永久假设方面更为重要，我们将在后面详细研究这些观念构建。通过这些观念构建，群体围绕着有抱负的和过时的价值而被组织起来，对于有特点的群体而言，这些客体获得了一种与它们客观工具价值完全不同的内在意义。

这只是一般法则的特殊应用，即工具价值在变成内在价值时，获得了互补价值。正如工具价值客体的边际效用法则，尤其是财富的边际效用法则，在某些重要方面发生了变化，即将一定数量的财富视作整体时会获得一种互补价值，这种互补价值是在部分财富的工具价值中没有被发现的，因此我们发现了边际参与价值定律的类似变化。将一笔钱作为一个整体开展评估，如果其单独的工具性判断被压制，而其条件价值和

---

① 参见第六章，第146页及其后。

个体价值具备无限适用性，则这笔钱作为一个整体的内在价值可能大大超过其实际工具价值。以类似的方式，当一个超个体利益、一个具有参与价值的社会倾向，被认同于一个群体，并假定在那个群体中被普遍化时，它获得了超越工具价值限度的内在价值。情感的参与被扩展到超出工具判断法则运作设定的限制。无疑，特殊群体和阶层的特定倾向和观念都曾经或仍然具有一定的社会工具价值。军事阶层的特殊倾向、艺术家阶层的自由表达理想、宗教团体的沉思和放弃理想，都对社会具有工具价值。但在每种情况下，他们的价值都是有前提条件的，即他们的价值没有被普遍化。

毫无疑问，群体孤立是实现参与价值最高化的条件。一个群体的这种个性化或孤立在创造绝对永久价值的方向上可以走多远，以及这一过程的限度是什么，在解释实际社会价值现象以及个体参与这些现象时，很清楚这是一个值得考虑的因素。

因为，它至少暂时地改变了所有社会价值的不可避免的趋向，即在情感参与停止时这些价值最终会转化为社会习惯的趋向，从而以群体价值的形式维持过时的价值比以其他形式可能维持的时间更长，而且它通过强化有抱负价值的强度，提高了它们的价值。此外，它为个体价值的强化提供了条件，或者，从更客观的角度来看，为伟大人格的发展提供了条件。

如果我们采用一个仅具有提示价值的生物学类比，那么这种群体孤立可以与自然选择领域的分离相比较。在那里，人们普遍认为，为了使新的变异能在物种中固定下来，必须假设物种的隔离，要么是通过环境条件实现分离，要么是通过与其他物种无法繁殖实现隔离。否则，变异很快就会再次通过泛杂交而消失。以某种类似的方式，为了确保对特定和固定态度的内在评估的持续，群体的隔离和孤立是必要的，或至少是有益的。一旦发生群体孤立，就会产生阶级嫉妒的根源。社会混杂、阶级壁垒的破裂，使得那些构成许多个体和群体价值条件的观念的固定性和对比性变得不可能。这种阶级嫉妒往往与观念和标准的保存和分离联系在一起，从更广泛、更客观的判断角度看，这些观念和标准似乎是虚构的，例如，某些阶层看似精心编织和武断的特有的荣誉观念。它们确实是虚构的，只是在许多个体价值观上具有意义，即他们是为了持续价值评估而进行的观念建构。就像原始部落的人们在彼此身上的部落文身中寻找归属感和认同感一样，现代文明中的个体也在内在和传统态度中找到了那些对比和对立，这些对比和对立如果没有扩大，也会加深参与归属感。

我们没有必要在这里过多强调，即我们在这里根本不关心对这些现象的任何评价，也不关心社会分化的目的论或非目的论的确定。无论救赎是否如托尔斯泰所说，抹去这些虚构的价值观，回归到那些最普遍和原始的价值观，无论这是否可行，或者像尼采那样，更加明确地肯定这些孤立的态度，或者像居约和西美尔那样采取更科学的方式，通过促成一种有序的社会价值连续体，使个体能够轻易地从一个价值过渡到另一个，这些都是社会哲学和实践的问题。我们只是对社会分化中涉及的心理过程感兴趣。①

四、倾向参与价值的限度：绝对社会价值的问题

对社会协同法则的考虑——边际参与价值法则、关于价值运动和群体形成与差异化的两个推论——似乎会导致这样的结论：和经济商品一样，个体特质和倾向的社会化、超个体价值始终是相对的，即价值的程度与该倾向的数量或其普遍化的程度是相对的。如果这是真的，就会排除任何倾向都具有获得绝对社会价值的可能性。社会价值是工具性的而

---

① 社会分化现象通常是从客观的角度来研究的，作为一种超心理、社会事实、自然秩序的一部分。从这个角度来看，除了涉及个体的价值意识，它已经从两个方面来研究：（a）因果和遗传上，作为潜意识选择力量的产物，现在被定义为经济的、生物的、经济与生物两者的结合——换句话说，作为一种特定功能的产物；（b）逻辑上，或者更好地说，在目的论上，思想家试图通过表明这种分化是实现某些抽象定义的善的工具，来使社会分离合理化并被批准，根据最流行的假设之一，理想主义或快乐，要么是最完整的理想生活，要么是最多的快乐或效用。我们主要关注的不是这个问题的这两个方面。严格地说，这两种解释都是超出心理学研究内容的。

不是内在的，这一事实将导致这一结论成为必然。由此可以推断，就个体价值而言，只要是客观的和道德的，并反映实际的超个体价值，个体价值的判断将永远是相对的而非绝对的。

尽管这个结论似乎是不可避免的——我们将通过对义务和责任的非个体道德判断现象的具体分析来发现它得到了证实，但我们不能在不开展进一步分析的情况下就接受这个结论。至少可以设想，正如个体价值的分析情况，具有社会价值的倾向可能会成为内在价值，从而获得绝对的互补价值。如果一个社会性的"善"无法获得绝对的参与价值，而且对该"善"的道德责任是无条件的，那么仍然可以设想，抽象的道德观点可能被其他评估活动（例如，美学和宗教）所修正，以至于工具价值可能变成内在价值并获得绝对的互补价值。在个体价值的领域中，通过美学特征化，伦理达到了一个绝对时刻。在那里，我们发现，特征化的过程中包含了绝对个体价值的必要前提，即个体的审美孤立、工具性判断的抑制以及对客体的依赖。那么，在社会参与和观念构建的过程中，是否也有类似的活动创造出绝对价值呢？

在前面关于社会同情及其结果的观念建构的研究中，我们已经提醒大家注意这样一个事实，即由其条件所决定的社会同情的一般法则是，随着同情范围的扩大，同情的程度会降低，然而，这一法则因群体孤立和对比的影响发生了变化。同样，通过这种群体孤立和对比，似乎实现了使群体能够至少在一定范围内进行个性化重建并获得互补价值的条件。现在我们需要考虑的问题是，这种个性化建构能够在此方向上走多远。

有两种类型的社会观念建构或理想化创造了互补价值，并扩展了社会参与和评估的范围，即美学和宗教。在一开始，社会参与和评估的范围被严格限定，仅限于群体价值功能，但这一范围逐渐扩大，直至一些美学和宗教理想宣称具有绝对和普遍的有效性，一方面是因为他们认为自身表达了纯粹和简单的"人性"，另一方面是因为他们认为自身达到了神圣的境界。我们现在必须确定，这些建构能够在多大程度上创造绝对的社会价值。

从美学理想化的角度来看待这个问题，显而易见的是，无论是在强度上还是范围上，审美情感确实极大地扩展了社会参与的能力。在讨论价值运动①的章节中，我们曾批评一种关于美学态度和美学结构的起源及本质的观点，这种观点由于其在扩展社会情感及高强度水平的维持方面具有重大意义，因此它们寻求的是完全在社会内部的审美表达条件。虽然我们被迫在个体中寻找审美运动的预设前提，从而批评其仅以社会理论作为理论起源，但我们没有忽视其作为社会同情扩展工具的重要性。在较小的群体中，以及在情绪感染的层面上——同情参与的诱导条件在很大程度上是感性的，如原始民族的舞蹈——艺术的这种功能是非常明显的。在更高的观念层面以及在更大的社会群体中（例如，在民族和种族中），能被共享的情感通常是某个伟大的超个体观念，并可能产生对该观念的实在性和观念完全扩展的群体假设。在这类假设中，个体能感受到一种绝对的超个体价值，并可能实现内心的平静和崇高。所有这些都可以被承认，然而，当我们更仔细地审视这种伟大的群体信仰或幻想所包含的形式时，发现美学本身并不能使社会价值成为绝对价值。

  美学的真正核心是个性化和孤立化。这是因为，只有在这种条件下，一个客体才能获得其内在的价值，同时抑制那些通常赋予客体相对价值的工具性判断。然而，这种个性化和孤立化只有在民族理想、美德或特质被投射到某个杰出个体（也就是"英雄"），或是某个较小群体上时才会成为可能。这种观念的全面表达只能通过限制其传播范围来实现。因此，那些传播绝对价值的伟大民族艺术，从本质上讲是专制化或贵族化的。一种民主的艺术形式，从共享的角度来看，它是可行的、可以普遍存在并受到广泛赞赏的，但若是从其只代表人性中普遍且无差别特质的角度来看，其中又存在一些矛盾。

  负面证据清楚地展示了美学社会观念建构无法激发幻想的局限。乌托邦般的社会构想，那些仅因社会需求而具有工具性价值的社会价值或价值倾向普遍流行——在这里，商品的乌托邦主义和理想的乌托邦主义

---

① 参见第七章，第189页及其后。

盛行，利他主义占主导地位，正义自成一体无须不公来纠正——这样的画面让我们感到陌生。这种面向集体的乌托邦社会观念是无法获得深层次内在价值的，究其原因，不仅是因为这些构想必须保持概念性和抽象性，还因为我们几乎不可能相信乌托邦社会观念能真正实现，或至少不能在信仰上完全接受乌托邦社会的观念。信仰的情感条件是"需要"和"理智"，一旦仔细思考，这些情感倾向无限适应于社会目的的假设就会受到质疑且站不住脚。只有如同宗教中天堂王国的观念那样，观念被赋予了超自然的属性，也就是说，美学沉思背后的假设明确地与经验现实脱节，并且基于一个与整个自然秩序形成对比的超自然实体，信仰才成为可能。

纯粹的集体价值或超个体价值难以通过美学观念获得绝对的内在价值，但这并不意味着它们不能对某些个体或群体形成绝对的内在意义。当一个有抱负的社会价值或一个已经过时的价值在一群具有同质性的人中得到广泛认可时，可能会在这个群体内形成一种具有普遍性的幻想。这里的环境有助于促成群体的孤立和个性化，从而让这种普遍性假设成为可能。例如，通过与乌托邦社会和圣者的对比，为这些价值在群体内的深化和扩散提供了条件，这种条件足以阻止批判性的存在主义和工具性判断，有利于实现普遍性假设。虽然这些条件特别有利于实现个体提升和内在和平的价值，但这些价值此时已不再是超个体价值。

宗教建构与美学紧密相关，因为宗教是将社会价值投射到理想人格中，但二者又存在显著不同。美学注重在已实现的价值中寻求安宁，将价值体验中的内在倾向具体化；而宗教建构的核心，在于将超越性的一面神圣化，将超个体价值体现在与个体或社会意志有关的神或圣人中。这种差异在对立面的处理上体现得尤为明显：美学通过忽略或排除对立趋向来避免干扰；在宗教中，在受到哲学反思的影响之前，有一种趋势是通过将观念实在性与某些被赋予同等实在性的负面力量对立，以此来强化对观念实在性的意识。尽管两种方式都通过对比和分离来强化价值，但它们实现这一目标的途径却大相径庭。

现在，宗教作为一种社会现象，其本质可以视为同情投射的扩展。

第十一章 超个体价值

如同比较宗教学所指出的那样,"恐惧首先创造了神灵",如果超越社会群体、超越社会的人或力量的第一个投射是消极或对立的,那么,这一事实就很容易理解了。具有参与价值的倾向之所以能长久保持本能性和内在社会性,是因为它们构成了那些被社会力量挑选并固定为参与本能基础的态度和倾向。但一旦将负面倾向进行投射,那么具有积极或良好参与价值的倾向很快也会紧随其后。从这一点开始,过程就变得相当清晰。最初,在其中投射了价值倾向的神的形象,直接对应于群体差异。部落或民族的神是好神,敌对的神是坏神。在社会方面,当种族限制被超越,神成为唯一的神和所有人的神时,就达到了宗教建构的最高形式。因此,在宗教建构中,我们可能拥有了超个体价值的普遍性,同时也有了个体在这些价值中的情感参与,而这是绝对价值的真正条件。如果宗教意识真的能够超越这些限制,如果在宗教的观念构造中,我们拥有了一个供普遍情感参与的客体,那么,我们就拥有了一个对参与的超个体绝对价值需求,此时,我们就面临着一种极其重要的情况——宗教意识真的能超越这些限制吗?

实现在这些超个体建构中的社会情感参与,似乎需要满足两个条件:(1)对神的人格化;(2)神与负面倾向(最好是人格)的对立。如果宗教意识既要情感化又要社会化,它就不能超越这些界限。换言之,虽然可能会有某类个体情感参与到超越这些界限的神祇中,但这也就超出了道德和社会的范畴。人们出于对知识和价值连续性的追求,一直在试图突破这些界限,这种尝试往往采取泛神论或一元论的形式,其中包含了价值属性的普遍化、个体人格及群体人格的抽象化。我们在此关注这些建构作为价值建构的能力,以及它们成为绝对价值客体的可能性。从这个角度来看,当这些建构希望既超越个体限制又成为价值体验的客体时,这个过程本身就显得自相矛盾。

为了更深入地分析,相关事实可以用一种"困境"的形式呈现,这种"困境"可以说是所有泛神论价值建构的困境。当某种价值属性——无论是纯粹理性(这在泛神论构想中总是与价值相关联),还是超越理性的某种深奥体验——被普遍化并绝对化时,往往会出现两种结果。这种价值属性要么变成了缺乏内在意义的纯粹理性构想，即变成了一种工具性的智力概念；要么就转变为主观和个体的价值领域。在任一情况下，这都超出了道德领域的范畴。在历史上的众多泛神论观念中，这一逻辑模式显而易见，当产生纯粹非个体价值客体时，这种客体只有通过与自我的相互认同（如在"那就是你"这种表达中所体现的）才能继续激发情感反应。[①] 这种试图把超个体价值建构绝对化的努力，最终会使社会道德世界沦为幻象，在其实现的瞬间，它不再是一种非个体价值，而是成为一种实现内心平静的个体价值。因此，我们有理由在总结这项研究时声明，如同纯美学的建构一样，宗教对社会的影响能够加深我们对超个体价值的感知，但它无法突破社会建构的内在法则。宗教可以为社会目的赋予互补的价值，并强化社会义务感，但要做到这一点，它必须保持二元性和拟人化。这种二元性在沉思和信仰中能够被克服，前提是以美学中的个性化同情形式出现，而不是以非个体的参与形式出现。个体与非个体价值在绝对的内在价值中合一，超越了个体和社会的界限。但这种绝对的内在价值依然具备个体价值的特征，因为只有作为个体体验的极致，作为客观存在的绝对真理，它才具有价值学上的意义和价值。

我们无须深究人格在美学和宗教形态中是否构成价值体验的最高层次，因为我们的关注仅限于评估的动力机制。如果它确实是这样的最高层次，那么它必须融合所有社会意识的内涵。我们必须明确的是，只有当宗教和美学体验以个体参与过程中获得的意义作为其不可或缺的前提时，它们才具有价值学上的真正意义，而不仅仅是空泛的神秘感。它们以扩大人格而不是丧失人格的方式而具有意义。

[①] 斯宾诺莎（Spinoza）的智慧之爱和克利福德（Clifford）的宇宙情感无疑是真实的体验，在这些体验中人们达到了一种绝对的内在价值，但我们所讨论的是这两种情况下的个体价值。这种情感并不是对那个被抽象出来、与建构和定义它的主体无关的冷漠宇宙秩序的情感。当宇宙的机械秩序、广阔的空间和无尽的时间本身并不具有价值时，只有当灵魂以某种方式向自己轻声说出"那就是你"的时候，"那"才变得有意义。

第十二章　超个体价值（续）

第一节　基于前述分析和理论解释的道德判断问题

我们现在将探讨道德判断的具体现象，即分析道德义务和责任判断，这是对前述理论真实性的检验。① 如果道德价值观是由社会参与过程及其社会协同作用法则所决定的实际价值，那么道德判断应在定性和定量方面都反映出由这些过程所创造出的期望和需求。这里的情况与个体价值的研究完全相似。通过对个体价值起源的研究，我们得出一些法则，并展示了这些法则如何在个人义务和责任的现象中得到体现。同样，我们也得出了关于道德价值观的本质和法则的相关理论，如果我们将道德判断现象孤立起来进行研究，那么这些现象应能反映出这些法则。更具体地说，由于道德价值观是倾向客观参与的价值观念，而这些价值观念本质上受到边际参与价值法则的约束，我们可以假设道德判断在定量方面反映了这一法则的运作。对道德判断的经验法则的分析将证明这一假设是合理的。

一、道德判断客体——道德合格行为

正如我们在个体价值的类似分析中所看到的，开展这种实证研究的

---

① 对于这些现象的类似研究，以及本讨论中使用的一些术语，读者可以参考迈农的《心理学与伦理学：价值理论研究》（*Psych. -Ethisch. Untersuchungen zur Werttheorie*），第二部分的第三章《关于应然道德》；还有艾伦菲尔斯的《价值理论体系》，第二部分，第 195—205 页；以及西美尔的《道德科学导论》第二卷，第 323 页。

预设条件包括：判断客体是孤立的，能够确定道德价值估测的术语，能够按照相关规范和限制界定预设需求，即估测活动所涉及的限制范围。

如前所述，道德客体的定义初步将道德判断现象置于孤立状态。我们发现，合格的道德行为是对非个体倾向行为的表达，是对非个体需求的响应。对这种行为的道德判断是从所有主观和个体因素中抽象出来的，它反映了一种仅由超个体需求决定的判断倾向。这是"公正旁观者"的判断。然而，进一步的研究使我们在某种程度上修改了这个定义。如前所述，超个体需求要想被真正感知，必须与一个群体的具体利益相关，而且不能是完全抽象和普遍的，那么，严格来说，就不存在纯粹的非个体参与和完全公正的旁观者。最初定义的道德合格行为和道德合格判断，都是实际上永远无法实现的理想极限。这个结论我们可以接受。行为的道德价值就是实际的社会价值，而对这种行为的道德义务所预设的需求，以及对其开展的道德判断，总是代表一个由社会协同作用法则决定的具体的、相对的价值。道德价值观是实际的，不是理想化的，就像个体价值观一样。改革者为之努力工作的"理想社会"似乎存在矛盾，"理想社会"里的价值观是理想化的，但这一价值观显然又具备了道德价值和社会价值。尽管如此，矛盾只是表面的。只要价值观是理想化的，就具备个体价值和内在价值。基于本质角度而言，改革者的乌托邦可能是可取的，但是否可以实现这一理想尚无法确定。只有那些至少部分实现并且在超个体需求中形成了的观念（包括制度上的观念、法律上的观念或社会上的观念），才能形成一个对行为的现实道德价值进行公正判断的标准。因此，即使是为理想而工作的改革者，也会犹豫不决地用最佳实施标准之外的其他标准来判断他所处时代的人们。①

---

① 即便是"激进分子"提倡与其时代的社会价值观相对立的观念和标准，并试图围绕这些观念组织群体，他在日常社会关系中也不会真的严格按这些标准来判断他的同伴。除了为达到教育效果〔可能像伯纳德·肖（Bernard Shaw）这样〕，他实际上并不会超越常规的需求。他的幽默感，如果不是正义感，以及对"真理节约原则"的理解（特别是当这个真理如此内在和理想化时），通常足以保护他不受这种价值判断谬误的影响。尼采的个人和社会关系是这一事实的绝佳例证。

二、道德价值估测术语——利己主义与利他主义

我们反复看到,所有相对价值的估测都是基于两个变量开展的:肯定性的意动趋向和趋向抑制,这表征了正面和负面两个要素。在对非个体参与开展非个体判断的情况下,正面因素包括:参与超个体趋势的趋向,为超个人利益做出的贡献;而负面因素包括可能阻碍这种参与趋向的"条件"价值和"个体"价值。在估测利他主义者的行为参与价值时,我们用为他人而牺牲的自我利益强度来衡量利他行为的品质。

在这种社会或道德的考量中,可以观察到,在个体责任中基础性的条件价值和个体价值之间的区别变得无关紧要,两者都被归纳在自我主义趋向和倾向的一般术语中,这清楚地表明了通过抽象达到非个体视角的过程。被描述为利他主义的倾向可能包括参与态度或参与趋向,这些态度或趋向展现了不同程度的非个性化。因此,一个人可能为了其他个体的利益、有限群体的利益或相对抽象的社会目标而牺牲个体利益。但这种参与的本质是,必须存在个体利益和超个体利益之间的某种对比——否则我们就只有纯粹的个人关系和个体价值。在这种考量中,利他主义的极端情况是:做出牺牲的客体或人与我们的感知(原文是同情一词)如此遥远,以至于我们无法采用"同情参与"的方式参与。

因此,与个体判断和伦理判断不同的道德归因,严格来说,是对行为的合格性判断。一个行为被认为是"正确的"、值得称赞的或应受责备的,其依据是该行为所表现出的自我主义和利他主义趋向之间的关系。此外,行为的限定条件和行为强度,都可以看作是行为的正面时刻与负面时刻的函数。尽管道德判断主要面向行为进行判断,并且是以行为对超个体价值的贡献即工具性角度来进行判断的,但是道德判断也很容易转向个体判断和伦理判断。正如我们所见,利他主义可以被视为一种个体价值和社会价值;在具体的价值体验中,虽然二者未被明确区分,但出于我们的研究目的,对它们进行区分是必需的。

(一)依据个体利益的牺牲来衡量利他倾向量

如果深入探讨这种自利与利他之间的权衡,我们会发现这种描述的

倾向在几个关键方面存在变化，每种变化都会影响到基于这两种因素的道德判断。首先，参与的倾向强度可以通过牺牲的个体价值或条件价值的重要性来衡量。条件价值可能从生存的最基本需求变化至完全没有价值，个体价值从无法替代的核心特质变化至最表面的特质。以救人一命（一种高参与价值的行为）为例：（a）牺牲几小时的休息和快乐；（b）冒着损害自己声誉的风险；（c）损失所有个体价值和条件价值，甚至包括生命本身。如果我们不考虑其他因素，很明显，在这三种情况下，利他主义的程度逐渐增加，相应地，在其他条件相同的情况下，行为的道德价值也会增加。

（二）以追求的超个体利益来衡量利他倾向量

在估测中引入的第二个因素是我们考虑到了给定行为所响应的超个体需求的特征差异。这种需求的差异来自：（a）客体与个体同情或群体同情的亲近或疏远程度；（b）对该客体需求的普遍化程度。后一个因素我们可以称为"投射或参与的系数"，意味着这种需求代表了正常的价值、有抱负的价值或过时的价值。

在第一种情况中，客体的亲近或疏远程度决定了我们判断的重点，决定了我们在行为发生时开展积极判断的重点，决定了在行为被省略时开展负面判断的重点。因此，为了自己的孩子牺牲条件价值或个体价值，所受到的赞扬会少于为了朋友、陌生人或一个原则的牺牲所受到的赞扬。同样的情况下，未做出牺牲会引发反对或负面判断——在未能为自己的孩子牺牲的情况下会引起强烈的不赞同，但当客体变得与个体同情参与越来越远时，这种不赞同就会越来越小。再次，可以观察到我们的判断考虑到了要求参与的情绪的投射系数。为已经达到高"膨胀系数"、高社会认可度的价值而牺牲（即广泛社会认可的价值，例如家庭义务、商业诚信、国家自由），比为了尚未广泛普及、非常规但更具追求性的价值所做的牺牲而获得的评估要低（例如，刚刚开始被强烈感受到的真理或社会正义的新理想）。因此，当我们采取公正旁观者的态度时，我们似乎无法从牺牲本身的工具价值中抽象出来，即无法从被牺牲的客体的相对重要性、牺牲所回应的超个体需求的相对重要性中抽象出来。作为一种社会价值的利他主义不具备无限增长的能力；对其重要性的感受限度由已发展的社会参与法则决定。

当然，无法否认，在某些情况下我们自己和他人会被要求做出绝对性的牺牲。一个可能看似微不足道，甚至低于工具价值阈限的行为，不仅可能变得非常重要，以至于值得为此作出牺牲，而且这样的牺牲行为还可能获得绝对价值，正如我们在探讨个体价值时所发现的那样。然而，重要的是应认识到，这种价值不仅仅是超个体价值，还是一种公正观察者所认同的补充价值，是通过指涉人格、群体和民族的准个人建构，成为复杂整体中不可或缺的一部分而获得的一种互补价值。因此，在这种情况下，牺牲被赋予的价值不是基于超个体需求，而是基于态度与人格结合后所产生的个体需求。特别是当我们探讨个体价值与超个体价值之间的偏好法则时，这一点的重要性将更为明显。[①]

（三）这些估测术语的意义

经过适当权衡，这一分析的结果强烈支持一个假设：道德判断反映了社会同情的运作法则，更具体地说，反映了边际参与价值法则。根据所追求的超个体目标、牺牲的个体利益的性质来估测道德价值的程度，这一做法依据的是这些目标和利益的直接性或间接性、具体性或抽象性程度。

首先，这种根据客体与同情参与的远近不同而变化的价值归因，正是我们根据同情强度随着普遍相似性增加而减少这一法则所预期的结果。这意味着，我们对于超个体价值的感知是相对的，这取决于我们能在多大程度上通过同情投射来代入他人的情感意志。再者，对强度的判断有所不同，这些不同与常规价值观、有抱负的价值观、已过时价值观引发的社会情绪有关。然而不管是哪种价值观，超个体价值的强度都随价值观普及程度的提高而减弱。在判断有抱负的价值观时，价值观尚未普及时带来的价值强度，将超过价值普及时带来的价值强度。所有这些

---

① 参见第十三章。

都是边际参与价值法则的体现。[①]

第二节 道德判断的阈限与规范

经过分析，我们发现决定道德判断差异/变化（change）的条件已经确定。现在，我们将对这些变化进行量化研究。如果前述的定性分析已经使我们的假设显得合理，那么现在要分析的内容将会使这种假设成为基本确凿的事实。如果不引入超个体客体的特征变化，我们已经大致看到了这一事实；在目前确定的一定范围内，某一行为的道德价值直接取决于对条件价值和个体价值的牺牲程度。现在的问题是，这种变化及其法则和界限是否能够更精确地确定——以便我们能够将其与决定这些判断的心理过程联系起来，并将非个体价值判断与个体价值判断的范围展开比较。

这项研究的首要前提是明确一些概念性的临界点或阈值，从这些点开始，我们对行为的价值强度的判断会随之增减。我们可以辨识出两个这样的关键界定点，它们分别是参与的常规标准（亦即"恰当行为"）、参与的最低限度。一般来说，常规标准代表了普遍的预期，达到这一标准的行为不会引发赞扬也不会受到指责。而参与的最低限度则指的是社会利益中要求牺牲个人利益的最小数量。虽然原则上它们不难确定，但由于社会价值观的不断变动，要在具体情况中精确定义它们有时并不容易。

一、参与规范或"正确"参与——社会参与的常规期待

在定义"正确"的范围时，首先要注意的是，与个体价值的常规阈值相比，这个范围要粗糙得多，敏感度也低得多。而且，正确的范围比

[①] 还应注意的是，判断的重点随着超个体目标实现的可能程度而变化。因为限制价值法则是一种工具价值的法则，其中的情感预设了存在和工具判断。我们的判断能力是严格有限的，当客体在可能性和概率上变得越来越遥远，或接近于绝对确定的实现时，参与变得越来越不重要。这一点与第十一章第281页有关。

个体价值情感的范围包含更广泛的变化。在非个体评估中，表现出的赞扬和批评并不像在个体评估中那样迅速出现。例如，在商业环境中接受的"正确"行为可能比在个人交往中接受的标准行为允许更大的偏差。医生为了更大的职业利益而牺牲个体利益的行为，可能会被更广泛的商业群体视为过于理想化，甚至完全无法理解。这种现象的原因主要在于，社会参与和非个体参与具有工具性，只有当个体的自私或利他行为对大众产生了足够的影响，才会被视为重要，从而超越"正确"的基本阈值，引起赞扬或责备。然而，值得注意的是，"正确"的范围随着情感的融合或分化、群体的合并或区隔而扩展或收紧。

在非个体道德判断中，"正确"的范围代表了常规期望的参与程度，即个人利益为了集体或他人利益而做出的常规性牺牲。[①] 正如我们之前所讨论的那样，在任何特定的道德案例中，牺牲的标准完全依赖于超个体目标或观念的重要性。因此，这种常规预期的倾向在实质上是社会协同法则运作的直接结果。

二、最低参与度——较低的阈值

在"正确"的阈值上，既不会获得赞誉也不会受到责备。仅仅达到社会标准水平并不会被视为值得称赞的行为，而且由于这一水平上的社会感知相对较为粗糙，对正常标准的微小超出或未达标准通常不会被察觉。但随着偏差的增加，赞誉和责备的判断开始出现。随着对集体或他人利益的牺牲倾向的增加，对该行为的赞誉在一定范围内也会增加。这种牺牲可以通过两种方式来衡量：一是根据所追求的超个体目标的性质，二是根据所牺牲的个人利益的性质。无论通过哪种方式衡量，对一个行为的发生所给予的赞誉或对该行为缺失所给予的责备都有一个限制。这个限制就是我们前面描述的参与最低值，即为了超个体利益而要求牺牲的最低标准，或换言之，要求牺牲的个体利益的最低程度。就纯粹的道德或客观的赞誉及责备而言，当达到参与最小值时，该行为的执

---

① 参见第十二章，第294页。

行不会被赞扬，该行为的缺失也不会被责备。

在某些具体案例中，参与最小值的存在和功能非常明显。对真实性、对财产的尊重以及仁慈的要求，这些情感或多或少已被广泛接受。但从一个非个体的、中立的视角出发，我们并不期待一个人为了严格遵守某个微不足道的真理而牺牲重大的个体利益，或者为此付出生命的代价。同样，我们也不期望他为了帮助一个完全陌生的人而做出如此牺牲，或者为了不占有一件微不足道的物品而遭受痛苦或死亡。

第三节　义务及归因的判断——与规范和限制有关

一、赞美和责备的归因

参与度的最低标准指的是一种社会认可的基础线，超越此线的个体牺牲并不是被社会广泛期待的。随着实际贡献接近这个最低标准，社会对于牺牲的要求也相应降低。任何超出这种要求的利他主义倾向，将会被视为是超常的。现在，我们来探讨在达到这个界限时，如何形成对行为的赞赏或批评。

如果某人的利他倾向超出了常规预期，一开始可能并不显眼，而一旦变得突出，便会获得赞赏，因为社会是趋向于鼓励利他主义的。然而，这种利他倾向并不会带来等比例增长的赞赏。利他主义作为一种社会价值，并不能无限制地增长。当利他倾向的程度远超正常范围时，赞扬的声音会逐渐减弱，甚至转变为责备。例如，一个母亲为孩子的非重要价值需求而持续牺牲自己的健康、力量和个人兴趣等重要价值，这种行为的道德价值会因为牺牲超出常规范围而相对下降，甚至可能被指责。同样，未能进行适当牺牲也会引来责备，但随着牺牲的必要性趋于最低点，这种对未行动的责备程度也会逐渐降低，甚至可以忽略。

与个体义务相比，这些差异显而易见。在个体义务中，就是在最小值上，例如对人物特征的最小表现（以及当个体与超个体的利益结合时的参与最小值），我们见证了绝对价值的出现。以母亲的例子为例，如果我们从情感上参与她的行为，从审美上将她与社会价值隔离开来，那么对于一个微不足道目标的极端牺牲可能会被赋予绝对的价值。在这种情况下，对母亲本身的评估变得内在化，对这个观点的满足，超越了理智归因的原则。道德理论家可能会从反思中得出——道德判断之所以采取这种形式，是因为她为孩子做出的过度牺牲会妨碍她为更广泛的社会，甚至孩子自身提供更重要的服务——牺牲了更高的价值以满足较低的需求。这种逻辑关系和终极目标与准则的协调可能由伦理价值的哲学理论详细阐述，但具体判断的前提并非通过反思获得，而是直接源于评估的经验法则。在这方面，前一章已经指出的另一个事实具有重要意义，即个人性格的塑造与行为所伴随的情绪有关。在直接个体参与中，我们从引起我们同情参与的行为的趋向表现中推断出预设的倾向。参与行为是否伴随着强烈的同情、自我奉献的明显愿望，或是热情的牺牲，是一个非常重要的问题。对个体价值敏感的人可能会对那些虽然微不足道但充满了洞察和情感的行为给予更多欣赏和更高评价，而不是那些带着不情愿或者只是出于义务感而行动的更重要的行为。这里完全可以容纳一定的"情感谬误"，但我们大多数人更喜欢幻想，这与幻想中包含了对生命和信念的期待有关。但是，这些在情绪归因上意义重大的伴随物，与道德判断的非个体归因并不相关。提出正常行为所需的倾向最低限度是必要的，但除此之外的一切或多或少都无关紧要。我说"或多或少"，是因为它在某种程度上是被考虑在内的，是因为非个体的判断从来都不是纯粹的，然而，这些表现形式所赋予的价值与表现出的过度倾向相去甚远。当一个人过度地行善时，社会判断对这种过度行为的承认和赞赏通常是非常吝啬的。

二、道德义务

当我们深入探讨超个体需求的内在层面时，在这一层面它表现为个体的非个体需求或参与义务，我们发现相同的法则正在发挥作用，这些法则决定了需求被感受到的条件和感受到的强度。义务仅仅是赞扬与责备归因的反面，这一发现并不令人意外；虽然将非个体义务与本能义务、个体义务区分开来，可能比区分个体责任和非个体责任更具挑战性,但这些现象是可以明确区分的,从而让我们能够揭示超个体价值法则的运作。

(一)反映了实际的客观参与价值

根据道德价值的本质,我们发现,若想感受到客观义务,有一个必要的前提,即判断真实的超个体需求是否存在。更为重要的是,这种义务感的产生还需要预设该行动对实现某个超个体社会目标具有确定性、可能性,或至少是可行性的。义务感的强度会随着行动实现目标的确定性、可能性或仅是潜在的可能性而变化,并且当这个行动被认定为无法实现目标时,义务感则会完全消失。对事实的进一步分析将清楚地表明,这种产生非个体义务感的条件与产生个体义务感的条件形成鲜明对比,因个体观念产生的义务感并不受此限制。

在罗伯特·路易斯·史蒂文森(Robert Louis Stevenson)的寓言中,有一个关于两名男子和沉没船只的生动场景,这个场景清晰地描绘了超个体义务感消失的临界点。故事的设定是,在一艘正在沉没的船上,船长发现一名船员正在火药库中抽烟。船长说:"就我个人而言,如果有人在沉船时就忘记日常的吃药或上弦表,我会鄙视这种人。那,我的朋友,这才是真正的人类态度!""请原谅,先生",船员斯波克先生说,"在沉船上刮胡子和在火药库里抽烟有什么本质区别呢?""或者在任何可想象的情况下做任何事情?"船长叫道。"完全令人信服。给我一支雪茄吧!"两分钟后,船舰带着辉煌的爆炸声被炸毁了。这导致了一种认识,即当所有行为的社会意义消失时,对日常职责的所有义务也随之消失。当然,船长可能会坚持认为,个体义务仍然存在。这个故事以船舰壮观爆炸的结局凸显了一个思考:在超个体利益不再可能实现的情况下,所有社会义务都会消失,但本能的义务、令人欣赏的秩序性、力量等仍然存在,如同在黑暗中保持礼貌一样,即使勇气无法改变结局,人们仍期望保持个人的尊严和勇气。

在考虑选举投票这类义务时,这种现象会变得更加明显。一般来说,当人们认为投票几乎肯定能影响选举结果时,履行义务的念头最为强烈。随着这种确定性的降低,非个体的义务感也会随之减弱,最终可能完全消失。这种情况可能以两种方式出现：一是投票结果已被大多数人的选择所决定，使个人的投票变得微不足道；二是因为腐败行为导致投票效果被抵消。通常情况下，如果个人完全确信他的投票将无效，他的社会义务感就会消失。当然，可能仍然存在某个人和小范围群体的义务感。他可能认为自己有义务去履行这一职责。作为个体价值的表现，对于阶层理想或某一抽象原则的忠诚仍可能对个人有所影响，但这种义务感会失去那种特定于超个体的指涉性，这是非个体义务感的特点。这解释了为何当"为了行动而行动"这一原则仅仅通过参考未来和间接的工具价值来证明时，我们会产生一种特别的徒劳感。即使在行为毫无意义时，担心因未完全履行某种抽象的义务而破坏一个良好习惯，似乎是一种不必要的担忧。借用易卜生（Ibsen）的说法，"强健的良知"会让好习惯自我维持。但是，目前行为的内在价值——纯粹是个体价值——是另一回事。

（二）反映了客观参与价值的规范和界限

道德义务与道德赞誉和责备密切相关。它更多体现了道德判断所预设的主观需求。因此，义务感的强烈程度必然与道德赞赏和责难的程度有着明确的联系。我们已经明了，赞扬和责难的程度是由特定的规范和界限决定的，这些规范和界限包括了参与的正常水平和最小要求。那么，义务感的强度是如何与这些因素相关联的呢？

在研究归因现象时，我们明白了参与的常规水平是一个起始点。仅仅达到社会预期并不能赢得额外的赞赏。那些履行日常生活义务、满足正常期待的人，如果没有士气低落、纪律松弛作对比，他们所展现出的倾向，无论是质量还是数量都不会得到特别的表扬。但是，当我们考虑到这一情境的更主观方面，即非个体义务时，我们发现正是在这个"正确"范围内，非个体义务感最为强烈和明确。此外，义务的强度随着客体（社会利益）的数量接近最低参与阈值而下降，或者随着客体从正常区域进入超正常区域，在超正常区域中，价值观是理想化的和有抱负的，牺牲倾向超出了正常范围。在这些情况下，参与的义务感变得越来越弱；而且，随着与"正确"区域的距离增加，忽略或拒绝参与变得越来越被认为是可以接受的。

生活中的道德事实证实了这一分析,其中的原因也不难理解。即便是简单的观察也能证实这一分析,在那些客观的社会需求以最纯粹的形式出现的情况中——特别是人们过着他们那个时代和阶层的不假思索的生活,未被更普遍和理想化思考所干扰时——正是那些代表种族或阶层的"受尊重的常态"行为设定了社会义务和努力的界限。这些界限表现为"人们通常做的事",更明确地说,是"人们通常不做的事",换言之,就是这种"恰当的"行为构成了人的全部义务。所有有意识的道德努力都致力于实现这一必要的最低标准,其余的则由本能的义务来控制。发达社会和原始社会都强烈证实了这一观点,即礼仪道德和礼节的常规要求往往与更严格的道德要求混为一谈。人们常说,因为失礼而非因为罪恶而产生的内疚的刺痛感更强烈,这可能不完全准确,但足以说明重点是在"恰当的"习惯性行为上,无论社会需求服务于哪些目的,这都是超个体需求最强烈被感受到的地方。

因此,非个体义务的这些特点根源于一个事实:"正确的行为"或参与的标准代表了社会参与和凝聚力的最低必要限度。其价值属于工具价值,而非内在价值,一旦某人的行为超出了这一最低要求,即便这种额外的努力有一定价值,这些价值的重要性也会逐步下降。这也是为什么法律规范几乎完全聚焦于对违反正常义务行为的制裁,以维护不可缺少的道德或利他倾向的最低标准。经验已经确定了最低价值目标,但是无法预测在法律强制执行更多个体义务后,价值会发生什么变化。因此,我们可以得出结论,道德义务以及道德判断中的表扬和指责,反映了社会协同作用法则所决定的实际参与价值。

(三)道德义务是相对的,而不是绝对的

我们的结论似乎与通常所认为的"道德感"及许多伦理学理论相矛盾,这一点不容否认。在情感层面上,道德义务似乎常常映射出一种完全客观、超越个人的规范,这种规范被视为普遍且必然存在。这正是康德所主张的绝对命令所表达的,他认为这与被要求普遍化的态度和倾向有关。然而他似乎没有意识到,感受到这种要求的前提正是它们尚未被

第十二章 超个体价值（续）

普遍化。因此，我们面临两种可能：要么是我们对道德价值及其基础的事实分析完全错误；要么是所谓的道德感以及基于它的理论实际上代表了对价值意识的某种扭曲、对事实的某种误解。

我们选择第二个解释，即我们面对的是对道德感知的一种误解。这不难证明，我们面对的是一种误解，指出误解的原因也并不困难。与伦理和准伦理价值不同，道德价值观属于最内在的一组倾向，常规的、代表社会习惯的一组倾向，即与感受冲动所需的最小强度相一致的最大扩张。作为一种社会习惯，义务感并不是某种绝对客观法则的反映，而是具体的社会协同作用和实际客观价值的反映。因此，这种要求在强度和范围上是有限的。那么，绝对、完美无条件的义务——对每一个个体、在任何情况下都对个体有所要求——是如何产生的呢？

绝对义务的概念，或者说对普遍义务的追求，是建立在一个抽象的理想建构之上的。在社会群体中，对所有成员都有一种基本倾向的最低要求，这种最低要求具有常规的群体参与价值。当个体感受到这种要求时，往往会将其理想化，认为如果这种要求被普遍化，他会保持相同或更高的价值。这种假设受到一个事实的影响，即，那些基础而常见的态度，如"基本美德"，虽然这些统称在不同时代涵盖了各种不同的观念，但它们营造了一种恒久且普遍的幻想。随着社会价值观念的演变，像勇气和贞洁这样的美德从古希腊到基督教时代，尽管名称保持相对稳定，但它们的含义可能经历了变化。①

这种关于完美或无条件义务的错觉也是以类似的方式产生的。对于在特定情形下、针对某一明确目标具有价值的行动，人们往往假设在所有情形下它们同样适用，并认为这种行为所反映的态度无论在何种程度上都是有价值的。如我们所见，对于那些具有内在价值的个体价值，这种假设在一定程度上是可以被接受的；但对于工具性价值而言，这种假定则是一种错觉。

---

① 参见第十章，第 245 页。

第十三章 综合偏好

第一节 不同类别的价值客体的相对价值

截至目前，还有一章是开展判断研究不可或缺的部分，没有这一章，我们之前的研究就显得极不完整。在某种意义上，这一章既是对前面分析的补充，也是对那些分析的验证。我们尝试依据心理学起源和心理预设的特征来区分不同的价值客体和评估角度，并研究它们的法则、标准和界限。但我们也意识到，这种方法在一定程度上是人为和抽象的，因为任何具体的评估行为都可能是多种动机合力的结果。此外，很多这样的具体评估行为涉及的是在相同或不同层面上的客体之间的偏好选择。我们已经分析了在同一范畴内客体的相对价值的决定因素，但对于不同范畴之间的相对价值如何决定，如果不进一步探讨，我们还不能明确其法则。现在，我们必须深入探讨这个问题。

我们已经进行了一些初步的探讨，以解析条件价值、个体价值、超个体价值以及非个体价值之间的根本区别，并试图通过分析情感的形成过程及基本前提来解释这些区别。每种价值类型都体现了在特定过程中形成的特定含义，这些含义由其特有的前提条件所决定。为了深入分析，我们引入了阈值和连续评估能力的概念，这些概念基于不同层次的评估法则，旨在揭示这些法则的内涵。通过这一分析，我们发现，一般来说，个体价值比条件价值代表了更高层次的含义，而超个体价值则超越了前两者。问题在于，是否可以仅凭已揭示的事实和法则来解释在这些不同价值客体之间做出的偏好行为，或者我们是否需要引入新的法则来进行解释。这个问题可以被视为综合偏好的问题，与为不同评估层次所提出的分析偏好法则形成对比。

正如伯姆·庞巴维克（Böhm Bauwerk）在经济商品上所言，所有这种偏好行为的特征都是牺牲。经过一定的变通和限制，这一点同样适用于所有价值客体。庞巴维克说："我们只在两种情况下做出价值判断：首先，当我们要通过赠与、交换或消费让某样东西离我们而去；其次，当我们尝试获得新的物品时。"这适用于所有经过动机冲突后形成的价值判断情形，尽管有些判断仅仅记录了由适应产生的习惯或潜在预设所引发的价值情感。但在所有冲突的情境中，价值估测总是基于正面和负面两个因素进行。在价值领域内，偏好和牺牲的问题至少在原则上是简单的，简单地说，就是更多或更少的问题，而判断则是分析性的。这意味着，判断或偏好仅是基于同一价值类别内的客体或特质的差异而做出的区分。因此，在条件价值的领域内，不同客体和客体数量的相对价值是该领域中特定评估法则的函数，是客体直接满足欲望的能力，或者说是通过重新排列和与其他客体的结合获得互补价值的能力的函数。同样地，在个体价值和社会价值的其他领域，明确的具体经验法则也决定了不同客体、行为和倾向的相对价值。然而，当问题变成为不同性质的客体而牺牲另一种客体时，问题就变得更加复杂了。

第二节 偏好与牺牲的理性主义与一元论——批判——唯意志论与怀疑论

伦理理论的历史中充满了尝试用统一原则或善的统一概念等一元论来解释偏好与牺牲的现象，并认为所有相对价值都源自此并可以追溯到此。现在，我们无须深究这些将概念作为终极理想的形而上学理论。可以想象，某种价值哲学或许能够构建出一个统一的终极理想概念，这个概念包括必然性、规范性与客观性等，就像"最完美存在"的概念包括存在性一样。但这并不意味着，我们可以从这种符合逻辑的义务中推导出实际感受到的要求。我们必须小心避免混淆义务作为逻辑范畴与作为实际经验这两种情况。我们在此关注的是后者，即在不同价值领域间的冲突中,有哪些义务和义务归因的经验事实。我们对各种统一目的的理论的兴趣,集中于一个问题:探讨这些统一观念在实际情境中到底如何立足,我们的实际义务感在多大意义上可以被证明为指涉单一的有意识的目的?如果真是这样,那么伦理学作为一门科学的观念在某种程度上就得到了验证。但是,另一方面,即使一个统一的、有意识的目的在经验上是站不住脚的,也并不意味着伦理学是不可能的,也不意味着在评估过程中不可能表现出功能上的统一。我们将会回到这个更深层的问题上来,但目前我们必须更详细地审视这些关于偏好的理论。

基于经验论视角,用一元假设解释行为偏好的尝试面临着难题,因为这些理论最终都是通过抽象过程形成的,它们将在评估过程中发展出来的某个观念性建构,从具体情境中抽离出来,作为所有类型价值的等价物。比如,各种形式的快乐将条件价值的抽象等价物——快乐的数量——作为基础,尝试将所有情感—意愿的含义归结为这些术语。所有的偏好选择行为最终都被简化为在不同快乐数量之间做出选择。自我实现假设则以个体价值层面的核心概念为基础,努力展示所有偏好行为的前提是对"自我"的指涉。还有一种理论则试图将所有条件价值和个体价值简化为抽象的、非个体化的目标。

所有这些假设都未能充分解释综合偏好的复杂多样性——似乎将所有的偏好、所有冲突的解决都简化为某一观念的标准是不可能的。因此,随着无法将所有的偏好和冲突决议都简化到统一的观念下,问题逐渐变得更加棘手。在最近的讨论中,彻底否定了以一元论和理性原则解释这些偏好的可能性,这种否定以两种主要形式出现:一是直觉主义的复兴,以施瓦茨的唯意志论为代表;二是彻底的怀疑论,其中西美尔的观点尤其引人注目。

施瓦茨的基本观点[①]是:虽然条件价值、个体价值和超个体价值客体的选择在各自领域内是经过分析的,并可由评估的经验法则确定,但跨越这些不同领域的偏好选择仅可被视为综合选择,这种偏好源于一种

---

① 参见施瓦茨:《意志心理学》,第二部分,第一、二章。

无法分析的直觉判断，即个体价值应优先于条件价值，而超个体价值则应优先于个体价值和条件价值。这一法则是绝对的，并且不能简化为任何基于价值客体的起源和性质所衍生的经验法则。暂且不论这一法则在事实描述上的不足——这一点我们将在合适的时候探讨，我们只需注意：这种通过将相对的鉴赏差异上升为永恒原则来解决问题的方法，未能认识到这些差异的本质是生成性的和相对性的。

怀疑主义与直觉主义常常密切相关，在这种情况下，怀疑主义表现为对是否存在能够解释这些偏好的统一法则的否认。特别是，两种一元概念对这种怀疑态度有所贡献：一种是超验或形而上的"自我"概念，认为这些不同的价值客体代表了"自我"实现的不同阶段；另一种是快乐主义、功利主义的概念，认为这些不同的价值客体及其对鉴赏的差异可以简化为一个共通的标准——快乐的数量。

西美尔对自我实现和快乐主义假设的批评揭示了这个概念的局限性。[1] 他对人格统一性作为价值体验最高规范的批判关键在于：这是将认识论中的最高逻辑范畴的概念偷换到了价值经验领域，而在价值经验领域中，此概念并不必然适用。从知识主体的逻辑统一来推断意志目的的现实整体，超出了价值体验本身的范畴。我们确实发现，尽管主体或自我的经验统一性可以成为欲望客体和价值判断的标准，正如我们发现个体化是价值客体构建的动机一样，但个体及个体化过程是经验性而非逻辑性的。[2] 同样，从价值情感中抽象出来的快乐概念，忽略了情感中的鉴赏差异，以至于不再包含情感的深度和广度、个体和非个体意义的鉴赏差异。快乐概念只是所描述的条件价值的一个有效的等价物。

毫无疑问，这些理论都无法在不同的价值领域间建立连续性。原因

---

[1] 参见西美尔：《道德科学导论》，柏林，1892年版，第一卷，第六章；第二卷，第六章。

[2] 泰勒（Taylor）在《行为问题》（*Problem of Conduct*）中对一元论原理的批判富有启发性，他展示了实际的价值体验在哪些点上对这种简化持有抵抗态度。无论是至高无上的肯定还是彻底的否定的独特体验时刻，都不容易归入自我实现的观念之下。

是，在这些情况下，特定类型的价值判断标准都是从建构过程中抽象出来的，并将价值判断标准作为规范应用于不同类型的活动。在关注条件价值的相对判断类别中，愉悦无疑是一个合理的欲望客体，愉悦的数量则是一个合理的判断标准。个体观念的统一性同样无疑是一整组价值判断的前提——关于个体义务和个体价值的归因判断——并因此在这些限制内构成一个合理的欲望客体和判断标准。同样明显的是，在严格的道德判断中，牺牲主观的个体观念是合理的。但是，这些设想没能为综合偏好提供一个满意的标准，这引发了对此标准的质疑。因此，我们唯一的办法是将这些条件价值、个体价值和超个体价值之间近代科学前的区别作为启发性的概念，并通过对现实偏好的经验性分析（即不同价值层次之间、个体与非个体归因之间的冲突），来确定这些偏好在多大程度上显示出一致性，到何种程度可以建立更高的偏好统一性和连续性。如果出现任何这样的更高层次的偏好法则，其将是对不同领域中已发现的经验法则的更一般化表达。

第三节 对义务和归因判断中的综合偏好事实的分析

西美尔在其专著的最后一章对义务冲突的讨论尤为深刻。他指出，我们无法用任何统一的最高目的或任何一元的评估原则来解释不同义务之间的实际冲突，这种无法解释导致了对该原则的否定。特别是，他强调我们没有一个标准用以估测义务在其广度和强度等方面的相对重要性，即如何在更为个体化且情感深厚的狭窄义务与更为广泛但情感弱化的普遍义务之间做出选择。他认为，这种选择是由我们感知意识无法完全表达的情感深处的力量所决定的。这一论点直接触及我们研究的核心问题：在条件价值、个体价值和超个体价值之间做出选择时，如果这些价值不能简单地归结为客体对自我的直接指涉，那么是什么因素在起决定作用？尤其是当这些义务的程度不能仅归因于情感的强度差异时。这一问题同样存在于价值归因判断的过程中。

那么，在开始研究之前，让我们考察另一种否认一元的连续性原则的方法，即回到施瓦茨提出的唯意志的直觉主义（voluntaristic intuitionism）。这种理论认为，我们的价值意识，正如在义务感中所表达的，总是要求将条件价值置于个体价值和超个体价值之下，同时也要求为了超个体价值牺牲条件价值和个体价值。这种理论之所以能被提出，肯定是基于某些经验事实，否则它不会切实地包含一定的真理。它至少包含了这样的真理——它是对事实的一种广泛概述。它是一种近代科学前的概念，为更细致的分析提供了先行框架。此外，它也与我们所观察到的意义层面相吻合。通常情况下，标准的超个体价值比个体价值具有更广泛的指涉，而个体价值又比条件价值具有更广泛的指涉。一般来说，我们在义务感中也能观察到这一事实的反映。

当我们尝试将这种泛泛的理论具体化时，我们发现这绝不是事实的准确写照。按照施瓦茨的说法，这意味着我们的义务感将要求我们牺牲最重要的个体利益以追求最不重要的超个体利益，牺牲最大的条件价值以满足最小的个体价值，但这一推论并未得到现实判断的验证。因此，正是在这些冲突的极限点上，这个关键性问题被提出。通过分析价值情感在这些冲突极限点的反应，不仅可以指出直观表述失效带来的负面结果，也能揭示冲突解决方式的经验性原则。

一、个体义务与非个体义务之间的冲突

对我们的研究特别有启发意义的是，托尔斯泰以其特有的激烈且清晰的论断为直觉主义提供了生动例证。[①] 他探讨了自我牺牲的极限，并断言我们的良知不允许对自我牺牲有任何限制。他描述了这样一种情景：众多乞丐陆续来到一个道德家的门前，接受了他所有的金钱、食物和庇护。直到最后，一个形象不佳的流浪者出现，请求获得道德家的最后一捆稻草，这捆稻草是道德家和死亡之间的最后一道防线。道德家应该给予这捆稻草吗？按照托尔斯泰的观点，答案是肯定的，不仅是分享，而

---

① 托尔斯泰（Tolstoi）：《自我牺牲的行为》（Acle der Selbst-Opferung），载于《维也纳评论》（Wiener Rundschau）1899 年 10 月 1 日。引自克莱别格：《价值理论体系的心理学基础》，第 152 页。

且要全部赠与流浪汉。对于任何关于牺牲的限制或妥协的询问，托尔斯泰都坚定地回答"不"！即使是生存的最基本需求，以及与之相关的所有个体价值，不管结果如何都必须被牺牲。毫无疑问，许多人在现实中不会感受到这样的义务，但这种要求的极端性还可以进一步强化。假设最后一捆稻草仅仅是为了乞丐的某个微不足道的需求而被索要——并非为了维持其生命，或者这种帮助可能是针对一个与给予者从未有过直接接触的人，这种情形下的要求在原则上与前者仍然相同。

假设对某些人来说，比如对托尔斯泰本人而言，这确实是一种真正的义务，但对许多其他人来说，显然并非如此。如果这一点被接受，那么，价值情感的这种基本差异似乎不仅证明了先验原则缺乏普遍性，也为否认偏好可以找到解释的怀疑论提供了一定的依据。我们可以接受第一个推论，但只有当我们提出的法则中未能提供任何解释线索时，第二个推断才成立。

在尝试寻找这些线索时，我们首先必须回想这样一个经常被强调的事实，即任何具体的实践态度，无论是义务还是责任归因，都是由多个动机组成的复杂体。托尔斯泰在这种极端义务判断中表达的价值情感，很可能不仅代表他对自己行为的道德或参与价值的感知，即对超个体价值的感知，同时也反映了他对自身个体价值的认知，因此对他个人而言存在着特定的义务。在这种情况下，我们所见的不仅仅是将纯粹的超个体需求作为判断的依据，而是将被个体价值所补充和修改的需求作为判断的依据。因此，这样的偏好至少在一定程度上可以用我们的理论原则来解释。

我们可以通过探讨这对矛盾的另一面——那些未感受到这种义务的人——来更好地解决这个问题。基于心理学角度理解这一问题会更容易。在极端的情况下，正如所呈现的情况——面对一个远在天边的乞丐和对自己意味着生死抉择却对乞丐来说只是非重要需求的客体，这个行动的参与价值之遥远和间接让它几乎触及不到价值情感的阈限。这已经低于我们所定义的最低参与标准。^①而对于那些准备牺牲的个体来说，这个客体的价值几乎是绝对的，因为它是维持生存的最低限度，是其他所有价值的必要前提。如果条件价值和超个体价值、社会价值是单独运作的，那么，偏好选择会向哪个方向发展是毫无疑问的。在这种情况下，即便一捆稻草也是乞丐生存的最低限度，许多人可能依然无法感受到这种极端牺牲的义务，原因是乞丐离他们的同情圈太远，而且被牺牲的客体对他们而言具有无可替代的限度。无论是在第一种情况还是在第二种情况下，所获得的超个体价值都远低于行为的最小参与价值，即低于正常情况下社会期望通过牺牲获得的超个体利益程度，所要求的牺牲也远远超出了在超个体需求正常运作中所预期的最大利他主义水平。那些认为不需要做出如此极端牺牲的人的判断似乎与评估的一般法则相符。

那么，是否可以认为，托尔斯泰的这种将极度牺牲作为义务感是不合理的，至少是超理性的？因为它超越了所有价值情感的经验法则。一些极端的意志论者确实这么认为，他们认为克己忘我中有一种超越所有经验解释的神奇力量。但这种推断似乎和极端理性主义者试图用一个理性观点来解释这些经验一样仓促。正是这些案例为我们的经验分析提供了线索。我们在前面的章节中已经看到^②，通过牺牲条件价值和个体价值以换取超个体价值的利他主义行为，本身就可能成为一种个体价值，并且在非个体价值无法增加时，其作为个体价值却可以无限增长。很可能在这种偏好行为的决定性时刻，获得悲剧升华的最高价值。事实上，托尔斯泰自己似乎就是一个很好的例子。詹姆斯在研究托尔斯泰转变为极端利他主义及其伴随的宗教情感时，强调了之前对其他客体价值失去兴趣的时刻。"一个明显的快感缺乏病例"，他这样称呼其，"消极丧失对生活所有价值的兴趣。"^③因此，在对利他主义归因于绝对内在价值时，显然，只是用一种个体价值替换了另一种个体价值，并不真的是将所有

---

① 参见第十二章，第 297 页。
② 参见第十章，第 252 页。
③ 詹姆斯（James）:《宗教经验的多样性》（*Varieties of Religious Experience*），第 149 页。

条件价值和个体价值牺牲给最小的超个体价值。如果托尔斯泰实现了这种行为的相对参与价值，即按照常规的同情参与法则获得的价值，那么以牺牲换取超个体义务的要求就会受到限制。

（三）通过"公正旁观者"的判断来证实这一解释[①]

当我们审视公正旁观者对这种牺牲行为的判断时，这个观点得到了进一步的确认。在这些问题上，我们所要求的和我们所钦佩的之间存在根本区别。如果普通人能够用我们讨论中提及的术语来清晰表达自己的话，他可能会说："当某人为了微不足道的超个体价值进行极端自我牺牲时，我情不自禁地在情感上赋予这种人格绝对的价值，因为他展现了如此强大的力量和倾向。但同时，当我基于参与价值，以道德判断中的非个体视角来评估这一行为时，我无法要求每个人都做出这种行为。我所赋予它的道德价值也并非与展现出的倾向强度成正比。因为当我采取客观立场进行判断时，我意识到这种绝对的自我牺牲意味着牺牲了条件价值和个体价值，以及个体存在和自我实现所预设的其他超个体价值。个体是各种超个体需求的汇合点，承载着家庭、国家、知识、艺术等多种多样的群体价值。"看来，公正旁观者在判断一个行为的参与价值时，不得不考虑到牺牲者的"人格系数"，即他所持有的价值体系的相对重要性。而一旦认识到这一点，就很清楚，托尔斯泰宣称的先验性偏好原则并不反映在我们的归因判断中。

二、条件价值与个体价值的冲突

解决个体价值和条件价值之间冲突的实际方式，同样难以归纳于一个通用原则之下。所有条件价值都应该为个体价值作出牺牲的主张，也未能准确反映我们的真实义务感。无疑，它在一般意义上描述了我们对这两类客体相对价值的感受，但当我们审视极端案例时，我们会遇到难题。

为了正确理解这一情况，我们必须回想一个事实，即在特征描述活

[①] 在原著中，没有（一）（二），直接从（三）开始。

动之前，在简单鉴赏或简单条件价值的层面上存在着本能义务，并且这些义务是在面对最低生存标准时产生的。因此，这实际上是一个关于在两种义务间的偏好选择问题，而不是在未经义务约束的纯粹欲望与义务情感之间进行偏好选择的问题。在此，我们可能会倾向于同意西美尔的观点，即决定性因素超出了我们的认知范围。

首先，从事实本身考虑，似乎相当清楚的是，就相对价值和工具价值而言，通常认为条件价值低于个体价值；即便是最不重要的个体价值，条件价值也应该被牺牲以满足个体价值。与个体价值相比，条件价值更容易被替代，更不容易实现连续评价。与工具价值和条件价值相关的义务感仅是间接的，而这取决于它们与生存必要性或个体价值的关系。但当在生存最低限度和具有替代能力的非重要个体价值之间进行偏好选择时（例如，对自己的地位、名声、美貌等较外在的个体价值感到自豪），我们的判断并不完全明确。当这种类型的个体义务和基本的条件价值与在生存斗争中产生的义务发生冲突时，我们倾向于认为这种个体价值或多或少有些虚构，或至少具有可替代性，因此应该被牺牲。虽然我们可能会钦佩为这类个体价值所做的绝对牺牲，因为这样做创造了一种新的个体价值，但我们不能要求别人做出这种牺牲，因为这些个体价值是相对的而非绝对的，这些个体价值并非无法被替代，有一些更重要的个体价值可以将其取而代之。[①] 而另一方面，生存的最小价值是不可被替代的。

在冲突达到极点时，即绝对个体价值和绝对条件价值之间，个体最小特性与生存最低限度之间发生冲突时，对偏好原则的真正考验就出现了。举例来说，饥饿或极度身体痛苦与荣誉之间的冲突。例如，极度的身体痛苦可以被视作条件价值范畴内的绝对"恶"。换句话说，当一个人处于极度身体痛苦之中，或者相信痛苦即将到来时，终止或消除这种痛苦便具有绝对价值，成为生存的最低要求。假设一个人在受到残酷折磨的情况下，陆续牺牲了一些可替代的个体价值，直到最后除了自己的

---

① 参见第十章，第248页。

荣誉他已无可牺牲，比如他通过背叛一个同伴或屈服压力而放弃信仰，由此获得对他来说具有绝对价值的解脱。我们期望他能将信念这类个体价值坚持下去，因为我们相信，不论这种信念是如何形成的，这样的坚持是可能的，并且已经发生过。如果信念这类个体价值获胜，我们会将此视为英雄行为，并且认为这个人具有了绝对价值。但如果不是呢？在这种情况下，我们的反应并非本能的和明确的。我们在研究个体价值时已经发现[①]，在这种极端情况下，存在两种可能的反应。当个性化的最低标准被牺牲时，要么所有个体关系被终止，该个体不再值得提及，我们的态度转变为纯粹的客观道德或审判立场，要么我们对个体的尊重和钦佩的态度转化为一种深刻的感官同情和感官怜悯，这种同情和怜悯接近于对其行为的认可程度。我们可能会钦佩这种极端的牺牲，但不会要求这种极端牺牲普遍化。在这类情况下，我们的义务感似乎也是模糊不清的。对一些人来说，这种极端牺牲可能是必要的义务，而对许多其他人来说，显然并非如此。这些事实表明，在条件价值和个体价值二者之间的冲突达到极限的情况下，一般的偏好原则可能会失效。我们的判断并非毫无疑问且先验的。

第四节 综合偏好分析的结论

一、结论概要

在审视综合偏好的事实后，我们得出了一些结论，这些结论让我们能够提出一个更具普遍哲学意义的理论框架。回顾我们开始时提出的问题，现在我们可以明确地得出一个否定性的结论：无论在评估过程中存在何种连续性，都不能证明评估仅源于某种统一的理性目的或原则。没有任何一个统一性观念能够在解决这些冲突时总是起终极性的决定作用。其次，同样确凿的是，不存在一个普遍的先验法则来主导这些偏好选择。虽然不同层次的规范和观念构成了连续价值序列，但对价值的鉴

[①] 参见第十章，第247—256页。

赏性差异并非绝对的,因为在冲突的极限情况下,这些差异并不总是保持不变。

尽管如此,我们的研究结果并非完全没有积极意义。尽管我们的见解与我们所探讨的那些权威理论相比显得微不足道,但至少在一定程度上,我们已经了解了一些关于在综合偏好中发挥作用的原则。只要这些具体的、个性化的经验能够被理性化,它们似乎就是评估法则的直接结果。至少在一般意义上,它们反映了不同客体对于持续评估和替换的相对能力,进而反映了这些客体所获得的意义。通过我们采用的伦理学实验方法——这种方法旨在通过测试不同观念在遭遇挫折时的持久能力来探究我们对于义务和法则判断的范围及界限——我们所得到的结果与价值获取法则大致相符。

这些价值的形成显然是后天获得的,不同价值客体群组之间的差别是获得性且非终极性的。这一点从优先选择法则在极端情况下失效便可见一斑。在极端情况下,原本的差别往往会变得模糊。当我们面对的选择完全内化于个体(比如,条件价值与个体价值之间的选择)时,存在着某些个体意志的极端表达时刻,在这些时刻,原本的差别会消失,原先赋予的价值意义和相关的义务意识也随之淡去,转而回归到简单的直接体验上。个体观念在悲壮升华的瞬间可以被视作绝对价值,而生命的最高必要需求同样能达到这一地位。无论哪一种选择在冲突中胜出,我们都不能简单地将其归结为条件价值或个体价值的胜利,因为享乐与以自我为中心的概念界限在那一刻实际上并不存在。同样地,当个体在个体价值与超个体价值之间选择了个体的绝对价值,他已不再是一个纯粹的利己主义者。反之,选择具有悲剧性提升时刻的超个体价值的个体,也不能简单定义为利他主义者。利己与利他之间的相对差异在这一刻消失了。我们再次面对的,是一个相对差异消失、只剩下纯粹直接体验的绝对时刻。

无论从哪个角度来看,我们都不得不得出这样的结论:那些肯定或否定的极致时刻超越了理智为意志服务时所作的相对区分,从而在一定程度上超出了我们所给出的概念。对观念客体进行区分是基于鉴赏描述和意志规范，旨在促进鉴赏和评估的连续性。这一点至关重要。我们所讨论的一元论未能充分考虑价值判断分析中所揭示的不连续性元素。它们总是试图从个体与普遍的关系的逻辑概念中，即从终极逻辑中，推导出具体的规范或心理上的价值判断前提。我们通过分析哲学中的极致时刻似乎否定了这样的结论。相反，在自我肯定和自我否定的极致时刻，甚至是在这些理论概念也消失的时刻，都可能是产生绝对价值的时刻。从现象学的角度看，意志的活动似乎是在不同价值领域中极致时刻之间的摇摆，若想解释这些时刻，就需要找到解释这种摇摆的法则，需要提出一个更高的统一概念来理解它们。

二、这些结论对更大概念的影响

尽管我们试图构建一个更大的哲学概念，但这超出了本研究的范畴。然而，我们还是要在结尾提出一些思考，旨在避免误解并且使讨论更加完整。

在包括本章在内的整个研究过程中，我们始终采用了对评估开展经验性分析的方法和立场。就观念的一元论理论而言，其目的是确定它们作为有意识的观念、作为现实判断和情感的前提或规范的功能，而不是试图描述价值哲学的终极逻辑前提。我们不否认，为了让评估不仅基于经验条件被描述，还能在其终极意义上被理解，对我们的价值判断进行终极逻辑前提的哲学重读是必要的。在这里要说明的是，我们并没有发现观念和规范的统一性和连续性，也没有发现任何单一内容对情感具有无条件的价值。

虽然所有评估的根本逻辑前提必须基于一个唯一且无条件的价值——这一点源于价值判断主体的逻辑一致性及其对客观性的追求，但我们不能简单地从这种逻辑一致性推导出意识中目标的实证一致性和所感受到的价值的一致性；从一个无条件价值的逻辑假定，我们也无法直接推导出任何具体内容的无条件价值。正如我们所见，由于实际义务感和内在认可或不认可的情感在极端情况下的模糊特征，以及自我实现与自我牺牲观念之间的摇摆，这种从逻辑到实证的转换变得不可能。但是，尽管在这种有意识的观念和经验规范上存在不连续性，评估自身的功能统一性和连续性却是不可否认的。即使在冲突的结果模棱两可、既得差异被打破的情况下，选择总是回归到那些不可替代且构成意志和评估连续性的必要前提的价值上——换言之，它成为我们所说的绝对实践。因此，虽然没有一个统一的观念能够因经验起源的局限而被普遍化和连续应用，以至于成为解释这种整体目的和连续性意义的绝对代表，也因此，没有一个统一的规范能在每个具体情境中被应用，我们仍然可能构想出一种形而上学概念，以适应意识目标的多样性和经验规范的多样性，表达评估的功能统一性和连续性。

正如价值哲学一元论所论证的那样，如果要理解评估的功能性统一与连续性，我们需要引入某种形而上学或超经验意志的概念，无论这种意志是个体的还是超个体的，在每一个有限目的的实现和每一个特定的价值判断中，都预先假定了这种意志的实现。这里考察的事实并没有证明这种逻辑统一性和连续性的不可能性，只是尝试表明以意识观念的形式表达这一隐含前提必将是不完整的。个体价值和条件价值之间、自利和利他之间的区别被打破，这意味着观念的内容被定义得过于狭窄，从这些冲突对立中产生了容纳这些区别的一个更大的观念。因此，真正的问题不在于是否有一个统一的意识目的统摄其他所有目的，而在于是否存在一个绝对的内在价值，作为所有这些经验性目的的逻辑前提，这一前提是否能使得我们从逻辑上解释不同情况下的判断中隐含的假设和规范？

当问题以这种方式提出时，情况就发生了实质性变化。对于这样考虑的价值哲学一元论，我们的实际价值体验为之提供了支持。在我们的经验中存在的所谓绝对实践，清楚地表明这种绝对的无条件价值是预先假定的，而且，虽然这种价值在任何被视为目的的经验内容中都没有被实现，但它在内在鉴赏时被实现了，此时，经验意志通过获得超经验意志的认同而假定被全部实现。

本文并非旨在进一步探索价值哲学的可能性。如何定义评估的终极假定——无论是视作个体的自我实现，还是作为实现一种非个体的、超个体的意志，抑或作为"权力意志""世界自我保护的意志"——以及我们能否用这样抽象的术语确切地界定经验中的价值情感和意志活动所预设的价值的统一性和连续性，这些问题在目前的讨论中可以先搁置不谈。我们在下一章将讨论整个价值论问题，包括价值评价、主观价值与客观价值的区别、每一种价值情感和价值判断所内含的实在性预设的意义，以及这些预设是如何得以实现和承认的。从这个更宽泛的视角回顾，我们可能再次触及此议题。基于我们的经验研究可以获得对这个问题的启示，其中一个重要结论是：尽管有可能提出一种具统摄性的价值哲学，但也须允许我们按照实际价值来判断表面价值的事实。由于价值判断实际上是不连续的，我们不能通过将这一事实纳入由经验衍生而来的统一观念或规范来扭曲它们。在冲突中，有时无须辨识个体价值和超个体价值这个必要条件，条件价值就可以具有至高的价值。个体价值可以具有至高的价值，而无须抱有它们是实现社会目标的手段的想法。在选择利他行为时，也不一定抱有通过此行为实现自我的想法。总之，我们必须认识到，价值情感——无论是义务感还是内在鉴赏、认同或不认同——不应被视作由最终目的的逻辑从属关系决定，而应被视作直接关联于特定内容并受经验需求影响。在终极假定的指导下，这些需求可以得到解释和理解，但它们不能从单一目的的逻辑中推导而来。

第十四章 结论：评估与评价

第一节 问题——重申价值论观点

无论这项研究的进程是否成功，它至少让我们看到了引言中勾勒的一般价值理论的概念和方法的合理性。通过对不同类型价值判断及其法则的起源研究，我们不仅对价值体验的事实有了更深入的了解，也对它们的相互关系有了更全面的了解。在细致分析和广泛相关性上的每一步研究进展，都旨在增强研究的解释力。这种方法在许多之前理解不足的价值判断类型上已被证明是有效的，因为这些价值判断类型现在可以采用评估的一般法则加以阐释。

尽管我们的洞察力有所增加，而这无疑更加强调了一般价值理论的另一面，即价值论的重要性，并让我们更清楚地认识到这个问题的本质。在本书的引言中，我们尝试提出该问题，并批判性地审视了价值的描述和评价这两个完全无关联的问题。由此认为，在作为个体体验的价值情感与声称具有客观性的价值判断之间，并不存在共同的基础，前者受心理上衍生并确定的预设的制约，后者则在逻辑上假定存在一个无条件价值的世界。据此观点，我们的研究任务在前一章已经完成，而未能发现任何绝对的无条件价值，这就否定了我们整个方法的有效性。在这一点上，价值哲学必须从全新的目的和方法开始，以发现并阐述所有特定价值形式背后所假设的唯一绝对价值为任务，由此出发，演绎出一个不受任何经验性情感和意志干扰的"封闭的纯价值系统"。尽管在研究现实评估之后，这种观念似乎建立在价值判断中对实在性和客观性要求的错误解读之上，我们似乎不会质疑这种观念的抽象可能性或不可能性，但我们很容易看到，这并非我们所面临的问题的本质。我们已经在多个特定点上具体地看到——正如开头以一般术语所述的那样——有效性或评价问题与评估的事实和条件密切相关，价值论问题直接源于心理学问题。评价的问题在于调整我们的价值情感及其推测、判断和假设所隐含的对实在性的主张，因此有必要根据经验起源和条件来解释这些主张。

因此，我们所关注的价值论处理的是一组更具体的问题——在实际情境中寻求区分主观价值与客观价值、有根据与无根据的价值判断时所产生的问题。这类问题不仅在实际推理中随处可见，也贯穿于价值科学之中。实际上，正是为了解决这些问题，我们才引入实际与归因、真实与理想、主观与客观等价值之间的区别，并在科学实践中加以应用。特别是在那些个人主义与集体主义之间关于伦理观念和社会观念的讨论中，常常对某些经济或道德动机的可能性、某些观念的真实性或虚假性的假设发生争议，因此，这些问题的重要性尤为突出。更具体地说，我们面临的是价值判断中幻想与谬误的问题，这是我们在专题研究中反复遇到的问题。美学和准美学的鉴赏、个体和社会的观念、宗教的高度抽象化——所有这些都产生了某些理想化和被归因的价值。在哪种意义上这些价值是真实的？或者它们是真实存在的吗？从心理过程的视角来看，所有这些内在的观念和价值归因都是在实际评估的过程中产生的，从这个意义上说，它们是真实的，都建立在实在性的假设之上。问题是，从另一个角度来看，它们是否可能完全是主观的和理想的、虚构的和幻想的，是与真实相反的？在这些情况下，最终的判断立场是什么——如何以一种包括价值谓词和真理谓词、价值属性和事实属性的方式定义实在性的终极标准？

第二节 反思性评价——规范性与事实客观性

一、价值论的差异性分析

这些是反思性评价所关注的问题，任何对它们的解答都必须探讨反思性评价所引入的各种价值论差别的意义和内涵。我们已经探讨了这些差别的来源和特点。第二章中对价值判断的分析显示，虽然判断具有断言性，但总隐含着某些价值与实在性关系的预设。然而，尽管价值判断以实在性为前提，当推测、假设或判断其客体具备实在性时，这种实在性所具有的确切意义并非总是明确的。非反思性的价值判断并不总是一致明确的，引入主观与客观、内在与外在、实际与潜在、已实现与被归因、真实与理想或想象之间的区别，旨在消除因此而产生的多种模糊不清的情况。这些区别已在分析价值情感的前提条件时证明其有效性，我们借助它们确定了不同类型的价值判断的主体、客体和倾向以及实际前提。但它们的最终内涵是规范性的，而我们现在要关注的是这些内涵的展开。

因此，我们面对的问题与所有价值情感和判断所内含的实在性预设的基本含义（无论是广度还是深度）紧密关联，这意味着什么？在反思性评价中，实在性可能有哪些意义，所有这些意义的共同逻辑核心是什么？这些问题的答案将揭示价值与事实及真理之间的关系，并展示它们在实际判断中如何相互关联。通过深入探讨这些关系，我们将透彻理解实在性假定的基本原则，并制定出判断这一原则实现程度的具体标准。

二、存在与真理的含义

在问题的第一个方面，我们以重新审视反思性评价的过程及其使用的价值论分类为起点开展讨论。反思性评价通过明确价值判断中隐含的实在性含义的存在和真理含义，对主观评估进行规范，这种规范控制体现了规范客观性的实践的含义。

在最初和较有限的含义中，当实际和真实这些术语应用于价值判断时，表示价值判断中隐含的实在性预设——无论是推测还是假设——可以直接或间接地转化为独立于价值判断的、已经完成的事实或真理判断。另一方面，判断中的潜在、观念和归因等术语，有着不能转化或至少不能完全转化为这种类型的预设。在这种评价中，存在和真理的含义是什么呢？

（一）存在：外在与内在

第一个也是最明显的，实在性预设含义是物理存在，它与心理存在相区分。如果这是预设的含义，那么为了价值的持续，就必须实现这一具体的实在性预设的含义。如果这种含义无法实现，如果无法转化为客体，则该价值是主观的和想象的。在所谓的"条件"价值的情况下，无论是直接的、间接的还是工具性的，这就是主观价值和客观价值相区别的含义，为了直接满足，或者作为更终极满足的工具，客体必须是物理存在的。在这种情况下，想象中的情感仅具有表征性价值，而非现实价值。

再次，为了某些规范控制的目的，当其客体存在——不是以物理意义上的感官感知客体存在，而是以一种外在的意义、作为独立于主观意志之外的需求客体存在时，其价值被认为是实际且客观的。当个体的愿望、期望或需求得到满足，或与其他人、社会团体的需求相协调时，该价值被视为实际存在。通过同情参与他人的情感和意志，会产生倾向的建构；在这种情况下，存在的假设意味着它存在于个体以外的意志中。这是所有关于品质属于个体或被个体所有的判断中，所蕴含的存在的含义，其在心理学上与倾向概念相对应。同样地，由需求和供应过程决定的经济和社会道德价值也是如此。这种价值的存在，从某种意义上讲，仅存在于意志或精神中，它不存在于个体的意志或精神中，而是存在于集体意志或精神中。从这个角度看，正如我们在分析非个体判断时所看到的那样，个体和个体情感及情感倾向中的任何部分，无论是直接还是间接地转化为满足需求的供给，都具有现实价值，因为它是一种基于存在主义的判断。其他所有的则被视为无关紧要，并被描述为观念价值和归因价值。

这些是判定存在的主要含义，但在区分主观与客观、真实与虚幻的评估中，还有一个同样重要的含义。此时的区别位于个体主体之内。需求被认为是客观的、对短暂的主观体验具有控制作用的，并不是前述讨论的物理存在或社会需求视角中的"外在"含义。与短暂的欲望和情感形成对比，这种需求是一种内在需求，代表着组织化且持久的倾向。任何已变得根深蒂固的意志形态、任何无可争辩的期待、需求或假设，都会获得一种规范的客观性，这种客观性与其所控制的欲望和情感形成对比，使其成为一个必须被考虑的存在。因此，当"存在"的谓词具有这种内在实在性的含义时，所认可的仅仅是这种持久性、连续性或控制性。①

（二）真理：外在与内在

前述的实在性含义包括所有在"存在"谓词中认可客观性主张的情况——价值的持续性需要直接将其推测或假设转换为对应的实在性判断的可能性。然而，还有其他情况，满足这种客观性主张不需要这种直接和即时的转换，而仅需要承认真理是客观存在的。那么，真理的客观性到底意味着什么呢？在这里，与"存在"谓词的情况相似，我们可以将真理划分为"外在"真理和"内在"真理两种。

所谓的"外在"真理，在日常语言中理解为"观念与实在性的对应"，其中实在性被特别理解为存在。在这种意义下被认为真或假的命题是关于物理、社会或个体世界的存在者，或者是与这些存在者之间的因果关系等联系。对应的概念还包括一个进一步的假设：虽然观念本身不是存在者，但它们是基于存在者之上，并且在假设命题所述客体存在的前提下，它们的真理性是有条件的。尽管这种外部控制是间接的，但被假设为实际存在的。虽然要为价值的客观性奠定基础，只要说价值情感所附着的观点或概念是实在的就足够了，但在外在真理的概念中总是隐含着这样的信念：真理判断将导致或可转化为实在性判断。这类外在真理通常是物理、社会经济和个体心理领域的因果法则。它们是关于存在的有组织和可追溯的命题，许多价值观念和预期必须符合这些法则，才能证明其客观性主张。

然而，上述描述并未完全涵盖真理的全部含义，某些情况下的真理并非以"外在"的形式主张与外部存在物相对应。在这里，真理被认为

---

① 关于从认识论视角讨论存在意义的类似讨论，请参见鲍德温：《思与物》第一卷，第十章，第九、十、十一节；还可以参考他关于"初级、次级和三级转化"的讨论，见第二卷，第三章。

仅是观念间的内在关系，是观念与观念之间的对应、一致性及无矛盾性。在这种情况下，客观性的主张被解释为逻辑一致性、必然性和普遍性。有时会有人主张，真理的这种客观性含义也是价值客观性主张的终极含义。我们尚需考察这一点是否属实，但我们至少可以承认，某些价值（例如，知识价值）为了满足实在性的预设，它们必须符合这一要求。

三、规范客观性、事实客观性与真理客观性的关系

显然，在这番分析之后，接下来的问题是——规范客观性与事实真理客观性在多大程度上是相同的，换句话说，当应用于价值客体的"实在"和"客观"这些术语，应用于独立于评估之外的客体时，规范客观性与事实真理客观性的含义是否相同。无疑，在某些点上它们是相同的。在其他情况下，它们密切相关，而在另一些情况下，它们可能是独立的。回答这个问题涉及价值判断与真理事实判断之间的关系。

（一）规范客观性与事实客观性

在某些情况下，规范客观性与事实客观性显然是相同的。此时，主观价值和实在性情感的持续性要求，能够由主观倾向所产生的存在假设或推测转化为存在判断。当思乡的海员想象他渴望的港湾近在咫尺时，这种想象的情感具有表征价值，但除非这种假设能够通过感知或通过使用航海仪器的观察进行推理而发展成为第一种类型的存在判断，否则它不会持续下去。同样，在高尼罗（Gaunilo）的岛屿案例中，仅仅想象并假设其存在是不够的；必须将其转化为第一种存在判断，才能使其具有真正的价值。

其次，很明显，规范客观性经常与第二种类型的事实客观性相同。在任何一个价值的实在性被认为是由其他人、个体自身或社会团体的欲望和意志所决定的情况下，事实客观性就被包含在规范性之中。因此，在所有个体价值判断声称具有以非个体的经济的或"道德"判断意义上的客观性的情况下，这种判断只能从第二种类型的存在性判断中获得有效性，这种判断预示着价值存在并独立于个体的社会需求和供给中。"常规"的交换价值或价格、"常规"的道德或参与价值既是事实也

是规范——事实在于，它们有一种独立于主体的外在存在，并且由于主体必须考虑这种外在实在性和控制而成为规范。它们之所以具有规范客观性，正是因为它们具有事实客观性。只要主观价值情感的实现是以交换、参与经济或道德的社会活动为条件的，个体对客体或倾向的价值判断就必须符合客观的社会价值，并在其中得到实现。我们可以称之为工具性的规范；它们必须是建立在社会需求之上的事实性存在。

（二）规范性与真理客观性

一般来说，当价值具备工具性时，规范客观性也与外在类型的真理客观性相同，或与关于物理、社会和个体心理实体之间的关系的命题相同。当任何观念或预期的实现需要应用物理客体或参与经济和社会过程时，这个观念必须遵守这些领域的一般法则或真理。这需要先预设所有工具性价值可以直接转换为存在判断，如果不可能，就预设实在性可以间接转换为存在判断。

但是，正如我们所说，还有其他价值、观念和预期超越了这种外在真理的主张，为了有效，它们不需要经由这种直接或间接转换为存在。这些就是伦理、美学和宗教体验的观念价值。最终可取的道德倾向、区别于主观效果的对客观美的假设，都是这类观念。尽管这些观念可能是在社会互动中发展起来的，并且保留了社会参与的次要工具价值，但它们在主要意义上是作为个体和个体价值连续性的条件或前提。这些观念具有内在的真理和实在性；它们是观念的建构，在它们所控制的个体经验中得以实现或完成。它们并非空洞的幻想或纯粹的客体，因为它们有累积的意义或价值，可以转换为实际的价值情感。但是，它们对实在性的预设不能完全转换为存在和真理判断。有一些美学价值不要求其客体的物理存在。有一些个体道德观念，其客观性在每一种义务感和每一种归因的判断中都得到了体现，然而，这种规范客观性并不意味着已经实现了这些理念，甚至不意味着能够在特定个体或社会中完全实现这些理想。

因此，我们得到了"内在真理"这一概念，以此作为对实在性预设意义的最后一种预先形成和组织化的形态。在这里，价值和真理最终完全相同；所有价值至少预设了内在真理或有效性。这一切取决于当真理以这种抽象和回顾性的方式开展定义时，是否能被全面定义。正如我们所见，抽象内在真理的最全面的定义是以普遍性和必然性为前提假设的逻辑一致性。价值的假定能否与这一逻辑假定相同？或者，除了所隐含的价值判断，是否还有一种无法定义的内在真理的终极意义？我们已经对这种真理和价值的一致性提出了怀疑，进一步审视这个问题则更加坚定了这些怀疑。

因此，这种非一致性可以在两个方面看到。一方面，尽管仍然声称拥有内在真理，但这些伦理、美学和宗教观念常常以一种不确定的形式出现，使它们无法与抽象概念相比较，这一点在美学和宗教象征真理中尤为明显。有人可能会说，这一事实仅仅意味着隐含的主张从未被真正推进。但这并不完全正确，因为实在性预设在不推进这种主张的情况下就已被实现；而且，如果出于外在原因试图将这种现实性转化为抽象真理，即便这种尝试不成功，内在真理的情感仍然会持续。另一方面，正如我们在前一章中所见，并将在后续中更清楚看到的，逻辑必然性并不总是包括内在真理的实现，这一点也显示了一致性的缺失。逻辑上的必然性并不总意味着对意志和普遍鉴赏而言的实在性。逻辑矛盾也不必然意味着意志的不可调和。理智的确信并不总是包括着其实现。

因此，我们不得不得出结论，要么某些形式的价值判断独立于真理判断，要么它们所预设的真理无法用回顾性或逻辑术语来定义。在前一种情况下，无须其他标准，鉴赏本身就是对实在性的直接体现。在后一种情况中，还隐含了对存在和真理的判断的假设性指涉，这些判断不能被还原为迄今描述的任何经验的回顾性阐述。虽然这些观念价值为了证明它们对规范客观性的主张，不需转化为已定义类型的存在和真理判断，但它们仍然指涉事实和真理。这种假定性指涉的具体含义，只有在价值假定的所有得到充分展开之后才能确定。然而，无论哪种情况，都可以肯定的是——在规范客观性与事实客观性之间，价值论和认识论的谓词只存在部分一致性。主观与客观价值之间的区别源自评估功能本身，且其旨在控制这一功能。存在或真理的价值论谓词的意义源于它们在此功能中的位置,这个意义是相对于要被控制的主观经验的特殊意图而言的。每个价值在某种意义上都是真实的。不真实的价值是一个悖论。唯一的问题是,如何通过反思性定义来显性地承认和描述这种实在性。

四、"宗教价值判断"对这一结论的证明

宗教价值观的例子生动地说明了价值判断与真理事实判断之间的关系——在某些点上它们是相对独立的真相。正如海甫定所指出的,宗教价值观是次级价值判断,因为它们反映了因考虑个体和社会价值而在现实命运中所引发的情感;它们体现了对已获得价值的保存需求。由于这一特征,价值判断最初与存在判断密切相关,其实在含义并非从一开始就明了。

宗教信仰和奉献的客体,在心理上是一种被赋予外在存在的鉴赏性建构,如我们之前所讨论的(第十一章)。实在性假设在最基础的存在判断中得到认可。因此,对于原始的宗教仪式来说,鉴赏和存在的意义往往是交织在一起的。由此状态衍生的字面意义上的天堂和地狱,以及我们对价值体验的高低和深浅与时间和空间的量度混淆在一起,导致对价值真实性的信仰建立在对符号物理存在的信仰的基础之上。但当这种初级的融合——及混淆——被打破,如同在客体既不可通过感知验证也不与其他真理判断相连的情况下,以这种方式解释实在性预设变得不再可能时,实在性含义的重塑就会发生。价值以象征或内在真理的形式得到重建,如果涉及的价值至关重要,则对实在性的预设会超越那些更初级的事实和真理判断。宗教的历史,包括基督教在内的其他宗教,展示了对实在性含义的逐步明晰过程,基督教的历史高潮在于试图以最抽象的形式对完美理想中隐含的实在性预设与逻辑或真理客观性进行识别。这种尝试的失败,如在本体论证明中所见,标志着价值原则的充分实现。经验表明,宗教信仰具有惊人的恢复和自我调整的能力,从这种活力中,我们可能推断,只要人们自身的价值观不变,宗教的价值判断就无须因新的事实和真理判断的出现而忧虑。

第三节　评估的充足理由——价值的依据或约束因素

一、充足理由或充分约束的一般性问题

如前述分析所揭示的情况，在许多方面，人们被迫放弃认为客观价值源于预先形成并已经组织好的事实和真理判断的理智主义形式。实在性与实现的多种含义清楚地表明了规范客观性，因此，当在价值领域中以唯一恰当的含义应用实在性谓词时，无论是在物理与心理存在及其相互关系中，还是在逻辑有效性方面，规范客观性与事实和真理的客观性在更狭义的意义上不能完全一致。认识到这些事实之后，就产生了各种形式的非理智主义，这些非理智主义试图寻找能够包含并合法化那些不可还原至旧有逻辑与认识论的不同实在性含义的概念和标准，并因此致力于寻找一个独立的价值判断的充足理由，或是扩展包括旧有逻辑和认识论理论未能认可的理智和真理的基础概念。这个普遍的问题——我们对规范客观性的意义和依据的探索只是一种特殊形式，因此可以被恰当地描述为一个"充分的评估理由"的理论——或者，如果"理由"一词的内涵过于智识化，那么可以称之为充分约束理论。这包括了对各种实在性需求的核心意义的发现，以及在这一概念的指导下，确定构成满足具体需求的各种经验类型。因此，我们将转向讨论普遍问题的第二个方面。

提出发展一个独立的、充分的评估理由，乍一看来，这似乎是在放弃整个示例。因为理由这个词带有浓厚的理智主义内涵，似乎任务注定失败，因为用理由或依据这类词似乎完全是在找寻基于已有的事实或真理的判断基础。但是，这个术语的历史和当前的用法表明其含义更为广泛，既可以用来指涉真理也可以用来指涉价值。莱布尼茨就常将这两者互相转换，并在应用他的充足理由原则时，不仅将价值判断基于更终极的价值判断之上，也将事实和真理的判断基于价值判断之上。作为充足理由原则的一个同义词，他有时使用"适宜性原则"或"和谐原则"。他表示，当我们展示某物的抽象可能性，并展示其与其他事物的共存可能性时，我们就提供了该物存在的充足理由；而在阐述这种共存可能性

时，他经常引入一种趋向性或道德共存可能性的概念——这明显是基于价值的观点。理性最终与经验的连续性在其所有形式上是一致的。正如我在其他地方所揭示的那样[①]，虽然在随后提出的原则中，趋向再次被限制在对事实和真理的客观性特定类型的判断上，但这只是产生了一种当前思想中特有的各种非理智主义形式的反向趋向。

二、实用主义标准——批判

这种对非理智主义的普遍倾向尤其显现于随着因果关系或科学视角的发展而愈发突出的幻想和失望问题中。它在评估现象学研究中出现的问题——观念客体及其所赋予的价值是否仅是幻想，或者它们是否与实在性有关联——相关的一些最引人注目的表述中出现。这一点在居约的所有作品中尤其明显，而他在《道德概述》(Esquise d'une morale)中特别强调了这一点。在这里，他发现某些价值判断和责任是建立在从科学的外部视角看来完全没有根据的假设之上的，因而是幻想。但是，这些幻想对生活是"有益的"，因此必须具有某种终极的实在和意义。再例如，艾伦菲尔斯认为，尽管从实际社会价值的角度来看，许多主观价值体验所依赖的假设似乎是错误的，但这些幻想仍具有一定的工具价值。最后，我们看到詹姆斯在评估宗教体验的主观和个体价值时采取了实用主义视角。他从它们对生活的价值中推导出它们的客观存在，并倾向于由此推论某种客观存在。此外，这一观点尤其重要，他明确否定了科学（尤其是生理学和病理学）对价值判断领域的适用性。

在所有这些例子中，我们都在某种程度上运用了实用主义的标准。实际上，这种做法在很大程度上只是将一个历史悠久但未被充分应用的哲学陈述应用于更强目的和更广泛现象。哪里有现象，哪里就有实在，或者如赫尔巴特（Herbart）所言："有多少显现，就预示着有多少实在。"这一陈述在某种程度上已被除最极端的理智主义者外的所有人接受。然

[①] 《充足理由律：其形而上学和逻辑表述》(The History of the Principle of Sufficient Reason: Its Metaphysical and Logical Formulations)，《普林斯顿哲学贡献》(Princeton Contributions to Philosophy) 第一期，普林斯顿出版社 1897 年版。

而，在大多数情况下，尤其是在赫尔巴特的例子中，深根固蒂的理智主义偏见阻碍了其深层含义的完全展开。实用主义者对这一惯例的转变似乎只是对隐含的实在性假设的一种间接转换——工具性转换——的过度强调。从历史上看，这种重点的转变，是由于当代社会对生物进化中实用概念的特别重视，而这正与实用主义的真理概念紧密相连。

我们承认，我们赞成实用主义者的某种观点：坚持对实在性和真理进行一种更广泛的理解，一种包括并合法化价值中隐含的某些无可争议的实在性前提的理解。我们已经注意到，虽然价值预设了实在性和真理，但它们并不总是预设那种可以用"印象与客体的对应"或"逻辑一致性"等抽象术语来定义的真理概念。正如我们对实在性含义的分析所揭示的那样，这些概念在特定情况下构成了价值实现或价值达成的依据，当实在性预设意指物理存在、心理存在或观念性存在时，就构成了对实在性的验证。但是，当实在性的预设超出了这些含义，将这些具体的标准当作绝对标准来应用，就会否定我们已经形成的更通用的概念，并引发许多幻想。因此，我们对"普遍真理"的概念及其作为实在性标准的直接应用持赞同态度，但实用主义者提出的替代标准——效用或通过工具性判断的间接转换——是否能够充分作为真理的定义或作为各种实在性含义的有效性测试，这一点值得怀疑。所有价值都指涉实在性，但这种指涉不完全是效用意义上的。

然而，必须承认，效用测试确实为那些内在推测有实在性但无法直接转化为实在性判断的价值判断提供了一定的基础。此外，效用概念已经被广泛解释为包含所有类型的工具性关系，涵盖生物学、社会和个体层面。但不难发现，这种实用主义认可的价值主要源于其概念的广泛性，并且它面临着与其他标准相同的问题。一旦将"效用"或"对生活的益处"这类抽象概念具体定义并应用于特定情境时，就会出现某些模糊之处和相应的困难。

因此，如果我们的实用主义是粗糙的类型，如果我们以一种外在方式理解"生命"，那么我们的标准仍然无法涵盖许多内在意义，无法包含与外部生物学和社会存在相关联的内在价值和个体价值。从这种意义

第十四章 结论：评估与评价

上看，标准仍然是外在的，因为它没有真正超越物理和心理实在性的简单区分。工具性概念及手段与目的的关系，只能应用于预先确定的存在。一个想法或观念只能作为产生某种存在、物理客体或心理体验的工具，而要成为这样的工具，它本身必须是一个存在实体。

但即使将效用理解为更广泛的含义，如果我们的实用主义是更精致的类型，即如果我们在实用主义真理的世界中包含个体和内在的观念意义，如伦理和宗教的"实践绝对"，那么我们只能通过改变效用和工具价值这些术语的使用来实现这一点。因此，当奥古斯丁说，"我追随你，为的是我的灵魂得以生存"时，他仅将信仰客体赋予了间接价值；但在其他表述中，把上帝作为最高或唯一的善，作为善与真理本身，此时信仰客体则呈现出直接价值。在这两者之间，实用主义者似乎没有发现任何区别，实际上，即便从实用主义的角度出发，也可以推导出世界存在的差异——不仅在实在性的预设意义上，也在其实现的经验类型上。这种词义混淆的谬误是实用主义者经常会犯的错误，实用主义者主要将效用概念应用于那些严格来说具有工具性价值的真理上，但当遇到那些纯粹内在的、具有高度直接性的真理和价值时，这些价值是内在的而非超越的，实用主义者便通过使用"对生命有益"这种通用性表达来涵盖此类情况。这在詹姆斯最近对绝对概念所赋予的相对真理中表现得尤为明显。他承认其作为实践的功能，是达到"道德假日"的手段，是美学和宗教内蕴价值的预设。然而，他没有意识到，尽管其他实用主义者显然已经注意到了这一点，整个工具概念在此处岌岌可危。因为要实现这些经验，这些"假日"的首要条件是你不能将它们作为意识目的，更不用说作为达到目的的手段。它们能够发挥作用的条件是，它们保持为隐含的假设——否则这个过程就会自我挫败。这正如批评中所说的，作为一种理论，实用主义本身缺乏实用价值的底层含义。因此，我们可以得出结论，实用主义者试图用反思性的术语来描述实在性的预设，但在所有意义上，这种描述并不比它所批评的理论更具终极性，任何将价值置于首位且令人满意的观念都不应仅限于工具性的概念。

三、实在性预设及其实现的终极意义——对连续性的要求

那么，价值判断的最终依据或约束性因素是什么？显然，答案需要对实在性的根本预设及其实现进行更深层次的探讨，尽管因对通过逻辑推导出价值开展批评，实用主义具有一定价值，但这超越了实用主义的解释。同样明显的是，问题集中在那些内在价值上，其客体是无法直接或间接归结为事实或真理的判断的观念，并且与已被承认为真实或存在的价值的对象没有工具性关联。正如我们的研究所充分显示的，存在着某些形式的实现或满足，它们的有效性并不依赖于这些类型的任何一种认可。在这些情况下，实现只有在实在性的假设直接融入实现的条件下才成为可能，并且我们不寻求将其简化为对事实、真理或效用的反思性判断。伦理、美学和宗教经验的观念价值所主张的客观性，不能通过任何形式的直接或间接转化为存在和真理判断的概念来定义。要明确它们的充足理由，我们必须理解对实在性的需求最终意味着什么。

作为反思性评价的假定，对这种需求的定义需要我们综合分析在非反思经验的不同层次上出现的各种推测和假设的共通之处。这不是探讨特定预设形式如何产生的问题，而是要理解这些共通元素或逻辑核心的意义，这些元素或核心赋予了它们意义，并在其转化为不同形式时仍然存在。如果回顾我们对价值论谓词的分析——但这次关注的是它们的内涵而非外延——我们可以发现所有谓词中唯一普遍存在的元素是，假定个体情感和意志体验以某种方式等同于某种实在或与这种实在一致，这种实在超越了我们的临时体验。它们有一个对自身之外的超越的或内在的指涉。如我们的分析所示，这种推测有时意味着，欲望和享受的客体在物理意义上是存在；当情感的价值在假设变为存在的判断后继续存在时，这个价值就被视为客观和有效的。当我们的主观情感的客体也是其他人的意志的客体时，特别是当我们的感受和意志与超个体的体验连续时，这种主观情感也是有效的。同样，当一个主观的价值情感与我们自己已经达到客观和超个体指涉的意志形式或倾向相一致时，这种主观的价值情感也是有效的。这些直接形式，以及通过真理判断间接转化的相

第十四章 结论：评估与评价

应形式，构成了实现的常见意义。但最终——这是最重要的一点——在内在的理想价值的情境中，这一假定仅意味着意志与其客体或其自身在连续实现的经验性时刻中的内在一致性和连续性。这种内部的一致性和连续性，与短暂和孤立的欲望及客体的不连续性形成对比，创造了主体经验中的一种客观性，并构成了作为实在的客观性的最终含义。

这种假定的终极形式的特征揭示了理解各种形式中的一致性假定意义的关键。这里，超验实在性被明确预设为意志，而内在真理的价值标准指的是意志与意志的一致性。其他形式的假定只是这一基本要求的间接和变相的表达，它们是针对特定需求而形成的，虽然对存在本身和抽象真理的渴望可能独立于其他欲望，但通常，对事实和真理的客观性需求仅作为达成内在实在性和真理的手段——这种实在性和真理源于一个意志行为与另一个意志行为的一致性。所有这些次要的区分都旨在保持这种连续性。

因此，评估中的实在性前提是主观意志与超越个体和瞬间体验的意志形式的一致性或连续性——不仅仅是主观"形象"与客观"实物"的一致性，不仅仅是主观意志与社会意志（在超个体意义上）的一致性，也不仅仅是自身的主观意志与个体倾向的同一客观化，而是最终与任何这些形式都未能完全表达的超验意志的一致性。无论这种一致性是否被明确地承认，这种连续性是否通过显式的存在判断在区分了外在和内在之后得以维护，还是通过明确假定或承认持久的假设或观念，或最终，仅仅通过一个隐含的假设的持续——在每种情况下，某种形式的实在性或存在都因为主观意志与客观意志的一致性而被承认。

无论以何种具体经验形式，实现这种一致性的假定，都会赋予其客观价值。完全的一致性意味着绝对价值；如果我们能准确定义这一超验意志，并据此推导出其具体内容或客体，就能建构出一套绝对的价值体系，即一系列无条件的满足感。这些能够完全实现一致性的客体，将是普遍且永恒的，不会因任何经验条件而改变，它们属于超个体的意志或渴望，而不受个体的欲望和情感所影响。

通过自我实现或社会角度解释的超个体意志来定义超经验主义意

志，这种努力在前一章已受到批评。由于这些概念和意义完全是经验性和获得性的，它们不可能与超个体意志的整体意义完全吻合；而且，对实际价值判断的分析展示了它们的相对性。然而，仍有可能设想，作为所有实际意志的必要前提，如果将意志的意义和内容定义得足够抽象和广泛，可能会找到一个终极的概念，并且广泛到可以涵盖这些以及所有其他形式的实现形式，从而构成一种无可置疑的价值。许多尝试将所有相对和主观意志的预设视为"爱的意志""力量的意志"等，最终只会导向一个排除所有个体欲望和情绪元素的极其抽象的概念，最后达到最空泛的逻辑抽象——纯粹存在的意志。最近的一次尝试，旨在将所有价值的基础建立在超个体的渴望上，即世界自我维持的超个体意志，或简称为"世界意志"[①]。尽管这种对实在性最终预设的表述无疑是引人注目的，但作为逻辑定义，它是一个过于抽象的概念，无法用来建构一个真实的价值世界。因为，要么它包含一个已定义和实现的具体内容世界，要么它仅仅意味着意志的持续或连续。在第一种情况下，所有观念建构的相对性使得其无法证明实际观念及观念的实现与这种意志的绝对一致性；价值的永恒性假定不包括特定价值客体的永恒性。在第二种情况下，由于这样定义的意志过于抽象，使其成为一个过于空泛的概念，除非它被具体化为对连续性的特定要求，否则作为评价标准它是无效的。无论哪种方式，它都不是建构绝对价值系统的合适起点。

从这些反思中，我们似乎必须得出一个结论：实际价值体验以各种形式实现的实在性预设，不能被定义为一种能够从中演绎出绝对价值的方式。它仅能被描述为一个连续价值假定，这意味着意志及其满足超越了它可能采取的任何经验形式的持续存在。这个逻辑或者说是价值论上的假设，将经验中的意志与超经验的意志的一致性，转化为对经验性欲望与情感连续性的追求，对主观意志与其具象化形式的连续性的追求。因此，真正的挑战在于识别出体现连续性需求的经验形式，并确定这些

---

① 雨果·闵斯特伯格（Hugo Münsterberg）：《价值哲学：世界观的基本特征》（*Philosophie des Werts: Grundzüge einer Weltanschauung*），莱比锡，约翰·安布罗修斯·巴特出版社 1908 年版。

需求在多大程度上由经验性派生的客体所满足。

四、连续性的假定：价值的获取与守恒——实践绝对论

这种需求在直接体验中体现为价值情感的跨越指涉和内在指涉。然而，当这些指涉在反思性评价中变成显式的要求时，它们表现为获取并保持意义或价值的假定。为了保持评估功能的持续，为了让意志能够持续，不仅必须不断获取新的价值，而且已有的价值必须在新的客体或新的层面上得以保持或保存。因此，每一个连续性需求的具体形式，都可以在评估的两个总体假定——获取和保持——中找到归属。

可能没有必要去争论这两个方面哪一个是更为根本的问题。海甫定在其关于宗教价值的讨论中[1]将保持的概念视为更根本的，他认为新价值的创造是价值持续存在的条件，因此从保持的角度演绎出获取的需求。但进一步思考似乎提示了这种关系的反转。对意志充分推断的内在原则，以及规范客观性的终极标准，根植于一个意志行动为形成更多新意志的基础，一个价值仅是新价值的出发点。而这个原则也包含了另一个假定：任何已经实现的意志，任何经历过的价值，在新的实现形式中以某种新意志和价值的基础形式被保存，任何本质价值在实在性的新形式中持续存在。关于保存的假定是一个反思性陈述，涉及那些构成评估连续性不可或缺条件的隐含假设。

在意识到这一事实——保持的假定被包含在实在性的根本预设之中，我们最终为理解价值论谓词中存在与真理的作用找到了基础。虽然价值判断是鉴赏行为，却是一种蕴含着实在性的鉴赏行为；尽管它以断言的形式出现，却是一种对实在假设的指涉。在规范性价值中使用的存在与真实性谓词，是为了维护那些隐含预设而发展出来的具体意义。作为未来的观念，价值仅仅需要与价值本身相一致的内在真理。作为保存已有价值并为新价值打基础的规范，它们必须拥有那种使其客观化和超

---

[1] 哈罗德·海甫定（Harald Hoffding）：《宗教哲学》（*The Philosophy of Religion*），德文版翻译，麦克米伦公司1906年版，第215页及其后。

越个体化的外在存在和真实性。对外在存在和真实性的需求，实质上是对持续性和保留性的追求，而在这种需求中所承认的谓词，就是这种保存的标记。

显然，任何形式的存在或真理，在某些条件下，都可能成为绝对的价值。实际上，任何一个真正被渴望的目标，或者任何一个在评估过程中被建构的观念，都有可能成为被无条件要求的、持续存在的绝对实践。生存的意志、成为个体的意志、参与的意志，在特定情况下可能是无条件的，而实现某些意志的目标，比如生存、个性化或参与的最低要求，可能具有绝对的价值。与那些无可替代，因而被视为连续评估不可或缺条件的客体相连时，各种形式的绝对义务感就会出现。总体上看，可以说某些具体客体的存在或真相的绝对价值情感能够产生，是因为在这些客体的经验起源条件下，客体的超经验假定在个体需求中得以具体表达。虽然从理论上来说，不存在能够可以证明个体经验意志的目标与超经验意志的目标完全一致的绝对价值，但正如我们所见，实际上存在着绝对实践，即在特定场景下是实现连续性假定的不可或缺的条件客体。

五、价值论的充分性——有充分根据的价值

实在性的预设和客观性的要求，根本上指向的是价值连续性，这包括新价值的获取和已有价值的保持。这个发现的意义极为深远。这是评估假定的最终含义，任何实在性的假设、任何主观的情感或意志，合理性都源自其在后续的情感和意志中的自我维持。无阻碍的行动或持续性是实在性和价值的本质。存在判断或逻辑一致性的判断，只不过是特定预设保持自身的一种特殊记录方式。它们只是对实在性的主要情感的次要修改。一个不容置疑的假设、假定或信念也反映了同样的事实。

这是我们之前心理学分析揭示的一些重要观点的价值论的意义。我们发现，不是对"存在的判断"这一新元素的引入，让一个至今不具实在性的想法变得客观和实在性，而是将一个原本具有实在性预设的"客观"转化为仅仅是一个客体的抽象过程，产生了非实在性的情感。当这

种抽象发生时，当实在性的推测被干扰时，确实需要以某种方式显式地重新确认实在性的预设，但如果未被干扰，它本身就是有效的。同样，任何促成实际价值体验连续性的二次和衍生的假设和假定，也都是有效的。

在理解实在性预设及其实现的意义后，如何找到实现这一预设的标准就明朗化了。我们需要寻找的不是绝对的理由，而是对价值判断的充分支持；寻求的不是绝对的规范，而是有充分基础的价值观念。经验意志与超验意志之间的一致性假定，并不是通过绝对一致性来实现，而是通过足以维持价值连续性的充分一致性来实现。因此，我们面对的真正问题在于探讨这种价值论上的充分性是什么。虽然我们无法在实证意志与超验意志的客体之间找到完全逻辑上的一致点，正如我们已经看到的那样，在变得更加具体和实用之前，纯粹连续性的概念是无用的。这就需要我们更深入地审视充分性的概念，而在这方面，莱布尼茨的思考提供了有价值的启示。

对莱布尼茨而言，理性与连续性是一致的。但他认为，要完全理解有限客体与绝对真理之间的连续性，需要进行"无限的分析"。尽管如此，要判断一个现象是否"有充分的基础"，不必一定进行这样无限的分析。只要求分析足够充分，即满足连续性需求的特定形式，也就是说，足够的程度，就像我们说某个量在满足给定方程时是足够的那样。[①]同样地，回顾到目前为止论证的步骤，我们可以说，当一个价值满足实在性的特定前提时，这个价值是有充分根据的。在价值判断的情况下，需要满足的"方程"是由对价值判断中隐含的实在性的特定前提或对客观性的需求的分析形成的，其解决方案在于确定满足该需求的实在性谓词的特定意义。这整个问题是一个相关性问题。关于认知判断的世界，莱布尼茨说："尽管人们说这整个生活只是一场梦，可见的世界只是一个幻象，但如果我们正确使用我们的理性，我们永远不被它欺骗，我会

---

① 莱泰拉、莱布尼茨（R. Laitela, Leibniz）：《单子论》（*The Monadology*）等，牛津，克拉伦登出版社1898年版，第236页注释。

称这个梦或幻象是足够真实的。"① 以同样的逻辑，我们也可以说，一个价值如果在我们正确推理和意志行动时能够持续存在，那么这个价值就足够真实和客观。换言之，如果我们不将实在性的假设、推测误解为在我们的经验体系中实际上不具有、也不可能具有的意义，那么一个不可辩驳的假设、前提或信念就足以成为实在性。

这一原则为我们在处理个人和社会生活中各种实际问题时提供了一种指导，这些问题涉及经济、道德、宗教和美学实践中的推理、预期和假定等多方面。从目前讨论的内容来看，至少在消极意义上，这一原则为连续性标准的应用引入了一种控制元素，赋予了它实际的价值论价值。这意味着，虽然一个价值判断中隐含的客观性或实在性是有合理基础的，但它不必然等同于任何已定义的事实或真理的客观性。理想的实在性并不总意味着它们必须转化为具体的社会实在性；同样，我们也不能期待特定的鉴赏性建构或观念，在不变的形式中持续存在。除了那些最根本的个体价值，这些观念通常具有可替代性。随着新经验的出现，将不断有新的评估产生。我们不能证明除个体领域中的绝对实践之外的最高价值。价值的保存只能通过转换来实现，因此，我们唯一能断言的是，随着价值的持续，任何观念中的基本价值都会在新的构想和新的实现中得到体现和认可。

第四节 应用评估的充足理由或限制原则
——其与具体规范和假设的关系

一、一般性问题

现在，一个全面理解价值时适用的实际性和客观性的准则已经被提出。它涵盖了最终的价值连续性假定及其特定实在性预设相对性的意义，"所谓的充足性对具体的实在预设而言总是相对的"则进一步融合

---

① 埃德曼（编）:《关于区分真实现象与想象现象的方式》(*De Modo distinguendi phenomena realia ab imaginariis*)，柏林，1840年版，第444a页。

了实用主义准则的所有精华，为评估的根本依据提供了解钥。我们区分了绝对价值基础和充分价值基础的概念，并将充分性定义为针对特定连续性和特定预设，这为我们发现价值论和现象学之间的联系提供了依据——从发生学上推导出的在具体预设、推测、假设中，与逻辑解释的实在性预设存在联系。因此，我们的目标不是从一个绝对无争议的价值逻辑中演绎出一个价值系统，而是以价值论的方法解释实际的价值需求和预设，即揭示具体价值的实际预设与评估的终极逻辑预设之间的关系，以及在特定观念中价值连续性是如何被实现的。

在所有可能的规范客观性要求中，唯一需要特别关注的是内在真实性和真理的意义。除此之外，规范客观性与事实和真理客观性相同，实在性的预设实现需要通过特定的存在和真理判断得到确认。只有通过这种方式将推测和假设转化为判断，才能保持评估的连续性，确保作为主观体验的价值具有充分的基础。在这种情况下，对有良好基础的价值进行检验不会出现特殊问题。对实在性的要求具有明确的意义，而那些无意间干扰物理世界和经济世界的人会明显看到由于其误解所产生的幻想。但对于内在观念对内在真理和实在性的要求来说，情况则不同。在这里，有效性不需要假设完全转化为已确定的事实和真理；这些观念中蕴含的信念不需要在物理和社会实在性的特定领域完全实现。那么，为了被认为是有根据的，这些要求必须满足哪些特定的检验条件呢？

（一）内在真理指涉内在存在或心理事实——指涉的本质

内在真理与内在存在或心理事实有关。这种关系的本质是，尽管观念在某种意义上超越了经验，因为观念并不要求自身完全转化为事实判断或真理判断，即它们不要求与科学的客观世界在每一个细节上都吻合。正如我们所看到的，这一事实意味着对实在性的预设被解释为对所涉及的价值的普遍性和永恒性的假设。如果这就是它的意义，那么，没有充分性的实证检验，任何对实际的、经验条件限制的情感指涉和意志指涉都是无关紧要的。但我们发现，这种对实在性预设的解释是对其意义的逻辑扭曲。虽然价值的终极假设是价值的持久性，但这并不包括价值的特定客体和概念的永恒；虽然它假设与超个体意志的一致性，但它并不假设这种一致性没有差异，这种差异被包含在逻辑普遍性的概念中。此外，虽然观念在上述意义上超越了经验，但它们仍然根植于某些特定的经验和事实领域。这些基于心理事实的观念隐含了对实在性的指涉，这需要被明确地检验和审视。我们能否定义这种指涉的性质和程度，并将这种定义反思性地应用于以它们为基础的观念评价及观念判断——换句话说，能否用于有效观念与"悲哀的谬误"的区分？

这种指涉的本质在总体上不难定义。每当在理想价值及其规范中提出客观性的主张时，这种主张都包含了它们是能够以某种方式实现的信念。我们确实是以理想为支撑而生活的，但这只是因为理想同时也是实在性的。一旦理想变得实际，它就是对实在性的预期。普遍性和永恒性的主张没有意义，除非这种主张承认基于对时间的预期，即随着理想的实际经验扩展或延续，将有相应的实际经验实现，连续性的假定将在获取和保存这两个方面得到实现。但是，除非基于对事实的某种指涉，否则预期是没有意义和基础的，在这种情况下，"事实"泛指我们所称的"人性"——人类的情感意志及其不同的方面和形式。

对于所有观念而言，这种对于事实的指涉，都可以更明确地为价值论所用。本书引言中的论述，现在被赋予了更丰富的意义，我们可以这样说：每一种价值的主张本身就涉及其与情感和意志的法则一致性。规范科学的抽象表述、观念和规范，本质上是对心理学法则的新表述，是为了不同的目的而采用的不同表述。现在理解到，评估的经验法则具有价值论视角下的重要性；通过这些法则，具体的经验要求得以解释。在这些过程中建构观念、形成永久性的倾向，以及建立价值判断的预设，是实在性意志的实在过程。它们规定了所有评估中预设的超验意志实现的具体条件；它们创造了实际和可能经验的范围，这反过来又决定了观念的内在实在性。因此，观念的充分理由或约束因素必须包括它们是否在价值论上可行，在什么意义上可行以及其可行的限度。

这种"有效性与心理事实"的关系的概念对于任何人来说都是不可避免的，因为他们认为，每一次实际的价值体验，虽然预设了客观的有效性，但在某方面均是一种主观条件下的情感，每一种价值判断，无论其指涉如何超越个体，都必须表达某种主体的情感实现。这种观点也不会使其支持者陷入那种将情感连续性作为单纯心理事实，以及将价值连续性作为与价值学原则等同的心理至上论形式。这种观点只是使其持有者反对那种认为实现和满足与经验性情感无关的观点。对我们来说，逻辑有效性与心理事实之间的分离并不完全；演化观念及其对情感和意志发展过程的实在性的含义——这一含义我们已经看到，它是所有鉴赏性描述及由此产生的演化方法的基础——构成了一个中间立场。我们对问题的解决必须基于这一中间立场。

（二）价值论的充分性和可能性

正如莱布尼茨早已指出的，对一个包含实在性蕴含或预设的判断的充分推论，必须包含对可能性的指涉。除可能性之外，每个这样的判断还需要有一个进一步的特征，莱布尼茨描述为充分性的专有特征——"共存性"，即给定判断与其他既定判断的共存性。可能性领域是由非矛盾原则确定的，属于消极定义；而共存性领域则通过给定概念、判断或假定与整体经验系统及其背后的连续性基本假定的协调来确定，具有更积极的意义。

明确充分性包含可能性和共存性是必要的，但要将这些概念应用到价值体验上，我们必须理解它们与评估相联系时的具体含义。价值与事实之间的矛盾可能使得某些价值在初始设想或呈现的形式上变得不可能实现，而价值与价值之间、观念与观念之间的不协调或不兼容可能需要某些观念的调整或重建，这些情况是明显的。但是，这些矛盾和不协调无法简单归结为逻辑术语。就像逻辑上必要的概念并不自动成为感受到的价值一样，情感和意志中的矛盾也不一定能被简化为抽象逻辑。那么，在评估的领域中，可能性和共存性的意义是什么，它们在价值论上如何被解释呢？

这个问题归根到底是相关性问题。在判断价值论可能性时，我们需要考虑哪些事实领域和法则是重要的？我们在第六章已经初步探讨了这个问题，发现在某些情况下询问一个理想是否可能实现是有意义的。例如，再次考虑之前使用的例子，如果一个人假设"随着某种被重视的倾向的不断增强，其价值也会相应增加"，那么他渴望这种倾向无限增长是合理的。然而，通过证明这一假设与能量守恒原理的推论相矛盾来回答这个问题是不恰当的。唯一相关的问题是，这种假设是否符合内心的心理事实，符合情感和意志的法则。同样，有必要问一问，某些社会公益观念是否可能实现，例如，普遍化利他主义倾向的意愿，或使一个人的行为准则成为永恒法则的意愿，是否预设了与社会价值的基本事实和规律相一致或不一致的假设。这种情况下的假设是，重复的数量，即频率的提高，伴随着工具价值的相应增加，而这种假设不符合参与价值的规律。但在这里，也只有一种类型的存在判断是相关的，即关于由同情参与法则所决定的心理倾向的判断。总体而言，尽管对于任何这样的观念或假设的评价中确实有一些特定的内在心理事实需要考虑，但物理科学的因果法则和机械法则等完全无关的外部事实和真理领域应当被排除在外。这是因为这些概念是为了完全不同的目的而创造的，它们从根本上忽略了我们在此讨论的经验类型。

价值判断的共存性或兼容性问题涉及的不仅仅是可能性，这涉及一个价值判断的预设是否与另一个价值判断的预设兼容。这种情况出现在从一种规范或观念过渡到另一种规范或观念的所有判断和意志活动中——无论是评估的不同类型或层次之间的连贯性，还是将多个规范和准则统一为一个唯一观念。价值判断和价值建构的基本法则的运作，以及从较低层次到较高层次的价值转移，产生了我们在情感认知中的质的差异，这些差异虽不是绝对和先验的，但它们确定了特定理想活动的范围，在这个意义上，它们可称为绝对实践。通常，在尝试将特定的理想普遍化时，例如将快乐、完美和自我牺牲的观念普遍化，就会遇到不兼容的问题。

现在，可能性与共存性之间的关系已经很清楚了。在前者中，心理倾向的形成决定了特定情感和意志的可能性或不可能性。在后者中，倾向、理想和层次的发展形成了意识中的不同含义，形成了互相限定和影响的鉴赏领域。大体上，对不同类型的价值情感和判断的研究——它们的条件、法则和界限——是对价值论可能性的探讨，而特别关注综合偏好和评估的问题，则涉及共存性问题。

在明确了可能性和共存性之间的区别之后，我们可以将它们再次汇集成一个更全面的概念。一个有充分根据的理想价值能促使评估的连续性成果成为可能；而导致评估中断的观念价值，那些没有充分根据的观念就会逐渐废止。当不可能性和不共存性出现时，这种过程就是不攻自破的。在这个不攻自破的过程中，我们得到了一个对有效性的否定性检验。

只有当我们认识到这个概念具有意志性意义，并且超越了纯粹逻辑矛盾的范畴时，这个概念的全部意义才会显现出来。尽管它能够以近乎纯粹的逻辑形式被阐述，这一点从二律背反中大量使用的"无穷回归"原则和思考中的"不攻自破"的行为可以看出，但即使在这些情况下，如博桑奎特（Bosanquet）所指出的[①]，其真实意义最终是情感—意志上的。这种无尽的空洞重复，没有达到统一或最终目标的希望，没有实现和满足的意志，是导致人们追求新类型活动和理想建构的真正原因。康德将他的二律背反学说与实践哲学紧密相连的做法，似乎表明了这一点。从理论理性的怀疑主义向实践理性信仰的转变是一场大规模的价值运动。尽管如此，原则本质上是意志和价值的一部分，而不是思想和逻辑的一部分。这一事实表明，正如我们稍后将看到的那样，原则的所有逻辑应用都与意志类别有关，而并非所有对价值的应用都是逻辑的。这一点在所谓的快乐悖论中尤其明显，在这个悖论中，追求快乐被认为是自我挫败的——不是因为逻辑矛盾，而是因为实践意志的内在特征。因此，自我挫败过程是在我们以一种不可持续的方式追求一个理想时发生的，任何要求本质上不可能实现的实现类型都会导致这种情况。相应地，所有的价值谬误都产生于对存在领域中的实在性的主要预设，以及对在该预设中未被理解或隐含的真理的承认。

二、这些原则在具体问题上的应用

在这种价值论可能性和共存性的概念中，我们对观念价值进行了充

---

① 《逻辑学》（*Logic*），第三卷，第173页。

分约束，对内在真理设定了标准。将这一标准应用于我们研究过程中出现的具体问题，以及本章开始时强调的问题，实际上将涉及重复之前讨论的全部内容。尽管有些冗长，但并不难证明，在经济和道德、个人和社会生活中，关于哪些是可实现和有充分根据的观念的整个问题，最终必须通过指涉这种真理和合理性来找到答案。例如，个人主义者和集体主义者之间，关于哪些是可能或不可能的动机，哪些是可行或不可行的观念的争论，都暗含了双方的某些假设，这些假设只能通过应用此类价值论标准来检验。诸如对经济商品分配形式的可取性、某些道德倾向的推广及其对价值的影响之类的讨论，实际上涉及个体价值与社会价值之间的关系，更具体地说，是探讨某些价值是否因为它们的独特性和个体或群体差异而受到限制，以及即使它们的拓展在经济和心理上可行，这种拓展是否因与其他价值不兼容而在价值论上导致自我矛盾。

同样的道理，可以说，在这种价值推理和价值预期中出现的任何谬误，主要是构成推理和偶然的实质性谬误的一种特定的价值论形式，这些谬误可能源于所谓的意志中的错误量度。例如，假设一个动机起源于有限的阶级意识参与，并且因为对比和对立的事实，在该阶级内获得了强度和范围，如果这个动机被普遍化，就能保持相同的清晰度和强度。这个假设需要进一步审视，它可能包含一个使整个论证无效的谬误。将特定阶层特有的动机，如军事、艺术或慈善动机，推广到所有的工业活动中，这可能是正确的——可能存在某些不受特定功能影响的通用元素。但对其将采取的形式或通用化结果的任何预测都容易出现前述类型的错误。同样，值得怀疑的是任何基于这样的假设进行的论证：在特殊情况下激发人们行动的观念，以及在个体义务与责任领域内完全合理的期望，能在正常情况下重复应用或被普遍拓展，也是值得怀疑的。反之，当我们尝试将适用于大众的社会价值判断法则应用于个体情境和个体时，我们面临的是相反的谬误——从经济和社会学的普遍性论断中推断出个体的特征和能力，忽略了个体价值创造者的本质和潜能。

（一）再次讨论终极价值的一元论

尽管我们无意深入探讨这些特定问题，但我们的目的是整体展示所有反思性评价观念和价值的基本原则。不过，尽管我们无法详细开展这种批判，然而从我们当前的视角重新审视前一章提出的终极观念和标准的问题还是很有意义的。我们刚刚考虑的所有特定假设，最终都回归到某些终极目标及其对应的标准上，而这些目标的有效性或实用性，与它们所依赖的更根本观念的有效性紧密相关。

在此讨论的所有推理和预期中，通常会显式或隐式地预设某种单一观念，如幸福、自我实现或实现超个体的社会福祉。这些观念被隐含地假设为某些类型的义务判断和责任判断的规范，但在我们讨论的各种一元论中，每个观念也被单独视为评估的绝对观念，即所有意志的唯一明确目标。通过检验实际的情感和判断，我们发现这些并不支持一元论。此前章节中用于检验这些观念和标准的方法表明，它们在极限情况下不成立。现在，根据我们对可能性和共存性的理解，我们可以明白为什么这些单一观念作为"单一观念"是不成立的。

通常，每个观念针对特定情境和评估的过程或层次都有其合理性，因为它们的深层意义能够实现，我们定义的连续性假定得到了满足。然而，当这些观念或假设从它们被发展出来并反过来控制的特定过程中抽象出来，被普遍化并被认为是绝对和无条件适用时，它们就变成了幻想和错误的假设。正是在无条件地接受它们时，不可能性和不共存性出现了；而这种错误出现的原因，在于无条件地接纳这些观念本身就误解了实在性的预设。

这些普遍原则已经被应用于许多对快乐主义的批评中，这些批评无论是有意识还是无意识，都试图展示其不攻自破的特征并指出其实践上的谬误，它们的重要性都更多地体现在它们所蕴含的逻辑观念上，这一点可以简单概述。正如我们所见，对快乐或幸福的想法，其实是我们对生活中的积极体验进行抽象化的结果。作为客体，或者说作为一种被动的状态，它们是在我们的"条件"价值（包括基本条件价值及其在该层面上产生的补充性的伦理和美学价值）中抽象出来的。在某些限制之内，追求快乐是有其实在性基础的，因为在一定程度上，当我们相信快乐是可获得的，并基于此做出假设时，这些信念和假设通过实际的价值情感得到了验证，这个"程度"由这些观念所嵌入的过程和法则界定。作为一种表达条件价值的适宜方式，在这些价值支配法则的限度内，追求快乐是合理的。但当这一目标被应用到超出这个范围的情况时——例如，用来代表个体价值时，它作为一个持续评估的客体就失去了作用，这可以从它不能替代个体价值这一事实中看出来。尝试用快乐总和来代替超个体的、社会性的善同样是错误的；因为对这种善的追求所获得的满足，并不一定意味着对快乐需求的满足，这一点至少从经验的角度可以看出来。

因此，当快乐被奉为一个绝对的理想追求时，它在两个具体的方面展现了其自相矛盾或悖论的特征。如果我假设快乐是一个绝对的价值客体，并假定它在某种永恒的意义上始终成立，那么我的实际经验很可能会证明这样的假设是不成立和虚假的。这是因为它与那些构成快乐条件价值的相关法则存在冲突。这种假设在价值论上是不可能实现的，因为它违反了评估的法则。另一方面，如果我假设快乐可以无差别地代表所有层次上的价值，我同样会遇到实践上的错误；我的假设被证明与演化发展形成的基本鉴赏区分不兼容，因此，在价值论上是不兼容的。在这两种情况下，快乐观念中的实在性预设都被误读了，人们声称的实在性是无法实现的。

将超个体和非个体利益的观念普遍化，同样面临自相矛盾和无法自洽的问题，原因在于这样做误解了对实在性的预设。例如，对于这种观念的经典批判，如席勒（Schiller）对康德关于服从绝对法则、不受个体情感影响的观念的批评，以及斯宾塞（Spencer）对绝对利他主义的批评，都凸显了这一观念的非实在性和它与其他基本价值观的不共存性。这种非实在性体现在哪里？

我们对于超个体善和非个体善的观念的本质及其起源的研究揭示，这也是一种抽象，它们代表着在社会参与过程中浮现的特定社会观念。就此而言，它是有一定实在性基础的。但在这种情况下，实在性的预设，即观念中隐含的实现要求，仅指向一种特定的外在存在形式，即主观体验在超个体和社会需求中找到相应的满足或实现。如果无法实现这一点，那么该观念就是虚无的，缺乏实在性，基于此的义务判断和责任判断也将是错误的。因此，观念的规范客观性暗示了事实客观性，也就是说，一个观念要具有实在性，必须具有实际的参与价值。因此，这些观念在符合决定其实在性的参与价值法则的程度上才是合理的。

然而，当个体基于这种实在性预设或客观性主张，不是将其视为实际客观性，而是理解为一种纯逻辑的客观性，即普遍性和永恒性时，就会出现义务谬误和责任谬误。这种抽象化的观念和规范，不再基于个体和群体的真实情感参与，而是被视为由完全超越个体和个体意志的力量所决定。这种假设自身就带有矛盾，如前述章节详细讨论所示[1]，要么使得观念成为不切实际的抽象概念，要么将其转变为个体化价值。这种假设的不攻自破的特征就在这个事实中显露出来。

因此，我们最终面对的是个体观念和价值的实在性问题。这里对绝对性的追求形成了对完美观念的构想："完美是永恒的"。这种观念无疑也可能导致判断和行动中的矛盾和不攻自破情况，这是我们必须关注的问题。但首先，我们需要确定这一观念在多大程度上是有根据的，以及对实在性预设的正确解读是什么。

如同我们已经讨论过的其他观念，个体价值的观念是基于某些具体经验过程建构而成的。在这些过程中，积累性的深层意义得以形成，并通过特定的情感（如道德、美学和宗教情感）在一定的范围内得到实现。我们的研究显示，个体价值观念的具体形式体现为对最小特性的绝对牺牲，以及完全的内在和谐。这些观念在实在性中有一定的基础，因为它们是基于对完美信仰而产生的个体义务感和审美及宗教价值归属的预设。但这些价值的实现条件是人格的独立存在。将完美观念作为个体序列的组织原则，只有当它作为这个过程的内在原则时才能得以实现。在这种情况下，实在性的预设或客观性的主张只是指观念的内在连续性和不确定性，我们发现这正是规范客观性的终极含义。只要观念以这种方式作为经验的内在组织原则，它就是一个内含其实在性的假设，满足

---

[1] 参见第十二章和第十三章。

了可能性和共存性的要求，正如我们在这一领域的评估法则研究所表明的。基于对完美的信念、感受到的个人责任感和基于它的审美与宗教价值归属，不是空洞的错觉，而是极高的实在性。但如果我们误解了这种实在性的意义，试图通过外在性和工具性的判断，将这种内在实在性转化为外在实在性，就会出现幻想和非实在性。

当我们将个体义务和责任的前提或规范作为一个明确、单一且自觉的目标，将其他目标和价值看作是为了实现这一最终目标的牺牲品的时候，就会陷入一个常见的误区。这样做会导致自我挫败，并产生虚假的情绪和不切实际的想法。遗忘自我既是追求幸福的条件，也是达到完美的必要条件，但那些短暂的、神赐般的单一体验并不能随意重复。深植于实在性中的审美的孤立时刻，如果被僵化成一种持久的状态，就会失去其价值和真实性。这种误导的原因在于对实在性预设的误解。此时，幻想的主体认为，实现这一观念意味着在特定的心理状态中达成目标。假设实在性意味着心理上的存在，那么内在的观念就变成了达到目的的手段；它对某些心理体验起到了重要作用，但其不可避免的后果是，观念中伴随的快乐念头造成的"价值倒退运动"。同样，当将观念的实在性假设解释为对社会存在的需求时，也是一种误解。正如那些从实际的社会参与过程中抽象出来，而又控制这些过程的社会观念和准则，一旦它们被抽象出来，就变得空洞而失去实在性，所以，在个体观念建构中产生的期待，也不一定能在社会需求中找到满足。

（二）价值论原则应用于具体问题的推论

从对终极假设的价值论批判中，我们能够得出两个关键结论。首先，我们的分析强调，一个观念及其实在性假设的充分约束总是相对于隐含的实在性的具体意义而言的——这一原则的发展告诉我们，尽管观念本质上趋向于超越具体经验，即它们不能完全转化为具体的事实与真理判断，它们仍旧是实际存在的，并且只有作为对经验的合理预期时才具有指导经验的作用。因此，有必要指涉一些有条理的经验。

然而，第二个更为重要的结论，即价值判断与真理和事实判断在某些方面具有相对独立性，这种独立性通过对不同判断的基础进行审视得到了证实。这种相对独立首先体现在，当价值判断的实在性预设意味着某种类型的事实或真理时，它对另一种类型的事实或真理暗示的其他价值判断毫不关注。更明确地说，对内在真理和外在真理进行区分时，个体价值和社会价值的某种独立性在多个方面显现出来，几乎已成为一条基本原则，这促进我们进一步深入探讨其意义。

从纯粹的事实角度看社会价值及其变化时，我们会看到，如同我们已经讨论过的[1]，某些价值是普通的，有些是有远大抱负的，还有些是过时的。但对于那些全心投入这些价值、通过认同这些价值来实现自我的个体来说，我们的事实判断相对来说并不重要。比如，一个坚持传统价值的人可能会判断或假设，那些旁观者认为已经过时的价值具有绝对的价值。如果他通过牺牲自我来实现这些最高价值，那么这就是他的考验，而旁观者对这些价值的判断对他来说并不重要。对于那些致力于推广远大抱负价值的改革者，以及在当前时代找到和谐与满足的普通人而言，同样的论断也成立。

另一方面，很多从个体视角看似重要的东西，对于作为一整套效力体系的社会价值来说可能无关紧要。个体价值的命运对社会价值体系来说可能无足轻重，它们似乎扮演着附属现象的角色。个体价值的建构可能在与狭隘的群体价值和已被淘汰的价值相关联，从而产生内心的和平与高尚感。但从社会价值体系作为一个客观事实体系的角度看，这些个体价值可能只具有个人意义，是没有任何工具价值的奢侈品，并可能被视为没有实际社会功能价值的附属现象。这些价值往往被视为基于错误的假设，不符合作为事实体系的社会价值体系的判断标准。我们对于个体价值的评估往往只能通过将个体从其社会关系中抽象出来而进行。[2]

---

[1] 参见第十一章，第276页及其后。
[2] 为了更全面地讨论这一点，请参阅作者的两篇文章，《个体与社会价值系列》（*The Individual and the Social Value Series*），《哲学评论》第十一卷，第二和第三期。另见艾伦菲尔斯的《价值理论体系》第二卷，第153页。艾伦菲尔斯坦言，对经验数据的公正观察显示，"社会有价值"和"个体伦理"的概念只是部分和偶尔相同的，事实上，"有些倾向和行为从社会道德的角度来看可以被认为是中立的"，这些倾向和行为属于个体伦理的范畴。

当我们从伦理和社会价值判断转向价值判断与更为中立或客观的科学判断的关系时，我们在这一点上观察到的相对不相关性更加明显。如果在价值判断与事实判断似乎紧密相连的地方存在这种不相关性，那么毫无疑问，在科学的抽象概念与价值判断的关系更加遥远，并且在其描述中更加抽象化以摒弃鉴赏性质的情况下，这种不相关性会更加明显。当我们从社会经济领域过渡到生理学、生物学和物理学的理论时，价值判断对于科学构造的不相关性会逐渐增强。只有当科学的抽象概念实际上并非完全抽象，即它们还含有价值内涵时，冲突才会出现。只有在科学采用了含有价值内涵的符号，谈论诸如宇宙空间的深渊、命运、法律统治、生存斗争、适者生存等概念时，其才会与价值发生冲突。这些冲突的出现，正是因为科学在这种情况下，变得越来越倾向于使用象征性和多义性的语言。但需要记住的是，这种不相关性总是相对的、发生性的，而不是绝对的。

第五节　结论

一、存在—真理—价值

在评价中发展出一种足以称为"价值论"的独特视角，换句话说，就是形成一个特殊的"评估及价值判断的充足理由或约束"的原则，似乎已经在它所揭示和解决的具体问题中找到了其正当性。事实上，价值判断的"客观性"是一个尚未被事实和逻辑客观性完全涵盖的实在性，这一事实通过规范性与事实客观性和真理客观性的部分一致性和相对一致性，以及承认这一事实所带来的价值的实际估计原则而变得清晰明了。

虽然我们在这些价值论原则中找到了区分主观条件下的价值与客观条件下的价值、实际实在性与幻想之间的实践基础，但从理论视角下看，无疑还有一些欠缺。存在和实在、真理和价值的概念并未对以下批评提供足够的依据，即我们对这些概念关系讨论的完整意义仍待进一步发展。可以说，必定存在一个最终的锚点，一个身份完全一致的点，将

第十四章 结论：评估与评价

实在性——价值判断和事实判断的"目标"与这些从属概念完全一致的观点。这种一致性如此完整和确定——无论是实在与价值的一致性，还是实在与真理的一致性——以至于在一种情况下，所有的事实和真理可以被视为价值的形式，或者在另一种情况下，所有的价值都是真理的某个方面。最终，我们必须面对这一具有决定性的问题：所有的真理和事实都建立在一个无可争辩的价值、一种绝对站得住脚的意志态度之上，还是价值最终建立在一种不可否认的真理之上——与之相反是不可想象的？情况的最终陈述是唯理智论的还是唯意志论的？

这个问题的某些答案隐含在我们前面的讨论中，而且在某种意义上可能是我们之前的讨论所要求的，这是不容否认的。毫无疑问，我们的整个讨论都倾向于认为价值和价值判断具有首要性，这意味着实在性谓词的"目标"或意图总是价值，而存在和真理的判断只是评估的特殊形式。因此，我们现在试图找到这个推断的逻辑基础，来迈出逻辑推理的最后一步。

二、"无差别"与"相关性"概念的意义

显然，我们讨论中未完全厘清的逻辑含义，可能就在我们对价值与真理之间的相对独立概念，以及规范客观性与事实客观性及真理客观性之间的部分一致性的理解。通过分析，我们被引导至此立场，并似乎接受了一种新形式的二元论，即鉴赏与描述之间的二元论，尽管这种形式同样严肃。然而，尽管存在这样的推论基础，我们应该注意到，我们在讨论结束时制定的这种无差别原则，与从一开始就使得对价值体验的描述变得不可能的欣赏与描述之间的对立，有着显著的区别。实际上，这并不是对情况的充分理解，因为我们所提出的独立性原则既有积极的方面也有消极的方面。它提醒我们不要仅从被评价客体的外在真实性或实在性中推断价值的真实性，还应注意价值本身包含一种无法用这些术语描述的内在真理和实在性。

这一原则的消极意义已经得到充分阐述。它明确指出，实在性预设的完整意义无法通过任何抽象的存在和真理定义来完全解释，因此，在

评估中应用的实在性谓词也不能完全依靠这些标准进行验证。实在性谓词的价值是方法论意义上的，并且我相信，就像心身平行原则对心理学的基础性作用一样重要，这一价值论的无差异原则对价值论方法同样具有基础性作用。正如前者告诉我们的，只要我们还停留在科学描述的层面，就不能将心理现象还原为物理现象，也不能将物理现象还原为心理现象，同样，价值论的无差异原则提醒我们，不要试图将所有的价值还原为事实和真理的客观性，或将所有价值体验简化为社会过程的结果、社会目标的手段。如上所述，只要我们还停留在价值论的讨论层面，就需再次强调这些原则。

这个原则的积极意义更为重要。因为不将实在性完全等同于存在和真相的理由是，实在性的预设超越了对存在和真相的任何回顾性定义。通过分析实在性谓词的广度和深度，我们不仅发现这些谓词意义的多样性，也明白在存在和真相判断中对实在性预设的承认总是依据预设的具体意图而定。简而言之，我们可以说，认识的标准总是相对的，来源于特定内容与特定意图的关系，而不是某个特殊意图与绝对意图的关系。错误和谬误出现在特定内容与意图之间的不匹配上。试图将这些初级意图泛化，以尝试定义包罗万象且具有固有意义的"绝对真理"，只会更加强调它们的相对性。当真理被定义为"观念与实在性的对应""无矛盾的经验"，或即便是以实用性定义为"观念对生命的工具意义"，这些定义不论是过于狭隘以至于无法满足对真理的整体追求，还是宽泛到缺乏足够的自给性以支撑我们对理性的期待时，迫使我们追寻超越存在和真理概念预设的直接体验或内在鉴赏方式。

这引导我们得出结论，远不是所有关于存在和真理的判断都能充分展现实在性的全部意图。它们本身只有在作为确认某种特殊意图的实现时，才具有价值论上的意义，这种实现通过引导经验性意志与超验意志的统一，构成了价值的核心。换言之，存在和真理并不是整个经验系统的谓词。存在和真理的判断仅限于我们的感知和观念之间的关系。一个恰当的比喻是，正如我们不能将物质的总和描述为重量一样，经验的总和也不可能仅仅以存在或真理来描述。

第十四章 结论：评估与评价

如果我们接受，存在和真理只有在评估的概念或假定指涉下才能被完整地解释，从而价值在逻辑上可能先于存在和真理，那么是否能够以某种方式界定价值与实在性的一致性，使得价值与存在及真理的关系变得清晰，这还是一个未解之谜。我们可能会发现，经验的整体只能通过价值鉴赏来把握，只有价值能成为这类总体经验的谓词。就像我们发现不可能将一个总体经验特征化为绝对真理一样，界定什么能使一个完整的经验具有绝对价值也可能同样困难。实在性与价值的一致意味着，为了被认为具有实在性，一个经验必须是令人满意的。如果我们能指明绝对满足的客体是什么，那么差异将不复存在；我们能从中推导出真理和存在的本质。虽然如此定义似乎不可能，但不排除我们可能通过某种鉴赏的方式描述我们的终极价值，显示它们超越并包含了真理和存在。可能通过洛采所说的"理性的启迪，价值的鉴赏"，以这样的方式领悟意志及其满足的终极本质，我们可以勾勒出那个无可争议的价值，让我们能从思维的客体转向其实在性。

洛采试图以自己的这种方式理解终极价值，他发现最终的满足和平衡体现在和谐的感受中，包括爱、美、完美等带来的静谧、统一和连续性体验。在这些经验中——理性的最高启示——理性找到了自己最内在的本质；在它们中实现了实践的绝对要素，即关于经验意志与超经验意志的同一性的假设。他认为，这些在理想追求中建构的理想观念如果在真实世界中不存在有效力量，那将是无法接受的。这些观念是真实的：我们能通过感受而非思考来认识它们。从这些最深层的体验出发，洛采推理出具体形式的连续性（包括内在存在与外在存在、内在真理与外在真理之间的连续性）的相对有效性和价值，这是实现这些观念不可缺少的条件。

我们可以承认，这些理性得出的启示远远超越了由理性推论出的信念，这种对价值与实在的同一性的洞察，这种价值优先于真理和存在的洞察，无法完全使人理解。我们对评估语言的处理仍然笨拙，仅粗略地区分了情感与知识，并不恰当地受限于情感这一术语带有的贬义色彩。确实，还可以进一步承认，在使用情感和思想概念的地方，洛采的表述需要被明确地修改。但即便承认这些，他对价值与实在的同一性、价值优先于真理和存在的基本洞察仍然是无可争议的。

当这种优先权的理论被恰当解释时，意味着整体的价值体验对应于一个比存在和真理的有限领域更广阔的实在性世界。存在和真理的具体意义无法完全涵盖意图与经验内容的和谐形式。知识的标准只是统一和连续性观念的特殊表现形式；而在被判断或假设为真实的整个观念客体领域中，只有有限数量的客体能够满足这些标准及这些特定的需求。还有许多并不符合这些定义，却促进了情感—意志意义的统一与连续。观念以许多不符合这些定义的方式被感知并找到满足。同样地，价值的标准也是这种需求的特殊和相对形式。存在一些和谐的形式，其解释不仅限于实现任何这些标准所指向的目标，还是一种超越了观念的目标建构及真理建构的体验。我们在前一章中对至高时刻的概念进行了充分认识，在这些时刻中，目标和规范的区别消失了。但这进一步强调了价值的优先性。实践中的绝对值确实可能出现于意志的极限，相对价值可能被升华为绝对值；但据我所知，一个相对真理只有通过成为一个绝对价值的预设才能成为绝对真理。

因此，对于最终的问题——如何将存在和真理的判断与最终的鉴赏及其内在价值联系起来——我们的回答简单而明了。它们建立了经验与经验、想法与想法之间的联系，这些联系促使我们发现新的鉴赏或保持已有的鉴赏。具体的存在谓词或真理谓词，只有当它们增强了印象或想法的内在价值或实在性时，才具有意义。有些情况下，承认这些谓词中的实在性预设确实能增加想法的价值和真实性，例如，当实在性预设已经包括了对存在或真理的明确定义时。但这种增加并非这种认知的必然结果，这种认知也不是鉴赏的必要条件。正如本体论中批评者所清晰看到的，关于完美存在的观念的真理证明或实在证明并不会增加其实在性。在对这样一个存在的需求或假定进行内在鉴赏时，无论它具有何种实在性都已被包括其中。其在精神生活中的中心地位及价值，必须保证其实在性，而试图将这种终极实在性转换为外在存在和真理的次级概念，肯定不会增加那种实在性，甚至可能由于错误地解释实在性预设，导致错误和非实在性。

  这是我们的价值论研究得出的最终结论。当评估的意义被完全展开时，它引导我们认识到价值的优先性。尽管价值包含了一种进一步的内在真理暗示，这种真理虽未完全体现在我们已经探讨的存在和真理的谓词中，但也并非与之完全对立。换言之，随着生活和经验越来越能够被阐述为一个完整的真理体系，我们始终假设每一个价值最终都是可理解的。无论承认与否，存在一种更高级别的经验，其中价值和真理的主张得到了同等的满足，这种超越意志和思考的深层沉思，永远是所有形而上学追求的目标，无论是否明确承认。这种平衡状态的确是一种"荣福直观"，至于其是否可达成，以及一旦达成是否能持续，则超出了我们的讨论范围。

术语翻译

A

acceptance 接受；采纳

accommodation 适应

acknowledgement 承认

actual 真实的；实际的

adaption 适应；调节

aesthetic 美学的；审美的

aesthetic contemplation 美学沉思

affection 情感

affective 情感的

affective general 情感泛化

affective-volitional 情感 - 意志

affective-volitional meaning 情感 - 意志意义

altruism 利他主义

an nahme gefuhle ［德］假设情感

annahmen ［德］假设

anschauliche ［德］形象，生动

anxious morality 道德焦虑

appreciation 鉴赏

apprehension 理解

arrest 抑制

association 联合；结合

assumption 假设

attitude 态度；观念

attribute 属性

attributive predicate 归因式论断

axiological 价值论的

axiology 价值论

B

background 背景

body 主体

C

character 属性；特点；品质

characterisation 特性；特性描述，刻画

choir of heaven 天堂唱诗班

coefficient 程度；系数

complication 复合

conation 意动

conation disposition 意动倾向

concrete 具体的

condition value 条件价值

constant 恒定的；稳定的

construction 建构

constructs 观念，概念

contemplation 意向
content 内容
contrast-pair 对比对
control 控制
curve 曲线

D

das Hoffen ［德］希望
das Konnen ［德］能够
das Sollen ［德］义务；应当
das Wollen ［德］意志
demand 要求；需求
derived sentiments 派生情绪
description 描述
desert 功过
desirability 可欲性
desire 欲望
detachment 疏远
differentia 差异
differentiation 区别；区分
discrete 离散的
disjunction 分离
disjunctive judgement 选言判断
disposition 倾向
distance 疏远
disturb 干扰；波动
dulling 钝化
dynamic 动态的

E

ego 自我

egoism 利己主义
ein Haften an der Wirklichkeit ［德］对实在的坚持
Einfühlung ［德］移情
embodied 具体的
emotion 情绪，情感
emotionalism 情感主义
energy 能量
epistemology 认识论
equality 等价物；等义词
ethical 伦理的
evaluate 评价
existence-minimum 存在-最小量
existential 存在的
exit 存在
expansiveness 扩展
extra-psychological 超心理学的

F

fact 事实
fallacy of the implicit 隐含谬误
fancy 幻想
fear 恐惧
feel 感受
feeling 情感
feeling of personality 人格情感
feeling-abstract 情感抽象
feeling-attitudes 情感-态度
feeling-in; feeling-into 感同身受

feeling-sign 情感信号
feeling-tone 情感基调
felt 感受到的
final utility 最终效用
foreground 前景
form-quality 形质
founded 所构建的，有依据的
fugitive 易变的
function 功能；函数
funded 累积的
funded meaning 累积的意义
furniture of earth 地球的点缀

G

Geisteswissenchaft 人文科学
generalisation 泛化
genesis 起源
genetic 演变的；遗传的
good 善；利益；［复数］商品
Grenz-frommen ［德］格伦茨-弗曼定律
Grenz-nutzen ［德］格伦茨-纳岑定律

H

habit 习惯
halo of relations 晕轮关系
hedonic 享乐的
holy anger 神圣愤怒
hypothetical 假说的；假想的
hypothetical judgement 假言判断

I

identity 同一性
imageless 无想象的
imagination 想象
imitation 模仿
immanental 内在的
immediacy 直接性，即时性
immediate perception 直觉
impartial spectator 公正的旁观者
impellent mode 推动模式
impersonal 非个体的，非个人的
impersonal feelings 非个体情感
impulse 冲动
imputation 归因
imputed value 归因价值
inclusion 包含
Inner Life 内心世界
innocency 单纯性
intellectualism 唯智主义
intensity 强度
intensity-less 无强度
intent 意图
interest 兴趣
intra-experiential 经验内的
intrinsic 内在的
intrinsical 本质的
introjection 内摄
isolate 孤立；隔离

J
judgement 判断
junction 结合

K
kinesthetic sensation 动觉；运动感觉

L
love 爱；热爱

M
maternal 母性的
meaning 意义；含义
mean term 中项
measure 衡量
modification 修正；改变；变化
moment 要素；时刻
mood 心境
moral 道德的
motiv-wandel ［德］价值运动
motor expression 行为表达
musical phrase 乐句

N
nature 本质
need 需要

O
object 客体
objectify 客体化
objective 客观的
objectless 无客体的
obligation 义务
organic 生理的；感官的
organism 机体；感官
original 原始的；最初的
oughtness 应当
over-individual 超个体的
overtone 泛音

P
participation 参与
passion 激情
passive 被动的
percept 知觉
perception 感知，知觉
personal 个体的，个人的
personality 人格
phantasie Gefuhle ［德］幻想情感
playful 游戏式的；不严肃的
possessive 占有的
possibility 可能性
post-judgmental 事后判断的
postulate 假定；假想
pre-ethical 非伦理的
preference 偏好
pre-judgmental 预先判断的
present 当前的；在场的
presentation 表象
presentational 表象的
presumption 直观推测
presupposition 预设；前提
presuppositional method 预设性

方法
primary　基本的；主要的
principle of relative preferability
　　偏好性法则
probability　概率
projection　投射
Prospekt　［德］前景
protoplasmic germ　胚芽
psychosis　精神状态

Q

qualification of pastness　过去性
qualification　限定
qualities　品质；特质
quasi-feeling　准情感
quasi-logical　准逻辑的

R

reality　实在性；现实
reducible　归约的
redundancy　冗余
reference　指涉
reflection　反射；反映
rejection　拒绝；排斥
repetition　重复
repose　静止
resonance　共鸣
revive　再生；复活

S

satiety　餍足

scheingefuhle　［德］表象情感
schematic　图式的；示意性的
secondary　次级的，次生的
segregation　区隔
semblant mode　表面模式
sensation　感觉
sensitivity　感受性
sentiment　情操
should　应当
simple　简单的
social will　社会意志
stammwert　［德］原始价值
state　状态
stimulus　激励
subjective　主观的
substitution　替代
subsumption　统合
suggestion　暗示；迹象
sympathetic　同感的
sympathetic participation　同感参与
systematisation　系统化

T

tendency　倾向
tension　张力
the alter　他者
the Law of Complementary Values
　　互补价值法则
the Law of Contrast　对比法则

the Law of Creative Resultants 创造性结果法则

the Law of Diminishing Value 价值递减法则

the Law of Heterogeneity of Ends 目的的异质性法则

the Law of the Total Series 整体序列法则

the Law of Threshold 阈限法则

the Law of Valuation 评估法则

threshold 阈值；阈限

thrill 震颤

Time-spirit 时代精神

tone 基调

tonic 基音

totalization 整体化

transgredient 超越的

Transition 转变

trend 趋势

tribal 种族的；部落的

U

ubersattigung ［德］餍足；饱和点

ultimate good 终极善

unreflective 未经反思的

utility 效用

V

validity 有效性

value 价值

value-movement 价值运动

versoehungsgesetz ［德］和谐

violence 极端

voluntarism 唯意志主义

voluntaristic theory 唯意志论

voraussetzungen ［德］预设

W

want 需要；想要

werthalten ［德］价值

werthen ［德］价值

Werth-Gefuhle ［德］价值感受

will 意志

wish 愿望

Z

ziel-folge ［德］目标序列

ziel-folge abwarts ［德］向下的目标序列

ziel-folge nach innen ［德］向内的目标序列

ziel-folge nachwarts ［德］向上的目标序列

zweckrichtung ［德］意动趋势

人名翻译

A
Allan Poe　爱伦·坡
Angell　安吉尔
Aristides　阿里斯提德
Arthur Adams　阿瑟·亚当斯
Augustine　奥古斯丁

B
Baldwin　鲍德温
Bentham　边沁
Bernard Shaw　伯纳德·肖
Bernoulli　伯努利
Böhm Bauwerk　伯姆·庞巴维克
Bosanquet　博桑奎特
Brentano　布伦塔诺
Bücher　布赫
Burke　伯克

C
Clifford　克利福德
Columbus　哥伦布

E
Ehrenfels　艾伦菲尔斯
Elsenhans　艾森汉斯
Emerson　爱默生

Emile Zola　爱弥儿·左拉

F
Fechner　费希纳
Fichte　费希特

G
Gaunilo　高尼罗
Giddings　吉丁斯
Gossen　戈森
Groos　格罗斯
Guyau　居约

H
Hadley　哈德利
Harald Hoffding　哈罗德·海甫定
Herbart　赫尔巴特
Hirn　希尔恩
Hoffler　霍夫勒
Hugo Münsterberg　雨果·闵斯特伯格

I
Ibsen　易卜生

J
Janet　珍妮特
Jevons　杰文斯

K

Kleene　克林
Kraus　克劳斯
Krebig　克莱别格
Kruger　克鲁格

L

Latta　莱泰拉
Lear　李尔王
Leipzig　莱比锡
Lessing　莱辛
Lipps　利普斯
Littre　利特雷
Lotze　洛采

M

M. Flournoy　弗卢努瓦
Marshall　马歇尔
Mauxion　莫西翁
Meinong　迈农
Mendelssohn　门德尔松
Muirhead　缪尔黑德
Munsterberg　闵斯特伯格

N

Nietzsche　尼采

P

Patten　派顿
Paulhan　波耳汗
Pillon　皮隆
Puffer　帕弗尔

R

Ribot　里博
Robert Louis Stevenson　罗伯特·路易斯·史蒂文森
Rousseau　卢梭
Royce　罗伊斯

S

Saint-Preux　圣普乐
Saxinger　萨辛格
Schiller　席勒
Schwartz　施瓦茨
Sigwart　西格瓦特
Simmel　西美尔
Spencer　斯宾塞
Spinoza　斯宾诺莎
Storring　斯托林
Stout　斯托特
Stuart　斯图尔特
Stumpf　斯图姆夫

T

Taine　泰纳
Tarde　塔尔德
Taylor　泰勒
Tennyson　丁尼生
Tolstoi　托尔斯泰

V

Veblen　凡勃伦
Volkelt　沃尔克特

W

Weber 韦伯	Windelband 文德尔班
Wernicke 威尼克	Witasek 威塔塞克
William James 威廉·詹姆斯	Wundt 冯特
William Wallace 威廉·华莱士	

Z

Ziehen 塞恩

译者后记

基于中国社会科学评价研究院的工作部署及学科建设需求,我们作为深耕哲学社会科学评价领域的青年研究人员,在系统梳理价值评估理论体系过程中深入研读了威尔伯·马歇尔·乌尔班的经典著作《价值评估的本质与法则》。尽管这部1909年问世的专著在当代或许并非前沿理论,但其作为哲学界鲜有的系统性评估理论力作,通过揭示评价活动的内在规律,构建了独特的价值评估分析框架,至今仍在国际学术界具有范式意义。在通读全书后,评价理论室全体同事认为该书对完善评价理论的哲学根基、建构跨学科方法论体系具有重要启示。鉴于此,在评价研究院领导支持下,由王雪峰副主任统筹协调,我们启动了这项填补学术空白的翻译工程,力求通过精准的术语转换与符合汉语学术规范的表达重构,使这部经典焕发新的理论生命力。

作为兼具非哲学背景和非翻译专业的研究团队,我们的翻译征程犹如一场跨越学科壁垒的学术拓荒。面对威尔伯·马歇尔·乌尔班在《价值评估的本质与法则》中构建的复杂理论体系,我们首先建立了历时性语义考辨机制:通过系统梳理核心术语在19世纪末至20世纪初哲学史中的语义流变,既保留作者对价值评价体系的学术区分,又实现经典理论向现代学术话语的科学转化。例如,本书在行文中频繁并置使用 valuation、evaluation 与 appreciation 等术语,然而作者并未对其语义差异作出明确区分。鉴于上述词汇在当代评价理论语境中往往被统译为"评价",此种处理方式可能掩盖其在具体语境中的差别。为更准确把握并呈现作者的理论意图,在细致分析原文相关语句的基础上,参考哲学与心理学领域相关术语的历时性演变,结合全书尤其是最后一章所呈现的理论内涵,对上述术语的译法作出如下区分:将 valuation 译为"评估",evaluation 译为"评价",appreciation 译为"鉴赏"。①此外,针对作者熔铸英语、德语、挪威语的多语种思维,融合哲学和心理学的跨学科表达范式所形成的复合文本,我们采取了"四维校验"的翻译模式:哲学论述采用回译法对照英语和德语原文,心理学术语依托《心理学大辞典》进行历时考证,文学性表述邀请专业人士进行语感校准,最后经由翻译团队完成学科逻辑贯通。在历时三年的六轮译校中,我们始终秉持学术考古精神——从溯源 valuation 概念的形塑,到解析复杂长难句的认知嵌套结构,最终将原本艰涩的哲学文本转化为既具学术精确性又符合汉语思维范式的理论著作。这场融合学术敬畏与学科使命的翻译实践,努力做到了以术语为锚、以语境为帆、以学理为舵。

在本书付梓之际,谨向中国社会科学评价研究院全体同事致以最深挚的谢忱。荆林波院长以宏阔的战略视野为翻译工程确立学术坐标,并在关键阶段给予了重要指导与鼎力支持;胡乐明副书记则在精准翻译层面贡献了诸多真知灼见,为本项目提供了高水平的智识支持;蒋颖副院长凭借其深耕学术领域数十载的深厚积淀,在翻译启动至出版的全过程中,不厌其烦地倾注心血予以指导,在翻译体系构建和具体语句表达方面,提供了系统性的方法论指引。评价研究院学委会樊建新、田丰、苏金燕、张青松、胡薇等专家秉持严谨治学精神开展学理指导与校验,促使翻译工作更上一层楼。诚信办钟慧、娄浩然老师,综合办李凤荣、刘畅、李雯老师对申请出版和后续各项事宜给予了悉心帮助,确保了译著的顺利出版。特别致谢评价理论研究室王雪峰、宋洋、曹昭乐老师,是评价理论研究室全体同事的共同努力携手铸就了这部哲学经典的再生性翻译。作为青年学人,我们以锲而不舍的精神完成这场思想迁徙,虽如初生牛犊却幸得众师护持,冀望此译本既能复现乌尔班价值哲学的精微肌理,又能为中外评价理论对话搭建起可延伸的阐释空间。

本书具体翻译分工:序言至第五章由王文汇主译,第六章至第七章

---

① 在原文中,appreciation 一词常与 aesthetic 并置使用,呈现出特定的语义关联。因此,在翻译过程中,我们将其统一译为"美学鉴赏",以更贴近原文语境中的概念内涵。

由王文汇主译、杜宏巍辅译,第八章至第十四章由杜宏巍主译,其中部分内容的初译邀请了吕晶晶和孙榕蔓给予帮助,此外,全书主要专业词汇确定、全书校译和统稿由杜宏巍负责。译本若有疏漏,诚盼学界专家斧正,俾使这部跨越世纪的哲学经典在汉语学术土壤中焕发新的理论生机。我们的邮箱是 duhw@cass.org.cn。